新青年

梁振华／著

中国青年出版社

本书根据张培忠先生著《文妖与先知——张竞生传》改写

目　录

第一章　怒　海

1

庚子年事变后，总有颇不平静的事情发生。旧历的三月一过，雨水异乎寻常的多，瓢泼大雨一场连着一场，狠了命地把那饶平县城往水里淹。广州黄冈镇是潮州府东边临着入海口的地儿，疾风骤雨一来，人们全指望着饶平县城“饶永不瘠，平永不乱”的好寓意，平安度过。可东来的浪头总裹着一股子腥气，一到夜里，就夹着浑浊的雨珠死命地冲撞着百余里的海岸线，撞得街上岸边的人心惴惴不安。私下里总是有人犯着嘀咕：这场闹心雨，没完没了，怕是要把人闷死过去。

这天夜里，暴雨依旧如注，巷道两旁的椰林在狂风中沙沙乱舞，朽漏的巷内时不时惊起一两声犬吠。顺着巷口往里，一片漆黑，好心人点燃的平安灯一盏盏被雨打翻，熄灭。子夜时分，四下静谧，靠东头的泰兴客栈二楼却还闪着烛光，分外惹眼。

同盟会的许梓秋正同党人筹划五月间的黄冈起义，眼下，最要紧的就是火药和枪械千万不能有闪失。一想到这里，许梓秋就有些心神不宁。

“雨再这么下，火药怕是要捂潮了。”一个长脸的黑汉子用火筷子捅了捅火盆，木炭劈啪作响，溅出点点火星。客房内，四人围坐一张桌子。桌上摆着一坛酒，伴着跳跃的烛火，酒坛下摊着张饶平地图，海阳、揭阳、惠来、澄海、饶平五处的驻军衙门被圈上朱砂，分外显眼。许梓秋凑近炭火，点燃烟锅子，深吸一口，望着烛光下的地图，方桌边围坐的另外两个男子，目光灼灼地盯着他。

“明天你和弟兄们多去弄些桐油纸，把火药裹存起来，全封上石蜡，还有，再堆上些干草。务必要安置好，那可是咱们的本钱……”

黑汉子一听，连忙接话：“放心，天一亮就去办。”

话音刚落，另一个沙哑的声音响起：“许大哥，自古江湖是非多，三合会的人靠得住吗？”

许梓秋一愣，抬眼，对面男子怀疑的目光让人生寒，他点点头道：“三合会不同于其他帮会，他们从康熙年间就打着反清的旗号，与吾党不谋而合。况且，我和他们的头领余汉民打过交道，此人侠肝义胆，是条好汉！”

“孙先生赞同吗？”

许梓秋弹弹烟灰，道：“老孙没意见，还特地派老刘过来支援咱们。”他瞅着蜡烛剩下不到一寸长，心里犯起了嘀咕：“按说早该到了，别是路上出了什么岔子。”

话未落，屋外脚步乱响。许梓秋立刻吹灭蜡烛，黑汉子转手扣上火盆，屋内霎时一团漆黑，四人屏气闭声。少时，门外一个低沉的声音响起：“黄冈鏖革命。”

“策应中山樵。是自己人，快把门打开。”

靠门坐着的男子急忙起身开门。只见门外站立两人，一高一矮，披蓑戴笠，雨水落地形成两洼水渍。高个正是今晚约见的三合会头领余汉民。许梓秋连忙迎上，拱手抱拳：“余兄弟，别来无恙？”

“我好得很！只是这鬼天气，骨头缝子里都能挤出水来！”余汉民边走边脱蓑笠，身后的矮个子并不言语，接过余汉民脱下的蓑笠，连同自己的一并展开放到屋角。别看这矮个子人小，动作却麻利得很，许梓秋觉着眼生：“这位小兄弟是——”

“哦！这是码头上当差的阿义，我跟你提起过。这小子刚入三合会，手脚麻利，脑子也灵光，上次那千余斤火药就是他放的水，咱们这票枪械入关也得靠他了！”

许梓秋连忙拱手向阿义一拜：“原来是阿义兄弟，许某代同盟会谢过了！”

阿义眼珠一转，一一打量众人：“不必多礼，余大哥曾有恩于我。大丈夫知恩图报，三合会的事，就是我阿义的事！赴汤蹈火，在所不辞！”

余汉民接过许梓秋递过的烟：“闲话少说，人都到齐了吗？”

许梓秋望望窗外斑驳的树影，有些踌躇：“再等等，还有个弟兄在路上。”

窗外雷雨似乎转小，不远处的海浪声不绝于耳。

挑水巷街角，云月皆暗，四下无人。雨势虽转小，雷声依然轰鸣。栉比鳞次的店铺在黑压压的腥风中隐隐约约露着被大雨淋透的望竿，上面挂着酒旆，门上悬挂着一块块木匾，斑痕累累。不多时，街角拐出一个人影，打扮得小厮模样。他驻足片刻，四下打量，见无藏身之处，遂沿街向西继续奔逃。巷深处院里的狗忽然被惊醒，大吠起来。远处，传来几声喝令：“站住！站住！”马蹄敲打在青石板路上，一阵凌乱。官兵追近，为首的管带脸上刻着一道刀疤，凶神恶煞。他勒马在巷口徘徊，目光落在狗声响起的不远处，挥刀一指："往那边追！"

人影闪进纵横交错的小巷。官兵穷追不舍，七拐八拐后，十余官兵在三岔口前停下，喘着粗气，人影已不知去向，有小兵问道："管带，往哪追？"

管带回头怒视，啐了他一脸："兵分三路，挨巷子搜！必须给我把人找出来！"

"是！"官兵五人一组，分三组急冲冲跑入巷道。

咔嚓！又是一道闪电，轰轰雷鸣中，瓢泼的雨水从耸出的屋檐如注淋落，人影掩在檐下，大口喘着粗气——这正是要赶去泰兴客栈的老刘。斗笠下，汗水顺着额头往下滴，和满天满地的雨水混成一片。忽然，老刘眼中闪过一丝惊慌，原来他慌不择路，竟误入了死巷！

巷子两侧门户紧闭，家家户户门前都堆着一摊废旧家具，杂乱不堪。老刘猫着腰敏捷地顺着墙根走向巷子尽头，巷尾一面青墙，墙角赫然高耸着一个草垛。大雨滂沱，草垛已经潮湿腐烂，恶臭难当。突然，几只野耗子从草垛深处跑出。

管带横刀守着巷口，忽听巷子里头哐啷一声响，带着五名兵一路小跑扑进巷子深处。夜幕寒光下，他的刀疤狰狞可怖。五个官兵团团围住草垛，管带抽刀迈步，一脚踢开堆砌的杂物，把朴刀深深刺进草垛，接着，又狠捅了几下。忽然，一个黑软软的影子唰地钻出来，喵的一声，消失在雨雾中。"娘的，是只野猫！这是条死巷，去别处看看！"草垛后，内墙已颓，老刘猫腰透过缝隙看着官兵远去的背影，长吁一口气。

泰兴客栈中，六人挤在屋子里，气氛沉闷。起义在即，钱和军火都万分重要，若有闪失，势必功亏一篑。许梓秋眉头紧锁，抽着烟锅子，望着火盆，若有所思地问道："筹款和招募的事情办得怎么样了？"

黑脸汉子和其他两人交换个眼色："光复会124名会员交来的会费共238美元，还有孙先生以兴中会的名义发行的中国商务工会股票，一共筹得了1100美元，加上一些杂七杂八的，总共将近1500美元。可前一段在东京购置千余斤火药，就花去了三分之一，再加上这批枪械，已经没剩下多少了。估计不到50美元。"

"枪械呢？"

"已经上船了，不出十日就能抵达码头。剩下的事就要拜托阿义兄弟了。"

余大哥为什么不声不响地带他来挑水巷，而且还语焉不详，刚刚提到的孙什么山，听着怪耳熟的。阿义心里生了主意，答道："各位兄弟放心，码头那边我阿义去打点。可是……这么多枪进了饶平，存放可是个大问题。时间一久，朝廷早晚会察觉，你们打算如何处理？"

许梓秋一脸茫然，抬头看阿义："怎么？余兄弟没跟你提起过？"

余汉民大手一挥："阿义不是江湖中人，又刚入我三合会，我怕这小子知道后炸了窝，暂时还没告诉他。"他见阿义满脸疑惑，又附在他耳旁小声说："入了三合会，就是自家兄弟，你应该晓得我会的头等大事吧？"

阿义寻思着，脑海里电光石火一闪，脸色微微一变："大哥，你说的是……反清复明？"

"算你聪明！不过复明是八百年前的鬼话了，可这满清鞑子一定要反！眼下就要真刀真枪地干！我们要在黄冈发动反清起义！"

阿义大惊："要造反？"

"准确地说，是起义，我们要在黄冈发动起义！"余汉民雄心勃勃。阿义听得头皮发麻，突然想起那孙什么山就是巷口街道常议论的造反头子，朝廷通缉的要犯！余大哥居然把我也给拉上，要我给造反的杂种们帮弄军火！

蜡烛已烧得只剩一小截，一帮人围着幽森的烛光开始筹划黄冈起义。同盟会已在联饶、高堂、钱东等地做过地下宣传，组织了一批人马派发英雄帖，但收效甚微。冰冻三尺，非一日之寒，在冥顽不化的百姓心中，革命依然如洪水猛兽一般可怕，百害无一利，丢了身家性命不说，稍不慎，连累家人，诛九族。眼下，除了黄冈本地的居民和三合会的义士，起义军势单力薄，前途未卜。

许梓秋眼冒精光，说道："兵贵精，不在多。敌明我暗，这几百人的敢死队，一定能出奇制胜！"

余汉民抱拳爽朗地说："那就照之前约定的，敢死队的人，由三合会出。"

许梓秋从怀中掏出一沓银票递给余汉民，神色凝重地说："余兄弟，大恩不言谢。这是老孙在香港那边筹到的一万六千港元，我都换成了银票，你拿回去给弟兄们。"

"……我三合会有的是财路，不差这……"

话没落音，许梓秋将银票摁在余汉民手心，说："这是同盟会的一点心意，留给弟兄们……安家的。"余汉民没再推脱，接过银票。阿义见状，脸上现出一丝惊骇。

说话间，楼下一阵犬吠，众人吹灯收声，凑到窗前观察动静，只见一男子正向客栈走来。少时，敲门声响。对好暗号，打开门，黑影闪进屋里，摘下斗笠，点上灯，正是老刘。他气喘吁吁，心有余悸：“甩了几个尾巴。各位好汉，久等了。宝贝给你们拿来了。”老刘神秘一笑，小心翼翼地擦干桌上的雨水，自怀中掏出一面叠得整齐的蓝布，抬手一抖，蓝布徐徐展开，中间嵌着一轮白日，青白相间，分外惹眼。“这是青天白日旗，老孙特地让我从香港带来的，以壮声势！”众人惊叹连连，围着桌子摩挲着这面珍贵的旗子。

“这是咱们同盟会的旗帜？”

“不错！你看，这青色代表光明纯洁、民族和自由，白色代表坦白无私、民权和平等。”

许梓秋兴奋地说：“日出东方，青天白日，光明正照，自由平等——这一天，就快到了。我们要把这旗子做它四十面，起义之时，遍插饶平！”

余汉民热血沸腾，再也忍不住：“到时候老子亲率敢死队，杀进官署，杀他个干干净净！”

许梓秋走到桌前，摆下七个碗，倒满酒，举杯：“各位弟兄，干了这碗酒！不成功便成仁！”七人围站在桌前，举起碗，目目相对，众志成城。老刘低呼：“驱除鞑虏，恢复中华！”声落，众人仰头一饮而尽。

离开客栈，依然是风雨交加，阿义深一脚浅一脚地往家赶，心中如敲重鼓七上八下，余汉民的千叮万嘱，他一个字儿也没记住。造反！起义！灭九族！救国！革命！字字如棒槌，他简直要窒息了，心里凄凄惶惶如丧家之犬，他只想到他的儿子，大年夜里出生，还不满四个月，却是灵巧可爱、生龙活虎。媳妇阿凤每天攒几枚钱，说到下半年天冷时，买几双虎头鞋给儿子，好让他扶床学走路。临到家了，矮落的木瓦房里一灯如豆，阿凤还在挑灯缝补。他在门口徘徊再三，最后嘎吱一声推开门，闷头不语地走进屋，也不看阿凤，只取下蓑衣斗笠，抖抖水挂到墙上。

“你又去哪了？怎么才回来？”

“跟余大哥办事去了。”阿义不敢正眼相看，闷声答道。

看着丈夫一身雨水，满脚脏泥，阿凤没吱声，转身走到水架边，轻手轻脚地把毛巾放在盆里，从水缸里舀了几瓢清水，走到灶前准备烧水。阿义眼光影随着她，心跳不止。这时，在幽暗的灯光下，儿子翻了个身，把被褥踢开，阿义走上前，掖好被角，望着儿子的小脸出神。

阿凤回头看着发呆的阿义，走过来，捅捅他：“怎么了你？”

阿义定睛看着阿凤，喃喃自语：“要出大事了！反了，那帮狗日的要反了……”

“什么反了？”阿凤瞅瞅煤炉子，壶里的水开始沸腾，水雾氤氲。

“前段日子，余大哥托我在码头上放关，我以为又是运点军火，小打小闹，啥都没想就一口答应了。今天一去，才知道这帮狗日的要捅这么大的篓子！”

“什么篓子，你说句整话。”

“造反！他们要拿那批军火造反！”

“造谁的反？”

“还能是谁？当然是造皇帝老子的反！”

阿凤一愣，刚端起的木盆哧溜脱手，哐噹一声掉在地上，水溅起一地。孩子猛然惊醒，大声啼哭。阿凤忙抱起孩子哄着，仍是惊魂未定，脱口而出：“皇天菩萨啊，我可告诉你，绝对不许掺和这事！”

阿义心慌意乱，六神无主：“想不掺和也晚了。你想想，那批火药是我放的水，这朝廷一旦追究下来，我摆明了就是同党，脱不开干系！余大哥有恩于我，他开口，我怎么好推辞呢？”

“还不是你不争气，欠下那么多赌债，觍着脸求别人帮你擦屁股，家败了不说，还欠了这么大人情。现在倒好，连命都要搭进去。我上辈子造了什么孽，偏偏跟了你这么个没用的男人？”

“你个傻娘们！都火烧眉毛了，还扯这些旧账干吗？我告诉你，是福不是祸，是祸躲不过！既然走到这步，就只能听天由命。”

阿凤一听，气得浑身打颤：“什么听天由命！我不管，你去跟余汉民说，你有老婆孩子，不能掺和这事！”阿义双拳紧握，不敢答应。阿凤怒视着丈夫，骂道：“窝囊废！”转身飞快地抓起刚刚做缝补的剪刀，刀尖直逼孩子的小脸。寒影白光，惹得孩子啼哭不止。阿义慌了神，急忙上前去夺剪刀。阿凤后退一步，狠狠地说：“今儿我就要你一句话，你到底退不退？你不退也行，我们娘俩现在就死在你面前！反正横竖都是一死！我早就受够了这窝囊罪！”

阿义不知所措：“你，你，好好好，那你告诉我，怎么退？往哪退？”

“报官！”阿凤斩钉截铁地说。

“这……这怎么行？”阿义万万没想到妻子会想出这一招。

“怎么不行，那几个闹事的头头是谁，你可都清楚！你如果能写份名单给官老爷，就说他们几个要造反，兴许还能领到赏银。”

阿义重重跌坐到椅子上，声音在昏黄的灯下飘摇：“这……这岂不是害死了余大哥！”

阿凤晃了晃手中的剪刀，一逼再逼：“是要他余汉民死？还是咱们一家三口都死？你自己看着办！”阿义无言以对，继而一声长叹。

煤灯如豆，阿义满头冷汗，眉头紧锁，拿笔的手颤颤巍巍。一年来在三合会和余大哥出生入死，却没想到最后竟亲手把他送上死路。可是，谁叫你们做的是这些造反的勾当，天理不容啊！余大哥，别怪我不义。

曙色微明，停了小半夜的雨又淅淅沥沥地下起来，夫妇俩一夜未眠。

“妥了？”阿凤擦干泪痕，起身走到阿义身旁。手中的纸笺汗渍淋淋，歪歪扭扭地写着：余汉民、许梓秋……阿凤双唇紧抿，看看孩子，将纸层层叠好，对眼窝深陷的丈夫说：“行了，去睡吧，累了一夜了。”

珠江口岸，风大浪急，长洲岛上，荆榛丛生。不远外的黄埔陆军小学操场上空时不时回荡着高亢的喝令声和答令声。日本教官伊藤武肤色黧黑，面容冷酷，他教学以严厉著称。一群十七八岁的学生，手脚绑缚着沙袋，四人一组，正在进行地狱般的体能训练——奔跑、冲刺、匍匐前进、翻越障碍。豆大的雨点洒落在泥泞的地面上，绽放出无数水花。伊藤武横眉竖眼，青筋暴露，挥舞竹刀：“孬种中国人就这点能耐吗？一个真正的军人，要用意志和肉体战胜一切！明白吗！”

铁丝网下，一个少年浑身上下沾满泥浆，在泥泞中匍匐挺进，他抬肘抹去脸上的淤泥，加速爬过铁网，向前方障碍冲刺，飞身第一个跃过护栏，漂亮地完成了规定动作。他刚停下，就听见伊藤武的呵斥：“你是女人吗？我数到三，必须爬到终点！”少年回头，原来是班上同学韦星，他唇无血色，面相惨白，距离终点近在咫尺，却无力前行。伊藤武举起竹刀，大声训斥：“起来！否则今天的训练休想结束！”韦星痛苦万分，躺在地上挣扎。“起来！”伊藤武再次举起竹刀，正欲劈下。

少年一看不妙，大声喊道：“报告教官！”

伊藤武扭头怒视：“谁让你停下的！”

“报告教官！韦星发烧了！请让他休息！”

“你在为他求情吗？在战场上，你替他去死吗！”话未落音，伊藤武一把抓起韦星的辫子：“难道你们中国人只会跪着生，不能站着死吗？甲午战争你们一败涂地，不是输在枪炮和军舰，而是输在骨气！你们中国人就是一群东亚病夫！”

“我们中国人不是东亚病夫！”少年目光炯炯，直视教官。

伊藤武大步走到少年跟前，冷笑一声，举刀欲劈，不料刀却被死死抓住。两人四目相对，少年顺势一扭手腕，将竹刀夺过来掷在地上，走到韦星跟前，吃力地将他搀起，径自离去。伊藤武望着二人离去的背影，大喝一声：“你叫什么名字？”

“学生江流！”

不远处的教学楼走廊上，督学赵伯声观察已久。他身材魁伟，声音洪亮，眉宇间有一股威严之气。他将这一切看在眼里，颔首自语道：“江流……又是一个好苗子。”

入夜，雨淅淅沥沥地停了，天空闪出几颗星，积存的雨水顺房檐滴落，滴答作响。赵伯声安顿好生病的韦星，独自回家。推门入厅，却见许梓秋坐在四四方方的八仙桌旁，一见他进来，发起了牢骚：“饶平有句俗话，春风如刀，春雨如雪，果然不是浪得虚名啊，一连下了五天雨，这身皮囊都要发霉了。”

赵伯声微微一笑，也不作答，吩咐仆人上茶：“怎么？才离开一年，就不适应了？许兄弟习武之人，正是硬朗的年纪，怎能如此自怨自艾？来，尝尝我这上好的苦丁，驱驱寒气。”

许梓秋端起盖碗儿，拨开茶盖，小饮了一口，撇嘴皱眉道：“这，这未免太苦了，简直就是药汤子。”转眼瞥到房间正中，挂着一幅俊秀飘逸的草书：

十年磨一剑，霜刃未曾试。今日把示君，谁有不平事？

想着赵伯声明里同文人骚客诗酒唱和，暗里却加入同盟会，多年来诸多不易。他咂摸着口中苦丁茶的余香，说：“这茶……苦是苦了点，但余味甘洌，沁人心脾。赵兄这字，俊秀飘逸，外柔内刚，令我想到当年在新加坡晚晴园时，老孙写的一幅字——世界潮流浩浩荡荡，顺之者昌，逆之者亡！你看看人家欧美列强，实行共和政体后，国富民强，蒸蒸日上。就连日本，一个蕞尔岛国，明治维新后，居然也是日新月异，突飞猛进！这次我回国发动起义，就是要让这帮狗鞑子知道，逆潮流者必遭灭顶之灾！”

“你觉得这次起义胜算有多大？”

“不敢说十成也有七八成，咱们的数百支枪械已经在路上了，不出差错的话，十天内就到。”许梓秋说罢又顿了顿：“这主要还得依靠三合会，你还记得那个余汉民吗？”

“黄冈三合会龙头？”

“对，就是他。一年前火烧教堂之后，我与此人志同道合，常有书信往来。他一听说同盟会要起义，马上表示愿意率三合会数百名弟兄组成敢死队，全力支援我们！”

赵伯声一听，目光灼灼：“真是天助我同盟会！想不到余兄弟是如此披肝沥胆、行侠仗义的好汉！如此看来，大事可成矣！”

而在此刻，黄冈北面三里处的家庙——青园祠中，余汉民正率领三合会的弟兄聚义誓师。寝堂当中，立一大方桌，桌上摆满宽口大碗，桌旁镇着一缸烈酒。几十个三合会的布衣汉子齐刷刷地跪在桌前，昏黄的烛光映着龛位上一排排的黑色灵牌。

余汉民跪在龛前，拱手持香：“列祖列宗在上，晚辈余汉民，生于乱世，鹰犬当道，国破民穷，生灵涂炭。自幼继承祖业，随父接管三合会，有善相劝，有过相规，缓急相济，患难相扶，入会以来，勿敢忘先祖之遗训，驱除满清，光复汉室。丁未年初，自知天时、地利、人和，正应三合之意，遂与同盟会联手，聚众千余，约期举义，志在推翻满清，光宗耀祖。列祖列宗在天有灵，保佑晚辈杀尽清狗，兴我族威！”说罢，三叩首，拜神主龛。

“杀尽清狗！光复汉室！”寝堂外，数十名三合会汉子齐刷刷叩首，异口同声。

余汉民转身，目光笃定地看着明晃晃的烈酒，在酒缸前站定，咬破手指，将血滴于缸中。美酒盛着英雄血，殷红荡漾。“弟兄们，喝下这碗歃血酒，便不能回头，生死由天，吉凶相照，如有怯战者，人人可骂，如有背弃者，人人可诛。今日此地，余汉民对天立誓，以此微躯，光复汉室，人在国在，与国偕亡！”数十位汉子纷纷上前捧起血酒，一饮而尽。

突然，传来一阵擂鼓般的撞门声。庙门颤抖，门闩松动。余汉民一惊，大喝：“是官兵！抄家伙！”话未尽，数十名官兵破门而入，踏过厅堂，直向寝堂扑去。领头的管带气势汹汹，月光寒影下，脸上的刀疤森然可见。三合会一干人转瞬就被包围起来。管带阔步上前，神色傲慢：“叛党余汉民！还不快束手就擒！”

余汉民一抹嘴边的血酒，剑眉一挑，嘴角露出冷笑：“做你娘的春秋大梦！”

管带朝身后使了个手势——数十名官兵端起洋枪，齐刷刷摆出射击姿势。“龟儿子，你斗得过洋枪吗？”

余汉民面不改色，攥紧拳头，轻蔑道：“慌什么？大不了一死，何足畏惧？”他横眉竖眼，青筋暴露：“弟兄们！亮出我们三合会的威风来！跟这帮清狗拼了！”说罢，举起大刀，冲向官兵。三合会义士们见势，纷纷举起武器，高声呐喊着：“杀尽清狗！光复汉室！”枪响惊破夜空，月如寒冰。须臾，寝堂前横尸遍地，余汉民依然紧握大刀，躺在血泊中，怒目圆睁。管带掏出一纸名单，重重地划去“余汉民”，“许梓秋”三个大字赫然纸上。

2

夜里，四下皆静。许梓秋在雕花八仙桌上展开一张地图，赵伯声盯着饶平版图中将军府、巡抚衙门、兵器库等险要位置。“军事机关兵驻左右，承平日久，有其名无其实。我打算来他个出其不意。到时候，我和余汉民亲率敢死队，五十人一组，配足枪械弹药，直趋官署内室，将其长官一枪击毙！”许梓秋说道。

赵伯声思谋片刻：“嗯……擒贼先擒王，打蛇打七寸。不过，这可是步险棋啊……”

“赵兄担心的是援兵吧？我已经想过了，到时候让老刘率领咱们同盟会的自家弟兄埋伏在主要街道和店铺两旁，一遇官兵来援，来个突然袭击，奋勇射击！官兵不知我虚实，一定不敢轻易前进。”

“双管齐下，妙！许兄弟，士别一年，刮目相看！”

许梓秋品了口浓茶：“我这点皮毛都是跟黄克强学的。”

“不如你来陆军小学任教吧，眼下陆小师资紧张，有门课叫战术基础原则，刚好没有教员，我看，你可以来试试。”

“这怎么行，赵兄弟高抬我了，我这都是些不入流的野路子，去了岂不是误人子弟？”赵伯声正欲开劝,忽然传来擂鼓般的砸门声。许梓秋警觉，一把收起地图：“谁？”

赵伯声面不改色，笑道：“这样敲门的还能有谁？”许梓秋收起地图，会意地一笑，走进了内室。

门刚开一缝，一体格魁梧、面圆耳阔的青年男子挤了进来，还没坐下就聒噪起来：“赵大哥火急火燎把我叫来，可是要请我喝酒吃肉？”说罢，大喇喇地走到八仙桌跟前，信手端起一副盖碗儿，仰头一饮而尽，突然口里一紧，鼓起腮帮子，噗嗤将茶水喷了一地：“这简直就是猪胆泡黄连！赵大哥就喝这个？”

赵伯声笑道：“谁像你周鲁这般喝茶？这苦丁茶又不是高粱酒，需小口品饮。”

周鲁一听，乖乖将盖碗儿放回桌上，两个眼珠四下滴溜，扫过正冒着热气的盖碗，嬉皮涎脸：“赵大哥，为何沏了两碗茶？是有客刚走？还是金屋藏娇？”

“昨夜间，梦中闯到战场上……”一阵粤剧唱腔从内室传出，周鲁闻声一愣，继而大喜，接道：“夸无敌，单骑赤手缚胡王！”唱罢，房内一声长笑，许梓秋踱步走出，背手立于周鲁面前。

“许老哥！你什么时候回来的？”周鲁喜形于色，迫不及待地问道。

“前天刚到。臭小子，小曲儿接得倒是麻利。”

“那当然，这饶平镇的戏子整天咿咿呀呀、不知所云，唯独许老哥这曲《闻鸡起舞》最入我的耳朵。你这一走就是一年，可想死我了！这次回来又为了什么？”

“老孙和黄兴都认为广东便于迂回作战，尤其有利于从国外输送武器和人员。所以，就让我回来了。”

听到有起义，周鲁霍然起身：“这么大的事！算我一个！”

赵伯声眉头一紧：“你这小子，点火就着！叫你来自然不会把你落下。不让你去前线拼命，是有更重要的事要交给你办。”

“什么事能比上前线还重要？赵大哥可别唬我。”赵伯声徐徐说来，两人神色愈渐严肃。

“什么？策反广东水师？！”周鲁和许梓秋闻声惊愕不已。

赵伯声踱至窗下，一盆剑兰怒然开放，刚直挺拔。他把心里按捺了数年的念头思忖再三，说：“我一直在想，欲将革命进行到底，必须掌握两样东西——军队和学子。我并非担心这次起义不能胜利，而是担心胜利以后的事情，总不接连发动第二次、第三次吧？”赵伯声转过身，看着傻站在房中的周鲁。“你是广东水师的副管带，应该比我更清楚这些。就这么几千号人，几百杆枪，只会越打越少，迟早全军覆没。所以，我希望你利用这次起义的影响和在广东水师的军职之便，唤醒你手下的兵勇加入我同盟会。这样一来，满清的军队就能为我所用。”

“哪那么容易？广东水师那帮榆木脑袋，他娘的只对狗皇帝讲义气！”周鲁义愤填膺地说。

“当然不是一朝一夕的事情，所以我才不赞同你上前线，你这条命是留着策反的。”

许梓秋心知赵伯声之意，也劝道：“赵兄弟言之有理，周老弟，就按你赵大哥的意思办吧。”

周鲁一听自己没戏，突然一拍脑袋，从怀中掏出一块怀表：“坏了坏了！光顾着跟两位大哥说话，差点误了大事！你们慢慢聊，小弟先走一步！告辞！改天一起喝酒！”边说边径自离去。赵伯声和许梓秋相视而笑。

“这小子，就是个活土匪！赵兄，军队可以策反，那学子又作何解释？”

“满清近几年受洋人影响，兴建了不少新式学堂。比如黄埔陆军小学，这里的学子思想进步，我们如果能提前在这些学子中播下革命的火种……”

许梓秋眼光一亮：“妙哉！让他们搬起石头砸自己的脚！如此说来，赵兄弟让我去陆军小学任教，原来是别有用心？”

赵伯声走至字幅前，长叹一声：“十年磨一剑，霜刃未曾试。不错，非你莫属！”

从赵伯声家出来，周鲁就和丢了魂儿似的，急匆匆地在小巷里跑着，黝黑的脸上藏不住笑意。春禧楼软软的幽香飘在街道上，吹得人神魂颠倒，离春禧楼越近，周鲁的心越是怦怦直跳。

一进大厅，只见桌椅凌乱，碗碟碎地，周鲁还没思量，就又听见一阵尖细的声音从楼上传来。“这是什么年月？和尚撑雨伞，无法无天了！”这不是珍妈妈吗，这老鸨平时自端着是个有头有脸的人物，断不会出此狂言。周鲁看得纳闷，又见几个鼻青脸肿的伙计从楼上客房七零八落地滚下，他抓起一个便问：“哪个大胆的惹着珍妈妈了？”

珍妈妈正要下楼，见是周鲁，便强赔着笑脸：“呦！周大爷来了！看我这老眼昏花的，净顾着跟那帮猴崽子怄气了！您玩儿好，我急着出趟门，回来再侍候您。”

周鲁看着奇怪：“慢着，这几个伙计为何挂了彩？”

不谈则已，珍妈妈一见周鲁提起，便气急败坏，横眉竖眼：“哎呦！甭提了！楼上来了帮泼皮无赖，蹭吃，蹭喝，蹭姑娘，还动手打人！”周鲁的脸色霎时变了，他平生最看不惯不平之事，一摆手说：“天下的事天下人管得！带我上去看看！什么东西，老子非卸他们条胳膊下酒！”说着阔步上楼。刚进二楼门帘处的雕花围栏，就听得东头客房嘈杂喧天，房门口一片狼藉。

是仙儿！周鲁听得尖叫，惊讶万分，一阵心痛。这林月仙是春禧楼当红的角，周鲁一年前偶遇佳人，一见钟情，两心相知。俗话说，烟花地里难真情，但这月仙真算是周鲁难得的知音，不但懂事理通人情，还颇有侠义心肠，周鲁早有替其赎身，相伴终身之意。

周鲁一脚踹门而入，只见香榻内，林月仙衣冠不整，几个泼皮将她死死按住，柳绿色的绸裙被撕得七零八落。压在林月仙身上的泼皮陈二见有人坏事，探出大半个身子，气急败坏：“又是哪个不知死活的来讨打？”

周鲁怒火三丈：“叫声周爷爷可免一死！”

林月仙闻声惊喜万分，喊道："周大哥！"

这陈二也是有眼力的，一见这架势，明白了些许，奸笑道："呦呵！有一腿子？你这骚娘们，不让爷爷我碰，原来是有人滋润！"话毕，几个泼皮放肆大笑起来，羞得林月仙双颊绯红。

周鲁气血冲顶，青筋暴露，吼道："去你妈的！老子阉了你！"说话时，已拔步上前，一把揪住陈二的辫子，将他拽出香榻，往小腹上只一脚，便踹得他仰面朝天。周鲁一脚踏住陈二的胸脯，提着醋钵大的拳头劈头盖脸砸去。

陈二被压在地上，又羞又恨，大喝："你们这群废物！还不快过来帮忙！"周鲁扑的一拳，正打在陈二鼻梁，霎时鲜血迸流；又一拳，打在眼眶，眼棱炸裂。陈二顿时眼冒金星昏了过去。众喽啰一片慌乱。周鲁几天没松筋骨，正愁骨缝子痒痒，看着喽啰们一拥而上，便乐得边打边骂，左右开弓，打得几个喽啰叫苦连天。林月仙立在一旁，见周鲁怒红双眼，扑通跪在地上："周大哥住手！若杀人可是要偿命的！"周鲁见心上人求情，愤愤放下匕首，怒喝道："滚！"众喽啰抱头鼠窜，一下子没了踪影。

片刻，林月仙惊魂已定，随手扣紧门扉，纤手持绢，含情脉脉地走向周鲁。霎时四下皆静，茜纱帐上珠帘玉钩，锦榻上月华流转。周鲁叹了口气："这些日子广东水师事务繁忙，今天好不容易得空，没成想又遇到这帮泼皮，亏得我来的及时。"

林月仙没搭腔，只展开丝巾，细细柔柔地在周鲁黝黑的脸上擦拭，柔声道："仙儿不怪你，男儿大丈夫岂能整日沉迷在温柔乡中不思进取，只要周大哥心里挂念着，仙儿就心满意足了。"

周鲁见心上人眉眼低垂，眼波流转，一时神魂颠倒，嘻嘻一笑，隔着丝巾抚摸着仙儿的小手，顺势一把抱起她。林月仙罗裙曳地，悬在周鲁怀中，粉面羞红："活土匪，快把我放下。"周鲁轻吻月仙儿的双唇，猛地揭开纱帐："我是活土匪，你就是压寨夫人！我这就带你回山寨！"

林月仙侧身斜卧，胸口低敞，香肩微露，周鲁目不转睛地看着她，轻声道："仙儿，我想替你赎身。"林月仙微微一颤，纤纤玉指摆弄发梢："天下的美人儿多得是，几时轮到我林月仙了？"周鲁摇头："千好万好，不如仙儿的一曲琵琶好。我想好了，大事一成，我便替你赎身，咱们就过门成亲！"林月仙杏眼泛红，含泪默默地点了点头。正是月色静默，花下幽僻，人间好景常在。

月华如水，星光漫天，越过那繁华的街道，人声渐渐地寂静了下去，海浪悠悠地拍打着堤坝，这五千多年未变之封建中国，如同这墨色黑天，等待着世人去探，去解，去破晓。

窗棂森森，陆军小学的学生寝室楼仍有几处灯火，看了一夜书的江流站起身推开窗去，他抻抻酸痛的胳膊。煤油灯下，桌上整整齐齐地码放着《阵中要务令详解》和《作战纲要详解》等，整整十七本厚书，另外则是数日的法语笔记。江流估摸着时间，趁着夜色出了门。

不时，一高一矮两个人影拐进陆军小学教官伊藤武的小院，二人身着黄埔陆军小学校服，边走边谈。

“说来也怪，这西医还真挺神的，上午才打的针，这会儿病就好了。”江流笑笑，不接话，走到一处门牌停下：“到了，应该就是这里。”说罢整了整衣领，欲敲门。

“等等，我还是觉得这样不妥，日本人的脾气，咱们可摸不透。要不还是明天到学校再说吧，没准他睡一觉就忘了。”韦星怯怯地说。江流看了他一眼，微微一笑：“这道歉要登门，赶早不赶晚。再说，我当着那么多人把他的刀扔了，换做你，你会忘？”江流说罢叩响了伊藤武家的院门。

只听得吱呀一声，一位面孔尚幼、玲珑可爱的日本女孩探出身子，看身量，也只十三四岁。她见二人拖着长长的辫子，扑哧一乐：“你们好，请问你们找谁？”

“您好，请问伊藤武教官是住在这里吗？”

“哦，是的，请问你们是？”女孩眼里依然有些疑惑。

“我们是他的学生。”女孩一听，急忙将半开的户门全部打开：“他出去见朋友，还没有回来，你们请进屋等他吧。”江流难掩失望，但依然礼貌地回答：“多谢了，我们还是不打搅了，就在外面等。”

星空下，江流和韦星倚在小院对面的青墙前，朝巷口眺望。夜黑风凉，韦星靠着江流不知不觉地打起了盹。不多时，伊藤武挺着笔直的身板拐进巷子，朝小院走来。两人赶紧起身向伊藤武行了个军礼。伊藤武走到二人跟前，瞟了一眼，不理不睬，继续往院门走去。江流上前说：“伊藤教官，请您留步。”

伊藤武面孔严肃，冷冷说道：“有事吗？”江流顿了顿：“我们是来向您道歉的。”

伊藤武冷笑一声，推开院门，头也不回：“你们回去吧。”江流一急，挡在伊藤武的面前：“伊藤教官，请接受我们的歉意。”伊藤武一抬眼，打量着江流，冷冷推开他横着的身子，走进院子：“如果我不接受呢？”

“我就等到您接受为止。”

院门关上，伊藤武低沉的声音从门缝中飘出：“请自便。”

江流和韦星被晾在外面，好不尴尬。两人背倚青墙，坐在院门口的小石阶上。

夜凉露重，月寒似冰，待了半晌，韦星冷得直哆嗦。江流不忍，起身弄醒韦星："熬不住就回去吧，病刚好，再熬下去，针就白打了。回头见到伊藤教官，我替你跟他解释。"韦星一听直叹气："你这么傻站着，人家早就睡大觉了，还是跟我一起回去吧。"江流依旧是摇头："不用劝我了，我要让他知道，中国人，言必信，行必果。"韦星一听急了："我说江流，你怎么脑袋一根筋呀？好吧，我拗不过你！病来如山倒，别说兄弟不仗义，你自己保重，熬不住就回来，别硬撑。我走了。"韦星摇了摇头，无奈离去。

江流只身在墙头重新坐下来。月光洒在雨后的青石板上，格外耀眼。不知过了多长时间，突然听到吱呀一声，江流从梦中惊醒，模模糊糊地睁开眼，天已大亮，只见伊藤武跨立门前威严地望着他。江流受宠若惊地起身，飞快地掸掸身上的土，深深鞠了一躬。伊藤武面若冰霜，口气依然冰凉："进去等我吧。"也不等江流开口，已径自朝巷口慢跑而去。

江流又惊又喜，按摩发麻的双腿，整理衣装走入小院。他一进去，就被院子里的景致吸引住了，只见院落上下花木参差，假山流水葳蕤生色。尤其是东头一字排开的一排兰花，有达摩兰、春剑、莲瓣兰、寒兰、春兰，竟有数十品种，盆盆精神婀娜，香气袭人。昨日相见的日本女孩着一身浅蓝色和服，俯身侍弄兰花，她随意地挽起发髻，看着江流，嫣然一笑。江流点头回礼。女孩碎步上前，欠身微笑道："辛苦了，快进屋里暖和暖和吧。"江流诧异地问："伊藤教官他？"

"父亲去晨练了，一会就回来！"

"他是你父亲？"

"也是，也不是？"

江流听着好笑："什么叫也是，也不是。"

女孩边说边把浇具收拾好，粲然一笑："他是我养父，我和他一起行走中国已经多年，他教我行医。"

"能问姑娘大名？"

女孩微微一笑，摊开江流的手，写下"千鹤"二字，抬头说："父亲已经把你们的事告诉我了，他让我先去给你弄点吃的。"千鹤欠欠身子，袅袅婷婷地提着木桶走了。

江流连忙跟着，脱鞋上阶，进门，只见一扇木屏将房间一分为二，左为卧室，右为客厅。墙壁一侧，三个古色古香的书架里面整齐地摆放着线装书和现代印刷的洋书。最瞩目的却是正中墙上悬挂着的一幅"诸葛武侯夜读图”，两边一副行书对联，上书诸葛武侯旧句“淡泊以明志，宁静以致远”。向南处，窗户敞开，窗下铺有榻榻米垫，一乌木矮桌立于当中。屋内古朴雅致，一尘不染，不难看出主人平日是何等勤劳严谨。

江流来到窗前，只见浓荫垂翳，远处一排矮房的倒影漾在河面上。伊藤武正在河边一招一式地做体操。江流看得入神，不禁比划了几下。少时，一阵木屐声从门外传来。千鹤端着食盘走来，笑容晏晏：“怎么？你也懂得导引养身术？”江流窘促一笑：“我纯属照猫画虎。伊藤教官练的是日本的拳吗？”

千鹤摇摇头：“那不是拳法，是中国最古老的体操，后来流传到了日本。当年父亲在奇兵队时学来的，他说可以强健筋骨，预防疾病，所以三十多年来他每天都坚持做。”江流不禁发问：“奇兵队？是指的什么？”

千鹤歪着脖子说：“你听说过明治维新吗？奇兵队就是为了讨伐幕府而成立的民间起义军。”千鹤信手关上木门，将托盘放到乌木矮桌上，双膝并拢跪地，姿态优雅地开始舀汤：“快坐下喝碗酱汤吧，趁热才好。”

千鹤细细端详江流。江流被看得怪不好意思：“怎么了？”

“你长得很像父亲以前的样子，他有一张照片，是在奇兵队的时候拍的，你这眉眼之间和他真的有几分相似呢。”

“我？那真是太凑巧了。刚才您说伊藤教官像我这么大的时候就入了奇兵队，那如今他应该算是奇兵队的元老了？”

“奇兵队早就被废止了。幕府倒台后，日本一片混乱，有很多奇兵队的队员又反过来针对天皇。”千鹤眼睛看着外面，仿佛多了一份和年龄不相称的成熟：“为了巩固天皇的神权，父亲被征入皇家御亲兵，去平定内战。打来打去半年多，总算是天下太平。”

“这些都是教官告诉你的？”

千鹤点头说：“父亲当年还立过不少战功呢。内战平息以后，天皇亲自给他颁发了勋章，那可是日本军人的至高荣誉呢！但明治政府站稳脚跟以后，把侵略扩张作为立国之本。父亲却并不认同，所以甲午海战以后，他就向天皇辞行，带着我一起来到了中国。”

江流不禁一怔：“这么算来，伊藤教官也参加甲午海战了？”千鹤望着窗外，悠悠说道：“他是不会和中国人交战的，父亲的祖父是一位中国商人，他有一半的中国血统呢。我们父女二人之所以放弃一切来中国，就是希望你们中国的年轻人可以振作起来。”

江流百感交集，不禁扭头看向窗外。伊藤武正双目闭合，两手重叠，气收丹田。练功结束，伊藤武搓手控面，神气抖擞，蓦然转头看向窗内，恰好与江流四目相接，他摆了摆手。江流会意点头，起身离开小院。

碧波万顷，一艘装备精良的军舰缓缓停靠在码头，舰头一面黄底青色飞龙旗迎着海风猎猎飘扬。水兵们身着海蓝色中式号衣，挺直腰杆列队肃立。周鲁头戴黑毡小帽，身穿石青色马褂，腰束皮带，携带指挥刀，脚踩薄底战靴，面容威严肃立，朝军舰匆匆走来。

甲板上水兵分列两排，把头水兵大声报告："禀告管带大人，枪炮、弹药、燃料准备齐备，全舱官兵实到 123 名，无一缺勤，完毕！"周鲁环视一周，下令："起锚！"锚起轰鸣，少时船离港入海，军旗飘舞。周鲁站立船头，衣衫猎猎，威风凛凛。

码头的另一侧长堤上，一身黑袍的洋教士正拿着望远镜观望，一清朝官员毕恭毕敬地站在旁边。少顷，洋教士放下望远镜，低头擦拭金丝眼镜："税务司大人，您办事我向来是放心的，事后不会亏待您。"洋教士戴上金丝眼镜，朝码头仓库匆匆走去。

指挥舱内，周鲁背靠花梨椅，两脚搭在八仙桌上，眯眼看海战图。旁边的水兵班长昏昏欲睡，周鲁啪地把海战图摔在他脸上："睡个屁，整天个巡海，连他妈海盗都碰不上，炮筒子都快生铜锈了！"水兵班长一激灵，发现周鲁又犯混，也无可奈何："大人，这天底下都盼着太平，您怎么净盼着打仗？"周鲁大喝："废话！不打仗老子还当个屁兵？知道甲午海战为何打不过小日本吗？就是你们这帮过惯太平日子的废物缩头缩脑，没几个敢动真格的！"

话音刚落，门外一阵急促的脚步声，两个巡逻兵走进指挥舱："禀告大人！西南方 2500 码处有三艘可疑商船，正驶向黄埔码头！"周鲁面色一紧："有何可疑？""那三艘商船挂印度国旗，船长却是洋人，旗手所使用的旗语也异常古怪，像是在朝码头发送暗号。"周鲁大惊："那旗语是怎么打的？"

巡逻兵照猫画虎地比划了一遍。周鲁上看下看，一脸困惑。站在旁边默不作声的水兵班长突然说道："这旗语倒像是黑话，该不会是走私吧？"巡逻兵说："小的也觉得，这和当年东印度公司所为甚是相似。码头有一个穿着黑袍，一头杂毛的，像是个洋教士。另一个……"巡逻兵有些迟疑。

周鲁大怒，一拍桌子："另一个怎么了？说！"巡逻兵忙抬头抱拳："回大人，另一个穿着官服，像是咱大清的官员。"周鲁双目圆瞪，暴怒道："哼！昏黑世道！官商勾结！这他妈分明就是走私！传我令，马上拦截那三艘印度商船，例行稽查！如遇反抗，武力回击！"水兵班长脸色惨白：

“大人息怒，大人息怒。何管带特意嘱咐过，遇到洋人不可轻举妄动。”周鲁指着他鼻子骂道:“他是他，我是我！洋人算个屁！老子今天偏要查他！”说罢，周鲁阔步走出指挥舱，水兵班长在一旁焦急不已。

碧海银涛中，楚泰号威风凛凛全速行驶，逐渐逼近三艘印度商船。铁甲炮塔上的主炮威严地指向前方，舰首的冲角犁开波涛，浪花飞溅。瞭望塔上，一水兵挥舞手旗，向印度商船发送“立即靠岸，接受稽查”的指令。

商船内，一位英国商人将望远镜狠狠摔在甲板上，咬牙切齿道：“混蛋！这群中国猪！竟敢拦截大英帝国的商船！”印度水手匆匆跑来，气喘吁吁：“威尔逊先生，他们的舰速是14.5节，我们只有13节，我们跑不过他们。”威尔逊嘴角露出邪恶的微笑：“那就炸沉他们！准备炮弹，向他们开炮！”

“不许开炮！”一个蓄着俾斯麦式棕黄色胡须，西装革履的英国人从隔间走出来。威尔逊脸色一变，急忙迎上，恭敬道：“查理先生，这些中国猪太不自量力，让我去干掉他们！”查理一摆手，捡起地上的望远镜来到窗前，眯起眼看了一会儿，轻蔑地一笑：“他们是正规海军，我们的炮打不过他们。我想这件事情可以用和平的方式解决。”威尔逊一听，着急了：“可是查理先生……”查理一摆手，口气不容反驳：“靠岸！这是命令。”

不一会儿，三艘印度商船在楚泰号的监督下缓缓靠岸。周鲁率领数十水兵，斜挎洋枪，在码头调度水兵：“兵分三路，登船！”众水兵得令后，分别踏上三艘商船。一号商船放下甲板，周鲁率兵一马当先地冲上去，却看见两个外国人横在门口傲慢地盯着自己，他阔步上前，亮出腰牌：“大清帝国广东水师依我大清律法对尔等例行稽查！现命尔等立即开舱，全力配合，否则我水师将强制执行！”威尔逊气得脸发紫，手摸向腰间准备拔枪，查理走上前按住他：“我们是文明人，中国人既然不嫌麻烦，就请便吧。”周鲁上下打量查理一番，正要往里面闯，查理手一挥，挡住周鲁去路：“等等！要是你们查不出来怎么办？我要你用中国最高级别的礼仪向我们道歉！否则我将通过大英帝国领事馆向你们的政府弹劾广东水师的无礼行为！并且我会在万国联合会上指责你们中国海军的野蛮行径！”周鲁迟疑片刻，马上推开查理的手：“老子奉陪到底！给我仔细搜！”

货舱内阴暗无光，潮湿阴冷，几个印度水手在里面干活。查理命令拉闸开灯，霎时一片通明。货架高至船顶，一排排木箱码放得整整齐齐。周鲁抬眼望望，说：“妈的，这么高。全部开箱验货！”

木箱逐一被撬开，水兵们查验许久，发现箱中存放的只是些洋货和棉制品，朝周鲁摇摇头。一时间，水兵们面面相觑，怔在原地。周鲁眉头紧锁，面目阴沉，一语不发。

查理抚摸着嘴边一小撮胡须，幸灾乐祸道："整个世界都在说中国人愚蠢，今天我算见识了。谢谢你们让我大开眼界。"周鲁嘴角微颤，大喝一声："还有另外两艘船没验完呢！"查理捂住耳朵，厌恶地说："小声点，中国人。好，很好。那么我就让你心服口服。我们去看看那两艘船里有没有你要找的东西。"

查理、威尔逊和几个印度水手在前，周鲁率众水兵紧跟其后。一队水兵从二号商船跑下，匆匆跑到周鲁跟前，单膝跪地："禀告大人，第二艘商船没发现异常！"周鲁眉头紧锁，威尔逊已得意洋洋地吹起了口哨。少时，第三列水兵也匆匆赶来："禀告大人！末尾商船没有异常！"

查理终于忍不住大笑："周大人，这下该放心了吧？是不是可以履行我们之间的承诺了？"周鲁沉默片刻，走上前抱拳道："多有得罪！"查理根本不把周鲁放在眼里："我记得我们约定的是最高礼仪。你们的最高统治者是皇帝，见到皇帝好像是要跪下磕头的！"

周围响起一阵哄笑。周鲁强压住怒火，屈下身子，众水兵见状疾呼："大人，不可！"

查理慢条斯理地掏出一块怀表："不跪也可以，但是我保证，你们所有人都会付出惨痛的代价！"周鲁忍辱蹲下身子，左手支撑，左膝盖触地。查理步步紧逼："很好，另一条腿，快！"

周鲁右膝正欲跪地，突然发现事有蹊跷——停泊在岸边的三艘商船型号相同，船身皆饰红黑两色，水线以上为黑，以下为红，每艘船的红色部位均标有直径五米左右的货轮字样。然而，前面两艘船的字样浮于水面之上，唯有末尾商船的字样几乎没入水中。

周鲁恍然大悟，猛然起身："他妈的，分明有诈！立刻跟老子登船！掀开了搜！"命令一下，众水兵应声随周鲁扑向末尾商船。查理眼看事情不妙，狠狠地向一旁的助手发令："把所有水手都叫来，带上枪！"

水兵纷纷冲向船舱，脚步踏过之处的甲板发出一串奇异的咚咚声。"慢着！慢着！都停下！"周鲁在船舱中部用脚重重跺了几下，甲板分明是空心的。周鲁识破机关，拔出朴刀，撬起一块甲板，猫腰看去。只见甲板下竟是一个个十米见方的夹层，每层都码放着一堆堆的黑色长方形膏状物，周鲁拾起一块，凑到鼻前一嗅，勃然大怒："全部收缴！"

还未等水兵动手，查理和威尔逊率领数十名印度水手冲进来。威尔逊拔出手枪："给我住手！"

查理上前，按住威尔逊的肩膀，耳语着什么，继而朝周鲁抚掌笑道："这位大人果然精明，立下这么大的功劳，你们的政府一定会重重赏赐你吧？”说着，查理从怀内掏出厚厚一沓银票，塞到周鲁手中：“这是我大英帝国的赏赐，我想应该比你们的政府慷慨得多。”周鲁接过银票，冷笑道：“这都是你们卖烟膏子赚来的黑心钱吧？老子就替同胞们收下了。”周鲁将银票悉数塞入怀中，查理在一旁抚须而笑。

周鲁将银票放好，话锋一转：“可是这船鸦片，老子今天也一并收下了！给我继续缴！”查理气得浑身发抖，咬牙切齿道：“混蛋！威尔逊，这里交给你了！”

威尔逊横眉一挑，将左轮枪上膛，瞄准正在搬运鸦片的水兵班长。周鲁眼见不妙，急忙高呼：“小心！”只听砰的一声枪响，水兵班长头中一枪，鲜血崩裂，仰面倒地，洒落一地鸦片膏子。

众水兵大失惊色，怔在原地。周鲁飞奔到水兵班长前，俯身将他托起，目眦欲裂。他拔出指挥刀，嘶喊道：“洋鬼子，我操你姥姥！弟兄们，抄家伙跟他们拼了！”众水兵义愤填膺，相继举起洋枪。

霎时间，双方荷枪实弹，展开火拼。只见周鲁腾挪跳跃，左闪右避，爬上桅杆。他将刀鞘横于索绳之上，紧握绳索，沿索绳急速滑落至威尔逊头顶处，一个飞身，将威尔逊撞倒在地。

威尔逊挣扎起身，身后，一把枪已顶在他额头，周鲁大喝：“别动！动一下老子打爆你狗头！”威尔逊冷笑：“你有这个胆量吗？杀了我，大英帝国是不会善罢甘休的！”说罢，他一口唾沫啐在身旁水兵班长的尸体上。周鲁忍无可忍，扣动扳机，砰！一声枪响，威尔逊目瞪口张，倒地身亡。商船上的洋人给镇住了，纷纷缴枪投降。

天色阴沉，细雨绵绵，海天相交处，一片灰暗。三艘货船上的鸦片全部清完后，在岸边堆起了一座小山。水兵班长的尸体平躺在沙滩上，周鲁把他瞪圆的双目用手抚闭。静默片刻，周鲁传令：“来人！把鸦片烧了，祭奠我们的好兄弟！”众水兵纷纷劝阻：“大人请三思，您杀英国人已经捅了天大的篓子，若是再烧掉鸦片，如何向提督大人交代？还是等何管带回来再做定夺为妥。”

“英国人杀我兄弟在先，杀人偿命，天经地义！天塌下来，我周鲁一个人顶着。”周鲁燃起火把，对着鸦片狠狠啐了一口：“此物堕人心志，祸及天下，不烧此物，难解我心头之恨！”说罢，他带领众水兵点燃火把，投向鸦片。少时，熊熊烈焰腾然而起，黑烟滚滚。

躲在岩石后的查理见此一幕，脸色阴沉，往大使馆方向逃去。

3

子夜时分，清风细雨飘飘洒洒。陆军小学一派静谧，赵伯声照例到各宿舍查夜，见宿舍前凉亭处隐隐有灯火闪烁，赵伯声颇感疑惑，走近才知，原来江流正在挑灯夜读。赵伯声低头细看，江流捧读的竟是《聊斋志异》。

待赵伯声行至跟前，江流才察觉，霎时脸色苍白，惊叫一声："谁！"赵伯声不做声。江流定睛一看，长吁口气，立起身来："赵监督。""大半夜的窝在这凉亭读聊斋，你不害怕吗？"江流憨厚地说："怕，可是越怕越想看。今夜睡不着，所以出来透透气，顺便体会一下书中意境。"赵伯声好奇地问道："体会意境？什么意境？"

"听说蒲松龄的同乡曾为《聊斋志异》题诗：姑妄言之姑听之，豆棚瓜架雨如丝。今夜刚好细雨绵绵，这凉亭上又有茎蔓盘绕，好比豆棚瓜架，不禁让人触景生情。"

"好一个豆棚瓜架雨如丝。那我倒要问问，你都生出了什么情啊？"

江流信步走到亭边，遥望夜幕："蒲松龄写聊斋时，都是在凄风冷夜，若想体会他的心境，就应该在深夜读阅。读着读着，学生发现，倘若一个人心中坦荡如砥，鬼怪倒也不足畏惧了。"赵伯声笑道："不错，坦荡之人光明磊落，牛鬼蛇神自然不足为惧。"

江流摇摇头："并非如此。君子坦荡荡，恶鬼敬三分；小人长戚戚，冤鬼夜缠身。"赵伯声大笑："说得好！那我再问你，可曾体会到蒲松龄笔下的'鬼'字所指何意？"江流若有所思："嗯……迷信的人以为死后会有灵魂，我想，那灵魂指的就是'鬼'。"赵伯声环顾四周："这里不是说话的地方，你若真有兴趣，来我家坐坐。"

至赵伯声家，赵伯声关上院门，仆人上茶后，两人坐到庭前藤椅上闲聊。

"说起蒲松龄这个人，虽是一介布衣，却很有胆识和骨气。《聊斋志异》表面上谈狐说鬼，实际上却别有深意。'鬼'字在蒲松龄的意义是'贵'字，也就是贵族、贵人的意思，而'狐'字是胡人，暗指那些统治汉人的满洲人。所以《聊斋志异》在鬼狐满篇的背后，是对满清王朝和贵族的讥讽和不满。"

江流一脸惊骇："此话当真？"

赵伯声揭开茶盖，徐徐吹茶："不假，你今后再读《聊斋志异》时不妨尝试换一种角度，或许更有意思。"

"学生斗胆问一句，您又是如何看待满清政府的？国势如此危难，我们的政府就无动于衷吗？"江流看着赵伯声发问。赵伯声见江流胆识过人，早已暗自留意，表面上却不动声色："我们政府表面上在不断改革和进步，但仅仅是老屋破厦加以粉饰而已，经不起大风地震之灾。国家危在旦夕，当政者本该正纲纪、戒骄奢，大施仁惠，休养民力，共力和谐。但满清政府却因惯性和麻木，束手无措，因循支绌，根本不在乎民心向背，还大搞什么太后祝寿来粉饰太平。”

江流闻言说："如此说来，难道中国未来就没有出路了吗？”赵伯声站起身，在书架前驻足，徐徐说道："之所以生存，为的是进化；之所以受苦，为的是解除将来的一切痛苦；我们应该战斗，但更应该大力改革。当下之中国若想觉醒，唯有改革！”江流不解："一直有人叫嚷着改革，但成效颇微，都是些换汤不换药的把戏罢了。”

赵伯声斟酌着说："我说的改革是颠覆，是革命！”江流大感意外："革命？”

赵伯声转身看着面前的少年："没错，革命！建立一个全新的国家，颠覆现有的一切。”江流沉思片刻，又继续发问："学生还有一件事想向您请教。为什么伊藤教官说甲午战争中国的失败都是因为我们的辫子？”

赵伯声感慨道："这伊藤教官用心良苦啊……辫子象征着中国百年的劣根，中国若不丢掉糟粕，便永无自强之日。想我当年回国后也曾彷徨过一阵，先是任江阴新军教头，然后又跑到广西任巡防营管带，最后折回南京做起了标统。官做得越大，越是看透了这套体制的衰朽。虽然也一直都在私底下传播革命思想，可想要改变当下，却备感势单力薄。所幸去年的这个时候，我投奔了黄克强，在他的引荐下加入了同盟会。”

说罢，赵伯声从书架里取出一本书，放到江流面前："中国之长夜漫漫，则青年之使命重大，这本书送给你，务必收好，别被人看见。看过后你就会理解我今天所说的话了。”

江流低头，封面上是三个大字——“警世钟”，首页有一首七言诗。江流不禁低声吟读：

> 长梦千年何日醒，睡乡谁遣警钟鸣？腥风血雨难为我，好个江山忍送人！万丈风潮大逼人，腥膻满地血如糜。一腔无限同舟痛，献与同胞侧耳听。

这时，传来重重的敲门声。江、赵二人敛色凝神。

“谁啊？”

“赵大哥，是我！”门外一个醉汉的声音传来。

赵伯声对江流微微一笑："没事，是我的一位小兄弟。”门开后，只见周鲁两肩拎着酒葫芦，一身酒气，两颊绯红，已喝得是酩酊烂醉。赵伯声见状连忙上前搀扶：“你怎么喝成这样？”周鲁一屁股坐在八仙桌旁，打了个响亮的酒嗝，好半天掰出两个手指：“不多，不多，才喝了两斤，还没到量，可以接……接着喝！”赵伯声扭头避开酒气，搀扶周鲁走入屋中。

周鲁边走边唱起粤剧《闻鸡起舞》：“昨夜间，梦中闯到战场上……夸无敌，单骑赤手缚胡王！”赵伯声哭笑不得：“不过年不过节的，干嘛喝这么多？”

周鲁蓦地坐起身，两眼直勾勾地看着赵伯声：“那天煞的洋人打死了我广东水师的弟兄！你说，那洋人该不该杀？”

赵伯声一听不对，连忙摇醒他：“你小子把话说清楚。”周鲁咕哝道：“哼！他们走私鸦片，竟然抗令拒缴，还开枪打死我的人！老子一气之下就送那狗杂种去见了阎王！”说罢，周鲁头一歪，准备睡去。赵伯声接连在他脸上狠拍几下：“你杀了洋人？”

“杀了！”

“那鸦片呢？”

“烧了！”

江流递上一杯热水，一条毛巾。赵伯声接过来给周鲁擦了把脸，正色道：“鸦片毒害中华近百年之久，确实该烧，可如今政府昏庸无道，你杀了洋人，恐怕会惹祸上身啊！”

周鲁神色泰然，举起葫芦，仰头灌了口酒：“这号鸟洋人……我不怕！来一个老子就杀一个，杀他个眼前清净！”

江流端起桌上盖碗，斟满酒：“这位兄弟侠肝义胆，功莫大焉，我敬你一杯！”

周鲁一看江流，醉眼笑道：“爽快！等等，这小兄弟，以前没见过你，你叫什么？”

“在下潮州江流，江润璋。兄弟，你呢？”

周鲁故弄玄虚：“浮萍漂泊本无根，天涯游子君莫问。”

夜深，细雨依旧，黝黑的巷子里，雨水在低洼处形成淤潭，路面一盏孤灯，只见一人披蓑戴笠鬼鬼祟祟地来到冯氏裁缝铺前，四下张望，无人，便急促地敲起门来。少时，房内油灯亮起。

“都什么时辰了还来？谁呀？”

老刘立刻答道：“是我，前几天做旗子的。”

老板不耐烦地嘀咕：“也不知道做的是什么鬼旗子，古里古怪的！”

里头悉索一阵，片刻，老板探出脑袋，丢过一个蓝布卷。老刘抱着蓝布卷，在无人的街道上谨慎地疾步前行。

街角处，五匹烈马突然横向蹿出，五名骑兵身着战裙和蓝羽绫号衣，拦住老刘去路。老刘急忙转身奔逃，慌不择路。五名骑兵紧追不舍，追至丈余远，一骑兵取出套索，一挥一撒，勒住老刘脖颈，使劲一拽，快马加鞭而去。老刘被拖在马后，惨叫连连，留下一道长长的血迹。蓝布稀稀落落地撒落，只见几十面青天白日旗赫然张开，在泥泞的雨地上任马匹践踏。

几户房屋灯火点燃，又旋即熄灭，落雨如旧，檐滴成潭。

一场宿雨过后，丽日当空，蓝天如洗，昨夜的血迹经雨淋风干，已经冲刷得如同什么都没有发生过一般。黄埔陆军小学正是上课的时间，学生三五成群从宿舍楼中走出，谈笑风生，谁都没有在意那空气中散发出的淡淡血腥气。

赵伯声一夜未眠。外面风声甚紧，有人称朝廷为捉捕乱党布下天罗地网。对于革命的长路而言，如今正是紧要关头，但三合会一夜之间被大火烧尽的小道传言时时被人传问，令人心焦如麻。赵伯声叹了一口气，这要是清廷处心积虑策划已久的阴谋倒还好，万一是革命党内部出现叛徒……他越想越乱，目前最重要的是许梓秋的安全，教师这一职务对革命党的掩护还是很有帮助的。

赵伯声背着手在走廊上巡视，走至一间教室窗口，听见一个熟悉的声音。“我姓许，许梓秋。你们的名字我会慢慢熟悉。这第一堂课，我不想给你们讲书本上的知识，我想先问在座的同学们一个问题——你们为何要来此求学？”赵伯声微微一笑，往里一望，只见许梓秋身着笔挺的格子西装，精神焕发，黑板上写着“战术基础原则”六个大字。讲台下，众学生显出一丝疑惑，江流坐在其中，专注地盯着这位气度不凡的新老师。

许梓秋笑道：“怎么？觉得我的问题有些奇怪，不好回答是吧？那好，我来问，你们只管起立就可以了。但有两条：第一，每个人只能站起一次；第二，要实事求是，怎么想的就怎么站，不要滥竽充数。明白吗？”

许梓秋走下讲台：“请问在座的各位，觉得咱们陆军小学学费低，而且书本免费、包吃包住，所以来此求学的请起立。”少时，一胖一瘦两名学生犹豫着站起身，挠挠头，旁边顿时响起窃笑声。

许梓秋点头赞许：“这没什么可笑的，懂得节俭、选择实惠又不是一件坏事，这两位同学的选择没有错，而且还很诚实，请你们两位暂时不要坐下。那么希望在此学到谋生的本领，将来报答父母养育之恩的同学请起立。”学生们左顾右盼，近三分之一站起身。

“很好，正所谓百善孝为先，看来我们之中有不少孝子，我心甚慰。接下来，希望学而有成，今后可以出相入将、升官晋爵的同学请起立。”十余学生起身。许梓秋依然激赏道：“嗯，不想当将军的士兵不是好士兵，许某祝你们如愿以偿。”但显然，这些答案不能让这位深谋远虑的革命者赞同，他思量片刻，慢慢走回讲台，略微理了理衣襟道：“志在以武报国，愿以此身躯救吾国之危亡的请起立！”剩下的学生齐刷刷起身，神情严肃。

许梓秋看看这些学子如此年纪便有报国之志，心生感叹，却发现江流坐在原地，一动不动地锁眉深思。许梓秋感到非常意外：“第一排那位同学，从始至终你一直都没有站起来，我想问问，你来这里是为了什么？”江流望着老师，起身回答：“我在想，中国近百年来连吃败仗，其军事力量已远远落后于西方国家。学生斗胆问老师一句，您可以教给我什么？在黄埔，我能学到御敌之术吗？”许梓秋抚掌赞赏：“问得好！你叫什么名字？”

“学生江流。”

许梓秋终于露出了难得的微笑：“江流，你要知道，战场是残酷的，非生即死，然而决定胜败的不光是强健的体魄和先进的军事技术。学校固然希望我们这些教员把你们变成一支精兵，但你们除了要学习军事常识，攻城略地之外，更要知道自己是为什么而战。不是为了个人荣辱，不是为了升官发财，而是要为国效力！”

正在这时，教学楼下已经乱作一团，数十官兵纷沓而至。几名校工被押着跪在一旁，怒目相对。疤脸管带手握朴刀，凶光毕露：“包围教学楼！只许错抓，不准错放！”众官兵扑向教学楼。几个学生被撞到在地，被官兵踹到一边。

许梓秋神色严峻，灼灼目光从学生的脸上一一扫过：“你们要懂得辨别是非，不要任人摆布，任人蒙蔽。任何人想利用你们去做丧权辱国、挟势弄权的勾当，你们都要誓死抗争！比起战场，这些将更加残酷！记住，你们是属于中华民族的军人！”

正当此时，门被踹开，数十官兵闯入，迅速将教室包围，密匝如林的刀矛闪着惨白的光芒。众学生惊吓不已。疤脸管带走上前：“许先生，乖乖跟我们走一趟吧！”

许梓秋示意学生安静下来，只身面对官兵，仰天长笑三声，道：“跟你们走倒也无妨，只可惜不能亲眼看到满清灭亡的那天了。”疤脸管带大怒：“大胆反贼！给我押出去！”左右官兵一拥而上。许梓秋从容拨开朴刀：“大人，我这左膀子昨夜受了风，不吃力。不用劳烦你们动手，我自己走。”江流见此情景，知大势不可挽回。许梓秋缓缓走向门外，行至门口，骤然转身："同学们记住！满清不覆，中华必亡！壮志未酬驱鞑虏，我以我血荐中华！"

说罢，许梓秋一头撞向墙壁，霎时鲜血四溅，脑浆迸裂，两眼却炯炯有神，死难瞑目。教室里一片寂静，霎时传来一阵阵撕心裂肺的呼喊。众学生哭喊怒号，官兵强行阻拦，拖走尸首。混乱中，唯有江流一动不动，静立一旁，看着讲台上触目惊心的鲜血，呆若木鸡。

是夜，黄埔陆军小学成立以来最黑暗的夜晚。没有星光，没有新月，只有阵阵波涛怒号，阵阵巨浪震击礁崖，似为祭奠许梓秋为求真理、为了革命坚贞不屈的灵魂。黑压压一群人聚在崖顶，数十名革命青年垂首肃立，每张坚毅的面孔上都写满了忍辱、悲愤、反抗和不安。

赵伯声面色肃穆，他心里比谁都明白，清廷的势力已经深入广州，黄冈起义吉凶难测。而此时此刻，他不愿意相信同甘苦共进退的兄弟就这样惨死讲台，他要为这死不瞑目的英灵敬上最后一杯酒："许兄弟，你是醒狮之先驱，血荐轩辕，死而无惧。吾辈同仁必不负心志，驱除鞑虏，恢复中华！君在天有灵，安息！"在场学子无不泪下。"以血的洪流淹死一个敌人，以志士的尸体填满一个缺陷！在这个淫威祸乱、浊流横行的世道里，欲谋得明日之幸福，必经历革命之痛苦。许先生血溅黄埔，无非也是为唤醒同胞，唤醒昏睡之中国！"

立在一旁的江流默默点头，似懵懂而新知，突然一阵歌声响起：

中国男儿
中国男儿
要将只手撑天空

墨黑的天色中，赵伯声双眼通红，字字铿锵地唱起黄埔陆军小学的校歌《中华男儿歌》：

长江大河，亚洲之东
巍巍昆仑，翼翼长城
天府之国，取多用宏
黄帝之胄神明种

赵伯声越唱越悲愤，声渐大而悲切，伴着劲风怒号，大浪拍岸，学生皆恸哭不已，高声附唱：

风虎云龙，万国来同
天之骄子吾纵横
睡狮千年，睡狮千年
一夫振臂万夫雄
我有宝刀，慷慨从戎
击楫中流，泱泱大风
决胜疆场，气贯长虹
古今多少奇丈夫
碎首黄尘，燕然勒功
至今鲜血犹殷红

歌声荡气回肠，响彻夜空。

半夜过后，夜霭氤氲，寒星点染，漫长的海岸线上，一簇火光跳跃，依稀遥望，三影对坐。江流、周鲁、赵伯声围坐海岸，把盏谈心。周鲁听闻许梓秋噩耗，喝得酩酊大醉，喷着满口酒气，两眼通红。

赵伯声给自己斟上一杯，说："你们知道我为什么把许先生葬到海里吗？"周鲁、江流摇头。"当初在新军的时候，我们俩都喜欢这片海。沧海广博，能使人忘却纷纷扰扰，更能使人认清自己。人生在世，不过沧海一粟。大浪未触岸前，看似风平浪静，却蕴蓄着无限的能量，其力可推动潮起潮落，时代变迁。多数人只是随波逐流，咀嚼着当下渺茫的悲苦，或是静待新的悲苦到来。只有真正的勇士敢于屹立在风口浪尖，哪怕头破血流，也要闯出一片天地。许兄弟就是这样的勇士……于我而言，他并没有牺牲……"

江流听此一番话，又想起前日里赵伯声讲述的许先生的经历。许梓秋自幼习武，原本对政体之事置若罔闻，只求有朝一日能以武报国。庚子年间，他本想北上投身义和团，没成想义和团才抵抗了几个月，就被八国联军打得片甲不留。眼看着中华大地惨遭蚕食鲸吞，瓜分豆剖，许梓秋痛心疾首。光绪三十一年，广东成立新军，赵伯声被调来做新军标统。许梓秋也认定在新军可以大展拳脚，所以同来报名投军。

想到此，江流不禁问道："赵先生，您也是在那个时候结识的许老师？"赵伯声看看江流，一脸惋惜："是啊。初逢此人，我便对他的身手与情怀敬佩有加，于是力挺他做三营管带，直到前年腊月，广东的洋教士企图扩大传教特权，他一气之下火烧教堂酿成大祸，被朝廷通缉。我千方百计把他送到新加坡避难。在晚晴园，他受到孙先生的教诲，终于认清了满清的嘴脸，打算归国举义。可惜……竟是出师未捷身先死……”

赵伯声一脸悲切，江周二人亦深思不语。赵伯声突然转脸看着江流，说：“这几日我一直在留意你，你有担当、特立独行又善于思考，睿智且懂得悔过，最可贵的是肯为国之尊严而跟自己的教官翻脸。你这样的新青年，他日定能有所作为。江流啊，为师对你寄予厚望……”

江流脑海里风驰电掣般想起许梓秋死前那意味深长的一眼，这一刻犹如醍醐灌顶，突然明白老师的用心良苦。他抬起头来：“赵老师，我想加入同盟会。”赵伯声凄然的面孔闪出一线希望的光亮：“好！有机会我一定引荐你。”在一旁醉得不成人样的周鲁，一挺而起：“要入一起入！他妈的，老子再也不为什么狗屁朝廷卖命了！”赵伯声看看他，摇头笑了笑：“好，我一并引荐。”

黄埔陆军小学一派繁忙，全体学生天没亮就起床着装，上上下下，人来人往，脸上半是兴奋半是紧张。不到七点，全部学生已经按照教官的要求在操场上集合完毕。映着初升的朝阳，伊藤武手持朴刀，用威严的目光扫过四个方队，大声下令：“全体立正！”

四个方阵的学生齐刷刷靠脚立正。伊藤武一一看过张张稚嫩而血气方刚的脸庞：“今天把你们四个班凑到一起是为了检阅你们！你们不要以为服装统一、列队整齐、学会些三脚猫的本事就算是一名军人！真正的军人应该像狼群一样！在狼的生命中，没有什么可以替代锲而不舍的精神！正因为有了这种精神，狼群才得以千辛万苦地生存下来，成为地球上生命力最顽强的动物之一！作为军人，天下太平的时候，你们要做好战争的准备！而战争来临的时候你们要做好死的准备！你们准备好了吗？”

众学生意气风发：“准备好了！”

不远处的操场看台上，赵伯声和众多老师衣着整齐，在观礼台拭目以待。

倒数第二方阵，本科三班班长面向方阵，大声下令：“全体报数！”少时，各班报数完毕，班长依次向伊藤武汇报：“报告教官，本科三班应到 53 人，实到 52 人，报告完毕！”伊藤武心里一沉，怒喝一声：“谁没到？”

班长迟疑片刻：“江流。”

看台上，几位老师已经开始窃窃私语。旭日高升，伊藤武心急如焚，他深深皱眉，毅然下令：“混蛋！取消他的考核资格！”队列中，韦星四下张望，突然发现操场围墙处，江流正掸着身上的土，箭一般跑来。

江流气喘吁吁地跑至伊藤武跟前：“伊藤教官，对不起，我迟到了。

门房的看守不让我进来！学生只好行此下策！”

“荒谬！别人让进，为什么不让你进？”

“因为……学生剪掉了辫子！”江流一把摘下校帽，露出锃亮的光头。看台上的赵伯声大吃一惊，伊藤武嘴角微扬，怒气消了一半，仍一脸严肃地对江流说：“归队！”

检阅开始，搏击、劈刺、翻越、匍匐前行、列队行走，没了辫子的江流跑步一马当先，翻越高墙更是迅速利索；在搏击中，江流虽身材不算高大，却出拳有力，稳健快捷，几项成绩都遥遥领先。

转眼已到中午，赵伯声和几位老师饮茶解渴，且看且评。江流在学生中分外抢眼，但差了辫子，还是引起很多老师的不满。讲习科的一位国文老师贾先生梳着引以为傲的花白大辫子，先前见江流剪辫剃头，大失惊色，后来见他科科优秀，不免有些气闷，因此好不刻薄地说：“西洋兵法若不以中学来巩固学生思想，端正见解志趣，那学生就如无缰之马，无舵之船，就算培养出见识广博的有才之士，国家也不敢放心使用啊！”

赵伯声接过话来，说道：“贾老，洋人殚精竭虑求索兵法的本质，并非全是奇技淫巧，如国人仍对这些嗤之以鼻，到头来吃大亏的是自己。”贾老爱惜地摸摸自己油光可鉴的大辫子：“此言差矣！想当年康乾盛世，圣祖高宗，开疆辟土，国势强盛。如今洋人不过是乘虚而入，逞一时之雄罢了。长此以往，又岂能敌得过我大清百年根基？像有些个假洋鬼子，剪辫易服，满口维新，依老朽拙见，理应斩首示众，以正纲纪。”

赵伯声饮了口茶，看着江流又翻过一个障碍，心里着实欣慰，笑道：“贾老此话像是在说赵某？”“哪里哪里。赵学监留洋归来，剪辫本不足为奇，老朽说的是那些不知天高地厚的后生。”话未落音，操场上又传来一阵欢呼，赵伯声和各位老师循声望去，检阅已结束，虽未分胜负却高下已出，大家众星捧月地簇拥着江流，伊藤武就在不远处点头赞许地看着他。贾先生见此情景，哼的一声拂袖而去。

陆军小学虽然表面上平静如常，但江流剪辫无疑如一枚炸弹，关于“剪辫或留发”的议论在学校不绝于耳。一个陆军小学的后生学着留洋的博士不要老祖宗的命根子，这新式的想法居然能传播如此之快，恐怕是谁都没想到的。

江流作为这场风波的当事人，虽然常遇到指指点点的人、指桑骂槐之事，却依然故我，每天铁打一般按照计划表读书、锻炼、习课。

这天在宿舍，韦星瘫倒在床上，对着江流大吐苦水：“腰酸背痛，四肢乏力，再这么检阅几次，我这把骨头就要散架了。”江流躺在床上，露着锃亮的脑袋，一言不发。韦星揉着腰，龇牙咧嘴：“不去吃饭？”

江流侧头看看他："懒得动，省得那帮顽固瞅着我晃眼。"

韦星憋了好多天的话终于忍不住脱口而出："你说你，好端端的剪什么辫子！回头学校追究，看你怎么收场？"

江流白了他一眼："欲出满清之藩篱，必剪满清之恶辫！此时不剪，更待何时？我就没打算收场，他们能把我怎么着。抓我去见官？"

韦星被抢白了一口，半天没回过神："你还真别小瞧喽，保不齐的事。你说你这是图什么？"

"图个凉快，总行了吧？"

"冰窟窿凉快，你倒是钻进去啊？我问你正经的呢。"

江流翻了一个身，两眼灼灼地盯着他："听过'蚩鄙百端，拟以猳豚'这句话吗？"韦星懵懂地摇摇头。"那英文中的'pigtail'你总该知道吧？"韦星一脸疑惑："这是……猪尾巴？"江流点点头："没错，洋人就是这么解释我们的辫子。"

"得了！他们爱说让他们说去，蓄发辫是老祖宗传下来的。身体发肤，受之父母，不敢毁伤。"韦星把长长的辫子弄到身前，细细地摩挲："你剪掉发辫如何对得起列祖列宗？辫子是我们文明的标识，你没有辫子成何体统？"

江流颇看不惯他不洋不土的样子："留辫本是女真人的风俗，清军入关后，则把它当作民族统治的工具。1645年6月15日，顺治颁发了剃发令。"他越说越兴奋，一个鲤鱼打挺翻过身来，"你还说这是文明？这辫子，是砍了多少古人的头才种定了的！如今大家早忘却了血史，反以为全留乃是长毛，全剃又成了和尚，必须剃一点、留一点，才可以算是一个正经奴才了。中国不需要好皇帝，好皇帝也救不了中国！"

门外一阵抚掌，赵伯声含笑走入："说得好。做皇帝是要百姓的，如今他连百姓都不要了，我们还要他作甚？"江流见老师到访，大感讶异，连忙和韦星起身相迎。赵伯声摆摆手："你坐你们的，我只是随便转转，顺便替朋友跑趟腿，过来送份大礼。"说罢送上一个长长的木质雕花锦盒，古朴陈旧，而显得贵气厚重。江流疑惑地接过锦盒，小心翼翼打开，里面竟然是伊藤武斑痕累累的竹刀。

身为陆军小学的学生，他俩对这竹刀再熟悉不过了，它正是伊藤武教官日夜鞭策学子所用的教鞭。江流不可置信地抚摸着。那天上课，正是他一手夺过这竹刀掷在地上，让伊藤教官当众难堪。

"这是伊藤教官托我带给你的，他说这把刀你没有白扔，它应该属于你。往后你见刀如见他本人。"

江流看着赵伯声："伊藤教官他……"

“他还让我告诉你，有形的辫子剪掉了，可无形的辫子更难剪……”

江流手捧竹刀，若有所思地说：“江流谨记老师教诲！”竹刀依然闪耀着峻冷的光芒，一如伊藤教官的眼神。

4

水师提督赵准一身月白色府绸裤褂，脚穿一双千层底布鞋，悠闲地靠在全堂影木嵌文石的如意靠椅上，他手捧一杯红酒，双目微闭，悠哉地随留声机哼唱。留声机缓缓转动，奏出粤剧《西河会妻》，悠悠绵绵，传出花厅南的玻璃窗，在玉蓝色的雕花玻璃上激起回响。锃亮的茶几上，摆着赵准平时最爱吃的时鲜果品，银制果盘外，放着一瓶法国波尔多葡萄酒。

管家蹑手蹑脚走入，凑到赵准耳侧：“老爷，夫人请您就寝。”

赵准微微睁开眼：“嗯，让她先歇着，我晚些过去。”

管家喏了一声，递上托盘，托盘中放着一碗清水、一碟牙粉、一条热手巾，和一包印有“WRIGLEY”字样的板型小纸盒。赵准留意到纸盒：“这是什么？”

“这叫……口香糖，美国玩意儿。是楚同号管带林永芝孝敬您的，他知道老爷喜欢洋货。林永芝说……放入口中咀嚼即可，味道淡了就吐出来，切勿吞咽。”

赵准照做，咀嚼片刻，只觉得嘴角生津，格外爽口，微微颔首：“嗯……洋人的东西样样都好，可恨的是这帮厮恬不知耻！最近可都相安无事？”

管家脸色突然暗淡下去，从胸口掏出一封揉皱的书信：“这……楚泰号管带何广成托小的给您送来一封书信。”赵准心里一沉，把口香糖吐出来：“我就知道没那么太平，又是弹劾谁的？”

“弹劾……林永芝，说他利用广东水师的舰船走私洋货，中饱私囊。”

赵准草草看过一遍，字字句句极尽挖苦之辞，不由地叹道：“整天个窝里斗，明天你去回他，就说本大人心里有数。”

留声机兀自咿咿呀呀，唱得赵准心烦意乱，他起身关上，一时大厅内寂静无比。

赵准一整晚上都揣摩着弹劾的事，第二天一清早，就被门外的报告声惊醒。他下意识拨开窗帘从幔纱后向外张望，只见天已大亮，提督府前，黄底青色飞龙海军旗迎风飘扬，仪门两侧，石狮对峙，面目狰狞。执枪佩刀的兵士肃立门前左右。突然，赵准眉头一皱，看见一辆英式四轮马车停在府外。

“他怎么来了？”赵准转念一想，心里隐隐觉得不妙。窗外，查理没等士兵回报便大摇大摆走进都督府，面有愠色。

留声机依旧放着优美的粤剧小调，查理心安理得地坐着赵准的位置，喝着管家递来的蓝山咖啡，目色严厉地看着赵准。“总督大人的意思，不知赵都督是否明白清楚了！”查理见赵准拿着信纸，脸色惨白，挑衅地问。赵准气得咬牙切齿，却强忍怒火，一字一句地说道：“虽说总督大人的意思在这儿，但大清国有明文条例，你们英国人无视禁烟章程，在我领海走私鸦片不说，还打死我楚泰号水手。大清政府没有让你们做出合理的交代已经是天恩浩荡，现在你们却反过来让我广东水师交代，这是不是有点欺人太甚了？”

查理见赵准这般反应，态度也傲慢起来：“你们的禁烟章程只是一张废纸！东亚病夫根本就离不开鸦片，你们的政府也要靠鸦片的关税和厘税来支付战争赔款，战败国没有资格和大英帝国讨价还价。”

赵准一时气噎。查理转眼看着豪华的都督府，伸手摆弄着茶几上的古玩。那骨瓷杯子通体洁白、晶莹剔透，查理偏拿过来用尖长的指甲狠狠划着：“只要提督大人答应我的三个条件，大英帝国就不再和你们计较。不然，你们的林则徐大人就是最好的例子，我想中国人不希望历史重演吧？”赵准将信放置一旁，一声长叹：“一将无能三军受累！说说你的条件吧。”

查理两手一摊，耸耸肩：“其实我的条件很简单：第一，赔偿我们所有鸦片损失；第二，处置杀害威尔逊的凶手；第三，广东水师必须鸣炮致歉！”

赵准没想到英国人竟如此得寸进尺，这种条件无异于让整个中国承受奇耻大辱，他忍无可忍，拍案大叫：“你们妄想！赔款可以，另外两条决不答应！”

墙上时钟哐哐哐敲过十点，秒针走得飞快。查理起身，一边慢条斯理地穿衣戴帽，一边盛气凌人地望着赵准，说：“我还要提醒赵大人一声，我这不是商谈，是命令！”说罢，头也不回地离去。

厅内只剩赵准一人，他浑身颤抖，怒不可遏，忽然大发雷霆，一把撕碎信函，又看看查理拿过的瓷杯，心觉恶心无比，一脚把茶几踢倒，红酒、果盘及口香糖散落满地，一片狼藉。门外的管家呆立一旁，吓得直哆嗦。

“来人！快来人！”

管家佝偻着身子小步跑来，站开半丈远，细声细气地应道：“小的在，小的在……”

“马上把何广成找来！”

薄雾未散尽，广州军港正戒备森严，几艘大型军舰一列不少，整齐地停在码口。士兵三步一岗，五步一哨，巡逻兵警惕地左右巡视，防止任何可疑人进入。

突然，军港大门打开，何广成率部下急匆匆地走向甲板，值勤士兵急忙行礼，而何广成像换了一个人似的置若罔闻。待他走远后，水兵们相互低声议论。

“何管带怎么提前回来了？”

“谁知道？兴许是差事办得顺利。”

何广成走上甲板，四处环顾，突然发现一水兵正站在围栏前，抓住就问：“周鲁呢？”水兵一愣：“周……周……周大人他……小的不知。”何广成怒了：“这兔崽子又溜号。等他回来让他马上到海防营务处见我！”水兵连忙领命，抬头时，何广成已急匆匆地转身离去。

周鲁在外祭奠了许梓秋，又找几个哥们野了一天，傍晚时才回来。他一脸疲倦地在狭窄的过道溜达，行至指挥舱门口，一个水兵匆匆迎上：“周大人，您这一天去哪了？让小的好一通找。”周鲁不悦，打量着他：“今天不巡海，下船四处走走。有话快说，有屁快放！”“不是小的找您，是何管带找您！”

周鲁大吃一惊：“放屁！何管带现在在提督府，难不成托梦给你？”

“小的没跟您说笑，何管带今早就跟个魂儿似的飘回来了，一上船就嚷嚷着找您，说让您回来以后去海防营务处见他！小的估摸着……是那批鸦片。”

周鲁面色慢慢发青，拳头渐渐攥紧，头也不回地向前冲。待周鲁匆匆赶到海防营务处时，天已大黑，半炷香不到的工夫突然风沙大作。营务处里冷冷清清，大厅的会客大桌上，几叠文书散落一地，何广成一身便装，孤坐在一桌杯盏狼藉之中喝闷酒。周鲁心中一阵难受，提高声音说：“下官周鲁求见何大人！”

何广成半醉不醒，听有人来，连忙仰头干了碗酒，直勾勾望着周鲁，酩酊自语：“何广成啊何广成……你也配做个管带？点头哈腰……阿谀奉承……到头来连个手下也保不住……”周鲁见此更添心忧，连忙走近，单膝跪地：“下官罪该万死！请管带责罚！”

谁知何广成双眼通红，嘴角竟咧出了一丝笑：“起来，起来……我没说要降罪于你……来……坐下说话。”说罢，亲自为周鲁倒了一大碗酒，也给自己满上一碗。

斟罢，何广成摇晃晃起身，双手托碗，一饮而尽：“你我今日不论尊卑，只论大小……我长你一轮，喊你声周贤弟……大哥敬贤弟一碗！”周鲁觉得奇怪：“管带何以如此厚待？”“诶！叫我……大哥！”何广成不乐意地说。

周鲁忙不迭地倒酒，何广成一把将酒壶夺来："何某代广东水师千百子弟敬拜于你！"周鲁一听，愣住了。

何广成继续说："因为你秉公执法！杀洋人！烧鸦片！就凭这……何某就该敬你……"

周鲁放下酒杯："管带都知道了？"

"不仅知道……我何广成好生敬佩！"何广成双手抱拳，凄然坐下，"惭愧倒应该是我。俗话说的好啊，兵怂怂一个，将怂怂一窝，天皇老子要是都怂了，全天下就要遭殃了！"

何广成放下酒杯，起身来到院门，一推门，风沙狂舞，电闪雷鸣，门前已成畦的花木被狂风吹得不成样子。他凄然道："你看看，咱们这大清国，多像是这风雨飘摇的一台戏！个个演得投入，装疯卖傻，到头来无非是还惦记着这身行头。贤弟啊，你看，这台布、摆设早被人搬去了，咱中国就剩下个戏台子。王朝哀歌留遗恨，无辜忠贞代受残呐。"说着说着，何广成面向风沙，泪如雨下。周鲁站在他身后，不敢作声。何广成沉默良久，话锋一转："你走吧……走得越远越好……永远不要再回来了……"

风越来越大，雨声如雷。周鲁万万没想到何广成会让自己离开广州水师："周鲁做错了什么，管带要说清楚，为何要赶我走？"

窗棂被雨打得吱呀作响，风吹得人睁不开眼。何广成上前几步掩上窗户："你误会了，事已至此……你又让我如何是好？"他又走回屋内，取出一个沉甸甸的青布包袱："这是我的一点积蓄，够你用一阵子。带上它远走高飞吧……何某能做的也只有这些了……""大人！私放钦犯，同罪而待，周鲁岂能一走了之。既然狗朝廷不仁，不如……大人与我一同远走高飞，咱们另谋大计！"

何广成思谋片刻："你是说……逆反？"

"是谋反。"

何广成脸色大变，把包袱掷在桌上，背向周鲁："你这话我全当没听见。趁着我还没变卦，快带上银子滚吧……"周鲁悲愤交加，从怀中掏出一沓银票，小心翼翼地放在青布包袱上："大哥，银子就不必了。这是我从洋鬼子那缴来的黑心钱，如数上交给大人。大人对周鲁恩重如山，大恩不言谢，请受周鲁一拜！"周鲁向着何广成的背影抱拳三作揖，头也不回地走进狂风骤雨之中，身后何广成早已老泪纵横。

周鲁在漆黑的夜雨中赶路，待到夜过三更才来到赵伯声家中。此时急雨初停，赵伯声屋内一灯如豆映窗花。两个憔悴的人影被拉得老长，周鲁全身湿透，裹着赵伯声的旧衣，望着灯花发愣："好汉做事好汉当，我来就是为了向赵大哥辞行，绝不连累赵大哥。”

“你这浑小子怎么跟你许大哥一个德行，当初他落难的时候也是这番话。手足落水，我怎能坐视不管？”说完，赵伯声忧虑地盯着周鲁：“眼下要紧的是，整个中国都是满清的势力，你往哪逃？”

周鲁一愣，他莽莽然出来，根本没想这些问题，只得敷衍：“家是回不去了，往后四海为家，反正天无绝人之路。”

“我这里倒是有条好出路。”赵伯声寻思片刻，“你不是一直想加入同盟会吗？”

“当然！”

“那这几日你先避一避，我想办法安排你去新加坡投奔孙先生。”

周鲁大喜：“可当真？我什么时候出发？”赵伯声立刻打断他：“先别高兴得这么早，要一段时间呢。赶紧先想想，这几天你打算躲哪去？”

“这个赵大哥不用操心，我自有好去处。”周鲁很有把握地说。

从赵伯声家出来后，周鲁一溜烟儿跑到上街。白日里热闹喧天的小街上一个小贩都不剩，只有望东头的春禧楼依然华灯高照，莺莺燕燕一片喧哗，姑娘们媚眼如丝地拦着南北的客人。周鲁心想，月仙平日里总恼我不陪她，这回可好，可惜自己惹上了官司，过几日更是要长相离别，这仙儿还不知道担心成什么样子。哎，生逢乱世，这儿女情长也只能搁一边了。

一进大堂里，不知哪个眼尖的姑娘看到了周鲁，一声惊叫：“周爷爷来了！”只见这上上下下的姑娘们都舍下活儿，晃着白生生的胸脯蜂拥而上，围着周鲁左摸右摸，七嘴八舌地说开了，缠得他脱不开身。

林月仙走出闺门，懒懒地抬眼远远看来。只见她红绣袄偏宜玉体，绿罗裙微露金莲，头插青玉簪，细腰偎阑杆，眼波儿流转，一脸醋劲，只把个周鲁看得心弦乱跳。周鲁故意抬高声调：“八月十五庙门开，各种蜡烛点起来！”珍妈妈忙不迭应道：“都有都有，周爷爷想点哪根蜡？”

周鲁色眼一眯：“这脸堆三月娇花，眉扫初春嫩柳的，你这可有啊？”周围姑娘阵阵娇呼，直往周鲁身上蹭。林月仙一见急了，狠命地绞着帕子，瞪了周鲁一眼。

珍妈妈得意地吹嘘：“我这的姑娘个个都是，周爷爷难不成想都收了去？”周鲁瞧着月仙，微微一笑：“这绿罗裙配红绣袄，头上插一枝青玉簪的，你这可有？”楼上，林月仙轻咬嘴唇，双颊绯红。周鲁见状，哈哈大笑：“那香肌如玉，粉面羞红，平日里爱抱个琵琶，又弹又唱的……”珍妈妈一拍大腿，恍然大悟：“周爷爷还是要仙儿？”周鲁把众佳人一把推开：“珍妈妈，不劳你大驾，老子亲自上去点蜡烛！”说罢阔步朝楼上走去。林月仙羞中含笑，周鲁迈步上前，扳过她的身子，一把扛起，往香闺走去："走！哥哥带你回山寨！"

窗外，雨已全停，月上屋梁，凉白的月光静静地笼罩春禧楼，也笼罩着偌大的饶平城。春禧楼二楼，林月仙的窗子内，娓娓传出一阵阵凄然的弹唱：

一盏离愁，孤单窗前白鬓头。
奄奄门后，人未走。
月圆寂寞，旧地重游，
夜半清醒泪，烛火空留。
一壶漂泊浪迹天涯难入喉
君去后，酒暖思谁瘦。
水向东流，三春如梦向谁偷，
花开却错，谁家琵琶东风破。
岁月流离，不解时候，仍记总角幼。
琴幽幽，人幽幽，琵琶一曲东风破，枫染红尘谁看透。
篱笆古道曾走，荒烟漫草年头，分飞后。

月光透过窗牖照入香帏，周鲁仰面躺在香榻内，双手枕在脑后，聆听熟悉的曲子，目光停留在兀自弹唱的月仙脸上。雪为肌肤花为貌的心上人还浑然不知局势紧急，柔情万种地端坐床头，犹抱琵琶，抚琴弹唱。

一曲弹罢，林月仙泪珠滴在琵琶上，喃喃道："如果你走了，这琵琶还弹给谁听？"周鲁心里一惊，伸手轻抚林月仙秀脸："仙儿别急，等一切好起来，我就回来娶你。"林月仙带泪粲然一笑，摇摇头说："有君一席话，我心足矣，只望有朝一日，能常伴相公身侧，添衣问暖。长夜漫漫，不致一人孤寂。"

林月仙放下琵琶，枕在周鲁肩头。周鲁一时忘情，抱着月仙在温柔乡中沉沉睡去，想忘却纷扰一世安好。

东方泛白，晨曦初露。水师提督府内满室酒气，何广成一夜没睡，看看天色，估摸着周鲁已找着地方藏身，便一刻也不耽搁，命人备马前往赵准处。

桌案前，何广成屈膝垂首，神色凄惶："下官知罪！下官连夜赶来，就是来以死谢罪的。"话时，何广成摘下顶戴，双手呈上。

赵准冷峻地看着他，飞起一脚踢飞顶戴："洋人逼我，总督逼我，现在连你也来逼我！你死了，倒是干干净净、一了百了……可谁来赏我个痛快？广东水师是我半辈子的心血，尤其是你们黄埔港的六艘军舰，那可是广东大小官员联名上了三年的折子才从朝廷手里要出的经费啊……还记得那六艘船是打哪来的吗？”

“日本……”何广成轻声回答。

“不错，是我赵准亲赴敌国点头哈腰求购来的！”赵准手指着何广成，一字一顿，“你们这几个管带更是我亲自选拔，百里挑一，只盼着你们能卧薪尝胆，精忠报国！可这六艘军舰三天后将要打响的第一炮，竟然是他妈的向英国鬼子鸣炮致歉！”说着说着，赵准两行热泪潸然而下。

赵准默默走至窗前，背手远望：“你退下吧……”

“可……周鲁的事……”

赵准冷笑，摆摆手：“你保你的手下，我保我的手下，我赵准也不是吃干饭的。总督好歹有我顶着，你回去吧。”

何广成长跪案前，冷汗长流，不敢抬头，听着赵准的脚步声远去。片刻，水军都督府已经没有一个人，死一般寂静。良久，何广成才抬起汗涔涔的脸，急匆匆地往门外走去。

赵准见他远走后，叫来管家：“备马，去观礼台！”管家一脸惊愕，见老爷眼中泪花泛起，便领命退下。

广州海岸的观礼台气氛萧瑟，这正是约定的鸣炮道歉之日，所有官员、水兵、使馆人员一律到齐，码头上挤满了看热闹的群众。观礼台前，清一色的官员顶着管带花翎，笔直地站列一排，数百名士兵齐崭崭地立于骄阳下，面色沉毅。海风冷冽，海鸥空啼，波涛汹涌。一面黄底青色飞龙海军旗迎风招展，上书“粤水师”字样。旗下，六艘军舰——楚泰号、楚同号、楚豫号、楚有号、楚观号、楚谦号依次停泊。台上遥遥望去，各国公使正襟危坐，大胡子查理得意洋洋列坐于中。两广总督列坐一旁，面色微怒却不敢多言。

查理望着眼前熙熙攘攘的人群，推推自己的金丝眼镜，仔细地巡视了一遍：“总督大人，怎么不见水师提督赵大人？”张总督脸一沉，眼也不抬地拱拱手：“赵大人偶感风寒，告病在府上歇息，今日就不来参加了。”查理听罢一声冷笑：“那真是太遗憾了，错过了这样一个两国交好的重大时刻。什么时候可以开始？我已经迫不及待了。”

片刻功夫，军鼓擂响，号角齐鸣。楚泰号的甲板上，三二〇毫米口径的巨炮昂然指向远方。大炮旁，一身戎装的何广成神色愀然，轻抚炮筒。

少时，一名水兵从远处跑来，笔挺地行了军礼："大人，时辰到了。"何广成只是不理，幽幽地看着前方，一言不发。

水兵继续报告："其余五艘舰船都已准备就绪，就差咱们楚泰号了。"

"行了，咱们已然当了婊子就别再立牌坊了，不就是给洋人听个响吗？去告诉炮手，楚泰号头一遭露脸，炮轰得响亮点，别让洋鬼子嫌咱们连道歉都不会！鸣炮要是不过瘾，你们再喊上几嗓子——就说何广成是王八蛋！"

查理顺眼望去，暖洋洋的日头已经照上桅杆，他放肆地大笑："我今天的心情很好，对你们安排的道歉很满意。可惜啊，要是能在这样的好日子里将那个周鲁一同处置了，就更好不过了。"总督火上心头："查理先生，实不相瞒，那个凶手……他逃了……"

"什么？逃了？"啪的一声，查理一把将红茶套杯狠狠摔在地上。他万没想到这软弱无力的清政府居然会来这么一手。事到如今，两广总督也颇有些义正言辞的意思："的确是逃了。已经派人找了，还没有回应。"

查理面色阴沉，眼露凶光："总督大人，你破坏了我的好心情，看来你们把我的仁慈都当作狗屎了。既然是这样，今天的道歉就不必了，还是让你们的皇帝等着接大英帝国的战书吧！"话毕，查理愤然起身，便要离席而去。

总督连忙上前拦住查理的去路："查理先生请留步！人逃了，大不了全城通缉便是，何必因为这么件小事伤了两国的和气？"查理冷笑："和气？从现在起，我们之间没有和气！既然是小事，我就给你三天时间，三天后如果见不到凶手，你们就等着第三次鸦片战争爆发吧！"

就在此时，海上炮声轰鸣，接连六响。查理听到炮声，不禁放声大笑，得意地冲着张总督耸耸肩，眼中的鄙视溢于言表。各国公使也纷纷望向大海，脸上露出骄慢倨傲的笑容。

六艘军舰舰首的主炮依次闪出火光，何广成跨立舰桥上，凝视天空，热泪盈眶。铁甲炮塔上，炮手将榴弹推入炮膛。装弹完毕，炮手回首等候指令，目光忧戚。何广成佩刀一举，悲声命令："预备，放！"一声巨响，火光骤闪，炮口浓烟升起。甲板上，众水兵早已涕泪交加。

岸上的士绅百姓翘首眺望军港，哀怨声此起彼伏。

少时，水师舰队鸣炮完毕，共计二十四响。何广成跌跪在地，泪流满面，仰天长啸："国将亡矣！我何广成宁死不做亡国奴！"说话间，一把抓起脑后辫子，挥起佩刀，目光决然。一道寒光闪过，辫子割断。何广成手握断辫，举过头顶，对天长啸。六艘军舰的硝烟尚未散尽，空气中弥漫着浓厚的火药味。

长堤上，赵准一个人独立寒风中，微微扬头，目光灼灼，似要穿透高云。忽然间，他一把摘下头上顶戴抛向大海，顶戴随波飘远，在上下翻涌的波涛之中起伏，一个浪打来，无影无踪。

正月的广州，天气愈加凉爽，人也杂多起来。杂耍的、卖艺的从各个地方赶来，大街上热闹非凡。这会儿，在那东条小道有一乞丐走来，他手耍两块牛胯骨，敲打着节奏，正击节唱着数来宝，他浓厚的京城口音一下子引来百姓围观。

数来宝，进街来，一街两巷好买卖。
营生多，真热闹，也有老来也有少。
听我说，您别走，大清帝国它出了丑！
这清早，在码头，黄埔港乱成了一锅粥。
冤有头，债有主，听我从头数一数。
话说那——庚子年，到如今，各国鬼子来入侵。
文武官，有一宝，见着洋人赶快跑。
外国货，堆成山，外带贩卖鸦片烟……

正逢陆军小学放假，江流趁着好天气逛集市，这会儿正在街角一个挂着布帘的书摊前选书。江流翻到贺长龄的《皇朝经世文编》，欣然道："你有几卷？我都要了。"书贩应了一声，一边找，一边不忘夸赞起来："这部书实在好，当今讲究实学，读熟了这部书，殿试策论一定出色。"

离书摊不远，那满口京腔的乞丐早被人围着，他摇头晃脑，脱口而出：

浑不愣，楚泰号，英国商船都敢缴。
杀洋人，烧鸦片，英国鬼子阴曹地府去相见。
这件事，闹得凶，气得查理咬牙切齿直哼哼。

江流正收着书，突然觉着这乞丐说的颇似周鲁的经历，心下一怔，连忙挤了进去。只见乞丐蓬头垢面，两个眼睛却滴溜溜有神，他唱了一段话锋一转：

各位爷，大发财，金银元宝一齐来。
我口又干，舌又燥，您赏俩酒钱鸿福到。

围观百姓一听，议论纷纷一阵，却无人愿意掏铜子。只听得乞丐又唱道：“您不赏，我不恼，不赏酒钱您叫声好。”众人听罢，大声叫好。

您有钱，我有嘴，数来宝的是穷鬼。
说穷鬼，道穷鬼，不赏酒钱您赏口水？

围观者有几个转身离去。乞丐舔舔嘴，歇了音。江流见状，连忙从口袋里掏出几枚铜钱，扔给乞丐李广坤：“身上就这么多了，劳驾您接着唱！”

李广坤捡起铜钱，作个揖，不徐不疾地敲打起合扇，娓娓道来：

这位爷，好敞亮，冲您我也得接茬唱。
那查理，不服气，早晚他不得出口气？
总督府，把状告，赔款杀人还要鸣炮把歉道！
大清国，没脾气，胳臂拧不过大腿去。
黄埔港，齐鸣炮，黄龙旗子一天倒比一天威风小。
水师哭，百姓恼，剪了小辫要和朝廷闹绝交！

江流一听带头叫好，没发现背后有两名号衣官兵走向人群——前面的手拿一摞告示，后面的拎着一桶浆糊。围观群众纷纷侧目。李广坤乜了眼官兵，轻敲合扇，细声细气道：“这些事，别多说，说着说着兴许要把脑壳掉……”唱罢，乞丐退开几步，扭脸便走。

“站住！”一声喝令。围观百姓见状，纷纷散去，只有江流一人站在一旁观瞧。

“唱什么呢！”官兵里一个留着大胡子的发话了。乞丐忙赔笑：“回大人话儿，小的唱的是数来宝。”“去你妈的废话！老子问你唱的什么词儿？”

“这……”乞丐眼睛一转，“小的唱的是：大清好，大清妙，大清的朝廷呱呱叫！”大胡子上去便是一记耳光：“老子打你个呱呱叫！光天化日，妖言惑众，辱没大清国威，押回去！”旁边一个人匆匆将手中的通缉令贴罢，二人一左一右，押着乞丐离去。

待官兵走远，江流忙上前看告示——只见“悬赏通缉”四个大字下，周鲁的画像赫然纸上，上面写道：“缉拿朝廷要犯，悬赏金额：白银五百两。”

5

“你可看清楚了？”赵伯声听江流一五一十说完，连忙拉他进房。江流一刻不敢怠慢：“千真万确，集市、城门、街角、牌楼，但凡人多的地方都贴了通缉榜。”

赵伯声忧虑地皱着眉：“……看来清廷要动真格的了。咱们也得加紧行动，我这就去找马先生，让他安排周鲁提早启程。你现在马上去趟春禧楼，告诉周鲁做好准备。不出意外的话，今晚子时，码头相见！”江流听着耳生，连忙站起身问：“这位马先生是？”赵伯声一边穿衣服，一边头也不回地说：“同盟会的元老，回头再跟你细说。事不宜迟，赶快动身吧！”

正当赵伯声和江流为周鲁奔走之时，周大爷正在春禧楼偌大的后院得意洋洋地给一大群莺莺燕燕上课。他站在一石桌前，左手叉腰，边讲边画，唾沫星子满天飞。春禧楼的伙计们也都围上来，姑娘们团团围坐，看得不亦乐乎。

不远处，林月仙见周鲁肆无忌惮，前簇后拥地显摆，着实也没法子，只得大大地咳嗽了一声。周鲁立马敛声屏气，转眼一看，只见月仙拿着小帕儿，柔柔地贴在月门廊下，蓝色薄衫下一只玉手叉腰，咬唇不语，两腮通红却格外动人。

周鲁一脸尴尬地望着林月仙。不知哪个丫头聪明，连忙捅了周鲁一下：“呆子，人家吃醋了。”周鲁好半天才晃过神来，忙上前拉住林月仙。林月仙低声抱怨：“还来拉我干嘛？你都快成给娘们解闷的了！”

周鲁握着林月仙的玉手，痴痴笑了半天：“仙儿，又吃醋了？”他低下头，像做错了事儿的孩子一般。旁边的伙计早笑个不止了。林月仙看着他，又好气又好笑，扑哧笑出声来：“怎么着？才在一起三天就腻了？”周鲁一听急了，忙举手发誓：“甭提三天，三百年都不腻！”

大家笑作一团。珍妈妈扭动肥硕的身躯，穿过垂花走廊，迈着碎步走来，边走边喊：“你们这帮小蹄子，让我好一通找！妈妈我在前面累得脸红脖子粗，你们倒跑这儿躲清闲来了！”

周鲁忙接话：“都怪我，怪我，误了珍妈妈做买卖。”珍妈妈一边擦汗一边搭腔，脸上的胭脂被汗浸得七横八纵：“怨不得周爷爷，换做平日找几个姑娘陪周爷爷打发时间本是天经地义，可今天偏偏到了储货的日子，那送货的菜贩却又来迟了几个时辰，厨房缺食材。大堂的客人没菜下酒，都等急了！只好让姑娘们先去陪席，撑个场面。这不，我正要和周爷爷商量，有个官人点了仙儿的牌子，周爷爷……可否借仙儿一用？”

周鲁挠头看林月仙。林月仙倒是乖巧得紧，连忙说："既是如此，仙儿就去应个景儿，去去就回。"周鲁一听有理，也不别扭了："说的也对，这几日没少受珍妈妈恩惠，仙儿早去早回便是。只是，我正闲得慌，不如到东厨搭把手。"珍妈妈眉开眼笑，周鲁抬腿就往厨房走。

厨房里正是紧张的时候，头灶、二灶掂锅掌勺，切肉的在红案、做面点的在白案、拾掇海鲜的往水案，火夫一旁添煤生火，学徒走边洗碗刷盘，一伙人忙得不亦乐乎。

周鲁顺眼望去，只见后门外停一辆驴车，车上载满各类蔬菜、鲜肉，却听见一阵对骂声。周鲁好生奇怪，定睛一看，原来那头戴斗笠、两鬓斑白的菜贩，正与春禧楼的伙房伙计争论。

"这也怨不得我呀！狗屁水师得罪了洋人，大清早跟人家鸣炮赔不是，害得城门外设卡子戒严，我也是足足等了几个时辰！您不能因为这没法子的事就乱杀价吧？"

周鲁一听，心下一沉，但没多想，撩开帘子就走出去了。那伙计将一锭银子塞给菜贩："好了好了！给你你就接着，小心老板娘翻了脸，你一个子儿也捞不着！"菜贩一怔，讨个没趣，只得勉强接过银子。周鲁不做声，想走上前帮忙，却没找见装菜的物件，于是大大咧咧走到菜贩旁："老人家，劳驾借你这竹筐使使。"

菜贩正低头坐在竹筐上抽闷烟，一听声响，连忙站起身，突然觉得眼前人眼熟得紧，却一时想不起在哪见过，随口说道："拿去吧。"周鲁道了声谢，拎起竹筐走到驴车跟前，将车上菜逐个扔进筐里，上百来斤菜肉捡了个尽，一个人抱起竹筐哼着小调阔步走向东厨。那伙房伙计直看傻了眼。

菜贩半晌没回过神来，忽然想起头里在城门口见到的那张通缉犯的告示。眼前这大力士，声如洪钟，身手不凡，长得正和那告示上一模一样。见众人都进了厨房，菜饭便半刻也不敢停留，一把携上车子就跑。

"哎，你的竹筐！"周鲁拿着空筐，可那菜贩早不见了踪影。

江流领命来找周鲁，一踏进春禧楼就懵了。月仙暗地里一思量，来者恐怕非常人，连忙把他请进自己的闺房，好茶安顿后，才派了个小厮去通知周鲁。等周鲁来时，江流也顾不得许多，连忙把外面情况说了一番："都这个时候了，咱们之间就不要客气了。你抓紧准备一下，现在外面风声很紧，天黑前你就不要抛头露面了。有什么需要带的东西跟我说，晚上我捎给你。"周鲁也是一脸严肃，心下难受："兄弟真是个有心人，可周鲁向来轻装上阵，没什么要紧的可带。"说着取下香榻上挂的酒葫芦，"劳烦兄弟帮我打上一葫芦好酒，今日一别，不知何时才能相见。上船前，我想和你还有赵大哥再喝顿酒。”

江流接过葫芦："兄弟，现在不是伤感的时候。时辰不早了，我还要赶回去和赵大哥汇合，不出意外的话，咱们子时码头见！”说罢，江流起身离去。

身后，林月仙早已哭成了个泪人，周鲁怔了，半天不说话。七尺男儿也禁不住柔情女子这般："这就是命数啊……仙儿，弹曲琵琶给哥哥饯行吧……”

林月仙含泪点头，从锦桌旁抱起琵琶，左手揉弦，右手轻轻一拨，琴声淙淙，歌声凄凄，如大珠小珠溅落玉盘。正是好景未成花未圆，让人焉得不伤悲。

江流刚行至街口，忽然发现一名鬼祟的菜贩正引着大队官兵风风火火赶来，再定睛一看，为首的正是大胡子查理。江流暗道不妙，慌忙转身朝春禧楼狂奔而去。

一个变徵之音，琵琶弦断。林月仙似感凶兆，打了个寒战。房门哐啷一声响，江流气喘吁吁地推门而入："兄弟快逃！兵来了！”周鲁大吃一惊，慌忙扒窗俯瞰——只见，查理已率官兵来到春禧楼门前。

官兵闯入春禧楼。来客惊声尖叫，四处逃散。伙计和姑娘纷纷逃窜。珍妈妈正急着没处躲，查理走上前，一把锃亮的左轮手枪顶住她太阳穴，查理唱道："说！周鲁在哪？”珍妈妈吓得不轻，哆哆嗦嗦就往地上跪下："在……在月仙阁……”说罢，晕厥倒地。

周鲁听门外动静，青筋暴露，冷汗流了一头。林月仙也慌了神："他们上来了！”

江流不语，死死盯着锦桌上的青瓷花瓶，若有所思。周鲁还在和月仙泪眼凝望之际，哐啷一声响，江流用青瓷瓶砸向周鲁，瓷片四溅，周鲁翻了个白眼倒下了。

门口响起重重的脚步声。查理举枪来到月仙阁，踹门而入，只见林月仙一脸安静，恶狠狠地看着他，房内窗户大敞，并无一人。查理正准备逼问，只听窗外传来菜贩的呼喊声："人逃了！人逃了！”查理扒窗一望，一个身穿蓝布短衣，黑灯笼裤的人正手握床单被褥接成的布绳跳窗而逃。查理大怒："给我追！”江流顺绳而落，将疤脸管带撞倒，夺路而逃。管带跨身上马，追至十字路口，一辆黑色轿车驶来，江流躲避不及，被撞倒在地。疤脸管带大手一挥，上来两人把江流死死摁住。

月仙阁里，林月仙脸色苍白。查理举枪一步步逼向林月仙："他是你什么人？”林月仙一字一顿决然道："我男人。”查理轻蔑一笑："找个婊子做女人，不愧是野蛮人！”林月仙望着查理狰狞的毛脸，啐了口唾沫：“你们才是野蛮人，烧杀掳掠，禽兽不如！”查理气得浑身打战，举起左轮手枪，砰的一声枪响，林月仙应声倒地，鲜血流淌，瞬间香消玉殒。

过了一炷香的时间，周鲁微睁开眼，伸手一片漆黑，忽觉头昏脑沉，浑身不自在。他侧头一瞧，见自己只穿了内衣裤，江流的衣服却堆在身旁。周鲁起身钻出床底，手触之处却是一片潮湿，抬手一看，外面阳光亮得刺眼，房间狼藉，林月仙横尸眼前，头上迸出的鲜血脑浆散了一地。

尸体已渐渐冰凉，断弦的琵琶横卧一旁，周鲁目眦欲裂，紧紧抱住月仙：“仙儿啊，我说好风头一过就来娶你的，你怎么……”说话间，周鲁早已泣不成声，两眼被仇恨燃烧成两把火。“仙儿，我周鲁这辈子就你一个亲人，我他妈一定手刃了这帮畜生，为你报仇！”

残月垂雨，墨云翻飞，幽暗处，不见一丝星光。几只寒鸦掠枝而过，声声凄然。城中西南角的监狱，土墙高耸，房柱粗粝，正中矗立八角凉亭。四大间牢房各悬“知、错、改、过”四幅匾额，交错成十字形，布局仿制八卦珍珑。时而几声惨叫从牢房里传出，在空寂的天井间嗡然回响。

“龟儿子，别撑了，早晚是要交代的，早说早享福。”

狱头泼了一桶凉水，刑架上的犯人打了个寒战，缓缓抬头，正是江流！他咽下一口血水，一脸痴傻：“你们到底让我交代什么？”

狱头失去了耐心：“废话！周鲁在哪儿？”

“谁是周鲁？”

狱头一个耳光扇过去：“他妈的！车轱辘话来回说！你这龟儿子会不会说点别的？”江流还是装傻，狱头努努嘴：“动刑！”两名狱卒应声上前，操动刑架——木夹应声往下一落，江流的手指被卡在里面，血从木缝中点点洒落。

狱头狞笑：“夹刑的滋味不好受吧？小子，我劝你老实交代。查理先生说了，只要你肯交代，可以戴罪立功。”江流一抬头：“……谁是查理？”狱头愣了：“奶奶的！你得罪了谁你不知道？”江流摇头，夹刑再上，江流一声惨叫，晕了过去。狱卒伸手试探江流的呼吸：“头儿，还有气。动这么大的刑，平常人早招了，我看这小子不像是装傻。”

抓到凶手同党的风声早已传到了查理耳里，他马不停蹄地来到狱中亲自来审问，几番警告狱卒必须严刑逼供。查理再三强调，正是狱卒用刑不深，才让凶犯周鲁同党拒不认罪。张总督禁不起查理四处刁钻惹事，只能陪查理审问。

“不可能。什么都不记得？简直荒谬！”听狱头在一旁汇报情况后，查理震怒不已。

“的确什么都不记得了，一问三不知，连自己是谁都不知道。小的在刑房拷问多年，审人无数，装傻充愣的也见过不少。上了几种刑还扛着的，这还是第一次遇见。”

张总督一听，说：“老夫倒是听说过一种病，多是因头部受到撞击所致。轻者头痛且晕，健忘，目光呆滞；重者失语，癫痫，痿废不用。老夫闻听那刁民被捕前曾受到轿车的冲撞，该不会是患上了这种疾病吧？”

查理不屑地看了他一眼，阴阳怪气地说：“这种病在我们西方叫脑震荡，恢复起来并不是什么难事。总督大人，我的忍耐已经到了极限！我们约定好的三天期限，现在还剩下两天。两天后我必须见到周鲁！”

总督不语，查理一摆手，踢了狱头一脚，愤然离去。

牢房里，乞丐李广坤此时正双手枕在脑后，懒懒地躺在一堆草垛上。突然门闩一动，铁链锒铛作响。狱卒拖着一个血肉模糊的人走入，扔在草垫子旁：“狗娘养的，费你爷爷多少力气，一个屁都放不出来！”骂不解恨，又补上几脚。那血人趴在地上一动不动，低声哼吟。

狱卒锁门离去，李广坤低头看江流，摇头自语：“作孽啊，这都给打成了烂柿子，也不知道断没断气？”

这血人眯缝着双眼，低语：“水……”

李广坤吃了一惊：“哟，还有口气来着。一看你就是个生瓜蛋子头回下圈，你等着。”

“……那劳您架……帮我翻个身……”

李广坤连忙蹲到他身旁，托起上身，却见此人实在面熟，细看，更是大吃一惊：“你不是昨天在集市赏我铜钱的小兄弟吗？”

江流乜了眼李广坤，摇了摇头：“不记得……”李广坤哎呦一声：“瞧你这记性！我是那墙根底下说数来宝的，仔细想想！干我们这行的整天察言观色，练的就是一双火眼金睛，错不了！我瞧你不像个惹事的人，怎么也落到这步田地？”

江流苦笑一声：“天晓得，这鬼世道……”李广坤又上下打量一番，蛮有把握地说：“我看你是被打糊涂了。等着，我给你弄口水润润嗓子。”说罢，李广坤行至窗下，脱掉囚服，顺栏杆塞向窗外，任雨水将衣角淋湿。江流忍痛瞥了一眼，见赤膊的李广坤颈上挂着一只翡翠葫芦，玲珑剔透，晶莹小巧，不似男子佩戴之物。少顷，李广坤回到江流身旁，挤出雨水滴入他口中。

喝足了水，又歇了半晌，总算恢复些元气，江流靠在草垫后的墙壁上。

李广坤侧卧在草垛，口嚼一根草："贫在闹市无人识，富在深山有人知。谁会记得我这乞丐？"江流吃力地摆摆手："老哥误会了。穷人正知穷人苦，齿痛正知齿痛人。兄弟我不是嫌贫爱富，是真不记得了！"

"那你到底是因何被抓进来的，这你总该记得吧？你姓甚名谁，这你总不会忘吧？"

江流还是摇头："实不相瞒，真忘了。你就叫我无稽奇人好了。老哥怎么称呼？"李广坤抱拳："我叫李广坤，同行都叫我李快嘴。"

"广兴之路，朗朗乾坤，好开阔的名字。"

"都沦落成这副德行，还什么朗朗乾坤？不比你，众人皆醒你独醉，众人明白你糊涂。这世道难得糊涂啊！"说罢，李广坤又望向窗外，叹了一口气。江流似懂非懂："兄弟何必悲观？英雄落魄，秦琼卖马，朱洪武不还有个讨米叫花的日子？"李广坤道："我一个伸手接食的乞丐，从北京一路南下，一人吃饱全家不饿，哪比得了秦叔宝和朱元璋？兄弟就别拿我开涮了！"

言语间，江流又瞥了一眼李广坤颈上的翡翠葫芦："老哥虽无家业，想必心中也定有曾经沧海的记挂吧，只可惜弱水三千，你只愿取那一葫芦饮。"李广坤将玉葫芦掩入衣襟："人去楼空，往事不堪回首，只当留个念想罢了"。

大雨下了一天，野外一处静寂之林，葱葱郁郁，荫木斜影。树下恍然耸起一座孤坟，孤影茕立，一方简陋的灵牌，上书：爱妻——林月仙。立碑者正是周鲁。

"仙儿，你先在这将就些日子，等周鲁顶过这阵子，再好生安葬你。那琵琶我没给你带来，想留在身边当个念想。若有来世，周鲁就在这棵树底下等你，咱们来生……再做夫妻……"周鲁一一拔去坟头的枯草，脸色凄惶："仙儿你放心，哥哥定会替你讨回公道。如今狗鞑子和洋鬼子狼狈为奸，老子和他们不共戴天！"

才几日的光景，这意气风发的水师管带经历了国恨、家仇、友丧、情殇，已人形憔悴。他轻声抽噎，双泪长流，抽刀割下辫子，披头散发，从包袱中取出一件黑衣，小心穿戴好，披蓑戴笠，行走于风雨中。天地苍茫，一道闪电撕破天空，闷雷滚滚，沙沙地落起雨来。

自从林月仙亡命，江流收监后，周鲁日夜不停地跟踪着查理，终于，他尾随查理鬼祟走入一座哥特式风格的教堂。那教堂瘦高耸立，橄榄形的尖顶上流光溢彩，窗户上都画有圣经故事的图案，如梦似幻。查理打扮怪异，穿的黑衣黑帽，和平常颇不一样，他轻车熟路地来到第一排坐下。

圣歌回荡，万籁如空，洋教士站立台上，神情肃穆，正抑扬顿挫地为信徒传达福音："耶稣警告人不要做伪善的施舍和祷告。他教导门徒要祷告，求天父的名成圣，愿他的王国来临，并且求他赐予日用的饮食……" 台下黑压压的一片信徒闭目垂首，虔心忏悔。突然，查理摘下帽子，朝黑衣教士使了个眼色。教士微微颔首道："他提醒那些跟从他的人不必为生活所需担心或一味追求物质财富，因为天父知道他们的实际需要。他说：你们要先求他的国和他的义，这些东西都要加给你们了……愿主与你们同在，阿门。"教士走下台，凑到查理耳畔低语了几句。少顷，查理起身，随教士走出后门，周鲁赶忙起身跟上。

在那教堂后，查理和教士飞快地走进一个不起眼的小木屋。周鲁且跟且藏，戳开窗纸窥视屋内。小木屋内摆设简单，一排排酒架上摆满空瓶，蜘蛛网勾连梁上。酒架一侧，堆满崭新的货箱，与屋内陈旧的摆设格格不入。教士和查理推心置腹："先生没必要发那么大的火，那批货被烧了，我们还有很多，这一本万利的买卖是不会亏本的。"说罢，教士打开货箱，周鲁定睛一看，居然全是满箱满箱的鸦片。

一见鸦片，周鲁怒火中烧。突然，木屋内传来查理嚣张的声音："我发火不是因为那批货，而是因为中国人太猖狂，如果不及时打压他们，今后这样的事情还会发生，我们的生意就没法做了！"黑衣教士打开货箱，拿出一块黑色土膏，嗅了嗅："先生，主会保佑我们的。"查理接过鸦片，脸上露出贪婪的笑："看见它我的心情就平静了很多，我看到的不是黑色，而是金色，黄金般的金色。"

周鲁一腔怒火，踹门而入，一手把查理按在地上，抽出短刀，冷眼鹰视查理："放你娘的狗屁！拿你们的狗命来！"说罢右手一挥，寒光一闪，一刀将查理毙命。黑衣教士浑身哆嗦，跌跪在地，连声求饶。周鲁反手一勾，教士瞠目倒地。

细雨潇潇，天色阴霾。周鲁阔步离去，身后的木屋已陷入一片火海之中。鸦片、查理，和那黑心的教士，化为了灰烬。

曙色微明，晨雨萧瑟，雄鸡报晓。监狱上下一派肃静，江流正侧卧草垫熟睡。李广坤伸个懒腰，打了个呵欠，站在牢门前随口唱起数来宝：

> 金银财宝价最高，光阴似箭斩人的刀，
> 日月穿梭催人老，太阳佛三道金光把人熬……

江流闻声醒来，瞥了眼李广坤，低头笑道："真是不疯魔不成活……"李广坤兴起，拍打栅栏门伴唱，也不管江流。江流恍觉墙根处有东西蠕动，只见一只乌龟缓缓地沿着墙根爬行。江流打量一下牢里的地形，撑地起身把乌龟一把抓来："怪事，你打哪进来的？"

忍又忍，饶又饶，忍字头上三把刀！
渔樵耕读都得忍，听我把几样个忍说个根苗，
砍柴的樵夫也得忍，忍的是山中无有虎狼嚎，
打鱼的渔夫也得忍，忍的是风平浪静好把鱼虾抄，
当了王八也得忍，睁一眼闭一眼假装瞧不着……

牢房外，狱卒一声叫喊："哪个龟儿子大清早吼吼！嫌命长不成？"李广坤一听哑了口，溜回草垛，不再作声。江流忙将乌龟揣入怀中。少顷，狱卒行至牢门前，怒目圆瞪："李广坤！是你唱的数来宝？"李广坤连忙怯声回道："回官爷，小的一时没管住这张嘴，该死！该死！"狱卒开门进来，一脚踹在李广坤小腹上。李广坤捂着肚子跪地，一脸痛苦。狱卒收拾完李广坤，问江流："你想起点什么没有？"江流一脸懵懂："想起什么？"

"奶奶的，抓来个傻子！"狱卒恶狠狠地说道。

说话时已到饭点，牢里顿时躁动起来，囚犯纷纷伸出一双双枯瘦的手乞食。三名狱卒一前两后，各拎个木桶，为囚犯分食。所到之处，囚犯们一个个急切地从桶中取得一个空碗和一副竹筷，狱卒满不在乎地舀上一勺烂菜汤，再发给每人一个窝窝头。分到吃食的囚犯，便心满意足地缩回身子，狼吞虎咽起来；没分到的，急红了眼地抢着。狱卒一边斜眼看着囚犯一边叫嚷："龟儿子们，抓紧下咽！过了饭点碗筷一律上交！"

江流看着这一幕，唏嘘道："这鬼地方，吃饭也不让人清静，把碗筷留下便是，还怕有人偷去不成？"李广坤笑了："小兄弟有所不知，这帮贼娘是怕碗筷到咱们手里成了凶器，谨慎得很。"江流听罢，琢磨片刻，眼珠一转，诡秘地笑道："原来如此，看来天无绝人之路……"李广坤不解地看着他："你又打什么鬼主意？整天神神叨叨的。"

狱卒来到牢门前，江流、李广坤连忙从木桶中取出碗筷。狱卒舀完汤、发完窝头，丢下一句："都给我抓紧往肚里填！过时不候！"江流却捧着碗站在原地愣神。李广坤边吃边说："快吃啊，你不吃还等什么？窝窝头变不了红烧肉！"江流回过神来，乐了："那咱们就让这碗汤变成翡翠白玉汤！"说罢，两手一松，瓷碗滑落在地，碎片四溅。

李广坤万万没想到江流如此糟蹋粮食："你疯了？有怨气冲我撒，别糟践了这碗汤呀！"江流趁着狱卒没来，赶紧俯下身捡起几片较大的碎瓷和一根竹筷子，掖入怀中。狱卒闻声赶来，江流连忙道歉："官爷！是我该死，一不留神烫了手，碎了碗好汤！"狱卒打开牢门，见满地碎碗片，怒视江流："原来又是你这龟儿子！脑袋撞傻了，手脚也不利索！"江流哀求道："官爷息怒，小的绝非有意，您大人有大量，再赏碗汤喝吧！"狱卒道："少他妈废话！给老子把碎碗捡干净，想喝汤舔地下的！"江流连忙蹲下身子捡碎片，恭恭敬敬地捧给狱卒。狱卒一瞪眼："给老子干嘛？自己扔桶里！"江流将碎片扔入桶中。狱卒白眼道："往后小心点，再有一次，老子让你饿死在狱里！"狱卒锁上牢门，愤愤离去。

李广坤大惑不解："兄弟，你这到底唱的是哪出？不会是真傻了吧？"江流自怀中掏出瓷片，自信地笑了笑："傻不傻，到时你就晓得了。"

夜里，星光暗淡，月华如水。李广坤嚼着根稻草，站在牢门口把风。江流兀自聚精会神地躲在一旁的草垛上打磨碎瓷片。李广坤看看江流，不满地嘟哝道："也不知道你抽什么风？整天净干些莫名其妙的事！"

江流自顾忙活，手下，几片碎瓷被磨成等腰三角形。他对瓷片吹了口气，撇嘴一笑："你再盯会，马上就好了！"说罢，江流脱下囚服，用瓷片在衣角划开道小缝，使劲一扯，撕出条长长的布条。江流拿出预先备好的竹筷，将一块三角形瓷片牢牢绑在竹筷上，形成一支短小的"弓箭"，接着反复试了试，转身对李广坤道："大功告成！老哥辛苦了。"李广坤大吃一惊，赶忙凑上来："我倒看看你整出个什么名堂？"江流摇头晃脑，将"弓箭"亮出，打趣道："此乃夺命勾魂箭！"李广坤望着这不伦不类的东西，大失所望："折腾半天就鼓捣出这么个破玩意！你想干嘛？用你这三寸不祥之物射死看守不成？"江流诡秘一笑："老哥先别多问，子时自会明了。"

就在此时，狱头走来巡视："都给我躺下睡觉！躺下！不准交头接耳！不准擅自走动！拉屎撒尿都给我轻着点！"江流赶紧将"弓箭"藏于草垫下。狱头越走越近，江流一身冷汗。狱头嫌恶地望着他："你！出来！跟我走一趟！"李广坤蔫在一旁装睡，自语道："这傻小子穷折腾，又要受皮肉之苦了！"

两人来到接待室门前。狱头叮嘱江流："多听少问。进去吧，有人来看你，抓紧点。"话毕，狱头转身到不远处把风。江流疑惑地推门而入，见到屋内的人，不觉大吃一惊。

长案前，赵伯声放下盖碗，江流惊喜万分，连忙迎上前小心翼翼地唤了声："赵老师！"赵伯声站起身拍了拍江流肩膀："听说你失忆了，这不是好好的吗？"江流警惕地看看身旁，俯在赵伯声耳边说："装的，不然早被打死了！”两人相视一笑，江流问：“赵老师怎么找来的？”

“说来也巧，这儿的狱头曾是我在新军的旧部，因为抽大烟被我贬到这里。好在他还认我这个标统，使了些银子便买通了。”

江流抱拳道：“让老师费心了。”

“哪的话？”赵伯声叹了口气，“是我害你和林姑娘受苦了。若不是我让你去春禧楼报信，你也不至于落到这步田地。林姑娘也不至于横尸惨烈啊。”江流大惊：“为兄弟两肋插刀，江流毫无怨言。只是这林姑娘居然也是这等刚烈！”

门外，狱卒脚步声传来。赵伯声轻声说：“这等闲话少说，我是来告诉你，这帮官见钱眼开，你只需安心多等几日，争取尽早把你弄出去！”

江流一听这话反而笑了：“不必劳神费力，我已经计划周全，自有办法脱身。”赵伯声大感惊讶。江流说：“明天是二月二龙抬头，老百姓习惯放爆竹，老师只要子时三刻在监狱附近大声鸣炮即可，越响越好。学生自有办法脱身，到时咱们渡口见！”

赵伯声欲再开口询问，狱头推门而入：“标统，换岗了，你得撤了！改日再安排你们见面。”江流意味深长地看了赵伯声一眼。赵伯声心领神会，匆匆离去。

夜深人静，囚犯们都已睡下，甬道里回荡着阵阵鼾声。江流在墙壁前迈步测量，不时止步，用“弓箭”在墙上做下标记。李广坤一脸困倦，无奈地在牢门前把风，时而看看江流，叹一声气。

江流聚精会神，在墙壁正中用瓷片用力刻出五处标痕，白色的瓷粉飘了一地。

李广坤窃语：“疯子，我赔了命给你把风，你怎么倒画起花来了？难不成这是什么茅山灵符，你要施法炸开这堵墙？”江流没空瞧他，只叮嘱道：“你就当是道灵符吧，别说话，留神盯着。”

说罢，江流脱下靴子当锤，以“弓箭”作钉，用力在墙上砸洞。片刻后，瓷片尖部被钉入墙中。江流轻扭“弓箭”，墙上土沫飘落，“弓箭”渐渐深入墙中。待五个洞都凿好后，江流朝钻孔处吹了口气，再将“弓箭”插入。江流擦了把汗，拔出“弓箭”，只见瓷片顶部已磨圆，他重新磨出尖，又开始重复动作。

雄鸡报晓，曙色微明。整整忙活了一夜，江流才把五个孔都钻透。李广坤早已支持不住，呵欠连天，一脸倦容：“你疯，我也陪你疯，疯了一夜，才钻这么几个小窟窿，管个屁用！”

第二天，月黑风高，树影婆娑之间，赵伯声带领韦星等陆军小学的学生分抬几大箱爆竹，朝监狱方向急行。

正是这二月初二子时，众囚犯已入梦乡。江流望着月光，细细掐算着时辰，悄声对李广坤说："醒醒！醒醒！"李广坤眯缝着眼，半睡半醒："祖宗！睡吧睡吧，别折腾了。""老哥，还有三刻，炮声一响，咱们一块脱身！"

"我叫你声哥，别再抽风行吗？"李广坤大倒苦水，"昨天被你折腾了一宿，今天您且饶了我吧。你不要命，我还要命呢！""大哥，你我墙根底下相识一场，又同在这鬼门关摸爬滚打这么久，能有今日，乃是冥冥之中的定数。江流岂能撇下老哥独自逃生！况且，我若一人逃出去，狱卒追究你知情不报，我岂不是害了大哥！"

李广坤一听，发现什么不对，恍然大悟："等会，等会！你叫江流？你不是不记得与我曾有一面之缘？这会儿怎么全都想起来了？"

江流双目炯炯："江流一直都记得，只是此前为了同那帮狱卒周旋，不得已才装疯卖傻，还望老哥多多包涵！"李广坤摇摇头，叹气道："你有你的难处，我不多问。甭管你是谁，老哥就劝你一句，你那逃生的念头，还是烂在肚子里吧。人活一世，有些事可以争，有些事争不得，尤其是别和命争，兄弟还是认命吧……"

这时，咚！咚！咚！一杆杆礼铳朝天放响，火光如霞。

江流闻声起身，一脸决然："老哥若认命，江流只好替老哥争出条活路来！"说罢，江流行至墙壁前，使出浑身气力猛然撞击。爆竹响一声，江流便应声猛撞一下墙壁。撞墙声与爆竹声叠为一响，尘土溅落，壁上已现出几道裂痕。李广坤在一旁看傻了眼。对面牢房囚犯也被惊醒，窃窃议论。

江流一边撞一边说："老哥这下相信了吧？该争的不该争的，咱都要拼一把！过来搭把手。与其整天把那玉葫芦挂在胸前当念想，不如同我放手一搏，闯出这鬼门关，另辟天地，把你那心上人也找回来！"李广坤抓紧玉葫芦，猛然起身："奶奶的！老子豁出去了！"说罢，露胳膊挽袖子，与江流齐力撞壁。

片刻功夫，墙壁上裂缝渐宽，土块纷纷掉落，一个大洞赫然出现在面前。

李广坤惊喜万分："老天爷饿不死瞎家雀！"

江流探身出洞："前面是片野林子，正好藏身。快！"忽见脚下有什么在动，江流一看，原来是那只乌龟。江流一把拾起乌龟："走！也带你逃出这鬼门关！"两人一前一后走出牢房。面前一片沙地，百步之外正是一片树林。漫天礼炮中，两个身影翻墙而过，一前一后委身钻入林中。

牢里的狱卒正喝酒胡诌，忽然听见众囚犯摇晃枷锁大叫："跑了！跑了！”狱卒猛然见江流囚室内壁上赫然多出一个大洞，顿时大叫：“犯人跑了！追！”

夜如泼墨，鸟瞰山脊成剪影。野地里，官兵火把成龙，朴刀开路、军犬吠叫随行。十数只布靴踏草而来，呼喝声此消彼长。李广坤紧随江流，脚上锁着镣铐，早已累得半死。江流脚步不停：“大哥！猫着腰，往草里钻。”

身后熙熙攘攘响起一片脚步声，忽听一个士兵叫道：“在前面。放箭，放箭。”

数箭齐发，嗖嗖声不绝于耳。一道箭羽向李广坤斜刺射来。江流一个纵身挡住飞箭：“老哥，小心——”李广坤呆立一旁，只见箭羽透肩，江流应声倒地。李广坤大惊，赶忙上前一把搀住江流：“兄弟！兄弟！挺住啊兄弟！”江流颤声说：“老哥别停脚……找着水就有救了……别管我。”李广坤背起江流艰难行进：“兄弟这是什么话，我李广坤虽不是好汉，可也不是忘恩负义之人！

“老哥……把我放这吧……这么下去咱俩谁也活不成……你好好活着……活出个样来……把你那心上人寻回来……”李广坤泪流满面。地形突然开阔，忽然，脚下有一草坡。“兄弟，咱们有救了！”李广坤大喜，看都没看脚下，就背江流屈身溜下草坡。不料草坡下是一片沼泽。

不远处，官兵脚步声纷沓。

“人呢？”

“分头找！”

李广坤的脚脖子和膝盖没入沼泽，连忙搀着江流攀住旁边的树枝：“兄弟！别站起来！当心陷下去！”江流抓着树枝，抬眼看李广坤，他臀部已陷入沼泽，拼命挣扎，可越陷越深。

瞬间，李广坤腰下已陷入沼泽：“兄弟，别管我了，你爬过这片沼泽地，就能脱身了，你快走吧！”江流急切地想帮他，可他陷得太深，再大力气都是徒劳。胸口没入沼泽时，李广坤只觉得呼吸急促，满眼金星：“你还年轻，路还长……我李广坤能交你这么个朋友，值了……你说得对，人活一世，不能给自己留遗憾……能和你逃狱……没遗憾了！”少时，李广坤脖颈已陷入沼泽中。

江流失声痛哭。李广坤永远沉没在了这片沼泽地，只漂起一只玉葫芦。江流突然想起什么，从胸口处拿出缩成一团的乌龟。乌龟伸出脖子，四面一望，直愣愣地向江流东南方爬去。江流侧耳一听，似有隐隐水声，他苍白的脸上浮出笑容：“天无绝人之路，果然有水。我江流若逃得此劫，拜你为兄。”

湖面上，一个黑影撑船等待良久，突然，草声大作，黑影警觉道：“谁？”

江流奄奄一息："船家……载我渡河……"说罢，仰天不省人事。

巷子尽头，国槐树下，赵伯声正在门口翘首企盼，良久，只见两个黑影脚步匆匆。赵伯声连忙引两人进院，关切地问道："伤得重么？"黑影摘下帽子，一张黑脸，胡子拉碴，不是别人却是那硬汉周鲁！

他一边扶着江流一边进屋："兄弟命硬，死不了。"

"路上还干净？"

"加着小心！鹰爪子甩得远远的。"

两人携江流回到屋内，周鲁一把扯开江流囚衣，只见半截犬齿倒钩箭牢牢钉在血肉之间。周鲁倒吸了一口冷气："伤成这样？"

赵伯声取来热水、布、火烛、剔骨刀、金疮药等，瞧见桌上的乌龟，问道："这是？"

"救命恩人。没有它，恐怕咱们兄弟永无相见之日了。"

赵伯声没再多问，拿棉布，蘸清水，全神贯注地擦洗江流伤口，说："忍着点！"左手猛地按住江流左臂，右手掐住箭杆，手腕一振，顺势拔去，一飙鲜血喷涌而出。

周鲁立即挪近灯盏，用白布将江流伤口重重按住，少顷，拉开一角，敷上金疮药。江流忍住剧痛，咬紧牙关。

赵伯声一边包扎，一边说："客轮明日中午起航，你这身子……恐怕撑不住，还是在我家里安心养伤，静待机会再说。"

门外突然人声嘈杂，几声沉闷的敲门声响起，赵伯声紧张地说："我出去看看，你把他抱进里屋。"周鲁小心翼翼抱江流进屋，安放于室内榻上。江流脸色惨白，手按伤口，半偎床头："赵先生所言……咱们……不得鲁莽行事。"

"当日若不是你和月仙儿舍命相救，今天躺在此处的就是周鲁。如今见你这般，我倒情愿替你受刑。"周鲁说道。一会儿，只听门闩一响，赵伯声匆匆进门："恐怕我这里也待不住了。来人我已经挡住了，你们好歹在这里撑一宿，明日一早再作计议。"

"你怎能吃得消？"

"皮肉伤，在家是养，在船上也是养，只要能迈得动步，没有大碍。周兄早点休息，养足精神，明日登船。"

赵伯声安排江流睡下后，叫周鲁前往书房，在桌前奋笔疾书，须臾，起身把一封信递给周鲁，嘱咐道："贴身装好，到地方交给孙先生，他自有安排。明日码头上，我已安排同盟会的马天骅先生接应你们上船。那就，盼着你俩在南洋大展宏图！”

6

黑夜过得飞快，不到寅时，两人就匆匆起身。行了几里路，到码头上一看，人头攒动，游客接送往来川流不息，近岸泊着一艘客轮。周鲁抬眼张望，却见码头已被重兵把守，设置卡位，来客需验身登记。

“这帮狗娘养的！手脚倒快！”周鲁皱眉。

捕头吕七指挥手下对照通缉告示，盘查登船的乘客。江流拉着周鲁背身进了路旁茶座，一队官兵贴身而过。周鲁提壶倒茶张望关口，一声叹息：“风声太紧，就算有人接应，恐怕也赶不上这班船。”

江流手按伤口，端着茶碗坐下：“今日走不了，日后再想动弹更难。”

说话间，两个官兵一前一后走入茶座，其中一个抱怨道：“熬了大半天，没逮着一个正经能换赏钱的。”

“别让我撞见，我倒要看看那个杀洋人的管带长没长三头六臂，值不值五百两银子？”

周鲁听了，和江流相视一笑。两人继续紧盯着码头的动静。一拨又一拨人进去了，去南洋的生意人没有保书的都交了金子，几个倒霉蛋没钱没保书，只能被押在一旁。

周鲁一皱眉，和江流使了个眼色，不慌不忙地走到两个官兵前：“兄弟，借一步说话。”他把两个官兵引到僻静处，几下就把两人打晕了。

不多久，两个官兵被周鲁扒了兵服，嘴堵上袜子，五花大绑，在茶座厨房里柴火堆里哼哼唧唧。

码头那边，不慌不忙地来了两个人，一胖一瘦，均是客商打扮，大摇大摆走至关卡前。

捕头吕七迎面拦住他俩：“箱里装的什么？打开看看。”瘦子傲然说：“可是要紧东西，光天化日开不得。”吕七命令道：“什么要紧东西！不是鸦片就是贼赃，见光死不成？开箱！”一捕快弯腰欲动，被胖子拦住。吕七一反手抓住他：“怎么的，想造反么？”胖子神秘瞥瞥两旁：“官头近一步说话。”

须臾，吕七与胖客商走到角落。吕七伸手：“拿来。”胖子自怀中掏出一件东西放在吕七手上。吕七掂量：“金子！”胖子轻蔑道：“分量还足？”“足！”吕七说完，便准备收至怀中。

胖子赵福目光一变，反手给了吕七一个耳光：“睁开狗眼看仔细了，给什么都敢接着？”吕七定睛一看，那金牌上明晃晃写着“大内侍卫”四字，连忙捡起腰牌放在赵福手上，捣头如蒜：“小的有眼不识泰山，还请大人见谅。”“查的什么人？兴师动众的。”吕七唯唯诺诺交出画像，赫然是江流和周鲁：“可不，都是同盟会闹的。”赵福仔细看完画像，一把抓过吕七：“好狗不把门，去船上闻闻味。真有要紧人物，还杵着等你查不成？”

碧海银波，汽笛长鸣，船启程行入大海。江流、周鲁遁在船上一处暗室，脱掉身上官兵服装。周鲁一边脱衣一边嚷：“说要拿我，还当他们有多大能耐。这下两个走狗可知道我周大爷的手段。”脱完后，又帮江流脱下。江流捂着伤口不动弹，说：“看他俩手无缚鸡之力，军士尚且如此，大清亡矣！此番去南洋投奔大义，实属明智之举。”

周鲁大大咧咧地说：“兄弟不在官中，哪里知道。人说当兵的两杆枪，一把火枪，一把烟枪。口袋里不揣干粮揣鸦片，哪有不亡国的道理？”江流摸到赵伯声的手书，忧心皱眉：“不知道接应咱们的马先生上船了没有？”周鲁一拍脑袋：“尽想着收拾两个兔崽子，倒把朋友忘了，我去找找。”江流谨慎，一把抓住他：“船上鱼龙混杂，还是趁天黑。不是有暗号么？”

船上，零星旅客在甲板上聊天散步，吹着海风。栏杆前，两名大内侍卫在四处张望，胖子赵福悠闲地抽着烟斗，瘦子贾安时而眺海，时而发牢骚。

赵福说：“这么多年，那帮下南洋的没放出半点有用消息，也不知那孙贼在何处落脚？如今还得劳动你我出海打渔。”贾安嘟囔道：“一帮废物，每朝每夕地空拿朝廷俸禄，还指望他们？一路寻下来，这船上倒还干净。大哥，咱们可只拔大萝卜，不捏软柿子。”赵福悠然地吐个烟圈：“除非藏着有名有姓的革命党。”

这时，一个在甲板上四处晃荡的人吸引了赵福的注意。这人没有辫子，双眼通红，焦躁不安，寻着人就问烟抽。赵福警觉，连忙捅捅贾安：“此人有料。有枣没枣，打三竿子！”说罢，赵福朝忙着找烟的周鲁摇摇烟斗：“那位小兄弟，我这有烟斗，不嫌弃就过来抽两口。”周鲁兴冲冲上前抱拳：“多谢！”说罢，连忙接过赵福递过来的烟斗，猛吸两口。

赵福打趣道：“看你年纪不大，烟瘾不小，莫不是寻不着大烟，拿烟斗撒气？”“这位大哥看走了眼，鸦片害人害已，是沾不得的，烧还来不及呢！”“看你这身量倒像是练武的。”贾安上下打量周鲁，“莫不是闯了祸到南洋去逃难？”

周鲁又抽两口烟：“大哥话里带着刀子，偏偏拿小弟寻开心。我是去南洋投亲戚，干一番大事业的。”远处，江流忽然探头喊：“快来！我正到处找你。”胖瘦两名侍卫递了个眼色，又是一个剪辫的！暗里便把江流模样记在心中。

周鲁根本没在意，将烟斗交还赵福，抱拳相谢：“多谢款待，明日我请二位大哥喝酒，失陪了。”

赵福见两人走远，连忙拉着贾安回到客房内，伸手从胸中掏出一张通缉令递给他：“面熟吗？”贾安端详半天，突然恍然大悟。赵福道：“这厮杀了洋人，可是个大案子，是杀头死罪。”贾安怀疑道：“这是广州府所辖之事，咱们出手，岂不是拿大炮打蚊子？”赵福摇摇头，又取出一张画像，递给贾安：“哼，刚才我俩亲眼瞧见，此二犯同乘一船，有何蹊跷之处？”

“蹊跷……”贾安一时没明白，看着两张铺开的画像，只是愣神。赵福揉捏着画像：“当今世道，何人敢剪辫？”贾安大惊：“你是说他们是……”“革命党。恐怕大头还在后面。夜一黑，该出窝了。走，去摸摸牌。”

天色黑了，蔚蓝的大海早已涂抹成一片漆黑，客轮正随波摇摆。忽然，客房吱呀门开，一人探头而出，瘦长脸，梳着西式头，一脸警惕。此人正是马天骅。四顾无人后，他伸手往门楣处一拍，随即转身回房。

管事持瓦灯巡廊。瓦灯亮光扫过一扇扇紧闭木门，只见马天骅房间的门楣处，隐约可见一红圈。管事未留心，打着哈欠，一路垂头走过。一会儿，两个黑影持蜡烛走过来，走到马天骅门前，辨别红圈，伸手敲门。

“谁？”

“送救命的膏药。”

“已经睡下了，明个再来。”

“等到病入膏肓，恐怕来不及了。”

“什么病？”

“国仇家恨。”

门锁响，黑影闪身入内，屋内只有一床一几，上铺搭放着行李。

黑影抱拳：“马先生！”说罢，脱下长衫，此人正是江流。

“叫马大哥吧，不必生分。地方窄，坐床上。”说罢，马天骅挪挪身子，示意江流坐。“我四下里留意，并没有见你上船？”

“码头上风声紧，只好另想办法。”

“出了岔子？”

江流微微一笑：“没，收拾了两个草包捕头，扒了身老虎皮，借他们搜船之机，混了进来。”马天骅欣慰地说：“年轻有为。老赵常提起你，说你算得上他学生中的一号人物，要发展你入会。初时我还不屑，此举确实让我刮目相看。与你同行的弟兄呢？我想看看那位杀洋人、烧鸦片的义士。”“周兄弟在外边望风……”江流话音未落，周鲁推门而进，抱拳道：“义士没有，木桩子倒是有一根，马先生久等了。”“可有什么动静？”周鲁一挥手，满不在乎：“鸟都不拉屎，能有什么动静。”马天骅不言语，点点头，三人凑近，商量南洋事宜。

马天骅房门前，胖瘦两名侍卫早已握烛窃听。贾安手指门楣上的红圈：“青天白日！”

“孙贼同党！”两人凑近门口侧耳倾听。

“你们两个名声在外，大街小巷张贴你们的画像，小心让人认出来。”

周鲁不以为然的声音传出：“身在茫茫大海，谁人认得我周鲁？认得出来，谁又能奈我何。”

“纵然你浑身是铁，能碾几根钉？革命大事，靠的是周全，而绝非鲁莽。”

赵福拦腰缠绑九把匕首：“一窝端？”贾安斜跨鹿皮囊道：“还是逐个击破，免得打草惊蛇。”赵福穿上马褂：“大的归我，两个小幺归你。”贾安塞尖刀入靴，做个半开手势：“赏钱对半！”

赵福冷笑一声，和衣缓缓说：“老规矩，灯下黑！”

又过了半个时辰光景，赵福走到马天骅门前，四下张望，凑近门口侧耳听，发现房内并无声响，伸手敲门。

马天骅正戴镜看报，随口问道：“谁？”

“送热水。”

马天骅起身开门，赵福站在门口，以迅雷不及掩耳之速，将匕首插入马天骅小腹。马天骅皱眉咬牙，低头一望，只见赵福单手握刀柄，手背上露出C型龙文身。赵福手上发力把马天骅推进门，顺手关上门。马天骅一头栽倒。赵福冷笑一声，径直到行李箱前翻检。

走廊另一端，贾安停在江流门前侧耳倾听动静。房内传来江流的埋怨：“兄弟不能安静一刻么，头都被你转晕了。”周鲁哪里管这么多，兴奋道：“想到明早船一上岸，找到孙先生交了信函，你我就是同盟会的一员了，哪里还睡得着觉？”贾安眼珠一转，又听江流的声音传出来：“饭要一口一口吃。此时船在海上，兄弟就是走上千步万步，也不顶事。你还是踏踏实实躺下睡个安稳觉。”贾安微微一笑，转身离去。

房内，周鲁刚坐下，没几秒又起身：“你说，孙先生到底长什么模样？是赵先生那样的儒雅之士，还是马大哥这般华商派头？”江流无奈地看着他，叹气道：“我猜，别有一番气象。”

敲门声响，周鲁问也不问，快步开门，只见一个面生的伙计端着一壶热水站在门口：“给您添点热水。”

江流关好门后，周鲁的茶杯突然落地，跌得粉碎，两人心底一颤。周鲁烫到嘴，连声抱怨："这他娘的热水，烫脚合适。"江流心跳蓦地加快，表面上心平气和地吹水："心急吃不了热豆腐。"

此时，马天骅横尸房内，满地狼藉。贾安赶来，说："大哥，踏破铁鞋无觅处，两个小幺正要去投奔孙贼，知道落脚点。"赵福边处理尸体边说："留他们几天活头，等找到孙贼一起办了。"贾安扫了一眼马天骅的尸身："怎么处置？"

"老规矩，活不见人，死不见尸。该升天的升天，该喂鱼的喂鱼。"

"马大哥，该上岸了。"第二天一早，周鲁兴冲冲地来到马天骅房内，却见屋内整齐，人去房空。"人呢？"江流觉得蹊跷，进屋探看究竟。乌龟突然从怀中滑出，掉落在地，顿时缩成一团。江流连忙俯下身子捡龟，居然发现地上有一块C形血迹，像画上去的。看颜色，落下不久。江流用手指蘸蘸，还能黏上一点，他暗道不妙，转身离开。

"什么？死了！谁下的手？"周鲁和江流在马天骅安排好的旅馆下住吃饭，江流憋着一路没说的猜测让周鲁大吃一惊，他万万没有想到货船上居然埋伏着朝廷的杀手。他这一声惊呼着实过大，周围吃客齐刷刷看向他。江流冲周鲁眨眼："宝马良驹丧命，确实让人痛心，待找到凶手，绝不饶他。"周鲁不言语。马天骅为接自己而来，却因此丧命，接二连三的死伤让周鲁心里涌起一阵悲伤，想到这里，他连忙拉过一个伙计："店家，可有香火？"伙计上前搭话："拜神不同，香火不同。不知道客官拜的哪一尊佛？"周鲁迟疑，江流拿出一钱银子放在桌上："我们自北面来，拜拜海！"周鲁接香焚燃，到门口跪地朝海，磕头下拜。

那胖瘦大内侍卫一路跟踪周鲁到客房，掐着时间算得两人进了房，却没想周鲁正虔诚地在门口跪拜。两人对视一笑，心领神会，脸上也就浮了一层轻蔑的笑意。周鲁一抬眼见着他俩，反而惊喜万分："这不是同船的两位大哥。"贾安答话："好缘分！你们投亲戚投到这里来了？"江流发觉二人蹊跷，连忙机智接话："先安顿安顿，整理干净，也好见人。"周鲁背起行李："正好晚上去亲戚家，不如改日我来做东，请两位大哥。"江流拿了钥匙，看看门房道："巧了，咱都在二楼，一东一西把头把尾。就这么定了！两位大哥住哪间？得空我们去敲门拜访。"

到了傍晚，周鲁和江流掂量着时间差不离，急匆匆走出客栈。赵福挑竿撑窗看了一下，努努嘴："往北去了。跟上！"

周鲁、江流拿着信，两人岔开大道走，不知绕了多少街，对着门牌找了许久，才找到大人路晚晴园。晚晴园是孙中山在新加坡的寓所，也是同盟会会员秘密开会之地。江流、周鲁递交来信后，被请进客房，两人一想到马上要见到孙先生，十分激动。片刻，一位剑眉星目、样貌俊朗、穿着笔挺的中山装的青年才俊持信走来，边走边说："两位久等了。"

周鲁一下子没回过神来，嘟哝道："孙先生怎么这么年轻，还长得和戏子一样好看？"

那青年摇摇头："我不是孙先生，我是他的下属，名叫魏国，不瞒二位，你们来的不是时候。近日来有刺客欲刺杀领袖，为保证安全，孙先生暂时不能接见二位。"

周鲁一听大失所望："什么？我们漂洋过海，千里迢迢赶过来，说不见就不见了？"江流倒依旧镇定："不知道孙先生何时方便？"魏国将信函递还江流："你们留个住址，等一切风平浪静，我派人联系你们。""水担街东边第一家客栈，问孙先生好，我们随时恭候。"

正在江流、周鲁一前一后步出晚晴园大门之际，却不知那墙头上，早已匍匐了两个人影。

华灯初上，周鲁、江流待在客房中。房内仅容两床，尽头立一方桌，上摆一盏香油灯。周鲁坐在床侧，脚泡在热水盆里，怒气半会儿还未消："狗屁地方！人待得久了，也变得狗屁不通！不让入伙也就罢了，连面也不让见。依着老子从前脾气，早把他们一个个撂翻了。"

"不许胡说！朝廷现在撒开大网捕杀同盟会，南洋一带也是风声鹤唳。孙先生这样做自有他的道理。况且马先生途中丧命，我们仅凭一纸书信，确实难博人家信任。"

周鲁突然想到了些什么，一脚踢开水盆："马先生真够义气！这次为了咱们兄弟的事丢了性命，此仇不报，誓不为人！马兄弟的仇人，就是我周鲁的仇人。逮着这王八羔子，我卸了他的壳给马先生祭奠。不过大哥，我前思后想也琢磨不透，到底是谁在船上下的毒手。"江流陷入沉思，手蘸茶水，在桌面上画出一个 C 形。

周鲁起身，两只脚烫得和猪蹄一般："刚才回来路上，我闻见巷子尽头有肉香味，问店里的伙计，说叫肉骨茶，不知什么吃食？咱们同去尝尝。"忽而脑袋又回过来张望，"对了，还得给那两兄弟端一碗！"

片刻，周鲁面色微红，手端肉碗，碗中热气腾腾，走到赵福、贾安门前："朋友！夜宵来了！别看南洋这湿鬼天气，肉却炖得烂！"谁知半晌无人应答，周鲁欲推门，江流伸手阻拦，示意周鲁仔细看门底端。周鲁趴下细看——只见一根线细如蛛丝，被固定在门框两端。吹一口气，丝线微微摆动。

江流大惊："我在黄埔见过，这线产自日本，是斥候专用的。"

周鲁不解："斥候？"

江流心底一沉："就是侦察兵。"

周鲁大惊，和江流回房商议。江流坐在灯前，摆弄着乌龟，百思不得其解："咱们得找个机会试探一下这俩客商，我总觉得哪里不对？"

第二日一清早，天气爽朗，狭窄的街道挤满了人，鱼贩挑担者交错往来。在烫金门牌"12号"的铁栅栏门前，一穿着齐整的俊朗青年带着一商人打扮的中年人举手叩门。不一会儿，接应者上前。

青年弯曲右手食指与对方握手。

"什么事体？"

"国家事。"

"什么人？"

"中国人。"

接应打开栅栏门，带两人进晚晴园。这青年正是江流和周鲁前两天见过的魏国。商人边走边说："风声很紧？搞这么大阵仗？"

"小心驶得万年船！有消息说清廷已经派了杀手来南洋。"

魏国和商人穿过花园，还未行至客厅，就听见章老激动的声音："康有为什么东西！配做少正卯、吕惠卿吗！狂言梦语，不过李卓吾那一类货色！"

魏国微笑着摇摇头，和商人一同进去。章老一副学究打扮，带着眼镜，白发银须。同盟会的汉民站立一旁赔笑，面带菜色。

魏国连忙解围："章老，这位是孙先生的恩人张静江先生。"商人打扮的中年人礼貌地对章老微微一笑，准备上前握手。章老双手合十，拱拱手："我们老朝旧人，不兴这个。"

"他和孙先生之间还有一段趣事。孙先生革命初始，尚无资金，在日本巧遇张先生。张先生便把一张名片递给孙先生，说为革命大业，必尽其所能。两人还约定，需要经费时，即给张先生发去'ABCDE'五个英文字母中任何一个字母的电文。这些字母分别代表1、2、3、4、5万法郎。初时汉民还不相信……"

魏国说个趣闻想解围，呆立一旁的汉民，脸已经憋得通红："我发了一个只有'C'字母的电报去法国，不到二十天，一纸三万法郎的汇票就到手了。为此事和魏国打赌，我还输了一顿饭。哈哈哈哈！"

张静江脱帽又行了一个礼："久仰章老大名，相见恨晚。老先生学贯古今，可不知先生的学问中是经学第一，还是史学第一？"章老颇有些得意，捋着胡须说："皮毛，皮毛。问当世，只有救国的学问才算得上第一啊。"魏国说道："章老此去欧洲，路过南洋，孙先生要我一定把他留下，与我们共商大计，为筹备同盟会南洋分会出谋划策。"

"也怪我老眼昏花。孙先生倡导革命之初，我附和当时的流行看法，认为他就是个江洋大盗。直到后来种种，老朽才知道孙先生精通洋务，尚知识别种族啊！话说回来，这个孙先生到底去哪了？把我请来，又不来见我，难道是报我当日羞辱之仇吗？哈哈哈！"

窗下露台处，草木成阴，丛中隐着一黑影，单手扒在窗台上，手臂上露出C形龙文身。孙先生匆匆赶来，正和众人笑谈。

"早闻听章老精研相术，不知此公如何？革命大业成败与否？"

"休矣！休矣！"

"此话怎讲？"

章老笑道："满清二百八十年基业休矣啊！必亡于此人之手。"

众人交谈甚欢，并未发现异样。突有一阵踩踏声响，魏国心细，连忙打开窗户。四下无人，只有一只野猫被惊醒，躬身抻腰，摇摆过窗。

离晚晴园不远的一个破烂街边，断墙颓院，草棚混杂，到处是廉价烟馆和低等妓院，满大街都是肮脏邋遢的烟客，尿桶和垃圾随处可见。一叶堂是当地的一座医院，是此次同盟会开会的秘密场所。

这日正午，魏国满头大汗，好不容易找到会议室，说："亏你想得出来，把据点设在这藏污纳垢之地。堂堂同盟会吉隆坡会长，出入烟花柳巷，任谁也逮不到你！"

尤列舒了一口气："我也是被逼无奈。现在南洋一带的侨民中，有权有势的多为保皇派，他们排挤咱们同盟会。安家于此，实属无奈之举，让你们笑话了。会议筹备得顺利吗？"

魏国脱下帽子坐下，说："大部分国内的会员已经陆续到了。少白也来了，只是他名声太大，不方便出来走动。"

"少白也来了，太好了！这下我们聚齐了！"众人听到消息，都很受鼓舞。

外面的酒廊、赌场，灯光闪烁，打扮入时的男女往来穿梭，人力车排成长队，车夫扎堆聊天。汉民与同伴走出俱乐部大门，握手道别，上了一辆人力车离开。忽然，东南街角闪出一辆黑色的人力车，远远跟着这群人。

柜台前有人往来投宿住店、上楼下楼。贾安手拿《图南日报》，时而偷瞄二楼。突然一只大手从后面摁住贾安肩膀，贾安不回头，单手下垂，肘部顶住来人胸口。来人侧身避开，单手再搂贾安肩膀，卸下贾安马褂，银元、票据散了一地。贾安顺势转身，袖口露匕首白刃，却发现是江周二人，脸色一变，连忙收起匕首，江流却将这一幕都看在眼里。

周鲁嘿嘿一笑："看不出来，朋友还是个练家子！"

贾安作个揖："我们出门在外的，整日里跑码头住旅店，烧香磕头，不如两招拳脚在手。"江流将东西拾起归还贾安："我这兄弟没体统，您多体谅。只是前日夜里，也不见你们哥俩在房里，本想叫你们一起去喝酒的。"

贾安灵机一动："初到贵地，难免要去拜拜把头。我们做生意的要处处小心，稍不留神，钱就进了别人口袋。说白了，活的就是一个机灵劲。""那咱们说好了，这几日我便去寻你们哥俩喝酒，周鲁做东。朋友不用在钱财上计较。"周鲁装得一脸诚恳。贾安笑笑，拱手离开。江流忽见地上还有一块银元，连忙喊住贾安："朋友，你的钱！"贾安摆摆手，头也没回："请哥俩吃饭了！"江流手里摩挲着那枚银元，见圆心上一个弹孔，心里咯噔一下。

周鲁收起满脸笑容，说："没有二十年的底子，反应怎会如此迅速！抽个机会到他们屋里去探探究竟！"

说话时已到饭点，两人上街找到一饭馆随便坐下。厅中只零星两三桌，江流、周鲁寻着桌子坐下，点菜吃饭。周鲁吃罢，抹嘴，掏一把钱撒在桌上："伙计！结账！"

伙计答应一声，小跑到桌前，收钱离开。二人正欲出门，柜台里间突然一老管事走出来："二位留步！"

江流、周鲁闻声停步，只见老管事拿着一枚银元："敢问这钱可是二位的？"

正是那贾安留下的残币，江流心里一震，连忙打圆场："是一枚残币，给你换一个就是了。"江流欲取钱，老管事拦住："不是一家人，不进一家门！既是自家弟兄，什么钱不钱的！以后想要吃喝，尽管来就是了，再不要跟我开玩笑了！"江流觉得哪里不对，不敢多停留，连忙作个揖："多谢了。"说罢，拉着一脸迷惑的周鲁一路走出饭馆。

走到大街上，周鲁说："原来这南洋，还有白吃白喝的道理！"江流说："你仔细想想，这钱是有来历的。"周鲁一转思，脸色由晴转阴："啊！是那贾安身上搜到的。"

江流点点头："可疑就在这里。他们两个外来客，怎会在这里有如此势力？”周鲁答道：“这个容易！我回去找那老头问问。”江流仔细端详着那枚银币：“你不要作声，留意看，这街上饭馆、茶座、戏园子跟其他地方比哪里不同？”周鲁环顾四周，挠头说：“没觉着不同。这进进出出的都是人，又不是鬼。”“鬼就在这！”江流冷笑一声，“我出门时仔细看了，那家饭馆招牌下有个圆圈标志。这条街上尽是有此标志的买卖家。人家已经来探我们了。后面有尾巴！”

周鲁大惊：“这还了得！我去打发了他。”

“先别动，看看后台是谁。”说罢，江流拉周鲁拐进一家茶楼，招牌上同样有圆圈标识。一灰袍伙计低着头进门，趁人不注意，径直往后院走了进去。

后院里草木葱郁，茶香飘远，一位茶博士上来招呼：“两位客官喝点什么？我们这龙井、观音、碧螺春应有尽有。”江流一笑，只把银元一晃，博士立刻换了脸色：“两位稍等，自有好茶上来。”伙计过来，摆上茶杯茶碗，一碟瓜子，一碟五香豆。

周鲁大声对江流说：“你且坐着，我去方便。”说罢，起身离开。走至后房，忽听一小黑屋中传来窃窃私语声，周鲁连忙躲在一旁细听。

“真是自家的信物？你没认错？”

“不可能。但点子是生面孔，不是本地人。您看……”

“给他们加点料！外省人怕什么？老规矩，点子身上财物你提一成。再说，大掌柜的吩咐过，今晚收拾同盟会的头头脑脑，一切事情需小心谨慎。”灰袍伙计只得点头，进里间取出一小纸包，拿在手里出了门。

周鲁听此大怒，猛地推门而入，单手掐住灰袍伙计脖子，另一只手夺过纸包：“要毒死我不成？谋财害命？”说着手上一使劲，灰袍伙计应声而倒。另一人闪身一旁，欲起身翻墙，被周鲁箭步锁住脖子，叫嚷不出，只能发出呜呜声。

“喊就掐死你！我问你答，一句不对，他就是你的下场。”他看着倒在地上的伙计脖颈上一个红紫手印，头皮发憷。

“说！你们今晚要对同盟会下手？”那人摇头，江流手上发力，一张脸憋得通红：“好汉饶命！我只是个跑腿的，什么都不知道！就……就有两个特使来……”

周鲁问：“那两个特使长什么样？”

“一胖一瘦。”

“是不是客商打扮？”

那人猛点头：“说是朝廷里来的大官，手上有龙文身，拿着禁卫军统领腰牌。”

周鲁凭空画一个C形:“可是这形状？”那人点头。周鲁咬牙切齿:“妈的！果然是这两个王八羔子！”说罢，一掌击在后颈，那人应声倒地。周鲁忍着性子走到前台，拉住江流便走：“有大事！咱们赶紧去一趟孙先生那边。”

7

夕阳西下，晚晴园悬白纸灯笼，浓墨写着一个“主”字。人力车渐多，行至门前,访者下车,手提红灯,上写一“民”字。接应的人一个个摘灯照脸，确认身份，带进别墅。

周鲁在不远处，急得挠头：“大水冲了龙王庙。娘的，救他们命还得躲躲藏藏的。看这阵势，只能硬闯。”江流也说：“误会事小，救命要紧。时间紧迫，硬闯也得闯。”

一辆人力车从眼前滑过，江流眼睛一闪，周鲁会意，忽而站在车前。车夫忙不迭刹步。周鲁上前捂住他口鼻：“闭嘴，敢出声就剁了你！”江流摘灯入车篷，只见尤列坐于其中，一脸震惊，手中的“民”字灯笼微微颤颤。

“别害怕，自己人。”江流、周鲁爬至中间，三人并行。行至门口，魏国迎面而至：“尤先生，孙先生在里面等了。”一撩帘门，只见尤列被一左一右两人挟持，不禁大惊。

尤列连忙示意噤声：“这是两位朋友。十万火急，有人要杀孙先生！”魏国见事有不妙，立刻引见。

晚晴会议厅中，高灯下一群同盟会会员聚集，一张硕大的青天白日旗铺桌。周鲁和江流把情况一一汇报，在场的同盟会会员个个神色凝重，屏气凝神。

“动还是不动？”魏国望着孙先生。张静江在一旁劝道：“宁可信其有，不可信其无。我另外安排会场，咱们择日再议大事。”

孙先生坐如泰山，纹丝没动：“他们是同盟会员？”

魏国摇头：“是来投奔咱们的，手里有赵伯声的书信。来过一次，可是风声紧，我没同意引见。”孙先生站起身来，看着身边众多革命挚友，百感交集：“不论是满清鞑子还是奸细，也不能耽误南洋分会的召开，准备开会！”与会者见孙先生发话，有秩序地进会场就座。

月光如洗，街道寂静，就在这会场一墙之隔的地方，刺客一个个贴墙而立，逼近大门。贾安矮身贴进大门，院内无人走动，别墅黑森森矗立，楼上有灯光。

“没动静！……有灯！跟我进。”

头前两人随贾安至门前，轻推，门开。三人进门。

“准备炸弹！”说罢，贾安吹一声口哨。外墙，赵福听到口哨，说：“里面安全，拿炸弹的，往里进。”五个喽啰或背或抱，带着炸药潜入别墅。贾安口含引火棒，手中不停摩挲，火刀火石迸发火星，立刻引燃引信，火舌发出吱吱声。贾安快步跑到走廊尽头，众刺客退至树阴处。须臾，只听震天动地的轰隆隆爆炸声响起，晚晴园门窗尽碎，尘土飞溅。贾安以袖遮脸，得意地笑道：“这下大功告成了。”

“乱臣贼子，死要见尸！”赵福冷冷地盯着一团火光。

轰鸣的爆炸声从屋顶传来，一个隐蔽的土洞中，近百名同盟会员面色严峻。爆炸声不绝于耳，细土从洞顶撒落在众人的桌前。

晚晴园在建造之时便设计了一个地下通道，以备急用避难。孙中山伫立桌前，安然无恙。与会者面面相觑，神情各异。清廷对于革命者的暗杀，居然能够穿越大洋来到新加坡，料想国内更是无孔不入。

汉民抹了一把冷汗：“若不是魏国有心，把咱们转移到这里，恐怕我等已经灰飞烟灭了。”章老在一旁，白须颤颤巍巍：“呜呼，若不是小辈机警，我这把老骨头恐怕等不到满清灭亡了！”

孙中山一声不发，一阵脚步声从他的上方掠过。

地下室的正上方，会址已经面目全非，几名刺客从会厅废墟中爬出，灰头土脸：“里面一团浆糊，分不清啥是啥。”贾安发觉事情有些不对，在偌大的废墟中，一具尸首都没有，他心里直犯嘀咕：就是杀鸡也得抖落一地毛啊，连个人影也没有？

他回头正准备问刺客，却见刺客一脸惊骇，胸口一团血污，一晃就倒在地上。贾安正欲伸手拿枪，啪啪两声，胸口中枪倒地。

片刻工夫，刺客就被收拾利落，魏国数着尸首。前院，狡猾的赵福想要逃跑，被同盟会几人团团围住。周鲁大喝：“看你还装到何时？还马先生命来。”赵福推开手，作投降状，脸上突然浮现狡黠的笑容，手中忽然现出白刃，手背上赫然一个龙纹标识。

“有暗器！”众人大惊。只听得一声枪响，赵福脑袋瞬间开了花。江流仰视，只见魏国持枪站立房顶，眼中闪出寒光。

紫禁城这几日颇不平静，乌云压顶，宫门前官轿车马往来不绝，气氛颇为诡异。

溥泽府邸，书斋，溥泽屏退下人，挥毫泼墨，在宣纸上大书“平和”二字。突然探子来报：“禀告大人，派出的两名刺客被革命党一举歼灭，孙贼及其余党安然无恙。”

溥泽缓缓抬起头，杀气十足：“这孙贼宣传革命，犯上作乱，扰乱朝纲，现在居然杀害大内侍卫，简直是公然叫板！”溥泽大怒，把砚台甩到了屋角，拖出一条长长的墨迹，刚写好的字幅也被撕得粉碎：“废物！一群废物！我与孙贼不共戴天！”

此时，西太后慈禧的储秀宫外，从早到晚都有人跪守。她已经昏迷不醒，大臣们或蹲或坐都守在宫外，台阶上散落着顶戴花翎。太监、宫女急匆匆地来回进出，礼部尚书的脸一阵阴一阵雨。

一声门响，众人都抬头，太监小德张端一盖碗从里面出来。礼部尚书上前忙问：“里面端的什么？”

小德张脚下没停，尖细的声音显得格外刺耳：“老佛爷赏给万岁爷的塌喇！”说罢，颤巍巍地往瀛台方向去了。

没过多久，便传来了光绪帝暴死的消息。而正当大家为年轻帝王的逝去恸哭不已之时，储秀宫门开，李莲英出门跪地：“今个老天爷是黑了眼了，老佛爷也驾鹤西游去了。”

与此同时，江流那只救他于生死的龟兄一命归西，他颇为伤感，挖坑三尺，将乌龟埋葬：“龟兄，你三次救我性命，让江流幸免于难。今日你寿终正寝，去了背负千年的龟壳甲胄，请受江流三拜。”他脑海里回响起魏国叮嘱他们的话：“孙先生认为，如今光绪驾崩，天下大赦，你们哥俩年岁尚浅，应该借此机会归国深造，师夷长技，以便日后更好地策应革命。下月初便是京师大学开考之日，孙先生希望两位赴京求学。”

周鲁和江流择日登船回国。这番来南洋，不但让他们看清了革命的前途之艰险，更让他们明白这条路需要如何的决心，如何的勇气，是要付出生命和鲜血的惨烈代价才得成功的。

站在甲板上，两人百感交集。江流望着远处渐远的南洋堤岸，和周鲁说：“自从黄埔事发入狱，一路辗转香港至南洋，家人没有半点消息。此去京城求学，不知道还要磨砺多少时间。说不上尽孝道，至少也要报个平安。你有何打算？”

周鲁咧嘴一笑，有些心酸：“正好回茶阳镇看看亲戚！当官时虽不常见面，但月月都有书信。此一别没了消息，他老人家恐怕急也急疯了。若不知情，我还能蒙混过去。若知道出了事，只能硬着头皮说实话！”

江流家住桥头乡，远处待诏山连绵逶迤，几口鱼塘倒映。农舍仓库、畜圈祠堂，互不通路，唯有一条人踩出的土路向东至水田末端，引出阡陌交通，分至各户庄院。

近乡情更怯，想到马上要见到阔别许久的爹娘、兄长，还有家中族人，江流却有些希望这归乡的路能再长再长一些，让回家的期待和美满再久一些。

这时，身后走来一队人，扮着喜庆样儿，家家户户地敲门鞠躬，江流知道这是地方的娶亲习俗，但这队伍着实有些奇怪，奏乐凄哀，互不贺喜，偶有开门出户手持红包者加入队伍。

周围人纷纷议论："可怜呐，娶贤良妻。过门就是望门寡！"

江流见队伍进了一处民宅，院中置数张酒席，来客不道喜，匆匆就座。这不正是自己家的堂屋吗，江流脸色一变，从人群中穿身而过，往里挤去。

只见门楣正中贴着一条横幅，上书"麒麟到此"，响器班列坐一旁迎宾，四锣二钹齐响。堂正中玄关置一对大红烛。面前的人见到一个没辫子青年，一时间错愕不已，三五成群地议论开来。

江流冲到堂屋中，唤道："娘，今个是我哥大喜的日子？"江母白氏瞠目结舌地望着江流，枯干的眼窝深深凹下，仿佛盯着一个天外来客一般不可置信："老二，你还活着？娘以为……"话未落音，白氏便抱着江流大哭。原来江流越狱赴南洋后，便成了朝廷重犯，官兵三番五次来江家无理取闹，还拿了江流的哥哥江川去充数，谁知七八日后，江川竟被生生被逼供而死！平民如草芥，官府随便说了个名号就让人把尸首领回家。江家人上告无望。一儿死，一儿失踪，伸冤不成，寻子不见，江太爷操劳过度，一病不起，好端端的人被活活逼出大病，只得每日熬药度活。

江流听得泪流满面，没想到家里竟生出如此变故，他自责道："都是做儿子的不好。"白氏叹气道："幸亏谢郎中，把你爹救活了，却时好时坏的。在他面前，不能提你们哥俩，一提就犯病。谢郎中说他是急火攻心！"

江流又问道："我哥已经去了，今个的婚礼是怎么回事？"白氏知道江流平时最爱较真，恨那些封建勾当，只敷衍道："这是咱们这的风俗。你自小在外边上学，哪里懂得这些？不过是死了的人在阳间续不了香火，到了阴间也得把这香火续上。我就跟族长商量着，给你哥娶个贤良妻！回头再抱养个孩子，续上咱们江家的香火。今天的婚事你也看见了，按老规矩，家里没了男丁，媳妇就要守空房。谢天谢地你回来了，娘就放心了。"说罢，白氏拿起江川的灵牌塞给江流："待会拿着你哥的牌位替你哥哥拜堂行礼，圆满了这桩亲事。"

江流懵懵懂懂地接过牌子，见东屋那边走出来一名女子，大红盖头，一袭吉服，江流还在想她的身份，却被人架起来，糊涂涂地拜过堂，喝过交杯酒，在一大堆道贺声中频频鞠躬。江太公已卧床多日，今日也被请出来，堂堂正正地把这婚礼操办完。人声熙攘，来往宾客道喜的、讨赏钱的、看江家二少的，一拨又一拨。江流那眼前事儿都没想明白，就已经吃过和美汤圆，转眼间进了洞房。

一根榕树枝递在江流面前，眼见着最紧张的时候就要到了，面对着这红烛高照，喜字上铺，江流小心翼翼地挑起盖头。朦胧灯烛下，面容姣好的新娘端坐床上，泪水长流。江流一丢树枝，大惊道："紫英！怎么是你？"

这紫英原是从小服侍江流的丫环，年少时被江家收养，为了报恩，自愿服侍江家人。江流年岁小时，两人感情甚笃。江流愤而起身，白氏连忙按住："儿啊，该改口叫嫂子啦。"江太公冷眼看着江流，仿佛看着怪物一般望着失去了辫子的儿子。

待到夜晚，人去楼空，乡村又恢复了一派宁静，洞房烛火闪烁。紫英放下了凤冠，正端着晚茶去侍奉公婆，门口响起一阵激烈的争吵声，她忙停下脚步，在窗口偷听。

"我还道什么是贤良妻，分明是挖好的活死人墓。"

"逆子！在外惹了官司，你哥替你丧了命，你反倒责备起老子来！"江太公怒斥江流，白氏在一旁流泪不止。

"爹！一切都是儿子不好，可是跟紫英无关。"

江太公在床上半支起身子，气得浑身哆嗦："滚！你给我滚出去。"

江流还欲理论，白氏连忙把他推出房门。紫英吓了一跳，连忙躲在暗处。

白氏一出门就着急地嘱咐江流："儿啊，别嚷嚷，让你嫂子听见不好。"江流哪能心安，和母亲争辩："娘，什么嫂子，紫英是我家丫环。我哥哥已经死了，你们就不该打这个算盘！"母亲连忙捂着他的嘴："儿啊，我们村子也有这规矩。你不懂，别乱说！明天全族的亲戚可都来，你可别犯倔！"江流的声音减弱。

次日正是族人看新娘的时候，江太公、白氏穿戴得整整齐齐，端坐在椅子上。紫英跪地一个个奉茶。紫英的贤惠让族人们称赞不已。江流冷眼看着，心里不是滋味。紫英眉眼低垂，递茶给江流，百感交集，只轻声道："紫英给……二少爷敬茶。"

"你不是江家的媳妇，我不需要你敬茶。"江流说。

紫英霎时愣住，两汪泪水就要涌上来，连忙换上谦逊的笑容。

江流看着紫英低眉顺眼的样子，痛心不已，他起身跪地："恳请父母解除婚约。"

江太公万万没有想到江流会在族人面前让自己丢丑，惊得说不出话。江流不依不饶："恳请父母还紫英自由，儿子感激不尽，一世侍奉二老，尽享天伦。"

江太公望着江流，眼里充满了愤恨、痛苦，儿子读书多年，原指望着他光宗耀祖，如今却剪了辫子欺负老子！江太公怒目圆瞪，哼了一声，甩手离开，白氏连忙亦趋亦步地跟上。

江流心痛难忍："爹娘若不答应，儿子一直跪下去，直到爹娘答应为止。"紫英端着茶碟左右为难。亲戚族人纷纷起身离开，边走边窃窃私语。

整整一天一夜，江流都跪在堂屋不起身，紫英送了几次饭，却颗粒未进。

"二少爷！跪了一天了，别饿着肚子。"

"我不饿。"

"二少爷，你这是何苦？"紫英实在不忍心，但她的身份让她无法有太多感情的流露。江流诧异，望着紫英熟悉的双眼，突然间有种陌生的感觉："何苦？我这是为了你啊紫英，难道你愿意守着个死人过一辈子？"紫英凄然一笑，摇摇头："紫英自幼父母双亡，老爷太太视我如己出，将我带大，我心甘情愿嫁到江家，甘愿服侍老爷太太一辈子。"

"这是什么道理？为报答养育之恩，就要嫁给我死去的大哥？你有没有想过自己？你自己的幸福？自己的生活？"

听到此言，紫英泪如泉涌："二少爷，这都是紫英的命啊。紫英命薄，不值得少爷如此费心。"紫英飞奔出门。

族长与江太公商量着什么，一进门看见江流，故意提高声音："只要五体康健、聪明伶俐的孩子就行，钱数上你做主，别亏待了人家。"

江流一听，原来爹娘早已做了周密的计划，不但要娶贤良妻还要领养孩子，没想到事情已经荒唐到了这地步。他闻言震怒，也不顾自己双膝酸痛，冲上去说："爹，你们以为抱养个孩子就算是江家的后吗？你们准备用个孩子圈住紫英的一生？你们有没有问过紫英的意见？"

江太公一听此言，拿起手中的拐杖劈头盖脸地往江流身上打："闭嘴！你这个孽障！我能把你生下来就能打死你！今天我就为江家除害，省得这不孝之子再出去惹事，你这个不通情理的畜生。"

江流握住拐杖："我这就去找个说理的地方！"

江流冲出家门，来到县府衙。八级台阶接黑漆大门，狮子门环反射着晨光。江流取杖击鼓，咚咚声响，引得过往百姓驻足。

擂鼓声声，江流越想越不平，这封建世道捆绑人心这么多年，就算革命浪潮已经在广州风起云涌，百里之外的饶平却人心固化，那革命的意义何在？民众不觉醒，陋习不废除，思想不进步，理念不更新，那什么都是纸上谈兵，而他今天就要成为饶平反抗封建的第一人！

江太公匆匆赶来，见儿子如此，几乎气昏在堂上。饶平的龙朝翎县令自是惜才之人，对于少年江流早有耳闻，心里不由得升起一股怜惜之情。升堂后，他特意驱散看热闹的群众，送走了江太公，示意江流到里间细谈。

“自古婚姻都是父母之命，媒妁之言。紫英既无父无母，生计在你家，你父便是她父。她既然已经拜了堂，行了大礼，就是自己认了这门亲事。何有强迫之理？贤侄，我与你老父素来交好，我奉劝你一句，这官司你就是上告到知府衙门、紫禁宫里，也告不赢的。何苦来的？”龙县令一开头就语重心长，狠话轻说，要扼杀江流的想头。

“大人，在下只想还紫英一个自由之身！”

“自由？她一个奴婢，无名无财。即便退了婚约，也无非出了你家进了别家，何谈自由。”龙县令望着江流，心里叹着这孩子的想法依然幼稚，“她虽不是生在你家里，但吃穿用度一切不愁，你父母纳她当了贤良自然不会亏待她，恐怕这些远远较之自由要实惠得多吧？”

“可是她活生生一个人，怎能嫁给死人，守一辈子活寡？”

龙县令摇摇头道：“这贤良妻是我地风俗，自古有之。何况她本人并无异议。你站出来替她鸣冤，就是跟家里作对。往大了说，就是跟礼教作对。千百年都没有人反对，证明这就是合理的，你仔细想想。”他语气里暗含着不容辩驳的肯定。

“难道这风俗礼教就是无法撼动的么？”

“恐怕无能为力。”

江流颓然地坐在凳子上，喃喃自语：“那紫英就这么一辈子守着一个死人，一座坟？”

一时两人无言，唯有窗外喜鹊叽叽喳喳地叫唤，愈显得有心人的颓然和孤单。

县令发觉这个年轻人心里有股子倔强，心生一个念头：“我倒有一个法，叫你全家皆大欢喜。”

“什么法？”

“你娶了紫英……”

江流大惊：“我怎么能娶她？”

“贤侄听我说。今日你击鼓鸣冤告父一事已闹得沸沸扬扬。这一来，紫英和你的父母都不好做人，压是压不住的，你有何脸面回家面对亲生父母？”县令停了一下，思忖着说，“我知道你素来孝顺，告状也是一时糊涂。

你娶了她，生个一男半女，不但江家从此有后，而且紫英不用守寡，不正是顺了你的心愿？既尽了孝道，又救了那紫英，岂不是两全其美？”

江流呆呆地走在回家的路上，县令的话在他心里来回思量。他的确想不明白，这个丧尽天良的传统，为什么乡民们要世世代代流传，而官府也铁了心地维护，似乎除了娶紫英，没有任何一条路能够让他走下去，让他保全紫英的自由，也保全孝子的名声。这真是一个巨大的讽刺。

他胡思乱想着，回到家时，紫英已经在灶前烧菜了。江流侧依在门栏上，看着紫英忙来忙去。她的侧影依然和从前一般纯真，但以前那个对生活充满向往的姑娘一去不复返了，现在她每天只能烧水煮饭，伺候公婆，孤零零地守着空房。这种愚昧的日子一天不结束，紫英就会被这牢笼困得越死。“紫英，也许我给你的只有自由了。”江流暗想着。

江流定定神，走上前去，走到紫英身后，轻轻说道：“紫英，我要娶你为妻，你愿不愿嫁给我？”紫英一回头，定睛一看，眼前的人是江流，顿时脸羞得绯红：“二少爷，胡说些什么？”

江流急切地说：“我没胡说。紫英，我要娶你，我一会儿就去跟父亲说了。”

“此……此……此话当真？”紫英不敢置信，支吾道，双眸闪动。

“当真，我答应过给你自由，让你幸福，你可信得过我？”

这天夜里，白氏与江太公谈起这个看起来荒唐的婚事。白氏说：“娶就娶吧。眼看着老二要进京上学，婚事也没个着落。娶了紫英在家也好让这匹脱缰野马有个牵挂。”

江太公还有些不乐意，觉得实在坏了规矩：“这小叔子娶嫂子，成何体统？”白氏劝道：“他们打小合得来。再说，兄死弟娶，也没有不合礼仪之处。江流这么闹，不如让他安安心心结婚。你不想抱孙子了？将来等老二他们俩生了一胎，就过继给他哥哥，怎么也胜过到外面抱养。”江太公一怔，有些动心：“行，过两天就给二娃子操办婚事！”

几天后，江家又是张灯结彩，一排喜字红艳艳地招人眼，乡里街坊无一不啧啧称奇。

“怎么又办喜事？”

“你还不知道？这个江家媳妇，没进门就克死先夫，又招得江家爷俩打官司。现在又要给老二当新娘子了。”

紫英在里屋正仔仔细细地描画妆容，她心里装着白氏的话：“嫁给江流后，就一心一意待他。你俩从小合得来，平日里也多劝劝他，别尽想些不着调的东西，也抓紧时间要个孩子！”

紫英虽然被当作贤良妻，在心底里，委屈是万不敢拿来说，而自己这辈子能嫁给江流，真是万万不敢想的福祉，所以，就算被人指着脊梁骨骂，心里都是舒坦的。能守着丈夫孩子，孝顺公公婆婆，不正是她日日夜夜所盼望的吗？看江流穿上新郎官的大红衣衫，她竟微微地有些发怔。

江流正从外屋和几个人争论，一进门，看着紫英心平气和，心里气不过：“外面那帮人，他们这么说你，你难道不生气？”

紫英笑笑：“我不愿意为些不相干的人生不相干的气。哪天你不要我了，我才会生气。”说完，她盖上盖头。江流听闻此言，呆若木鸡。

一天闹下来，江流和紫英携手人前，受尽无数祝福。夜里，白氏和江太公都睡下了。紫英早早地就在闺房里等候，她换上崭新的绣着一双鸳鸯的粉红亵衣，红烛映照下一身红妆娇艳如花。一扇隔间外，江流却在自己的书房中待了许久。都说人间最美三件事中，顶好的不过洞房花烛夜，江流却丝毫不高兴，他将从南洋带回的包袱细细地打点好，取出几锭银子裹在里面。是该离开的时候了，看着贴满喜字的窗花，江流默默地走到门前，推开木门。

红烛高燃，紫英的心跳得飞快，她在等待着一个神圣时刻的到来。桃树枝又伸过来了，红盖头缓缓揭开。紫英含情脉脉地抬起头，却发现一张严肃苍白的脸。江流看着紫英，勉强地挤出笑容：“紫英，从今天开始，你就不是我哥哥的贤良妻了，你自由了。”紫英心中咯噔一下，如乱麻一般。

“我们从小一起长大，我看待你就如亲生妹子一般。我说过要让你幸福，我不要你当江家的贤良妻。我答应你的就一定做到。”紫英给了江流一个灿烂的微笑：“我不管什么做到不做到的，只要你好，我便心满意足。”

江流和没听见似的，递给紫英一个包裹：“拿着。”

“这是？”

“银子。”

“给我这么多银子做什么？”紫英懵了。江流把银子塞到紫英手上，紫英一跃而起，四处躲闪：“少爷，你这是……”

两人僵持中，包裹落地，砰一声，银子七零八落地滚了一地。江流忙不迭地捡起银子，又往紫英怀里塞，紫英涨得满脸通红。

“这是给你的，从今天开始你自由了。江家不会再束缚你一辈子。以后你想去哪里就去哪里。想和谁在一起，就和谁在一起，谁也没有干涉你的权利。”

闻此言，紫英如遭晴天霹雳一般，她简直要崩溃了，头嗡嗡乱成一团：“你……真的……不要我了？”

江流的声音很远很远，仿佛如云端飘来一般：“紫英，我不娶你，怎么让你从死人妻变成自由身？”

命运居然给她开了个这么大的玩笑，紫英满脸泪痕地抗拒道：“我不要银子，我要当你的妻子！”

“紫英，你误会我了。我并无成家之意，现今对我来说最重要之事莫过于求学。一纸婚约，全当为你赎身，你还不明白吗？我是不会和你成亲的。”江流觉得应该把更多的时间留给紫英慢慢接受，他叹了口气，默默地走出卧房。

红妆未下，锦服上却已泪痕斑斑，紫英她呆坐在鸳鸯帐：“死人不要我，活人也不要我……死人不要我，活人也不要我？”

漫漫长夜，鸳鸯瓦冷，翡翠衾寒。江流走后，紫英一个劲地问自己，这到底是谁的错。江流的话她根本无法明白，什么叫自由，完了，这辈子都完了……紫英呆呆地看着银子，不知所措，她突然觉得自己和江流已经隔得很远很远，彼此不再是儿时的两心相知，而是彻彻底底地属于两个世界。既然不准备和她结婚，那娶她做什么，他说的给自己自由，又是什么意思？难道他还把自己当成小时候招之即来挥之即去的丫环吗？红烛飘摇，噙了太多泪水，终于那唯一的火光也湮没了。黑暗中，谁都寻不见自己该走的路。

第二天，鸡早早地啼鸣，江流正和衣酣睡，梦里都是紫英如桃花一般的笑容，她正和着春风翩翩起舞，突然背后出现了一个巨大的黑幕，黑色愈来愈浓，最终再也看不到紫英的身影。

“紫英，紫英！”正半梦半醒之中，突然一声锐利地尖叫将他惊醒。

“紫英！你这个傻孩子！”江流一慌神，只听得江太公边骂边冲出来：“那个逆子呢！我要杀了他！”一见江流，不分青红皂白就扑上去猛打。几个下人从旁屋抬出一个人，江流定睛一看，紫英双眼紧闭，胸口一滩血水，手里还拿剪刀，大红喜袍上血迹也深得厉害。白氏从房内追出，扶着紫英痛哭不止。江流惊恐万分，他拨开人群，冲上前轻抚紫英脸庞，梦中人已成孤魂一缕，梦里灿若桃花的双颊已冰冷僵硬。江流泪水长流，抱起紫英自顾自走向门口：“是我害了她。是我害了她。”

白氏哭天抢地。江太公在身后咆哮：“你给我滚，滚得越远越好！从此不得入家门半步。”

第二章　歧　路

1

一船目汁一船人，一条浴布去过番。
茫茫南海水迢迢，从此家乡万里遥。

江流从没想过有一天自己也会如这歌谣里一样，别过故土，远漂他乡。

回乡那时，江流怎会料到，自己竟会成为杀害紫英的刽子手。离乡途中，江流打不起精神，没有半点赴学的高兴，他前思后想：婚姻本来应当是件美事，却为何形同桎梏一般，让惨剧连起，天人永隔。到底何年何月，国人才能真的随心所欲地选择自己的婚姻和生活？

辗转找到了奔亲回来的周鲁，两人相约一起赴京赶考。那一路风尘，幸有同盟会扶持，有惊无险，一一渡过。

一入京城，正逢宣统继位，大赦天下，趁着离秋季的考试还有一段时候，两人便在大街、胡同中转悠。

初到京都，一切都是那么新奇、瑰丽：香山的秋色，八达岭的长城，昆明湖的粼粼波光，甚至那八大胡同里也有神秘的故事和传说。大街上熙熙攘攘，不分贵贱；皇城根儿下更是热闹纷繁，人们扶肩搭背，交颈并头，京片子满天飞。

不说那巍峨的城楼门，端着架子来来往往的达官显贵，单是那纵横八达正南正北的街头巷子，琳琅满目的天桥市场，已然让周鲁应接不暇了。他每日早早地从客栈出门，直到傍晚耍得尽兴才回来，回来时必眉飞色舞地讲个不休。江流大半时间都在房里勤奋读书，这样过了许多日。

客栈的掌柜老董，今个儿起得早，这几日惶惶得听见紫禁城里有什么动静，又见街上人交头接耳，估摸着天下又要大变了，连忙把那“勿谈国事”的大匾拿出，仔仔细细地挂起，摆正。这才放下心来放下门板，和街坊搭讪。

街口东头的“鸟痴”老刘，他提着祖传的小叶紫檀木鸟笼，和老董说了半天的鸟话。两人正说个天花乱坠，忽然老刘一转话题：“我这一睁眼，听见钟响，才知道皇上登基。你看看这大街上，简直的，分不清东南西北了。”

老董心里一震，看着两个投宿的青年学生背着包袱下来，忙指着“不谈国事”道：“让您操这份多余的心。我问你，粮店还卖不卖棒子面？”

老刘脆声道：“卖！”

“就是的。有棒子面就行。”

江流、周鲁正出店门，听着对话好笑，问老董：“掌柜的，活在这天子脚下吃玉米面也满足？”老董笑道：“一看您就是外来的客官，进京城里不是求官的就是求财的。可这五味神就在北京呐！对了，周大爷今个儿精神头也不错，二位这么大早起，到底是升官去还是发财去？”

周鲁兴致勃勃答道：“我们求学去。”

京师大学是1898年迎合西学东渐的结果和维新变法的产物，开办之初设立了师范馆、仕学馆、译学馆、医学馆，后来又添设了进士馆和实业学堂，旨在培养和储备经邦济世的各类英才。取消科举制度后，新学兴起，人才辈出，为适应培育英才的需要和富国强民的形势，学部奏请清廷准许京师大学堂遵循西方大学通例，开办各分科，以扩充科系，整齐学制。得到清廷照准后，京师大学即行文各省，要求各省督抚学政就近调考咨送预科新生，符合条件的考生也可自行赴京投考。

初至京师大学，只见槐柏成阴，学子熙攘。纵横数座大楼高耸，外廊式的雕花拱顶生气盎然。东北部的灰砖楼二层墙面更是用砖砌十字轮式雕饰，显得卓尔不凡。弧形月墙巍峨高大，融入了大量的西方建筑风格。校园林阴蔼蔼，几个穿着整齐的学生，见到教授，一鞠躬一问好，一招一式都显得彬彬有礼，温文尔雅。周鲁看得目瞪口呆。江流则平静许多，见众人都往京师大学牌楼走，知道那就是报名点了，忙向前走去。

斜过街时，一阵亮光，车铃乱响，两人赶紧闪身，只见一辆洋车转个急弯停在七八步开外的街口上。一个穿着青褂子的车夫下车，指着江流鼻子大骂：“好狗不挡道，你走在路中间是嫌命长么？”周鲁无名火起，正要发作，突然，蕾纱的车帘子拉开，只见一胖乎乎的肉球脑袋探出，他一身绫罗绸缎，盘着乌黑油亮的大辫子，大骂车夫：“还在这里纠缠？撞了人，赔些银子罢了。赶紧报了名，还要去听梅先生的戏。耽误了进场，我扒了你的皮。”车夫横一眼周鲁，得意洋洋：“睁大你的狗眼看仔细了，这是我家小王爷的车，日后走路小心些。”周鲁一时气结，倒把那个肉球脑袋的样子记得个清清楚楚。

两人来到报名大堂，只见窗明几净，北头立一面大板，写有考试科目。板前码放着一排长桌，两名校工当头一坐，一个监督考生填报名册子，一个点收银子。排队的考生有专人维护秩序，人多却也是有条不紊。

江流、周鲁前后脚排在队里。周鲁盯着招生板上的考试科目出神，口中喃喃念到："考中文文论、外国文论、中外历史、代数算数、平面几何……"江流望着周鲁，不觉得好笑："你念什么？"周鲁有些恍惚："这些科目……"江流抬眼看看板子："你不认得？"

"我倒认得它们，就怕它们认不得我。"周鲁直皱眉头。

校工马识途一对吊三角眼，死死地盯着一个戴眼镜的考生填写报名，他瞥一眼册子，喝一口茶："看你履历曾是通过乡试的，怎么字写得这样蹩脚，烂桃一样？如我批你的考卷是必然通不过的，回去练字，省些报名的银子吧。"

考生一愣，不知所措，夹着册子灰溜溜走开，周围人一阵哄笑。马识途贼小的眼睛得意地闪出一道光："下一位！"

另一个年龄稍大、面色发乌的学生夹一本书于腋下，拿过报名册来填。马识途一见奇怪："等等，夹的什么书？"考生连忙把书从胳肢窝里摊开，原来是一本《辞源》。

马识途不看不要紧，一看气得大骂："怎么，我的学生用《辞源》？做学问，不能靠二手货。不懂的字，要查《说文》，查《尔雅》，查《水经》，要查这个字第一次出现的地儿，这样才可靠。《辞源》这样的二手货……"考生咽了口口水，受不了唠叨，赶紧缩了脑袋，拿了报名册，夹着书走开。

"报考也为难人，我看我识点趣，走人算了！"周鲁斜眼看着，看着看着眼睛就直了，望着大门口说："你看，又是那什么小王爷！"

江流循声望去，只见那小王爷钱子谦大摇大摆地走在最前面，学监刘廷琛一身官服候在大堂东侧门，连忙行礼："小王爷来了，下官恭候多时了。"

钱子谦顶着一颗肉球脑袋，停步扫眼人群，眼珠咕噜一转，用折扇一指："这些人都是来报考的？"

"专门给几个府上的贝勒王爷留了门，屋里备了好茶，我差人给您去填册子。"江流、周鲁不可置信地看着他们。周鲁愤愤道："什么狗王爷，到时候我让他屁都放不出一个！"两人填好了报名册，走出报名大堂。一旁，刘廷琛带着三五工匠环顾房舍："灰顶花砖地，不妥！不妥！旗人的规矩，头上纸顶棚，脚踩方砖地。"

一个糊墙的工匠擦着汗，连忙回禀："回大人，纸顶棚是好看，可赶上下雨漏湿，非垮下一大片不可，还是洋灰顶结实。"

"不妥！不妥！要四白落地，四白落地。"刘廷琛半点不讲情面。

那工人旁边的兄弟一听这话，也懵了："大人，这裱糊加上换砖……

恐怕工夫得久些。”

“五日之后，正逢大考，间间屋子都是考场。耽误了，你们谁也吃罪不起。”刘廷琛说完转身就走了，那两人怔在原地，只得答应。

周鲁一声不响地把话全部吞到肚子里，若有所思，一字一字把“四白落地”咀嚼了半天，恍然大悟：“老天爷饿不死瞎家雀，这下考试有着落了。”

客栈里，打更梆子打过两声，江流合上书页，闭目养神：“这周鲁，跑哪去了？”

话未落音，客栈伙计抱着一摞书气喘吁吁进来，放在桌上：“按周大爷的吩咐，一样不缺全给您放这了。”

江流疑惑地问道：“他人呢？”

伙计一边喘气一边擦汗：“小的不清楚。下午周大爷给了柜上银子，劳掌柜的写了书名让去购置。我颠颠跑了大半天书市，人山人海的。细打听，原来是大考的日子。您二位也是来考举的吧？”

江流打趣道：“不像？”

“您看着还行，稳稳当当的。那位周大爷——”伙计咽咽口水，把那下半句话吞进肚子里。

江流不由一笑，顺手拿起前几日周鲁翻看的书，突然发现什么不对，只见那上面墨迹散乱，勾勾画画，最奇怪的是有几本缺页损角，数页被挖空，活像被老鼠啃糟了似的。

伙计一见这情景，也笑得不行：“这周大爷，是看书还是吃书呢？”

江流无奈地看看空铺，这考试越来越近，可周鲁到底去干什么了呢？

次日，天朗气清，京师大学紧锣密鼓地准备入学考试事宜。学监刘廷琛和校管汪鹤在考场前倚柜站立，就着报名册讨论着。汪鹤将一摞名册放在桌上：“报名者四百三十一人，分成七大间十二小间，名姓座次都在里面。”刘廷琛翻阅名册，问道：“可有带前科的？”汪鹤说：“皇上大赦天下，招考不是不问学子出处？”刘廷琛晃了晃脑袋，用手细细划过那一个个姓名，用那百年不变的陈腐腔调道：“不妥不妥！恩是皇上赐的，脑袋却长在自己脖子上。马虎不得，马虎不得。”

汪鹤会意：“下官马上派人拿副册对照履历，仔细核实。”

刘廷琛放了心，又嘱咐：“给贝勒爷们都预备着叶和元的双窨香片，把水烧得滚滚的，随叫随烧。细枝末节也马虎不得。”汪鹤应了一声，把名册放进柜里。

刘廷琛起身开门，突然见着一怪物一手拿提桶，一手拿毛刷，以纸袋套头，鼻子眼睛嘴挖了五个窟窿，甚是唬人。

刘廷琛汗毛倒立，脖颈发硬："你这是……"周鲁捏紧鼻子，变了形的声音："大人勿怕，小的是裱糊顶棚的。"汪鹤连忙扶住刘廷琛，两人慌不迭地出门："抓紧干，休得耽误了考试。"说罢，心有余悸地关上门走了。

周鲁恭恭敬敬地答道："小的明白，四白落地。"

周鲁进了考场，见柜门大开，柜子里一格陈列着纸笔砚墨，二格陈列卷宗，三格单放名册。周鲁取出名册仔细查看，"江流"名字跃然纸上，标注七考场，东北第七，大间，座次南七。名字后面标一红圈，周鲁往上一看，居然是标的前科。他紧忙找自己的姓名，却见"周鲁"上标注十一考场，西北第四，大间，座次南二，大红圈同样标有前科。周鲁灵机一动，取一小刀，挖去标注红字的部分，又拿糊墙白纸，挖大小相同两块，左粘右贴，小心翼翼地补上，直到看不出痕迹才合上名册，放回原处。

周鲁蹑手蹑脚欲出门，听见门外人声，赶紧缩身门后。汪鹤的声音响起："今个晚上都甭想着睡觉，工匠完了工，一股脑把院里桌椅搬到考场去。"

周鲁一转念，来得正是时候。一手一张方桌在远处喊："北面倒数的几间大房我们包了。"周鲁抬桌卸椅，吆喝着加入了校工队伍。

这考试期间的种种情形，暂且不提，只是周鲁靠着裱墙糊纸、搬桌弄椅的功夫，帮了自己不少忙。转眼到了面试日，天气晴朗，考院内张一大榜，上书笔试通过者名姓，及第者欢呼雀跃，失落者闷头走开。周鲁自最后一名数起，寻了很久才发现自己名字，大笑道："我是第三十，兄弟是第三。明明一模一样的答案。"江流微笑："可见人间自有公道在。"周鲁想了想，问道："你没有看我给你糊的书页，全凭自己考的？"江流摇头叹道："莫非待会的面试你也粘在桌底了？"周鲁嘿嘿一笑，蛮有信心："全凭自己了。"说罢，亮出一个糊墙姿势，惹得众人大笑不止。

下午到面试场上，只见规规矩矩的考场上靠北背窗立一长案，案后坐五人，分别是头戴瓜皮帽的法国牧师米高，气势不凡、怜才惜才的资深教授辜侃，居中是神态可掬的吴纶，严肃则持笔杆搅动咖啡，最后是那日逼走不少报名学生的校工马识途。考生按成绩入考室，江流名列第三，入场最前。

辜侃一见江流，心生几番怜才之意。江流走至中间的椅子坐下。马识途依旧不乐意看人，却又想显得身份架子大，抢先发问："科举时可中过？"江流摇头："没有。"马识途翻试卷："底子还扎实。我问你，我出的《顾鸿》一题你可知道出处？"江流静默一遍，将原文一字不落地背出："王立于沼上，顾鸿雁、麋鹿曰：贤者亦乐此乎。没猜错的话，应出自《孟子·梁惠王》一篇。”众师啧啧称赞。马识途又问："'其广大草'出自哪里？"江流一时语塞："学生无知，请老师教诲。"马识途得意洋洋："《中庸》没读过？今夫山，一卷石之多，及其广大，草木生之。所谓'其广大草'。"

辜佩不满地说："这题目别说他答不上来，我学了一辈子国学，亦答不上来。"

"马先生被考生称为'怪题大仙'，你可知道考生答不上来在卷纸上写诗骂你？"严肃向来看不惯马识途，也向他开炮，"他们写，广大何容一物交，满肠文子乱蓬茅。考生拍手呵呵笑……"说罢，严肃乐不可支。马识途恼怒地说："胡说八道。你笑什么？"严肃得意地说出下一句："出此题者……大草包。"

一下子，考场的诸位老师都笑得前仰后合，还是辜佩来打围场："考生江流，你觉得古人文章是否有用？"

江流点点头，一脸严肃地说："学生认为有用。比如魏源编《海国图志》一书，认为攻西方侵略者的策略是调夷之仇国以攻之，师夷之长技以制夷。"此言一出，众人都默默点头赞许。辜佩又问："魏默深著此书为何？"江流微笑对答："一言蔽之，以夷攻夷，以夷款夷，师夷长技以制夷。"

"夷之长技者何？"

"一战舰，二火器，三养兵练兵之法。"

辜佩觉着眼前少年思维敏捷，思考深重，是可造之材，于是接下去启发："有了这三样，吾国可无敌于天下乎？"

江流坚定地摇摇头："否。"几位考官诧异地看着他，江流从容不迫地说："无敌于天下者，唯公道人心。"

待到米高牧师问完几个问题后，江流顺利地通过面试，正往回走时，辜佩走出门去，叫住了他。

江流回头，辜佩递给他一张票，微笑道："我明天在六国饭店演讲，作为我的学生，听演讲也是上课的一种。"江流心底一阵感动，却只谦虚说道："可是我还不知道能不能成为您的学生。"辜佩望着江流，粗布衣服也遮盖不了他的锐气，饶有深意地说："至少我认为你是。"

和江流比起来，周鲁的面试可谓状况迭出。面对马识途的刁难，周鲁以暴制暴。

"上律天时，下袭水土。知道吗？"周鲁摇头不知。那马识途眉色中闪过一丝不满，手敲桌子："那你怎知道它出自《中庸》，还赋诗一首？把你的诗背一遍。"

这下周鲁可傻眼了，下意识地往墙边看，谁知这里既没有四白落地，也没有见缝插针的课桌椅。周鲁只得煞有介事地胡诌一首："真是一片白茫茫，无土水于河中藏，辱圣人言何道理？嗯……要他跌落海中央。"

众考官笑作一团。马识途大怒："成何体统！我可问不了！"周鲁连忙说："老师，我的专攻可不在《中庸》《大学》中，我喜欢的是军事，你们问我军事便是了。"

严肃望着不知所措的周鲁，觉得格外有意思："听你此言，你倒说说，这北洋水师构成如何？"周鲁一看问到自己的饭碗里，哪里还敢放过，口中兀自喋喋不休起来："北洋水师包括铁甲舰、装甲巡洋舰、防护巡洋舰、撞击巡洋舰、铁肋木壳巡洋舰、鱼雷巡洋舰、炮舰、快船等等……"严肃没料到，一个小小的考生能知道得这么多，大惊道："你怎的比水师学堂教官了解的还清楚？"

周鲁自豪地说："不仅这些，包括吃水、排列、后勤、官位、出战等，我都一清二楚。"

众考官瞠目结舌。辜侃心里暗服，看来这京师大学今年必是藏龙卧虎，人才辈出。他欣慰地笑笑，草草看过名册，并未发现异样后，用朱笔一一勾画。

次日，江流应约前往六国饭店。话说这北京城里，恐怕没有第二个地方能如六国饭店，在高堂华灯之上衍生出中国缤纷混乱的近代历程。饭店入门处的烫金标牌上正楷写着："辜侃先生演讲，三号宴会厅"。

豪华的宴会厅内壁灯环绕，帷幕长垂，闪光灯不停地闪烁。江流的贵宾票在前排正中央，全场座无虚席，有扎着长辫的满清学究，有傲慢的驻华使节，有穿着各色军装的各国指挥官，各般人物应有尽有。

演讲正式开始，辜侃身穿青蓝马褂，拄着黑檀短拐，从容地走上讲台，鞠躬，缓缓说："演讲之前，给好事者五分钟时间，向我开炮。"下面顿时传来一阵笑声。一个洋教士站起，戏谑道："来这儿之前，我听说过一句话，来中国可以不看紫禁城，不能不看辜侃。我很好奇，有什么好看？"

辜侃饶有兴趣地盯着教士胸前的十字架："你信天主教？基督教？"洋教士不解何意，只得点头。辜侃悠然道："那你应该感谢主。你身在紫禁城，看着辜侃，应该交纳双倍票价。"这时，一位美丽的金发碧眼的女记者傲慢地举手，用蹩脚的中文说道："在场外国人比中国人还多，你却用中国话演讲。我听说你经常和托尔斯泰通信，和甘地通信，难道也是用中文？"辜侃摇摇头："非也。托尔斯泰、甘地都没有我家后院的一个屠夫了解我。那时我住在南洋橡胶园，他用干瘪的大手拍着我的肩膀说，孩子，你是中国这棵枯树上唯一健康的树枝！无论走到哪里，不管身边是英国人还是德国人，都不要忘记自己是中国人。中国人在我中国演讲，难道不应该说中国话么？”说罢，台下的国人深感解气，纷纷鼓掌。

“听说你游历过很多国家，能否比较一下各国人种之间的差异？”一个学者模样的美国人挑衅地问道。

这个问题很尖锐，且事关自身尊严，会场里顿时一片安静。硕大的追灯只照着讲台上的辜侃。辜侃缓缓扫视台下观众：“据我多年的游历，我发现美国人博大、纯朴，但不深沉；英国人深沉、纯朴，却不博大；德国人博大、深沉，而不纯朴；法国人没有德国人天然的深沉，不如美国人心胸博大和英国人心地纯朴，却拥有这三个民族所缺乏的灵敏；只有中国人全面具备了这四种优秀的精神特质。”台下一片哗然，只见小个子的日本公使愤然道：“阁下把中国人抬得如此高，可贵国为什么在甲午战争中却一败涂地？”江流闻言一震。辜侃依然不愠不急，顺着自己的意思说下去：“我曾听一位外国朋友这样说过，作为外国人，在日本居住的时间越长，就越发讨厌日本人。相反，在中国居住的时间越长，就越发喜欢中国人。这位外国友人曾久居日本和中国。我不知道这样评价日本人是否合适，但我相信在中国生活过的诸位都会同意上述对中国人的判断。”台下洋人默默点头。

“尽管我们缺乏卫生习惯，生活不甚讲究；尽管我们的思想和性格有许多缺点，但仍然赢得了外国人的喜爱，我把中国人身上难以形容的这种东西概括为温良。”

“哈！”日本公使嗤之以鼻，“这温良等于逆来顺受。”辜侃应付自如：“如果我不为这种温良正名的话，那么在外国人的心中它就可能被误认为中国人的温顺和懦弱。所谓温良，是一种来源于同情的力量。西方人讲究实践论证，既然刚刚有人提出，观者以西方人居多，主随客便，我以实例逐一解剖。”

说罢，他整整衣袖，饮了口茶，正式开始今天的演讲：“首先，我们来谈中国的语言。中国的语言是一种心灵的语言。一个很明显的事实就是，那些生活在中国的外国人，其孩童和未受教育者学习中文要比成年人和受过教育者要容易得多，原因在于儿童和未受教育者是用心灵来思考和使用语言。相反，受过教育者，特别是受过理性教育的现代欧洲人，是用大脑和智慧来思考和使用语言的。有一种关于极乐世界的说法也同样适用于对中国语言的学习——除非你变成一个孩子，否则你就难以学会它。其次，我再指出一个众所周知的事实。在日常生活中，中国人具有惊人的记忆力，其秘密何在？就在于中国人是用心而非脑去记忆。换言之，用具同情力量的心灵记事，比用头脑或智力要好得多。前者轻松有趣，后者则枯燥乏味。”

江流对这些道理闻所未闻，好奇地认真听下去，而旁边坐着的日本公使又开始叫嚣：“我看未必，日本人的记忆力一样不输给中国人。”辜侃置若罔闻：“接下来的例子，依旧是体现在中国人日常生活中，并得到大家承认的一个事实——中国人很懂礼貌。中国一向被视为礼仪之邦，那么其礼貌的本质是什么？就是体谅、照顾他人的感情。中国人有礼貌，是因为他们过着一种心灵的生活。他们完全了解自己的这份情感，很容易将心比心推己及人，显示出体谅、照顾他人情感之特征。请问，打断演讲，就是你们日本人的礼貌？”日本人依旧蛮横不讲理，英美两国公使夫人都投来鄙夷的目光，台下窃窃私语者众多。

“中国人的礼貌虽然表面上不像日本人的那样繁杂，但它却是令人愉快的。相反，日本人的礼貌则是繁杂而令人不快的。我已经听到了一些外国人的抱怨。折衷礼貌或许应该被称为排练式的礼貌——如剧院排戏一样，需要死记硬背。它不是发自内心、出于自然的礼貌。事实上，日本人的礼貌是一朵没有芳香的花，而真正的中国人的礼貌则是发自内心的。”

演讲在时间流淌中悄然继续，除了日本人顽固地不认同外，其他听众都被辜侃优雅的举止、睿智灵活的头脑和渊博的学识深深打动。演讲完后，众多记者围住他采访。待众人散尽，江流才有机会走上前去，祝贺再三，说出了自己的疑惑：“先生刚刚发言为何不做总结，只留悬念？”

辜侃有些疲倦，一天的唇枪舌剑让他困乏，但他还是压着嗓子，耐心地说：“他们西方人，总想找一个可以停下来做最后结论性发言的地方。然而，天下没有最后结论，天下也没有停顿。你可读过《易经》？”江流点头：“略知一二。”辜侃笑了：“《易经》第六十四卦，也就是最后一卦是什么？”

“未济。”

“是了，就是尚未完成。”

江流大为叹服：“先生学识渊博，令学生钦佩。”

辜侃却不满于江流的反应：“但关键不在学识，而在于觉醒。”江流心头一震，正觉此言甚合心中之意。“之前我在天津租界演讲。所谓租界，明明是中外公共建筑之所在，许多地方却不准华人擅入……”辜侃坐在壁灯落尽的宴会厅，和江流相对，颇有些孤独与冷清。“那时我也很愤慨。但仔细了解才知，其实最初并没有此项禁令，是因华人一进公共场所，折花驱鸟，糟踏地方，无所不为。哎，教育不所为，人民哪知觉醒。只有人人自醒，中国人才能与洋人并肩。”

江流脑海中突然风驰电掣般想起当年在陆军小学的老师许梓秋，那位用生命明示“壮志未酬驱鞑虏，我以我血荐中华”的先生，而晚晴园内，孙先生的一番嘱托更是在情在理。他初来京师求学，对于革命，对于教育的作用还满怀疑虑。江流突然会意，辜先生此番赠票讲学，正是用心良苦。他微微一笑：“学生来京师求学，一直困惑，今日多谢先生指路。”

离出榜还有些时日，江流每日只在客房中熟读《海国图志》和《皇朝经世文编》，勤做笔记，一分一秒也不懈怠，空闲时也只在阁楼上朗声阅读法文。周鲁则不然，得空就往街上乱跑。

北京人讲究饮茶品闲，大街上露天的茶摊四处都是，店铺前、树阴下大都有卖大碗茶的摊位，都是小本买卖，为的是给游客歇脚喝茶。一张小方桌周围摆放着五六个小板凳，桌上摆着一个大茶壶、几十个蓝边粗瓷碗，旁边搁着玻璃盖。一落座，自然有跑堂的上来听了名，沏好上来。

周鲁坐上一桌，点了一壶茉莉花茶。摊主傻王正上上下下忙得不亦乐乎，见人多，说了个京城十大笑：“光禄寺的茶汤，太医院的药方，神乐观的祈禳，武库司的刀枪……”傻王突然停了嘴，傻傻地看着前面。周鲁正听在兴头上，发现他挂脸子了，一回头，只见几个官兵咋咋呼呼，围桌坐下。傻王赶紧上前：“几位大人能到我这小茶坊来喝茶，真是……”

官兵才不吃这一套，一伸手：“人家叫你傻王，你是真傻还是假傻？这个月的孝敬钱……”傻王赶忙准备掏钱。

官兵四下张望，发现街边站着一个卖烟卷的大姑娘，蓝布衣服，杏眼含春，唇红齿白，水灵灵地招人欢喜，脖子上挂一买烟的物件，几次探脚怯生生地想过来做生意。那兵头来了兴致，招呼道：“哟，姑娘出落得够水灵。”示意姑娘过来。姑娘以为有好生意做，连忙跑来。那兵头不怀好意地一把抓住她的手：“烟怎么卖？我摸摸。”大姑娘后退半步，憋红了双颊，递过烟匣子，咿咿呀呀，用手比划起来。

“原来是个哑巴。”官兵们怪叫起来，“跟咱丁头回去，暖暖被窝，省得整天价挨这风吹日晒的，糟蹋了这小脸。”说罢，一个官兵伸手就开始拉扯，哑姑娘拼命挣扎，烟卷散落一地。

周鲁路见不平，欲拍案而起，却见一个青年上前推开官兵，俯身欲捡烟卷，他后脑勺一丛齐发甚是惹眼。兵头一脚踏住地上烟卷：“我当是谁把横，是个假洋鬼子。”青年怒吼：“你们披着这身老虎皮，不去杀洋人，反倒窝里横，要脸不要？”兵头大怒，他好歹是京城一方的土霸王，如何受得了这等侮辱。一脚踢青年一个跟头：“滚一边去，再他妈管闲事，大爷把你当烟卷抽了！”几个官兵顺势把青年按在地上，踏上一只脚：“肉皮子紧了，痒痒得难受？”

那兵头见人多势众，抬拳欲打，突然脖领被一只大手一把拎起，扑通一下摔在地上，眼前一下子黑了，再睁眼，只见一剽悍男子坐在身上，挥着大拳头狠命揍打，顿时讨饶。周鲁边打边调侃：“爷，我也痒得难受，你先给我松松？”身后一个兵出其不意，挥拳打来，口里还说着：“我抽……”话未说完，被周鲁一拳砸在嘴上，疼得满地找牙。剩下几个见势不妙，本想逃窜，周鲁拿刀架在兵头脖子上：“大傻王，你起个头。刚才的段子不赖，接着唱完。”傻王生来本分，哪里见过这样闹腾的场面，只得继续磕磕巴巴道：“养济院的……衣粮，教坊司的……婆婆娘，都察院……的宪纲，国……国子监的学堂，翰林院的文章。”

“哈哈！好个翰林院的文章。”兵头和众官兵连连叫苦。周鲁扫一眼众官兵：“你们几个，我周爷爷暂且饶了你们，下不为例。”说罢，大手一挥，带着青年和姑娘几个一起离去。围观的人指指点点，无不拍手称快。

2

周鲁急匆匆叫上江流，说约着贵人傍晚饮酒谈心，这贵人就是那天在茶摊勇救哑姑娘的王应。江流欣然赴会，三人聊得好生欢喜，便有些相见恨晚的意思。

周鲁红着脸问道：“不知道兄弟做什么行当？”

王应文质彬彬，说起话来湘韵十足：“小弟正在京师大学求学。”

“真是大水冲了龙王庙，”周鲁一听，拍腿大笑，“原来是帮学长解围，这一架打得值。”

“我听兄弟口音不像本地人。”江流问道。

“客气了，小弟家在湖南，在京城求学。”

“原来如此，”江流恍然大悟，“我说兄弟眉宇间有些气象。自古湖南出名士，那里地形复杂，气象万千，人怀大志，不乏实干家。”王应被酒熏得面色发红，一听连忙谦让：“江兄弟过奖。”

周鲁喝得也不少，见王应是难得的知心人，心里便放肆了几分：“看你知书达理，家教不错，敢问令尊在当地发的哪路财？”王应一边给周鲁斟酒一边赔笑道：“说来惭愧。家父在长沙为官，靠吃朝廷俸禄为生。”“什么！”周鲁的神色不悦：“方才见你耀武扬威，以为你是条好汉，敢情是贼喊捉贼。”王应反驳道：“周兄弟何出此言？我路见不平，怎么到你嘴里成了贼人？”

周鲁冷声道：“真是崽卖爷田心不疼。令尊为官，你却吃饱喝足了跑到大街上猫哭耗子，不是贼喊捉贼是什么？”

但周鲁有所不知，这王应只因自幼接受西学，崇尚革命，早被父亲认为大不孝，逐出家门任其发展。因此，王应年纪轻轻便走南闯北，见多识广，结识了众多志同道合的仁人志士。他天生怜悯劳苦大众，更有忧国忧民之思，是一条生来的硬汉，哪里经得起这般无端羞辱。他正色道：“家父是家父，我是我，怎能一概论之？如今内忧外患，国无宁日，凡爱国青年应挺身而出，血荐轩辕。这与出身有何干系？”

周鲁欲辩驳，被江流一手摁下：“你也少说两句。别忘了你从前也曾为广东水师效力，难道就做不成爱国志士了？依我看，王兄的话有道理。国难当头，匹夫有责。何况读书做学问之士？”周鲁冷静下来，自觉说话偏颇，连忙道歉：“哥哥说的没错，刚刚言语冒犯，还请兄弟见谅。我周鲁自罚一杯。”

三人谈起这几日见闻，觉得偌大京城只见市井民风，车水马龙，不过尔尔。王应便提议道：“这四九城之内无非是些官门府邸，亭台楼阁。京城之行，若不一览长城之雄伟，乃枉此一生。”周鲁、江流一听，甚是合心，三人相邀时辰后，各自散去。

次日，江流、周鲁早早起来，和王应轻装简行，一直到傍晚才赶到长城下。夕阳西下，山峦浸润成金色的帘幕，如同大笔的写意古画一般引人入胜，而长城恰在每座山峦的最高点，蜿蜒曲折，美不胜收。见此情景，三人不禁壮怀激烈。联想这千百年前的伟业，终成就了泱泱中华，如今这华夏大地却惨遭铁蹄践踏，江流不禁感慨万千。

往后的漂泊岁月中，三人各自天涯路，却总会回望这一个夜晚。他们在篝火台上围火取暖时，王应发现身前的城砖上写了两行字，觉得奇怪，便取来火把观看，是两句前人诗句，上书：

万里长城万里空，百世英雄百世梦。

江流正喝得高兴，大声说：“好诗。我来接个下句。”

不知祸起萧墙内，虚筑防胡万里城。

王应赞叹道：“诗好，寓意更好。现如今，上至勋戚大臣，下至校舍学子，无不曰立宪立宪，结果搞出个预备立宪来肆其鼓簧，混淆视听。先是那慈禧老贼祸国殃民，又有奸臣贼子当道，洋人骑在我们脖子上为所欲为，国无宁日。”

说起国事，江流颇有些黯然神伤：“只是，天下的事情，不怕不能够实行，就怕没有能够亲力亲为之人。”周鲁也接言：“如果国民揭竿而起，洋鬼子来一个杀一个，奸臣有一个除一个，何愁不能立宪！洋鬼子的坚船利炮又何畏惧？”在他心中没有武力解决不了的问题。

四下皆静，宏伟的古长城在漆黑无垠的夜幕下，曲曲直直已看不分明。头上明月，知己在侧，秋虫嘶鸣，一团篝火明亮如日，灼灼闪耀。

王应说：“周兄弟说得好，而今的中国，你除掉一个奸臣，后面不知还要冒出来多少。你除掉一个洋人，不知有多少坚船利炮朝你蓄势待发。”

“欧美富强之本不全在坚船利炮。外国用火药制造炮弹御敌，中国却用它做爆竹敬神。外国用罗盘针航海，中国却用它看风水。外国用鸦片医病，中国却拿来当饭吃。同是一种东西，中外用法确有天壤之别。”江流深表赞同。

“我们的制度，故步自封。政府就像这黑夜，无药可救。如此暗淡的国家依靠什么来国富民强？”提出这个问题后，三人缄默。

突然，江流大声说：“靠人民的觉醒。中国需要的不是改革，而是革命。彻底推翻它，建立一个新的民主共和之国。”

那夜的火光下，三位新青年目光炯炯，对着无尽的苍穹和漫长的思索之路，提出了自己的走法。热血少年头角峥嵘，他们将以全新的姿态去面对默然而未知的未来。周鲁和江流开始他们载浮载沉的绚烂而迷茫的求学岁月。

京师大学原是清廷养士育才的首善之区，但如今正是多事之秋，清廷摇摇欲坠，纷乱的局面和动荡的人心早已越过校墙传递给了青年学生。开学之日，周鲁、江流来到学校，见槐柏低首，枝蔓迎风向北与日光交错，晃得影壁斑驳，大批学生聚拢在公告栏下，指指点点。汪鹤指挥几个校工，把几张大公告贴在墙上。

江流也随人流走到公告栏前，问道：“上面写的什么？”

周鲁踮起脚，看了看，说：“学生禁止干预政事，开会结社，立会演说，历奉严旨查禁……各学堂学生自应一体凛遵，潜心向学，各学堂管理员等亦当随时随事训诫劝导。哟，给咱们立规矩呐！”有好事者抢白：“禁止废弃讲经读经，荒废功课，不习国文，凡剪辫者，立即续辫自赎……”

周鲁念完后，颇觉好笑："又不是出家当和尚，念得哪门子经，恁多管制！"忽而至剪辫一段，江流、周鲁面面相觑。突然，一个声音从身后得意地响起："老祖宗的规矩，五天一打辫，十天一剃头。辫子就是脸面。"

周鲁、江流循声望去，只见一个穿着绫罗绸缎的学生大摇大摆地走来，再往上看，却见项上一颗肉球脑袋得意地来回晃弄，正是小王爷钱子谦。他身旁三五家丁都奉承道："有人要是不要脸，八匹马都拦不住。还续什么辫子，干脆杀头算了。"

周鲁本来就恨皇亲贵族不可一世的姿态，这会哪还按捺得住，揪住钱子谦便大喊："那是你们的祖宗规矩，跟老子有狗屁干系？"

"放肆！大清子民，同宗同祖，不守规矩就是大逆不道。"校管汪鹤连忙喝住周鲁。周鲁欲辩，早被江流按住："人在矮檐下，休得生事端。"

汪鹤如变脸人一般，转脸对着钱子谦又赔笑又鞠躬："小王爷所言极是。说的是！说的是！没有规矩，哪来的方圆？小的一定依言仔细整顿校风。"对着众学子又是一脸威武："把告示上的条例给我念懂了，背熟了，记在心里。敢违背的，一律开除学籍，逐出校门，永不录取。"

没成想，钱子谦和江流、周鲁居然分在了同一班。钱子谦身为皇亲国戚，生活中不免有纨绔之风，却秉性宅厚，并非那十恶不赦之徒，来京师大学读书无非是闲着无聊凑个数，并没指望日后多大出息。周鲁见众老师对钱子谦明显袒护，心里愤愤不平，却又不敢放肆，只得平日里拿他出气。

那日，马识途正上课，含胸驼背往来于教室间，口中振振有词："四书五经外，古今所谓大文章只有二十余篇，以李斯《谏逐客书》为第一，贾谊《过秦论》第二，其次则司马相如、刘向、谷永诸家敦厚典雅，皆含经义。"抬眼望学子，江流会神，周鲁眼神迷离，钱子谦倒头已与周公神游。马识途尴尬地咳嗽两声："虽然吾校更名新式学堂，但勿忘本，文章要写得规规矩矩。否则，有朝一日出落成一辈英雄，出口却粗鄙不堪，岂不让人耻笑？"

马识途走至钱子谦桌旁，轻轻握拳敲桌提醒。钱子谦猛醒，抬头，一脸口水："到饭时了？"一阵哄堂大笑。马识途尴尬不已，却敢怒不敢言："嗯……说到哪了？"

周鲁一见有捉弄钱子谦的好机会，哪会放过，起哄道："说到大英雄出口粗鄙，让人笑掉大牙。"马识途只得硬着头皮，谄笑道："小王爷就以'英雄'为题，作一首诗如何。"钱子谦看看周鲁，思索良久，出口道："这有何难！听好了。"

听说项羽力拔山，吓得刘邦就要窜。
不是英雄小张良，他娘的早已回沛县！

钱子谦说罢得意洋洋，众学子笑得前仰后合乱作一团。钱子谦不解："不好么？"周鲁挤眉弄眼，好不快活。马识途一时不知所措，指着周鲁说："休笑他人，你来作一首。"

周鲁大大方方起身：

大炮开兮轰他娘，威加海内兮回家乡。
数英雄兮唯周鲁，安得巨鲸兮吞扶桑。

马识途一惊，这诗虽是胡诌，但面前这人确实长了反骨。江流不声不响起身道："学生倒是想到一篇，虽非我作，亦能聊表心迹。"马识途见他从容不迫，点头默许。江流铿锵顿挫地吟来：

今日到南苑，明日到北海，何日再到古长安？
叹黎民膏血全枯，只为一人歌庆有。
五十割琉球，六十割台湾，而今又割东三省。
痛斥县邦斤益蹙，每逢万寿祝疆无！

马识途回过神来，冷汗直冒。这不是慈禧大寿之日上海《苏报》刊发的祝寿联吗？当局一直在调查此人，却因匿名无从下手。这小子如何得知？在课堂上挑衅说出，又安的是什么心？马识途在心里暗暗打了好几个结。

周鲁让钱子谦在课堂上出丑，钱子谦哪里肯罢休，回去找几个小厮商量对策。周鲁虽生性莽撞，奈何身边有一江流，心细如发，谨慎有礼，又颇得人敬重。钱子谦在他面前自然矮了一截，只能寻着周鲁独来独往的时机下手。正好学校有门武术课，是钱子谦的长项，江流因选修别的课程而未到，正是报仇的绝好时机。

上课时，学生都是布衣短襟打扮，踏布靴码成行列，教官张大椿一边巡视一边威严地训斥学生："武术讲套路，好看不中用！西洋搏击，行军打仗，近身武斗，乃实用之举。"

话音未落，钱子谦就瞎嚷嚷开了："有什么了不起？还能胜过咱们老祖宗传下的骑射摔跤？"

“小王爷有所不知，这现代战争……”

钱子谦一摆手：“别说了，咱俩放对试试，我就不信了。”说罢上前拉开架势。周鲁眼珠转动，跨步出列：“教官，要不我陪这位爷玩玩？”

张大椿看着虎背熊腰的周鲁，一眼就知道是身上藏了功夫的，提醒道：“点到为止，别坏了同窗之谊。”周鲁满不在乎地一摆手：“放心吧！我站着不动，看他能奈我何？”钱子谦见周鲁如此狂妄，一阵活络后，便冲到周鲁身前，弯腰搭背，憋红脸，蓦地用力去推周鲁，却发现他站在原地，纹丝未动。周鲁戏谑道：“小王爷，小心闪了腰！”钱子谦脸色紫胀：“……我……摔……”周鲁暗自发力：“走！”轻轻一带，钱子谦一跤栽倒，满脸渣土。

众人大笑不止。钱子谦爬起来，狂叫着趔趄上前，抬手欲打周鲁。周鲁只轻轻一抬，顺势架起他胳膊，拦腰将肉球一般的钱子谦举起：“轻功不错，看你在天上能待多久！”钱子谦吓得腿乱蹬：“放我下来。”教官张大椿赶忙上前一把抱住周鲁：“放下小王爷。”周鲁哪里肯放过他，胳臂用力，将一坨肉球掷出去。

钱子谦屁股着地，疼得咬牙切齿。家奴们在旁边吓得冷汗直流，却不敢向前。钱子谦破口大骂：“你们一帮吃闲饭的，看着主子挨打？”家奴们闻讯一拥而上。张大椿欲拉架，还未动身就被黑压压一片人压在身下。直到校管带保卫来才把两群人拉开，周鲁已被打得鼻青脸肿，钱子谦带领手下逃之夭夭。

周鲁和钱子谦积怨更深，一个在八旗先祠训骂家奴，说迟早收拾了这个鲁智深，一个在西斋宿舍怒不可遏，怀着明白装客气，心想早晚把个小王爷大卸八块拿去喂狗。两人见面不吭声，背地里全都琢磨着。

隔了数周，一天夜里，周鲁翻来覆去睡不着，便偷身来到八旗先祠。他攀上飞檐，顺着钱子谦的房间疾走直下，倒挂金钩在窗外，用一匕首轻轻拨动门闩，见钱子谦只身一人躺在床上，已酣然入梦，呼噜声震天响。周鲁轻手轻脚地走至窗前，挑起钱子谦藏在脑后的辫子，用匕首轻轻一带，辫子便落入周鲁手上。可怜钱子谦梦中正和佳人相会，却不知他的宝贝已经没了。待到凌晨起身，忽觉脖后一阵凉，头轻了不少，伸手一摸，才知辫子齐根被剪断。

第二日，竟赶上朝廷禁令，禁止青年跟风剪辫易服，校方若纵容，则罪加一等。刘廷琛平日里看江流、周鲁之流颇不顺眼，这会朝廷的命书正如他的救命稻草一般，他要好好羞辱这帮学生。这天上课，他便让两位校工一前一后抬着一口木箱。他径直走上讲台，正色道：“昨日布告约法三章，今日便要身体力行，在座有剪辫的，上前领取发辫，以护校风国威。”说罢，校工打开木箱，只见里面堆着一条条假辫子！

江流一见，争辩说：“身体发肤，受之父母。若是自然续发结辫也就罢了，怎能装假辫子？”周鲁在一旁起哄：“上坟烧报纸，糊弄鬼玩！”一时间班上剪了辫子的学生都纷纷嗤之以鼻。

“这父母之恩，刘某人感同身受。可恩情再大大不过国法。大清的规矩，剪辫无异于造反。倘若校方不加管束，则是纵容造反。一旦上面怪罪下来，恐怕闹得学也上不了，大家都不好收场。我也是替诸位考虑，还希望你们卖我几分薄面。”言罢，拿起一条辫子握在手里，“退学还是续辫，请各位三思。”众人一愣，一听要退学，也噤了声。

半晌，剪辫者纷纷上前领辫子，校工挨个发放。江流、周鲁走上前，刘廷琛望着他们，故意从箱子里翻出两条最粗最长的，递过来。周鲁伸手欲拿，突然，一只手飞快地把辫子抢先夺走。周鲁回头定睛一看，却是那一头乱发，满眼红丝的钱子谦。刘廷琛认出钱子谦，大惊失色：“小王爷？你的……辫子？”

钱子谦恨恨地说：“昨天夜里，不知哪个猪狗，趁我睡觉，剪了我的命根子。”说罢死死盯住周鲁。周鲁反唇相讥：“你骂人也就骂了，不要累及猪狗。”

“长得一副猪狗相，不是你又能是谁？”钱子谦眼皮都不抬一下，准备拿了辫子回去。周鲁怒道：“我撕了你的嘴。”说罢一脚踢起，钱子谦闪身，假辫子散落一地。周鲁又一个纵身扑倒钱子谦，挥舞着拳头就开打。

刘廷琛一边手扶木箱，一边大喝：“给我住手！昨天闹事的就是你。学不想上了？”周鲁心有不甘，但还是匆匆罢手。

第二日，刘廷琛夹着书本来上课，他用假辫子治了周鲁、江流，很是自鸣得意。十步开外古槐下，一堆学生叽叽喳喳，纷纷指点，笑得前仰后合。江流、周鲁都在其中，周鲁笑得最凶。

刘廷琛向内张望，见树下拴着一只狗，头上束一假辫，眼神失措，不断朝围观者吠叫。刘廷琛全身抖若筛糠：“岂有此理！这是谁干的？”

周鲁在一旁发笑：“我知道是谁干的，只是……”

“但说无妨。”

周鲁信口说来：“那假辫子一人一条，大人可突击检查，倘若谁没了辫子，真凶非此人莫属。”刘廷琛一想，这话有道理。

好事不出门，恶事行千里。一传十十传百，一时间校园遍传“辫子狗气煞刘学监”的新闻。

刘廷琛指派汪鹤前去调查。好半天，汪鹤回来，却在他的办公室门口徘徊，不敢进来。他唤道：“到底是谁？这么胆大妄为！”

汪鹤战战兢兢地走进来报告，欲言又止，一张蜡黄的脸拖得老长：“学监，事情不好办，只有小王爷的辫子没了。”

话未说完，只见钱子谦大摇大摆地进门，一屁股坐在沙发上：“简单得很，刘大人只需将我扫地出门，便一了百了。”

汪鹤脸上赔着笑：“小王爷说笑了。”

“敢查我，不敢办我，你当的什么官？”钱子谦顺手拿起刘廷琛的茶壶，喝了一口。

刘廷琛打圆场说：“这事断然不是小王爷所为，我敢拿顶戴花翎担保，定是有人嫁祸于你。小王爷放心，下官一定查个水落石出，给您一个交代。”钱子谦咕咚咕咚几口把茶饮尽，一抹嘴：“查出来自然好，查不出来，传到我阿玛那里……哼！”说罢趾高气扬地离开了。

看着钱子谦的背影和桌上的紫砂壶，刘廷琛额上渗出了汗。半晌，汪鹤突然灵光一现：“下官倒有一计。大人只需下令，将那些剪辫的学生关在一处，面壁思过即可。”“若还是不招呢？”汪鹤骨子里的害人劲儿又上来了：“只需饿上几日，一定窝里反，互相指认，哪里有不招的道理？”刘廷琛思量了一会儿，点头默许。

汪鹤推推搡搡地把数十名剪辫学生集合到院中，几个校工将不服气的几个人押着前往西斋。

“狗头续辫，罪过还小么。若不是身在学校，杀头也不为过！”汪鹤一阵狠骂。受此事牵连的学生无端受骂，有的不免骂起肇事者来。汪鹤激将道：“做事的人心知肚明，若不想无辜代他受过，就自己站出来替大家解围。”周鲁欲挺身而出，江流一把按住他，低声道：“他在激你！”周鲁沉下一口气：“难不成让大伙陪我挨板子？我周鲁成了什么？”江流双目炯炯有神，说：“现在群情激奋，误打误撞，老天爷给咱们一个结盟的好机会。”周鲁一拍脑门，恍然大悟，任汪鹤把话说得再难听，也充耳不闻。

西斋的学生，都是剪发者，本身就和旧式统治划清了界限，他们不满当局者对知识和科学的禁锢，更反对毫无人性的压迫。京师大学包容并蓄的校风让这些青年接受到思想的洗礼，他们经常在西斋自修室里议论时局，抨击朝政。脑后的辫子于他们而言，是落后和屈辱的象征，人人以续辫为耻。却没想到，狗头小事居然能让学校关学生禁闭，大家愤怒了。一批批学生被送进来，但几次饭点，竟然没有人送来饭食。

一阵门响，又有数名剪辫的学生被带进来，都是高年级的学生。江流懒懒地抬头，眼前一亮，见王应一身校服，赫然在列。三人居然在此相见，谁都没想到。

周鲁不顾肚子里的馋虫叫唤，说："想不到这哈巴狗梳辫子，癞蛤蟆着官服也能让咱们哥几个在这黑灯瞎火处聚上一聚，果真有意思！"王应连忙凑过去，见两人的神色，已明白几分，试探地问道："树下之杰作难道出自……"

周鲁摆了个噤声的手势，踏上一张课桌。众人见状，纷纷安静下来。周鲁清清嗓子，高声道："这狗头的事，一不做，二不休，是我周鲁所为，累及大家。兄弟们若有什么怨气，尽管在我周鲁身上撒，我绝无怨言。"

王应在下面附和道："我王应甘愿陪你受过，强过受那些鞑子侮辱百倍。"话音一落，众人纷纷鼓掌赞同。

王应不愧是老生，对于京师大学的细细总总了然于心。不多时，他耳朵一侧，窗口传来一声哨响，于是上前把窗栓打开，只听得窸窸窣窣的一阵脚步声，几个包袱接二连三地丢进了窗户。

王应拿过包袱，打开，里面尽是热气腾腾的包子。大家都高兴坏了，围上来，接过包子，狼吞虎咽起来。他从一个花布包袱里抽出一张今日的报纸，神情悠然地边吃边读起来，突然间神情严肃起来。只见今日报纸标题上赫然写着"同盟会英雄熊成基刺杀海军大臣载洵被捕，拒不认罪，英勇就义"。王应一拍大腿："同盟会个个都是好样的。上面说，熊成基临刑前大呼'今生已矣，我死，愿中国之富强日进一日，庶几瞑目矣！'"

一时间，西斋自修室众多学生都聚拢来，大家传阅着报纸。对于革命，他们或许了解并不深，但对于这种舍生取义、敢为天下先的精神，这些青年学子们早就心向往之。江流表情凝重地说："各国革命之历史，皆流血多次，而后成功。熊成基此次失败，普通人不知附和的原因，盖因自由之血尚未足耳。民不畏死，则大畏将至！"

"正是！满清鞑子满口仁义，其实一肚子男盗女娼，我周鲁恨不得替他挨家挨户杀光满清狗贼。"周鲁虽然不明白同盟会具体的纲领、制度、宗旨和前景，但是同盟会敢于推翻旧统治、成立新中国的愿景与周鲁不谋而合。

王应劝慰道："自古之事，名正才能言顺，革命之举更是如此。周兄弟一腔热血令我钦佩，但若依靠暗杀换取胜利，长此以往胜之不武。"

周鲁诧异："有何胜之不武？"

王应走到窗前，窗外生机盎然，而学子们空有报国之心却被囚于陋室，愤愤然："满清政府越是昏庸无道，革命就更应该坦荡如砥，而不该感情用事，去做鲁莽之事。”

“暗杀就是鲁莽之举？王兄生在官府之家，哪里晓得革命艰辛。满清鞑子不仁，就休怪我周鲁无义。昔日那项羽气贯中原，但为破秦军，也曾暗杀楚怀王，怎么轮到我周鲁就成了鲁莽之举？”

“那项羽虽然英武过人，到头来还不是落了个四面楚歌？我王应虽生在官宦人家，却懂得凡事应该光明磊落，以德服人，此乃大仁大义！”

周鲁词穷，只得涨红脸叫嚷：“大仁大义？我看是妇人之仁。”

江流一见，知道周鲁的老毛病又犯了，连忙打圆场：“周兄息怒，这是辩论，切勿人身攻击。依我看，暗杀与否应该酌情而定。确实，此行为有违大义，但敌我力量悬殊，真理虽站在我方，但打也打不得，说又说不降，难道就坐以待毙不成？暗杀只是手段，救国才是目的，杀一二鹰犬，能救人于水火，也未尝不可。”众人纷纷点头。王应不置可否。

“我们久困此处不是办法，想办法出去是正解。”江流目光停在周鲁的身上，“依我看，祸是他惹的，还得在他身上圆。”

周鲁、江流、王应三人，合演了一出好戏。周鲁装病饿晕过去，接二连三倒下去几个。校监胆子再大也不敢放着学生的命不管，私下一合计，钱子谦那边早已把这事丢到九霄云外去了，而且也无人招认，只得作罢。

春季到来，暖风转南，树挂绿芽之时，京师大学一切如常。波澜不惊的生活却掩藏不住学生们内心的涌动。一到三月，主楼旁的公告栏上，学校规章总是被大大小小的消息遮住。这些墨香未干的消息比教授们的课更能引起学生的关注。经过西斋事件，关心时事的学生越来越多，而同盟会的命运如同一条脉弦，国人能通过它的强弱频率感觉中国前途未卜的命运。

江流走出教室，见公告栏围拢着一干学子。通过周围人的私语，江流能猜出事态的轻重缓急。

“又抓了一个！逢乱世，人心惶惶啊。”

“谁被抓了？”

“喏！同盟会要犯魏国，刺杀亲王未遂被捕，朝廷正悬赏缉拿同党呐。”

“魏国？”江流拨开人群，只见墙壁上歪歪扭扭地题了几行诗：

> 我本当朝一狂人，错把学堂认庙门。
> 有朝一日削眉去，敢叫清廷变乱坟。

“好大的口气。难道是魏国同党所为？”江流心里正想着，觉得背后有双神秘的眼睛在看着自己。他猛一回头，不远处的树阴处蹲着一个黄脸学生，正是那钱子谦的几只“苍蝇”之一。那人见江流看着他，马上把脸转开。江流不禁留了个心眼。

黄脸学生在大树下转悠，见人少了，找个空就溜了。江流在不远处跟着他，走街穿巷，来到了巷尾的一个小酒楼。

江流抬眼一看，这楼名叫山水居，见黄脸闪身进门，便偷偷跟上。黄脸入一雅间，江流便不声不响地走到门口，偷听里间谈话。只听得先是一片嘈杂，似劝酒声，隐隐约约听见有人称赞黄脸题诗题得好，仔细一听，居然是钱子谦的声音。

“告示旁边贴得满满当当，几个嘴快的已经传到学监哪里去了。不知底的还猜这诗是那案犯魏国的同党所题。”一阵饮酒声过后，钱子谦说：“事情闹得越大越好。你小子的诗题得恰到好处。”说罢，又是一阵觥筹交错，钱子谦嘱咐说：“你赶紧去置办迷香、剃刀，趁夜给那鲁智深刮眉毛，别耽误了事。”江流一听这话，知道钱子谦死掐着周鲁不放手，连忙跑回西斋去告诉周鲁。两人商量一番，计划让周鲁晚上出去躲上一夜。周鲁一听，怎耐得住，立刻跳起脚来到山水居。酒楼中，醉生梦死的一伙人还在沾沾自喜。

周鲁跨步进门，掀翻桌子：“狗贼，在这里憋着害老子。”说罢，抓起黄脸，一个绊马索撂倒，踏在地上：“谁敢动弹，爷爷便剐了谁。”

一小厮正拿着一个包裹进门，周鲁三两脚将他踢翻在地。包裹散落，迷香、剃刀散了一地。周鲁一见，火气蹭蹭上冒，他捡起剃刀，拎起黄脸：“那歪诗是你题的？”黄脸哪里敢应，只得哆嗦指着钱子谦，唯唯诺诺道：“是……是……不是，是他让我题的。”

“敢做不敢当。我周鲁生平最恨胆小之辈，老子给你画画眉！”说罢，三下五除二，斜眉毛成了八字眉。黄脸捂着脸大哭起来。周鲁走近钱子谦，摇晃着剃刀：“小王爷，你怎样对爷爷，爷爷便怎样对你！”他按住钱子谦脑袋，剃刀来回几下，眉毛就刮得精光，只听得钱子谦阵阵嘶嚎。

第二天钱子谦眉梁子带疤，缩身溜进教室，周鲁一时还没晃过神来，指着他捧腹大笑。众学生都对着钱子谦指指点点，都说没料到题诗的居然是清朝的小王爷。钱子谦栽了一个大跟头，又不好明说。刘廷琛和汪鹤看着他一脸愠怒也不好发问。

3

夜晚的香港，霓虹灯像变魔术似的挂上街头。四月将至，空气既潮湿又闷热，人们早早地脱了长衫，那大户人家的女儿们都梳妆打扮起来，趁着夜色正好，出门吹吹凉风。不时有车夫在人群中喊声“借过”，呼啸而过。

此时，同盟会正抓紧时间筹划新一轮的黄花岗起义，来自南洋的密电如雪片一样送到各个负责人手中。孙中山对黄花岗起义下了很大的决心，在广州设立秘密据点，在香港成立了特别筹划部，下设调度课、储备课、交通课、秘书课、编辑课、出纳课、总务课、调查课等，任命了两名正副部长，在购置器械、组织联络、筹款保障各个方面精心策划，具体领导这次起义。

自从与江流、周鲁别过后，赵伯声就来到香港，一直做同盟会国内外的接洽工作。他身为副部长，每天要处理无数的具体公务，这比起在黄埔小学当督学的轻松岁月来说，简直是天壤之别。

这日深夜近十点钟，仆人来报，有访客，是一位小姐。他皱皱眉，正准备让仆人婉拒，只听得门口一阵争执，显然是那不速之客擅自进来了。一阵密集的脚步声后，一位妙龄女子来到了客厅。

“怎么是你？”赵伯声蹙起了眉头，显然这个女子的到来并不让他高兴。他知道她所为何来，有些措手不及。

这女子是名震京城的刺杀案主角——魏国的恋人，她叫方兰，是富商名门之后，和魏国在南洋相识，一见钟情，倾心相恋。魏国一心救国，对于儿女情长之事并不放在心上，而方兰毫无怨言。魏国刺杀王爷失利后被捕，天下皆知，传闻朝廷马上要处斩他，方兰从南洋火速到港，希望和香港的革命党取得联系，营救魏国。

赵伯声沉思良久，说：“魏兄弟太鲁莽了，落到鹰爪手里，怕是凶多吉少。更何况，同盟会的势力主要集中在南方，魏兄弟在天子脚下犯案，营救谈何容易。若草率行事，只会适得其反。”方兰柳眉轻蹙，清泪长流：“那你们就不管魏国了？”

赵伯声连忙解释：“方小姐误解我了。人当然要救，但要确保万无一失。”

“万无一失？你说得倒容易，有什么法子？”

赵伯声只得把自己的难处和盘托出：“眼下孙先生正在筹划黄花岗起义，方小姐少安毋躁，静待些日子。待起义胜利之时，同盟会便可以此作为筹码，逼清廷放出魏国。”

方兰一听更急了：“那要等到猴年马月？万一他们提前杀了魏国怎么办？万一起义失败了怎么办？我等不了了，我现在就启程去北京。”

赵伯声见她如此痴情，也平添了几分怜惜，但时局残酷，由不得他多考虑：“方小姐谅解。本人此次被孙先生调回香港，起义的重担在肩，你让我如何取舍？方小姐务必相信我，此次起义只会成功，不会失败，到时我一定将魏国兄弟平平安安地带到你面前。”说至此，他突然想到两个人，“既然方小姐非去不可，赵某就替你安排两个帮手吧。”说罢，他提笔濡墨，在纸上写下几行字。“你拿着这封信去京师大学找这两人。他们侠肝义胆，智勇过人，必能助你一臂之力。”

幽黑的大牢中，牢门紧锁，光柱照亮狭长阴湿的甬道。甬道尽头逆光处，凿一狗洞，一具囚犯尸体被狱卒拖拽出去。门打开，牢头杜大胡子一张饼脸，一位穿着朝靴、身着长袍的人跟着进来，这正是大名鼎鼎的六王爷。六王爷生就一张慈祥脸，他身为吏部尚书，地位尊贵，却思想开明，年轻时就向慈禧主张君主立宪。

两人步入甬道，目光所及之处，尽是衣衫褴褛、席地蜷缩的罪犯。六王爷默不作声。今日他前来，正是要来试探魏国是何等人物，竟有如此的胆量做出刺杀摄政王的事来。两人行至狗洞处，狱卒提灯带路，转身向里，只见幽暗的牢房内，一个囚犯蓬头垢面，正背对着他们。杜大胡子轻声说：“六王爷，刺杀摄政王的就是他。”魏国转过身，疑惑地看看王爷，突然仰天大笑起来，一头碰壁，鲜血迸溅。

“还愣着干什么，赶紧救人！”六王爷一声令下，杜大胡子和狱卒们手忙脚乱地开锁。六王爷关切地看着满脸血污的魏国：“是死是活？”

“人没事，王爷放心。”

六王爷在牢房里走了一圈，见昏黑的牢室不见半点阳光，墙壁斑驳，地上堆的稻草四散，臭得令人作呕，又见旁边一副碗筷，里面的饭食竟然半点未动，不禁皱着眉头：“我看他饭碗里的米都黄了，整天吃这些，哪有不寻死的道理？都是让你们给逼的。你们每日里给他吃的什么？”杜大胡子一愣，没想到王爷也关心着囚犯的死活，怕是好奇，所以大胆地答道：“一日三餐，都是萝卜干就饭。五天一回豆腐。赶上年节，还有肥膘……”六王爷一听，破口大骂：“岂有此理。人还没审，倒让你们给饿死了。他是朝廷要犯，怎能等同于他人？此人若是再有闪失，唯你是问！”

一朝被蛇咬，十年怕井绳。钱子谦每次见着江流他们，都让手下绕着道走。周鲁见他那怂样，也懒得搭理，每日只是规规矩矩地上课读书，功课倒长进了不少。这日，江流在寝室里看了半晌书，突然响起一阵敲门声，他连忙把书藏好，这才跑去开门。

门开后，见一素衣女子站在门口，身着金线镶边方摆月牙衫，一把小阳伞甚是打眼，眸子里却有藏不住的紧张。江流纳闷："您敲错门了吧，这是男生宿舍！"少女连忙说："敢问阁下可是江流？"江流一愣，点点头，请她进屋。直到她拿出赵伯声的信来，江流才明白，这个女子竟是如此不简单。

江流不知道赵伯声为何要派一个手无缚鸡之力的女人来救魏国。方兰读懂了江流的那份猜疑："说来话长……江大哥不要误会，我不是那苟且之人。如能救他出来，小女子愿肝脑涂地，哪怕替换他受这牢狱之苦也在所不辞。"

江流恍然大悟："你为救爱人只身赴京，江流佩服还来不及，哪敢有半点鄙夷？"

"你有所不知。他此次行动，会中同仁大多不赞同，认为是以卵击石的鲁莽之举，只有我了解他一番苦心。说他傻，倒是真傻。自从他出了事，我到处求人帮忙。可是……世态炎凉，会中兄弟不是拒绝，就是推脱。我真是脸面也不要了……家里也容不得我。只有赵先生接济钱款，引我来京寻你。"

江流看着她，安慰道："他不是傻，是大仁大义。姑娘此举，让许多大男子也无立锥之地。江流佩服。"说着，他再三看看赵伯声温厚的笔迹，心里多出了一些念想："赵先生对我有知遇之恩，我不能坐视不管，他既然相托，江流愿意助姑娘搭救魏国。"

两人商讨一番，方兰千恩万谢，留下自己的地址走了。江流左思右想，觉得这事得下大工夫，有长远计划才行。趁着天色已晚，他便寻了周鲁，跑到西斋自修室，趁着没人的时候把事情筹划筹划。

夜已渐深，幽暗的西斋空空荡荡，唯有靠东把头的一间教室还有微微亮光，江流、周鲁两人正围灯计划。两人正在商讨之际，见窗外有一黑影在门口徘徊，周鲁打开门猛地把那人一把揪过来。黑影一声叫唤，手上的东西跌了一地。江流忙上前去看个究竟，见那人趴在地上呻吟不止，跌落的竟是一大堆书。江周两人定睛一看，来人是王应！

周鲁早就觉得王应鬼得很，一把揪住他衣领："你要给谁通风报信？"王应被这莽汉压在身下，哪里挣得脱："通什么风？报什么信？"

"上梁不正下梁歪！你平日里不赞成暗杀，为何深夜偷听我们哥俩谈话？"

王应也火了："你这混人，我是想找个清静地方读书。你们谈什么与我不相干。"

江流不声不响地拾起书本："别鲁莽！也许是误会。""误会个屁。事情不是明摆着。营救一事非同小可，一旦泄露，不但你我性命不保，还会累及魏国。我先杀了他，以除后患。”江流忙说：“别忙。我有一个万全之计。让他加入，只有这样才能洗脱清白。”王应无可奈何，只得答应。

几天后，从各方探听的情况来看不容乐观，关押魏国的地方是清廷最重要的监狱，无论是内部监察还是外部防守都十分严格，和广州的监狱相比，救人的难度不可同日而语。三人一合计，先把情况告诉方兰再做定夺，于是一起来到方兰住处商量。

“足有八九米高，除非长了翅膀能飞过去。以我的经验，墙体有一米半厚，缝里抹的水泥。别说开凿，炸药都悬乎。”周鲁一边说一边比划着，方兰期盼的眼神渐渐暗淡了。江流又说：“牢房大门外有固定岗哨，日夜轮换。想要硬闯，单凭咱们几个是不可能的。而且，里面还有一道门，有人把守，就是截流用的，防止大规模的暴动。”方兰一脸焦急：“那可如何是好？”

大家一时沉默无语。突然，周鲁捅捅王应：“你老子在刑部不是有朋友，既然能打听到人关在里面，就不能把人放出来？”

“说得倒轻巧。”王应不满周鲁，说话总夹枪带棒，“我跟家父朋友周旋半天，才提到犯人身上。据他透露，莫说是他，就是刑部尚书本人想要探视钦犯都不允许，更别提救人了。这案子现在归六王爷亲自审理，别人根本插不上手。”方兰说：“以我对他的了解，此番行动未果，他必定想方设法杀身成仁。现在生死未卜，说不定……说不定……”

江流安慰道：“劫狱不成，也要想方设法见他一面，给他信心。”

周鲁站起身来，舒络舒络筋骨。江流看着他在房间里走来走去，突然眼珠一转：“都说县官不如现管。刑部尚书不让见，但有人却想见就见，不让见还不行。”

周鲁停步：“你是说……”

“就是你说的狗腿子。”

“对了！狱卒。”

“在狱卒身上下本钱。”

六王爷来过后，魏国的待遇果然不同以往，不但房间经常有人打理，还开了小灶，能吃上热气腾腾的饭菜，但魏国下了狠心要斗到底，就算菜递到嘴边，也绝不开口。

丁福贵在监狱里当差已经十多年了，家里有个哑巴女儿，生活不易，所以牢里的活再苦再累都抢着干。年龄一大，腿有风湿，提桶押犯人的大活是做不了了，于是照料魏国的起居便成了他全部工作。他永远忘不了，狱头吩咐让他做这活儿的时候有多大的不满，直到和魏国相处久了才知道，这活儿并不轻松。魏国脾气执拗，说不吃就不吃，哪怕你卑躬屈膝地求他，他眼皮也未必抬一下。一日，丁福贵又帮魏国把牢房打扫一遍，拿起碗筷，关上牢门离开。他通过潮湿的甬道，走到更衣室，换下官差服，把钥匙交给换班的新人，便和两个狱卒有说有笑地离开了。他刚走出监狱，背后闪出一个人影，不远不近地跟着。

酒过三巡，丁福贵面如猪肝。张铁嘴一边抿酒一边抱怨：“每日里送公文档案，从这往蓝旗营，腿都跑断了，也没多挣俩钱。倒不如丁老蔫这差事，不用动地，给叛党喂饭也能挣钱。”

赵大胆是个豁嘴，平日里屁都憋不出一个：“王爷吩咐，灶台开小灶。要我说，这刺杀亲王的犯人来路不善。”

“有啥可羡慕的？”丁福贵觉得俩人是站着说话不腰疼，“年纪轻轻就押在牢里等死，换做你的闺女儿子，你受得了？家家有本难念的经，谁也别说谁。”

邻桌上，背对着他们的一个少年，不动声色地听着，此人正是江流。三人全然不知，只喊结账。“几位喝好了？一共二十。”丁福贵掏钱递过：“你这酒越喝越淡，掺了水吧。”掌柜赔笑：“哪能啊，是几位的酒量涨了。”赵大胆一把拨开丁福贵手，递钱给掌柜：“我来。你家里办丧事，有钱使在刀刃上。”丁福贵几人起身收拾出门，江流跟随在后。

丁福贵一个人在大街上兜圈，不知过了多久，才进了一个棺材铺，半晌又摇摇头出来。棺材铺掌柜撂下脸子，依着门框，得理不饶人：“披身老虎皮还装穷鬼！”江流听在心中，跟着丁福贵进了一条狭长胡同。

丁福贵没买成棺材，只得回家。院落不大，也没有高墙耸立，江流爬上墙头，见院落里简单朴素，几个白色的板凳，一口破旧的水缸，用荆棘编的矮篱笆，一切都平凡如普通的农家，只是柴门一侧，种着一株淡紫色丁香，花开得茂盛，香气阵阵。丁福贵走出屋来，手里抖抖颤颤地捏着一把纸钱，口里衔着水袋烟，跪倒在地：“她娘，当家的窝囊，你抱病时无钱医治也就罢了，现如今连口棺材也给不了你，就先给你烧一把纸钱吧。”江流看得一阵心酸。

丁福贵睡下不到半个时辰，就被门口的嘈杂声吵醒。他转个身，准备继续睡，只听见一阵猛烈的敲门声。他起身打开门，竟是三两个五大三粗的男人，眼生得紧，便警惕起来：“找谁？”

“可是丁福贵先生？”

丁福贵见他们不像不讲理的蛮狠样子，心里不由一松："正是，有事吗？"

江流吩咐道："抬进来。"几个伙计便吆喝着抬进一口上好的棺材，不忘啧啧称赞："真是福分，买这么好的棺材。"江流也不看丁福贵，径直走到屋里的灵牌前，下跪拜了三下。

丁福贵被弄得一头雾水："您这是……"

江流转过身，说："在下江流，有事想请丁大叔帮忙。"

丁福贵半天没作声："您送这么大礼，到底有什么事？"江流面色沉重："请问丁大叔，现在关押在刑部大牢里的朝廷钦犯魏国是否活着？"丁福贵一听魏国，心一下就到了嗓子眼："活着是活着。这么大的案子……也是早晚的事。"江流一听这话，如释重负："活着就好。"丁福贵觉得来者不善，顿时警觉："你是？"

"我是魏国亲弟弟。"

丁福贵一听恍然大悟，正色道："你要是为此事而来，恐怕是白跑一趟了。劳您大驾，把院里那口棺材抬走吧。"江流见丁福贵起了疑心，连忙澄清："大叔误会了。我并不是为了救人，只是想在兄弟死前见他一面。""我这家境想必您也看见了，我要是有那么大能耐，能连一口棺材都买不起？您还是抬走吧。"

江流诚恳地说："大叔，我哥哥一切可好？"丁福贵见一个年轻人能为亲人如此奔劳，确实很感动，但只从水缸舀出些水去浇灌角落里的那株丁香，淡淡地说："实不相瞒，吃喝用度都由我来照顾，没受什么苦。"

江流正欲搭话，突然几个人冲进院里，为首的正是丁福贵的哑巴女儿丁香，举手投足，清纯可人，身后是王应、周鲁。周鲁一把拉过江流："你说巧不巧，这丫头正是我和王应那日碰见的卖烟丫头！"江流心中一阵惊喜。闺女拉着手，依依呀呀比划半天，丁福贵才恍然大悟："原来你说的两位救命恩人就是他们。快快快，屋里请。"

周鲁也爽快，大大咧咧往屋里走，完全没发现江流尴尬地站在一旁。还是王应解释了一句："丁大叔，您这位客人不是别人，正是我结拜兄弟。"

三人围坐小桌，好不容易才把来龙去脉弄清楚。丁香是丁福贵的一根独苗，院落的丁香树就是为她而栽，虽说是个哑巴，但心性儿却极好，又聪明又伶俐。丁家虽是小家小户，却也和和美美，其乐融融。那日王应、周鲁街头相救后，丁福贵一家人感恩戴德，只是找不到人。不久后，丁香她娘染上恶疾，不治身亡，而家徒四壁，连棺材都买不起，却没料到会有今天这一出。他闷头喝了几杯酒："既然造化弄人，也是咱们爷们有缘。

若是闺女出了差错，我也没脸活在这世上。你们救过她一命，我豁出去，帮你们试一试。”

三人见丁福贵答应了，高高兴兴地喝完酒准备走。丁香姑娘正在院里低头做农活，她素衣荆布，虽无淡妆浓抹，但一双眸子干净无暇，清澈如水。见他们要走，丁香匆忙追来，掏出一包烟塞在王应手里。王应刹那间红了脸，不知所措地低头辩说：“丁香姑娘，其实……其实我根本不会抽烟，姑娘上次那包烟已经呛得我苦不堪言，姑娘还是……”说罢抬头，丁香早已不见人影。

方兰得知江流有机会去探监，心里对魏国的事多了几成念想，又前思后想一番，觉得当务之急是要魏国稳定情绪，切勿起轻生之念，所以写了封信托给江流，叮嘱务必送到魏国手上。丁福贵用心打点，前前后后送了狱头杜大胡子几次银票，终于肯通融。丁福贵将情况说明，两方一通，便让江流打扮成狱卒的模样，趁着换班的空当摸混进去。

江流换上狱卒服，带上假辫子，又把脸擦得黝黑，随着丁福贵左拐右拐通过甬道，一路默不作声，至魏国狱前。杜大胡子在旁边嘱咐：“你哥哥在里面，有什么话赶紧交代。”

魏国发觉有人，抬眼看了半天，方认出眼前这位狱卒不是别人，正是在南洋通风报信的那位青年，正欲开口。江流忙道：“哥！家里面惦记，让我无论如何来见你一面。”

魏国会意，微微一笑：“家里可好。”

门口狱卒轻轻咳嗽一声，江流连忙抓紧握住魏国手说：“哥，嫂子让我转告，让你在里面好好待着，不要想不开。家里人都在为你的事忙活，无论花钱还是求人，我们一定会倾尽全力。”

魏国愣住了，好半天才哽咽道：“我的事让你们费心了。”

江流拍拍他肩膀：“一家人不说两家话。”

见魏国精神状态还不错，江流放心回去了。方兰救郎心切，早在香港就和母亲商量，变卖了家中一些首饰，携了一笔款来，一整天都在和周鲁、王应想办法。王应是个心细的，周鲁是个莽撞的，两人心里又都有些龃龉，一天也没个头绪。方兰新烧上一壶水，在小屋里来回徘徊，边走边思量道：“咱们能不能花钱捐纳一个法部的监狱官，潜入内部，设法救人。”

“此举虽妙，却无人可胜任。”王应从小见惯了官宦内部之事，知道捐官之事需得细细周旋方可，“姑娘身为女子不能为官，而在座男子若突然辍学为官，目标又太大。更何况我们救人之举迫在眉睫，而官场风云变幻，不是一时半刻就能就解决的。”

一阵门响，江流一身臭汗进来，方兰连忙问：“事情办得怎么样？”“一切顺利。”王应看着江流：“里面局势都看清楚了？”

江流冲到里间拿把毛巾，把全身上下擦个干净，点点头道：“差不多吧。”

“怎么救？”方兰给江流满满斟上一杯茶，眼睛都死死盯着他。

江流大呼一口气，缓缓说道：“用火！”

周鲁迷惑：“啥！用火？”

江流将喝完的杯子倒扣在桌上：“你看，这里面严防似铁，强攻一定不行。放一把火，把狱卒都逼出来，就好下手。”王应望着那个茶杯，问道：“那魏国困在里面，如何出来？”

“趁人不备，乔装出狱。”

“乔装？哪来的衣服？”

“狱卒的衣服。”

“那如何开锁？”

“狱卒的钥匙。”

王应恍然大悟：“我明白了。你的意思是让丁大叔再配合我们一次。”周鲁高兴得一拍脑门：“妙计，妙计！里应外合，正好救人。”江流问王应：“你觉得怎样？”王应思索片刻：“此计虽妙，却如虎口拔牙，九死一生。咱们兄弟都知其险恶，何况丁大叔？他与残弱女儿相依为命，上次肯帮我们已是万幸，恐怕这次他绝不肯再与我等同谋……”周鲁大手一挥，让王应闭嘴：“能有第一次就能有第二次。丁福贵视他那宝贝女儿如金疙瘩。不如先去说服丁香，让她去劝她爹，兴许能奏效。”

方兰听罢，连忙追问：“如何能说服丁香？”周鲁眼睛定在王应身上：“那容易。我看那丁香对王应情深意切，就让王应去献献殷勤，丁香哪里舍得拒绝？”

王应一听，憋红了脸，知道这小子又开始抬杠，但见方兰恳切之极，却也不好拒绝。

4

自江流走后，魏国和先前大不一样了。在他加入同盟会的那一刻，他已经弃个人生死于度外，儿女情长之事更是不敢奢望，这番上京刺杀，他没有对方兰透露半个字，一心只盼功成之日再负荆请罪。方兰的信，让他不免叹惋。从此后，魏国收心，不再有题反诗、寻短见的行为，有时还恳请丁福贵来加餐。丁福贵正感叹这犯人命大、见了亲戚知饥饱时，却没想到，更大的转折还在等着这个囚犯。

这天，魏国正在睡觉，梦中又回到南洋的晚晴园，正和孙先生共商大事，却听见一阵锁链响，黑白无常正走来，锁上脖子就走，猛然再一看，哪里还在晚晴园，分明在那甬道中，被两个狱卒拖着到了一间屋子。屋里摆好了一桌酒菜，一阵檀香味袭来，只见一位先生低头在房中，背对着他，缓缓转身，魏国一看，大失惊色。

“六王爷！”

六王爷细细打量魏国一番，见他精神和身体尚好，颇为满意，示意魏国坐下：“你莫慌张。此时此刻，你不是钦犯，我也不是王爷，咱们都是朋友，推心置腹一番如何？”说罢倒两杯酒，一饮而尽。魏国心里犯嘀咕，死死地盯着酒壶。六王爷打趣道：“你怕这酒里有毒不成？摄政王想砍你的脑袋，是我保了你。本王若想杀你，还用得着三番五次救你？”魏国迟疑片刻，举杯一饮而尽。

六王爷见他还有几分警惕，故作轻松地说：“先生在《民报》的篇篇大作，我都拜读过。可是，我的善举先生不一定清楚。我曾匿名向同盟会捐款，先生可知？”

魏国显然没想到，眼前这位朝廷重臣能和革命也扯上关系，更没料到，六王爷居然支持革命！

六王爷继续说：“捐款不假，不过我不支持革命。先生主张中国必须自强自立，改革政体，提倡民众参政，效法西方立宪，其实这些与朝廷的主张都是一致的。”

魏国嗤声一笑，不禁出言斥骂：“怎能混为一谈？笑话！”

“目前朝廷正在筹办预备立宪，建立国会，让民众参政议政，这些不正是先生所争取的革命目标吗？”六王爷循循善诱。魏国反驳道：“我们革命党人所主张的绝不是立宪，而是要推翻封建专制，实行三民主义。王爷既然读过本人在《民报》上的文章，对我的革命主张应有所了解。”六王爷不紧不慢地说：“你们革命党的确有很多杰出的主见，但你们也应该认真听听我们的看法。”

“愿闻其详。”

“说实话，我认为三民主义是一种见识褊狭的理论，不能成为今后中国的指导理念。”六王爷一改之前和蔼的态度，变得严肃认真，“为什么要宣扬灭满兴汉？这样宣扬民族仇恨能够使中国实现五族协和吗？为什么要搞平地起风波的流血革命？我们不是已经答应实行宪政，让你们的各种政治主张都有实现机会吗？用和平的宪政，不是比用劳民伤财的革命方式来实现更好吗？”

魏国情绪有些激动：“没错。我们主张革命的时候，很多人也用日本君主立宪成功的事例来反对革命。但日本的明治维新，是西乡隆盛用武力把政权从幕府手中夺来的，绝不是幕府微笑着把政权交出来的。现在中国搞君主立宪，并不能解决长年的腐败弊害。国会只不过是君主的傀儡走狗而已。只有民主革命才是救中国的唯一道路。”

六王爷饮了一杯酒，意味深长地看着魏国：“国会是傀儡？那革命又是什么呢？难道暗杀就是你们的强国之道吗？好！今天你杀了溥泽，明天我杀了你，后天孙中山带着革命党杀我全家，接下来清军再去南边剿灭你们革命党！人是杀了，仗也打了，可又有什么用呢？退一万步讲，就算是你们打胜了，可流的是谁的血？死的又都是什么人？”

魏国不语，他脑子有些乱，仿佛宇宙中有千万种声音，在他头上发疯般地旋转。六王爷字字铿锵有力，有种迫人心痛的力量：“死的都是中国人！列强对我中华虎视眈眈，而你们却在自相残杀。羞愧呀！若是国都没了，还谈什么国体？革命？这命是革得完的吗？命都革了，还会有和平民生之福祉吗？没错，大清国是腐朽，可总比一个八字还没一撇的新政府强。历朝历代哪个不是推翻了重建，建好了再推翻，结果还不是一个样！难道就非要争个你死我活吗？”

魏国满脸是汗，他咬牙坚持道：“为求真理，为了天下苍生之明日，战争和流血……”

“哈！真理！真是堂而皇之的理由啊。”六王爷一手撑桌，两眼直勾勾地盯着魏国，“恐怕发明这个词的国家也在凑份子瓜分中国吧？当初我百思不得其解，你们革命说是为了救我中华，难道就从来没想过，革命的代价是什么吗？”魏国两鬓青筋暴起，整个人不听使唤地开始发抖。

六王爷见魏国如此，心知谈话颇有成效，见好就收：“魏先生，今日的一席话还望深思，切勿剑走偏锋。”

却说当魏国被六王爷请走，大论革命之理时，江流等人正为营救他出谋划策。按照之前的计策，王应一个人硬着头皮在街头找到了卖烟的丁香。他隔街看去，见丁香还是穿着那天的衣服，白净素雅，仿佛一朵不沾风絮的丁香花，开在这熙熙攘攘的世上。

丁香见王应站在对街的样子，心中那似有若无的情愫浮浮沉沉。她羞红了双颊，跑过街来，指手画脚示意王应跟着她走。两人一前一后走出城区，约摸走了一个时辰，王应望着丁香手指之处，只见一片绚烂的丁香林如梦一般降临在眼前。正是花开盛时，灿若繁星，离着一丈远的距离，已是暗香浮动。王应不由得看呆了，他万没想到，这京城附近，居然还有一处如此绝美的人间仙境。丁香不顾王应羞涩，拉起他就往前跑。两人跑跑停停，来到林子深处。王应长这么大，从没和女子单独相处过，何况在这离世的美景中，花半开人已醉，心里早已七上八下，嘴巴也不灵光了，只是望着丁香痴痴傻笑。

当方兰问起王应那天为何说不出口时，王应说："人生最痛苦的事就是梦醒时发现自己无路可走。做梦的人是幸福的，那样一个幸福的姑娘，我实在不忍心打破她的梦。"

方兰知道多说无益，求人不如求己。她瞒着大家一个人默默地在丁福贵家门口跪了一夜，第二天等江流三人找来的时候已经虚弱得不成样子。丁福贵见一个富家小姐被折磨得不成人样，于心不忍，闷闷地在房头抽了几袋水烟。

方兰躺在炕上，见丁福贵还是不应承，哀求道："福贵叔，营救魏国非你莫属，请不要推脱。一旦事成，你就是他的救命恩人。"

"你们放着好端端的日子不过，偏偏要闹革命！你们到底为革谁的命？你们不要命，我还要命呢！"丁福贵望着一屋子人，愤愤道。

方兰撑起身子，摇摇头："我只想跟着自己男人过上安稳日子。""难道我就不想跟女儿过一世安稳日子？你们走吧，我管不了你们这档子事。"丁香见王应一脸惆怅，心有不忍，便拉住父亲，咿呀地比划哀求。丁福贵一甩丁香的手，狠下心道："丁香，你们还是别在这磨了，没用。你们要是再不走，我就要去报官了！"

闻听此言，方兰万念俱灰。王应见状，走上前恳切地说道："福贵叔，请容我说几句。我王应本生在官宦之家，家父在长沙任常平司，主管钞籴粮贮以备赈济，荒年借贷于民，秋成偿还。儿时每每所见常平粮仓满是堆积如山的粮食，以为百姓们丰衣足食，人间太平。而随着年岁渐长，见识得多了，却发现百姓大多食不果腹。原来，家父竟以赈灾纳粮为名勾结城乡里保，克扣斤两，在粮食里掺灰土！我王应对这些官员的行径深恶痛绝，故而与家父决裂，离乡求学，走上了革命之路。福贵叔问我们因何而革命？我来告诉您——为了天下的百姓。"

字字如烙铁打在丁福贵心上，他惊讶地望着面前这位青年，如何也想象不到他身上竟然背负着这么沉重的过往。丁福贵眸子里有些星光，转而暗淡下去，他良久无言，长叹一声："这是哪一世造的孽啊！你们什么时候动手？"江流胸有成竹地说："明日有风，趁夜正好救人。"又是一阵难捱的沉默，半晌，丁福贵沉闷的声音响起："我怎么配合你们？"

“我们乔装成夜香郎，把油洒好。你伺机放火，营造声势，这是其一。其二，趁乱打开魏国牢门，给他换上一套狱卒衣裳。咱们里应外合，你在内布置，我们在外边接人。事成之后咱们一起赴天津坐海船赶往广州，到了那边一切就好办了。”

几人一番计划，临到走时，方兰从床上撑起身子：“营救一事，虽计划周详，但仍是生死未卜。请您转告魏国，不论成败，我都愿与他结为永世夫妻。”丁福贵长叹一声。方兰从随身的包袱中拿出一个酒杯，一双纤纤小手将那泛着银色的杯子递给丁福贵：“请把这杯子交给他，让他在子时三刻与我举杯共饮。我们二人虽不能相见，但我将在高墙之外与他同饮，默念婚约，结为夫妻。”

这是一个极为恐怖的梦境，眼前的路全看不清，只知道这死寂一般的穹窿中有百姓，有清官，也有同盟会的弟兄。魏国神色惊恐，拼命向午门奔逃，沿途被尸体绊倒数次。逃至午门前，大门自动紧闭，一声闷响，魏国转身欲逃向他处，却被眼前情景惊呆——只见十几个巨大的绞刑架耸立，黄兴、宋教仁、赵伯声等革命志士被绑缚架上，披头散发，浑身是血。八国联军列队至绞刑架前，手持枪械，端起，上膛。魏国大惊失色：“不要！住手！”他欲冲上前，却动弹不得。突然，啪啪几声枪响，只见刑架上的革命党相继毙命，只剩刑架末尾上的人一息尚存，此人缓缓抬起头，直勾勾瞪着魏国——正是六王爷。六王爷狰狞地望着他：“先生……这就是革命的代价……”

魏国猛然惊醒，心魂不定，汗流浃背，良久才回过神来，突然见到墙上巨大的一行诗：“引刀成一快，不负少年头。”心里突然一惊。

丁福贵在外听到魏国梦中大叫，连忙跑进牢狱，见魏国躺在地上一语不发。他走上去，把方兰的信和一个小玉杯交到魏国手上，然后拿来一壶酒，颤颤巍巍地倒着：“你一切听我安排就是。”魏国看着精巧的酒杯，酒波荡漾，心里难复平静：“天不亡我魏国，有劳老哥了……”魏国举杯，一饮而尽，口中默念婚约。此时，一墙之隔的大牢外，一个青衣女子痴痴地跪在牢墙根，望着凉白月色，举杯一饮而尽。

半晌，丁福贵摸黑出来，从怀中掏出一封短笺，递给方兰。她徐徐展开，只见那斑斑血迹滴滴泪。月移人空瘦，方兰痴痴拿着这张信笺，泪落千行。

大牢门口，周鲁一身工人打扮，赶马车前行。江流、王应坐在后面。“这一大桶油，足够烧死这帮王八蛋。”周鲁愤愤地说。江流神态自若，轻声道：

“放火是为了虚张声势、掩人耳目，你切莫节外生枝。”

说话间，三人驾车来到大门前，守门的狱卒盯着三人，脸色狐疑。周鲁连忙上前抱个拳道：“您有劳，那哥几个害了痢疾，出不了门，咱们是一处干活的，就应了下来。”说罢，把一叠厚厚的凭证塞至狱卒手中。狱卒掂着分量：“进去吧。”周鲁赶车进大门，趁人不备，江流拔下桶底木塞，一线油缓缓倾泻在地上。周鲁拉着马车到各个狱房门口回收夜香桶。混着潮湿的瘴水、杂乱的柴草，马车所到之处，柴草皆洒上油。

是夜，杜大胡子及三五狱卒正玩牌九，丁福贵一人退下，闪身回房拿了一身狱卒衣裳，见四下无人送给魏国：“一会火起，你就换上衣服开锁出门。”魏国神情激动：“明白了。”

走至中院，丁福贵从腰间取下一个酒葫芦，拔塞喝下一口，然后擦火把葫芦点燃，抛在院中柴草堆上。霎时火势逼人，浓烟四起。火海中，犯人们哭天抢地，几个狱卒疯了一般冲出来，抻衣角蘸水，捂住口鼻。杜大胡子脸涨红：“开牢门，按人头点清楚，带到院里。快快！”众狱卒马上卸钥匙，开牢门。

突然烟雾中传来一身惊呼：“……里间……少……少了一个。”杜大胡子凑近看端详，见魏国牢房门户洞开，空空如也，破口大骂道：“丁老蔫，丁老蔫，你他娘的看的犯人哪？”开牢门的狱卒已经吓破了胆。杜大胡子猛然惊醒：“赶紧给我搜！跑了钦犯咱们都得掉脑袋。”

灯笼火把，照如白昼。狱卒看护，排成数列，东西两房囚犯鱼贯而出，涌入行列，人声嘈杂。一个狱卒穿着布鞋趁乱随队列向拱门移动——此人不是别人，正是魏国！

拱门外，狱卒来回忙碌，无人顾及魏国。魏国四下一望，径直走向监狱大门，伸手欲推大门。忽然狱门敞开，一队巡警涌进，立刻把监狱围了个严严实实，魏国急忙退到狱卒之中。来人耀武扬威，骑在马上，正是巡防营佥事徐冠杰。

魏国见势不妙，转身混进狱卒队伍去取水。突然徐冠杰大喝一声：“站住！穿布鞋的那个，给我站住！”众人闻声，纷纷驻足，互看脚下，魏国那双破烂的布鞋甚是打眼。

“魏国兄这是要弃暗投明么？”魏国见行踪败露，苦笑一声，摘帽褪衣，面色不改：“这身老虎皮穿着不自在。”

徐冠杰阴险一笑：“来人，给我绑了！”

狱长脚步匆匆，杜大胡子等几个牢头跟在后面。杜大胡子至马前行礼：“下官参见巡防大人。”徐冠杰横眉立马，举枪指着魏国：“你可认得此人？”

杜大胡子见钦犯一身狱卒装，吓得手脚冰凉，扑通一声下跪磕头：“小的罪该万死。大人明察，小的确不知情啊。我……我……小的派专人看管此钦犯，谁知他使的什么手段，竟……竟跑了出来。”

“你让谁看着的？”

“丁福贵。”

“人呢？”

“不……不知道？”

突然，两名官兵上前，指着身后一人：“此人鬼鬼祟祟，在后院趁乱想跑，让我们给逮着了。”那人正是丁福贵。他看见魏国被押在一旁，心凉了大半，哀叹一声，不再言语。徐冠杰一声喝令：“把他们两个羁押到法部监狱，另一半人在这里救火，等回来再收拾你们这帮饭桶。”

方兰在家中厢房，焦急盯着桌上香柱，香已燃尽。突然啪一声，观音玉手突然落地，摔成两节。她心底一沉。

停候在路旁的马车，待官兵鱼贯而出，立刻撒鞭狂奔。周鲁在车上眼睁睁看着官兵押解魏国、丁福贵二人出门，一路向南。突然，他一拍车辕：“娘的！事情败露了。咱们杀过去，把人救出来。”王应连忙按住缰绳：“你这血肉之躯，能搪得住几枪？”

江流见事情万分危急，说：“王兄说得有理，看他们肩上扛的火枪与神机营的不同。这些人大有来头，并非一般官兵。恐怕早有准备。”他突然又一激灵，说：“完了，你们俩赶紧去一趟福贵叔家里，把丁香接到。我先赶回去，方小姐还在那边等信呢。”

听说丁福贵在家还有一孤女，徐冠杰为了斩草除根，火速派人去了丁家。王应还未进门，就见那小院乱七八糟，两个官兵身下，丁香早已经魂断香销。

“没想到这哑巴还是个烈女，死到临头了还这么倔。自个儿撞死，省得我哥俩动手，只怪你生错了人家。”一个官兵说。

周鲁一脚踹开门，王应冲进去，见丁香尸身横躺地上，衣衫凌乱，额头鲜血淙淙，死不瞑目。

两个官兵还没反应过来，已被周鲁夺刀砍翻：“娘的，血债还要血来还。”王应抱起丁香尸身，放声恸哭。周鲁拿起刚被踩灭的火种，准备生火：“还是先把丁香葬了再说。”

王应大喊：“不能烧……”跪倒在丁香身边，痛苦不已。

夜里，徐冠杰亲自提审魏国。魏国手脚被锁，立在一根木桩上。“牢头招供，收了五十两银子，引你兄弟来探监，可否属实？”魏国垂头，不置可否。徐冠杰继续道：“来人可是你亲弟弟？”魏国不语。徐冠杰一拍桌子：“经户部核实，你父亲生前与卢氏成婚，生下一子三女。后又娶吴氏，生下你和另外三个姐姐、两个哥哥，根本就没有什么弟弟。来探你的是哪一位？”

“姨表亲。”魏国淡淡说道。

“放屁。我看是你同盟会的弟兄吧？看你的骨头硬，还是我的锥子硬？上家伙！”

突然一个手下匆匆进来，附耳言语。徐冠杰双目圆睁：“死了？”

“是心脏淤血，没动手人就过去了。”

魏国听闻此言，心里一阵绞痛。行刑的狱卒用力，但见鲜血崩流，一声嘶叫后，魏国晕了过去。

待魏国醒来时，只见自己躺在一个单间，房中棉褥俱全。六王爷的声音缓缓传来：“我又保了你一次，但这是最后一次。”魏国猛地起身，眼睛却疼得厉害，床边那人模糊不清。六王爷叹了口气：“我再三保你性命的缘由，你是真不知还是假不知？”

魏国喃喃摇头：“恕我愚笨。”

“我是爱惜人才，但是如果再出什么岔子，即便是当今皇上圣谕，也保不了你了。”六王爷站起身来，看着魏国，“那丁福贵一家人全部惨死。现在，摄政王独揽军权，权倾朝野，我这点老脸也丢得差不多了。你好自为之吧。”

京郊那片丁香林中，两座新坟隆起，坟前立一石碑，上书：丁福贵、丁香父女身葬于此。

王应双眼血红，拭去坟前残土：“丁香啊，安心睡吧，不会有人再打搅你们一家了！”

“我周鲁真是没脸来见你们父女，有朝一日，大功告成……”

“你不能让他们清净一会？这下你们满意了？”王应终于按捺不住了，大吼起来。

“你这是什么话。我们也不是有意为之。为了兄弟的事情，让人家搭上两条性命，我周鲁日后愿意一命抵一命。”江流一把按住周鲁：“王兄，你节哀吧。”

“真不知道你们这是救人，还是害人。罢了罢了，如今我也看透了，志不同不与为谋。”王应心灰意冷道：“我已经联系好法国那边的朋友，等安葬了他们父女，我就去法国。”

“你当真要走？”江流吃惊不小。

“我王应胆小，不忍看流血伤亡，我必须走。”他站起身来，拍打尘土，只手摘一支丁香，闻着花香，悲伤地离开。

江流、周鲁站在原地，看着王应渐行渐远的身影，一时无言。

两人又至方兰处，谁知早已人去楼空，仅留一封信：

江流、周鲁：

见信如晤。营救未果，吾甚心疼，今日赵先生来信，以吾现在身份不宜留在京城再做鲁莽之举，速召吾归港。大队人马已经辗转香港谋划起义之事。魏国为朝廷重犯，越狱未成，罪加一等，若想营救，希望甚微。唯一计，待起义告捷，筹码在手，魏国才可洗脱罪名，破镜重圆。二位深明大义，此恩此德日后必报。

见信即焚，勿念。

方兰字

半夜，周鲁卧床，心潮澎湃：“方小姐走了。王应刚送了帖子，眼下就要动身。”半盏孤灯下，江流把书一一放好：“暂别伤心地，未尝不是一件好事。”

方兰、王应走后，营救魏国似乎遥遥无望，而革命的气氛却似乎越来越浓，大街小巷中流传着黄花岗起义的消息。风声愈紧，京师大学越是三令五申，让学生注重学业远离是非。江流和周鲁只能趁休息时间在街巷中打听消息。冬寒渐退，那京城正是桃李芬芳、柳絮扬飞之际，街上的行人越来越多，藏了一冬的人们都纷纷走出家门踏青。

“不知道王兄弟到了那边怎样？”周鲁说。这日，周鲁、江流在街上边走边谈心。

江流道：“坐船也要半月有余，现在恐怕还在海上。”周鲁感叹一声：“大老远的。那方家妹妹不知到了那边怎样，也没个书信。”日光细碎，江流心事重重：“丈夫是囚中鸟，自己不能守在身前，够难熬的。她在赵先生身边也好，至少有个奔头。你是不是后悔没有跟着去？”

“哪有？只是惦记她罢了。学校里的光景，一日不如一日。你看那些人，整日里哪有心思读书，只想着求个功名，混个一官半职。江流，我看咱最好早做打算。”江流听此言，颇有些意外：“你有何打算？”

两人正好走到城南的一座马神庙，周鲁一时兴起："我？先去算上一卦，看看有没有当官的命。"

马神庙不大，院落中一座正殿，稀稀疏疏有几个游人来往，一棵硕大的梧桐刚发芽，绿色的新茸伴着暖阳让人格外舒服。周鲁走入大殿，和一黄眉僧人相互招呼后，摇晃签筒。一签落地，黄眉僧人拾起，看罢，问道："不知道施主所求何事？"

"写的什么？"

"命数天定曲中求，有龙在渊滩下游。"

周鲁皱眉："是好是坏？"

黄眉僧人微微一笑："施主莫急，还有下半句。生平折变难计数，自择险路无怨尤。你所求何事？"

"求功名。"

黄眉僧人低头半刻，又仔细地看着周鲁："说好便好，说坏便坏。全凭施主自己修为。"周鲁没听明白，正想继续问下去，见江流拾起一竹签递给黄眉僧人："您给看看这只签。"

黄眉僧人举签一瞧，只见上面寥寥四行诗：

此命推来祖业稀，六庭艰辛多苦凄。
六朋亲友如冷碳，一生劳苦谁来医？

"看字面，是个下签。"黄眉僧人看着江流，"看施主面色气宇，不像一介匹夫。莫不是为它事而求？"

"就算是吧。法师慧眼，不知谁人能医？"

黄眉僧人捋捋胡须："待到膏肓时，自会有人医。世间有八苦——生、老、病、死、爱、怨、求、惑，从出生一日就注定为之纠缠。有生就有老，有爱就有怨恨，有求必有惑，人偏偏为自己所不能改变之事而忧愁。"江流暗暗吃惊，觉得此话和自己境遇竟然如此相似，心底佩服："愿闻其详。"

"当今天下气数已尽，有人如施主这般挺身而出扭转乾坤就是国之定数。地藏王菩萨曾发下大愿，地狱不空，誓不成佛，为除一恶而扬其大善者，乃真菩萨也。不过，冥冥之中自有天意，施主的命运注定要经历波折，那也是无法改变的定数……"黄眉僧人双手合十。江流似有所触动，点头道："多谢法师指点。"

江流转身出庙。周鲁紧随身后："此签到底为谁所求？"

香烟袅袅处，晨钟回鸣，刚刚还阳光灿烂的天气，刹那间便乌云聚拢。

江流忧虑深重道："为国家。"

两人奔至大街上，刚刚还热闹的集市已空空如也。一张刚印出来的报纸被急着躲雨的报童落在街上，上面赫然写着：革命党起义失败，黄花岗丧命72人。江流一震，连忙捡起那张沾满泥浆的报纸，见上面隐隐约约写着：起义军大败，黄兴带领残部侥幸逃生。

阴冷的牢房，墙皮脱落。狱卒提桶，盛一碗饭菜放在地上。一双枯黑的瘦手拿起饭碗，大口咀嚼起来。几日不见，魏国头发蓬乱，指甲见长，衣衫褴褛，状如乞丐。狱卒冷笑一声："你们这帮龟儿子，真是不见棺材不落泪！还敢明刀明枪跟朝廷对着干，早晚把你们一锅端了。"

魏国问道："怎么？有什么动静？"狱卒得意地说："你还不知道吧。那狗屁同盟会的广州起义失败了，70多个革命党掉了脑袋。黄兴和赵伯声跑得快，捡了一条命。可是跑得了和尚跑不了庙，早晚的事。"魏国一愣。瓜蔓已都无可摘，豆萁何苦更相煎。牢外风雨声大作，如铜锣闷响，而他心如死灰一般凉。墙皮渗水，魏国靠墙长久地坐着，仿佛全世界都消失了，不知过了多久，只听见有人传唤："出来！王爷要见你。"

长桌两端，两张愁苦面容。六王爷看着蓬头垢面、形容枯槁的魏国，摇摇头："这次我保不了你了。日子定在秋后，摄政王等不及了。"魏国抬起头："多谢这半年来王爷照顾有加。估计再下两场雨，等这树叶落尽，我的日子就到了。"六王爷无奈苦笑，背过身去："咱们虽然只有数面之缘，但我对你十分赏识。若不是生在乱世，全可为莫逆之交。无奈生不逢时。"

珠江夜雨，敲打着船头。起义失败后，赵伯声、黄兴率旧部渡过珠江，离开广州。方兰救夫未果，一直跟随着赵伯声。起义之失败，对赵伯声的打击是致命的，他日日思索，心如死灰，终于劳郁成疾。这日，方兰得到魏国的消息，急匆匆进门，手拿报纸道："赵先生，赵先生，京城传来消息，魏国秋后问斩，我们……"

赵伯声床上空剩被褥，不见踪迹。床头柜上，摆着两封书信。方兰细看，一封上署：江流收，一封上署：崇实女校邓玉秀收。

仆人见方兰来，愣了一下，低头开始收拾房间。方兰问道："赵先生什么时候出去的？"仆人颇有些忧心忡忡："他这些天夜里睡不着，一大早就往海边去了。"

"海边？"

"赵先生的身子……方小姐，您也去劝劝，这么下去，怕是扛不住了。

你看看……”仆人一一捡起地上纸团，满是血迹。

方兰大惊，连忙向海边跑去。正是雨后初晴，海天一色，方兰沿海找了一路，走出好几里路，才发现赵伯声一袭薄衣纹丝不动地躺在沙滩上。方兰考虑良久，小心翼翼地迎着海风走去：“赵先生，听说您病了。”赵伯声见有人来，睁了一下眼，随即又闭上，凄然道：“起义失败了，共和国又成了泡影……”海风吹得人发冷，方兰裹紧了身上的衣服：“别这么悲观，您要保重身体，有朝一日定能东山再起。”

“你不用安慰我。一将无能三军受累，七十二条人命都没了……”想到黄花岗那几百条活生生的人命，那满腔心血付之东流的伤痛又涌上心头，赵伯声痛哭着别过头，幽幽说道：“你马上动身回京。我桌上那两封信，一封给江流，另一封带给邓玉秀。他们会帮你想办法。邓小姐虽然年纪轻轻，却已经是咱同盟会的老会员了，或许能帮上你。我能做的就这么多了。”说罢，赵伯声咳嗽不止。方兰心里一惊，连忙上前去扶他。赵伯声摆了摆手：“我没事……”

夕阳的余晖中，浪花海水都被镀成血一样的红色，赵伯声看着这片大海，心想这一生一世为了那自由民主的梦想，为了找到救国救民的道路，虽然艰难险阻不断，却始终倾其所有去争取去渴望。忽然，他眼前出现了一道朦胧的白光，那光束柔软舒服，他仿佛又听见那些死去的战友喃喃耳语：“人啊，还是得相信梦想，即使它总无法实现，也得伸长脖子渴望着那人间天堂。兄弟们都在那边等着你呢，我们将会组成一支新的队伍，去改变整个中国。兄弟们知道，再往前就是更好的生活。人和人都互相信任，也值得信任，无忧无虑，快乐无比。苦难？那都是帝国主义的无病呻吟。有时候能够看得远一点，不就什么都有了么，包括自由。”

方兰似乎听到赵伯声喃喃自语：“这几年太累了，我想休息休息……”

赵伯声静静地躺着，一动不动，入定一般。

京师大学西斋宿舍中，学生们都早早起床，刻苦攻读，偌大的宿舍只有寥寥几个人影。林荫处，钱子谦正带领三五小厮在晨练，突然见到一个妙龄女子站在西斋门口，钱子谦立马停下脚步。这哪是常人家的女儿，虽无金银绸缎装饰，但那穿衣用度不凡，更何况婉约中带有一方坚韧。钱子谦移不动脚步，只呆呆地看着她，正经问道：“这是谁？”“听说是周鲁的姐姐！”那个被周鲁剃了眉的小厮早就按捺不住，摩拳擦掌起来：“这厮长了一副猪狗相，没想到她姐姐是这么个美人。我替小王爷去消遣消遣她，如何？”钱子谦一巴掌扇过去：“你敢动那女子一下，老子一刀阉了你！”

小厮见主子真动了心，也不敢造次，只得乖乖等着。

自王应走后，周鲁、江流为革命事业奔走相告。黄花岗起义失败后，两人组织了数次进步青年的会议，和同盟会及时联系，通报京城动态，经常是忙得通宵达旦。

周鲁听说有人来找，套了校服出门，见门外不是别人，正是当日留下字条不辞而别的方兰。许久不见，方兰出落得更加大气沉稳，一身素装，亭亭玉立，煞是打眼。

“我当是谁？原来是方家妹子。什么时候回来的，也不提前打个招呼，好去接你。”周鲁憨笑着出来，却发现方兰一脸悲切，眼角泪痕未干，便立刻收了笑容，“魏国的事情我们都知道了，我们俩商量着营救呢！”见江流从远处走来，恐人多眼杂，方兰忙将两人拉进宿舍。江流一关门，连忙问：“方小姐，怎么这么快回来了？”方兰连忙说：“江流，我见到魏国了！”江流大惊：“他怎么样？”

方兰这几日马不停蹄，为了见魏国一面，不惜贩卖家财，花重金买通法部监狱按察使，得以见到魏国。

“那牢房终日不见阳光，又湿又冷，他早已经被折磨得半人半鬼了。不过，倒还有几分精神。”江流一听奇怪：“怎么可能终日不见阳光？”方兰道：“是，我也奇怪得很。他还说，怕下次重见天日之时，就是刑场赴死之日了。”说罢，低声抽泣起来。三人一时静默。方兰眼眶泛红：“可惜，赵大哥永远没有那天了。我这次来就是要告诉两位，赵先生久劳成疾，我在香港时他已卧病在床。这次起义失败更如惊天霹雳，他心力交瘁，没能撑过去……”江流听闻恩师逝去，呆若木鸡。突然，周鲁一砸书桌：“救！一定要救！他娘的，我不能眼睁睁看老子的弟兄一个个死光！”

赵伯声英年早逝，对江流是个极为沉重的打击，回想当年赵督学在陆军学校雄姿英发、舌战群儒，对自己爱护有加、谆谆教诲，江流不禁潸然泪下。

5

松柏成荫，一座教堂伫立其中，教堂内延伸出一条长队，列队者皆为青年女子。今日是北京女子学堂崇实女塾的报名之日。听闻邓玉秀离家后，正是在这里读书，方兰几番打听，不敢错过时机，连忙带着江流、周鲁前来撞运气。行至教堂拱门前，抬眼一看，只见那“崇实女塾”四个大字肃穆庄雅，围观者越来越多，等候者焦躁无奈。

周鲁看着这么多姑娘家，心里觉得有些不舒服，说:“这算哪门子学堂？分明就是座洋庙！拖家带口的跑这来当善男信女，现在的老百姓越来越不给国人长脸！”

方兰今日打扮得更为朴素，行走在队伍中，更显得超凡脱俗，她说:“教会学堂虽说不怎么体面，可毕竟是教书育人，于国人而言未尝不是件好事。”话音刚落，不远处，争吵声起。原来是一帮旧式文人，正围住报名长案，唇枪舌剑地向几个女学生开炮，阻碍报名。长案后，几名女学生面红耳赤地在争辩：“这里是女校，请你们出去！不要妨碍我们招生！”

“既然是开门办学，女子进得，为何男子就进不得？难道这学问还分男女？知书的目的就是达理，你们淆乱两仪，非天朝所喜！”

“你们蛮不讲理，妨碍招生，明摆着是来寻衅滋事！”便在此时，教堂内昂首走出一女子，清纯脱俗，妩媚俏丽，一口京腔，气势逼人，“公理大明，女学大兴，乃是潮流所向，犯不着与旧学为伴！”站在长案前的女学生连忙招手：“邓学姐来得正好，这帮无赖欺人太甚！”看来面前这位就是赵伯声让找的邓玉秀。

邓玉秀毫不畏惧，义正言辞：“这是女子新式学堂，不招男学生。先生还是请回吧，免得巡警来了让各位难堪。”

“笑话！新学何哉？不过雕虫小技而已！怎比我煌煌四书之学，浩浩五经之理？翰墨文章之能，非妇人女子之事，休要在这里玷污我圣贤的名分！”

“哼！秦香莲倒是不会翰墨文章，但必须供陈世美读书，好让他成为负心人！天地生人，本来平等。女子为国民之母，欲陶冶健全国民，根本须提倡女教！女子若无才学，生出的下一代想必也就只会赖在女人堆里混日子，丢人现眼。”此语一出，周鲁大声叫好，江流、方兰也啧啧称赞，这女子真是不简单！

邓玉秀口齿颇伶俐，那帮人不是对手，开始胡搅蛮缠:“少跟她费唾沫。我瞧这地方乌烟瘴气，八成是和洋人串通好了，以办学为名，行开妓馆之实吧。姑娘该不会是妓馆的老鸨吧？”众人哄笑，邓玉秀勃然大怒，一巴掌扇在那男子脸上：“放你妈的狗臭屁！”

“哟，老鸨子还敢打人！老子拆了你这妓院！”说罢，那帮人一拥而上，掀翻长案。

江流、周鲁阔步迎上，一人抓一个，拎着脖子打了起来。“姑娘说得对！这帮厮的屁果然臭得很！”周鲁边打边说。

江流调侃道：“憋了一千年的臭屁，焉能不臭？”人群轰然解散，报名的女学生也吓走了不少，惊叫连连。

突然，庭院里响起整齐划一的脚步声，只见徐冠杰带领官兵匆匆赶来，双方赶紧收手。徐冠杰扫了眼众人，并不忙于问罪，而是走至邓玉秀跟前，下马请安："有日子没见大小姐了！徐某匆忙赶来，还是来迟一步，让大小姐受惊了。大小姐请见谅。"

邓玉秀根本不拿正眼看他，半真半假地说："佥事大人，您的官越做越大，人也是越来越难请了。"

徐冠杰脸色讪讪，只对江、周二人拱手道："多谢二位兄弟出手相救！"然后一声令下，把那帮人都带走了。

原来这邓玉秀非同寻常，她父亲正是当今提督九门步军巡捕五营统领，一品大官，管辖整个京城内外的守卫和门禁，还负责巡夜、救火、编查保甲、禁令、缉捕、断狱。一般人眼中，中国女子往往以知书达理、温柔敦厚为美，而邓玉秀则如奇葩异卉，从小接受西方教育，热爱新学，虽家族鼎盛，却独来独往颇具侠骨风范。她身在提督府深见官场黑暗，立志不从父路，非要另辟蹊径救国救民。邓玉秀性格直率，为人仗义，又大方慷慨，早早加入同盟会，因此小小年纪就声名远扬。而老父自然对爱女头疼之极，曾用逼婚的方式让邓玉秀嫁给另一大户人家，谁知邓玉秀最恨包办婚姻，居然和家庭决裂，出走王府，一时间京城人尽皆知。

待众人散去，方兰把赵伯声的信交给邓玉秀，提及魏国的事。

周鲁快言快语："听说令尊是给朝廷当大官的，我们想托老爷子把魏国魏大哥给捞出来。"

邓玉秀柳眉一竖："你倒真不客气。可是这事，你托谁也托不上他。实不相瞒，我已经和家父决裂了。邓家三朝为官，老爷子只懂得效忠大清，根本不解革命为何物。魏先生是朝廷重犯，让他介入反倒给咱们添堵。"

周鲁讪脸不语。方兰见希望又要落空，一声愁叹。邓玉秀有些不忍心："方小姐你别泄气，这忙我是帮定了。他帮不上，不代表我帮不上。营救魏先生或许可以借助些外力，我早就替你们合计好了。走，我介绍一位朋友给你们认识。"

三人跟着邓玉秀上了马车，半个时辰后，一座卷廊式风格的三层高楼树立眼前。门口侍卫见着邓玉秀，连忙躬身请进。周鲁四下一看，不免咂舌，原来这是英国领事馆。

邓玉秀走到古典雍容的会客大厅，用英语和管家攀谈起来。大使麦格力高不在会客厅，正在旁边的会议室议事，邓玉秀四人落座片刻后，只听得一阵阵的责问声从麦格力高的办公室传来。

“先生，你已经失去了我对你的信任，请把我的订金还给我，我们的交易结束了。”

“麦格力高先生，您再容我几天！换成一般的物件，甭说两个月，不出三天我就能给您踅摸来，可您要的这《女史箴图》真不是一般玩意！”

“《女史箴图》？”门外四人不由得相视一望，里间的吵闹声依然不断。过了片刻，麦格力高将一位满头大汗的商人送出办公室，而后亲切地转过身道：“邓小姐，让你久等了，实在抱歉。”

麦格力高将几人请进办公室，那宽敞的办公室角落里有一架咖啡机，哄哄响着。

邓玉秀笑道：“麦格力高先生什么时候和海王村的人打起交道来了？”麦格力高亲自煮着咖啡：“说实话，在中国这么久，我最讨厌和古董行的人打交道。这个行业介于黑白两道之间，用你们中国的话说，属于偏门。有一大堆乱七八糟的规矩不说，还很少有讲信用的人。要不是为了给女皇献上一份生日贺礼，我可不愿意和他们有什么瓜葛。”邓玉秀心里一动：“什么宝贝这么稀罕，连女皇都惦记着？”麦格力高低声伏在邓玉秀耳边说：“不知道邓小姐听没听说过《女史箴图》？”

“听名字像是幅画？”

“不止是一幅，是十二幅。画的是中国历史上各代先贤圣女的事迹，女皇看过后很喜欢。可惜其中还有三幅散失在中国，女皇希望我能在她生日那天献给她。现在只剩下两个月的时间了，却毫无进展。”说话时，咖啡已煮好。麦格力高一边倒咖啡一边说：“你们都尝尝，这是邓小姐最喜欢的 Espresso 咖啡，味道香浓的同时也奇苦无比，不过许多人正是被这双重味道迷倒而爱上它。”

江流端起咖啡杯品饮了一口：“嗯……和苦丁茶不相上下。”

周鲁一闻，一舔，脸变了色：“比中药都难喝，没喝出什么好来。”邓玉秀鄙夷地瞥了周鲁一眼，周鲁满不在乎。

方兰说：“这种 Espresso 咖啡，我在香港的时候曾经喝过。咖啡店的老板告诉我，喝它的时候先不要急着下咽，含在口中让香气尽情散发，会别有一番味道。”

麦格力高赞许地点点头：“嗯，这位方小姐果然是行家。邓小姐今天带着几位贵客来访，有什么事情吗？”

邓玉秀放下咖啡杯，一脸正色道：“这次我来，想求您帮个忙。”

麦格力高心里早就有数，也不说穿，揶揄道：“认识这么久，邓小姐还是第一次用求字，看来不是件小事。说说吧，这个魏国是什么人？”方兰在一旁接口："是我丈夫。"

麦格力高笑道："原来如此。方小姐的心情我很理解，可是这件事连邓小姐的父亲都无能为力，我一个外国人又能有什么好办法？"

邓玉秀站起身来："麦格力高先生，没有人比您办这件事更顺手。眼下清廷正急着向美、英、德、法四国组成的银行团贷款，朝廷上下除了户部，各部都揭不开锅了，全等着拿这笔钱周转。您是大英帝国的外交使臣，由您出面保释魏国不过是一句话的事。"

"看来邓小姐今天是有备而来。按道理说，我跟你父亲私交不浅，又跟你是多年的好朋友。可是很抱歉，这件事我不能帮你。"

"为什么？"

"邓小姐想得太简单了。贷款是两国之间的事情，而不是我私人的事情，我是在替女皇陛下办事。我的确可以保释一名囚犯，但国与国之间是没有情面可讲的，你们的政府会因为我的无理条件而降低贷款的利息或是一些附加利益。身为外交使臣，我怎么能拿大英帝国的得失来换私人的人情呢？"

邓玉秀哑口无言。麦格力高也不多说，看着四人的杯底，微笑地拿捏着局势。方兰救夫心切，见强攻不行，思谋片刻道："麦格力高先生，如果我用《女史箴图》跟您作交换呢？"麦格力高眼睛一亮："你知道《女史箴图》的下落？"

"目前还不知道，但一个月之内我一定可以找到！"

麦格力高微微颔首："如果方小姐真能找到，我愿意和你做这个交换。失去一些蝇头小利来了结女皇陛下的心愿，我想议会也是不会反对的。不过，我劝方小姐不要抱太大希望。这段日子的寻找让我甚至开始怀疑那散佚的三幅画到底存不存在。"

四人一出门就到邓玉秀住处商量对策。江流说："刚才有些话不便开口，实际上……方小姐，我并不赞同寻画！"邓玉秀欲言又止。江流继续说道："晋初惠帝时，贾后专权，荒淫放恣。文人张华便以历代贤女事迹撰文《女史箴》以为鉴戒，被当时奉为'苦口陈箴、庄言警世'的名篇，后来画家顾恺之便将此名篇分段，一段一段画成画，并将箴文题于画侧。到了咸丰十年，八国联军焚烧圆明园，英军大尉基勇松乘机将此画盗往英国，据为己有……"

邓玉秀越听越神奇："闹了半天你才是行家！"

"那你刚才跟个哑巴似的，让那英国鬼子叽里呱啦臭显摆！"周鲁也连声附和。

江流示意他们安静："方小姐，那麦格力高虽然是邓小姐的朋友，但他毕竟是英国人。我们身为中国人，非但不阻止，反倒助纣为虐，岂不是成了卖国的勾当？"周鲁一听立刻跳起身来附和："我兄弟说得对！英国鬼子和咱们不共戴天！刚才要不是那杂毛还懂些礼数，我周鲁的拳头早打他个满地找牙！让我帮他寻画，痴心妄想！"

方兰见大家火气大，连忙宽慰道："周兄弟息怒，你的事情赵大哥跟我提起过。咱们姐弟俩虽不是同病相怜，却也有些相似之处，你的心情我理解，也希望你能理解我。兄弟想想，即使咱们不帮麦格力高寻画，他一定也会通过其他办法达成目的。我们既然不能阻止他，何不放手一搏，把魏国救出来。"

周鲁一拍胸脯："姐姐此言差矣！我救兄弟，就算是豁出命去也不能和洋鬼子同流合污，更用不着让他去跟狗鞑子求情！"

"你以为豁出命去就能救出魏国？要是能，我早就豁出去了。江流，你说说看，眼下就这么一条道可走，咱们还犹豫什么？"

"方小姐，咱们还是另想办法吧。"

方兰无路可退，在她，每分每秒都是煎熬："办法办法！当初你的办法不是也没救出魏国吗？等想出什么办法，弄不好就要斩立决了！"

几人僵持不下，周鲁一拍桌子："我们拼了命给你救男人，你却倒打一耙。老子不管你这破事了！"

片刻沉默后，方兰站起身来，平静而又毅然决然地说道："我丈夫是为了革命进的监狱，我必须把他救出来，这画……我寻定了。"

江流隐忍着，起身，客气地鞠了一躬："方小姐，道不同不相为谋。多说无益，你保重。"说罢，和周鲁推门而去。

气走了江流、周鲁，方兰心里愈加烦闷。邓玉秀怜其无家可归，遂留她一起居住。江流和周鲁饥肠辘辘奔走一天，回校路上时，夜幕降临，街道两旁各色商贩云集。

"方小姐可真是寒了我的心，同舟共济一场，到头来……"江流安慰道，"夫妻同苦共甘，棒打鸳鸯不散。方小姐救夫心切，也难为她了。"

两人正交谈着，走至一片工地，十余名腰系粗布的赤膊工人拖着竹筐，凿地挖坑。不远处，几个中年男子边发传单边吆喝："振兴京师水利，便宜为生。消防为急务，思以人事补天时地利之不逮。望各界人士伸出援手，出钱出力，造福四方，取之于民，用之于民！"过往行人多不理睬，偶尔有人接过传单，草草阅读后便转身离去。

江流、周鲁凑上前，接过一份传单，传单写着——“京师自来水公司诚聘义工”，江流默念道：“包食不包宿，工资日后补，参与者均有分红……董事长……周学熙？”

周鲁笑了笑，对那白汗褂说：“你们老板不发工钱，谁给你们卖力？难怪老百姓看看就走。”那白汗褂一擦汗水，愁叹道：“不是不想发，是发不出来呀！”江流奇怪了：“这么大的工程，怎么会连工钱都发不出来？”

白汗褂男子一声叹息，一一道来：“三年前，慈禧太后委任我们公司承办自来水工程。这造福万民的好事，又是老佛爷亲自发话，哪有不应的道理？起初这工程进展还算顺利，没成想光绪三十四年老佛爷和先帝爷都驾崩了，朝廷为保证出殡路线平坦，强迫公司动用人力突击埋管，来不及埋的就统统回填。二位若是久居京师，应该对那年有些印象。”

周鲁一盘算，嘟哝一句：“不在。”

那男子惨惨一笑：“这么一折腾，预定工期整整拖延了两年多！如今工部下令，要我们在半年内竣工。重新挖沟和修补坏损管道已经使预算超支，肯留下来的这几十号人是我变卖家产才把工钱补上的，明儿个工期一满，也都要拍屁股走人了。万般无奈，只好想出这么个招聘义工法子……”

江流不语，若有所思，看着面前一片工地，管道蜿蜒曲折，四通八达。周鲁在一旁不解地问：“你们董事长干嘛不去和工部多要些经费？”那白汗褂笑道：“说来惭愧，我就是董事长，早就去要过了，朝廷自己还揭不开锅呢，哪还顾得上我们的死活？”

“你就是传单上写的那个周学熙？”周鲁大惊。

“鄙人正是。”

江流欠身笑笑，对周学熙说：“周先生可否把施工图纸借我看看？也许我可以帮您招到义工。”旁边一位中年男子将图纸交给江流。那图纸覆盖了京城的大街小巷，片刻，江流抬起头，说：“好，周先生放心，你的事这就是咱们自己的事！这忙我帮定了。图纸先借我用用，明天一早您就等着好消息吧！”

第二天一大早，周学熙站在工地旁翘首以盼，几个长辫子民工坐在板凳上东张西望。不久，街东头几十人浩荡而来，旭日下人影幢幢。周学熙起身，眯眼望远，眉开眼笑：“来了！老天爷饿不死瞎家雀。”

江流、周鲁带着数十个健硕的学生，个个牛犊短裤，杂役打扮，肩抗锄头或铁锹，朝工地而来。

周学熙热泪盈眶，嘴角微颤：“谢谢！谢谢你们！……周某谢谢各位了！”那周鲁最是爽快：“谢什么？你姓周，我也姓周，咱们都是本家！从今天起，我们都是你的义工！”江流亮出铁锹：“周先生，家伙我们都自备了！这些兄弟随您使唤！”众人齐喝一声，涌向工地，在地头开始忙活起来。

方兰打定主意要寻那三段《女史箴图》，便拖着邓玉秀一大早出门。从海王村过街，一直向西奔琉璃厂，街道两旁书肆云集，百十来家店铺填塞踩路，拥挤难行。通学硕彦、莘莘学子、达官贵人、命妇娇娃，贩夫走卒、工匠农夫、市井平民各色人等呼朋引类，笑语喧哗。但好事者多，知情者少，一提《女史箴图》，路过的店铺都摇头说没见过。两人走到街北口一处较大的画棚前，方兰、邓玉秀倾听一长须老者如数家珍：“唐伯虎的、仇十洲的、郑板桥的、任伯年的中堂、立轴、条屏、横披、对联、长卷、册页、镜芯、扇面……举凡山水人物、花草蔬果、鸟兽鱼虫、龙虎麒麟、楼台界画……什么工笔的、写意的、兼工带写的，应有尽有。书法更是洋洋大观，董其昌的、刘石庵的、何绍基的、翁同龢的真草隶篆、商甲周金……”

“你说的这些，都是真迹？”邓玉秀性急地问道。

老者抚须不语：“真真假假，看您眼力。”

“顾恺之的真迹您这可有？”

“顾恺之？无非是《洛神赋图》、《女史箴图》、《列女仁智图》。”

方兰一听，激动地跳了起来：“对，就是《女史箴图》！”

老者看看方兰，语气有些迟疑：“就是有，也都是摹本。”

邓玉秀沉不住气，说：“不是说有三段真迹散佚民间吗？”

老者捻着胡须笑了：“那都是谣传，江湖骗子行骗的手段罢了。真迹早就被洋鬼子一把火烧成灰喽……”

方兰、邓玉秀又从海王村向东来到火神庙。眼见着天色渐晚，方兰丧气道：“不是下落不明，就是纯属谣传。老天爷这是诚心要把我逼上绝路……”邓玉秀也是腰酸背痛，一时想不出话来敷衍她，只往前一指：“好事多磨。走，去那家大店面看看。”

遂宝斋的掌柜疤脸癞痢头，一双贼眼饱经世故，见两个年轻姑娘上门，心里盘算着，煞有介事地说：“……我曾在西安听一个老汉说他见过那三段画，说是老佛爷逃难的时候，随身带着珍宝无数，其中就有你们要找的那三段《女史箴图》，后来英国鬼子抢走的‘玄熊攀槛、冯媛趋进’实际上是第四段。那时候老佛爷随身的奇珍异宝不是遗失就是赠送，那三段画卷就是那时候遗失的……”

“掌柜的可知道那三段画现在下落何处？”

掌柜开始吹嘘：“当年我走得匆忙，没顾上细打听，但估摸着离不开陕西。不过也说不准，古玩这东西，今儿在你手里，明儿没准就在他手里，银子说了算。”

“银子好说。掌柜的若是办成此事，我定会竭力报答。只是哪句是真哪句是假？”

掌柜的眼睛一骨碌：“哪句都是真的……不过都是我从金六爷那听来的，我……没去过西安……”

“金六爷是谁？”

“是我师父。他是开包袱斋的，走街串巷没个准地方，这节骨没处找去。姑奶奶要想见他，明儿个五更我带二位上家门口堵去，一准能找着！”邓玉秀一听时辰，犯了难：“五更？你师父是燕麻虎子？”

“这是他老人家的习惯，无论寒冬酷夏，必得起个大早上宣武门鬼市捡漏去，几十年如一日。”

邓玉秀思索片刻，和方兰对视一看，点点头应诺了下来。

江流、周鲁和志愿帮忙的京师青年满身泥泞，他们下了工，浩浩荡荡朝宿舍而去，嘴里哼着小调：“上轱辘台，下轱辘台，张家妈妈倒茶来。茶也香，酒也香，十八个骆驼驮衣裳……”

夜色上瓦，月光如华，几只蛐蛐叫，偌大的京师校园，唯有钱子谦的房间灯火通明。自从那日见过方兰之后，钱子谦早已被勾去了心魂。白日里，钱子谦寻着三五小厮满校园寻找，一到晚上，他就独坐油灯下提笔蘸墨，潜心作画，希望心诚则灵，能与佳人再次重逢。留声机播放法国歌曲《玫瑰人生》，唱腔温婉忧伤。钱子谦提笔间，大作已成。画卷上，方兰身穿水红大襟圆领织锦夹衣，外罩一件月白对襟化绛镶绲马甲，下穿一条黑丝棉裤，足蹬一双乳白新式皮鞋，清纯脱俗，妩媚俏丽。钱子谦痴痴地打量着佳人。突然，他想起了什么一般，风一样地冲出门去。

砰砰砰！砰砰砰！几声激烈的敲门声把刚入睡的周鲁吵得翻了个身，正在伏案研究自来水施工图纸的江流连忙起身开门。无端被吵醒，周鲁对着江流大喊：“深更半夜的，谁家夜猫子闹人？”说罢，呼啦啦就冲上去，见门外不是别人，正是那怀春的钱子谦，怀抱着大小锦盒，手里拎一篮子和一坛美酒，嬉皮笑脸地站着。周鲁向来是只吃硬的不吃软的：“你小子有诈，盒里肯定有暗器！”钱子谦连连拱手：“大哥误会了，只是一些薄礼，还望大哥笑纳。”周鲁狐疑地看着钱子谦将锦盒摊在地上，一个个挨个打开，锦盒内装满绫罗绸缎和一些西洋珍宝。周鲁心存疑虑，逐一检查。江流看不下去了，插话道："既然小王爷一片诚心，咱们也别以小人之心度君子之腹，让小王爷进来吧。"

钱子谦欣然入内，将篮子中的佳肴放到桌子上，又斟满三杯酒："两位大哥，咱们共饮一杯！锄禾日当午，汗滴禾下土，连干三杯酒，远离世间苦！"说罢，仰头饮尽。周鲁、江流还没来得及端杯，又见钱子谦再满上三杯："春眠不觉晓，处处闻啼鸟，举杯问大哥，我该喝多少？"周鲁好气又好笑："你爱喝多少喝多少！"钱子谦一瞪眼："那我满饮此杯！"饮罢，钱子谦再满一杯，清清嗓子开口又唱："少小离家老大回，这杯我请江流陪。"江流受不了这番讨好，连忙推说："小王爷一番心意我们领了，时辰也不早了，小王爷早点回去歇着吧，咱们来日方长。"

"先不忙！不忙！其实……还有件小事儿想求周大哥成全。周大哥借一步说话。"钱子谦突然羞红了面颊，忸怩作态地牵过周鲁的手，把他拉到一旁，几番欲言又止，自怀中掏出那幅画，羞涩道："钱某不才，近日得了一幅画，请周大哥过目……"周鲁仔细打量，突然大惊："这不是……"

钱子谦羞涩道："对对对，就是！就是！这是你姐！钱某想……认识认识……"

周鲁勃然大怒："就知道你这淫人没憋好屁！趁老子还没动手，带上你这堆破烂滚得越远越好！"

6

寅时，东方泛白，晓露沾襟。

一张鬼脸隐现，在前引路，方兰、邓玉秀跟着进入一个杂院。小院里出外进，杂乱无章地挤下七八户人家，房屋低矮简陋。四下暗寂，唯独把角一户掌灯。夜色下，掌柜烧伤的脸尤为狰狞："那间房就是师父家，亮着灯火呢，人在。"

少时，三人来到门前。掌柜压低嗓子："师父，师父……"屋里一阵搅着浓痰的咳嗽声。掌柜推门而入，屋内简陋不堪，一个瘦小的老头倚坐炕头，正抱着杆烟枪吞云吐雾，面前摆一方几，几上烟灯、烟枪、镊子、小勺一应俱全。空气里弥漫着一股焦酸的味道，方兰捂着鼻子抱怨："这是什么怪味？"

那炕头上，金六爷美美地吐了口烟："一看就知道姑娘不好这口。清晨一锅福寿烟，解馋解懒解腰酸……两位小姐来我这寒舍，有什么事吗？"

“老爷子，两位姑奶奶这是惦记那三段《女史箴图》呢。”

“还不是你这碎嘴的王八羔子，就知道在外边穷得瑟，什么事都给我往外抖搂。两位姑娘，甭听他胡扯，我这没你们想要的东西。”

方兰迫切地说：“我知道画不在您这儿，可我听说您知道那三段画的下落，我来是想拜托您帮我寻得此物。”

金六爷悠悠地吐出一口烟：“我上哪给你找去？那都是老皇历了。头些年去西安铲地皮，确实听张老汉说起过，可身上没带够盘缠，如今张老汉早入土了，我这身子骨也折腾不起啦……”

方兰如五雷轰顶，立刻跪下了，话带哭腔：“金六爷，算我求您了。实不相瞒，寻那画是为了救我丈夫的命，劳烦您给跑一趟，这辈子就算做牛做马，我也差不了您的。”

“好好好，先起来说话儿，不就几幅画吗？还至于当牛当马？我金六这辈子见过钱，使过钱，也他妈要过钱！虽说染上了这口嗜好，家是败了，可我不坑人！既然姑娘寻画是为了救爷们，我金六就豁出这把老骨头再替你跑趟西安。要是能找来，我也不多要，三万两如何？”

方兰激动得不行，仿佛魏国已得救一般：“三万两？好！我们这就给您凑去。”

金六爷到底见过大世面，摆下手：“不急着付定钱，事办成了，一手交钱一手交画。”

金六爷抬眼看天，飞快地从炕上爬下，打了一盏灯笼，烛火在前，一闪就出了门：“容我准备准备。后天动身，约摸着一个月工夫就能回来。等回来我让这王八犊子到府上给你捎信。你们先耐着性子等等。”

庙堂后的竹棚里，一灯如豆，石碾子旁散放着根木炭。江流推拉石碾，将木炭研成粉末，捧至一旁堆成堆。一个老方丈引小和尚挑竹筐走来。小和尚将筐卸至江流跟前：“小施主，老衲这里庙小人稀，十几张嘴不过两口锅，不曾备下多余木炭，能给你的就只有这些了。”江流微微一笑：“足够了，江流感激不尽。”方丈低头看碾，疑惑道：“老衲多嘴问一句，这些炭渣究竟作何用途？”

江流正欲作答，周鲁带几个青年赶来：“大哥，东西都找来了！这是桐油纸，你看够不够？”

周鲁将两口袋摆上石碾：“踅摸了好几家土产铺才弄来这些硫磺，差点没把两条腿跑折了。对了，”周鲁又掏出一个布口袋扔到石碾上，“老子跑遍了京城的茅厕，刮遍里边所有的墙根，才刮出这一口袋尿碱子！恶臭扑鼻不说，出恭的老少爷们没一个不把老子当成疯子！”江流解开口袋闻了闻，笑道：“委屈兄弟了，不过这可不是尿碱子，这叫芒硝，至关重要。”说罢，江流将芒硝、硫磺、炭沫各取少许，掺合在一起。周鲁、方丈、小和尚莫名其妙地看着，不知他要做什么。江流摩擦着火镰将那粉末状的东西只轻轻一碰，霎时间火光扑面。众人大惊，江流笑道：“裹上桐油纸，装上引线，能当雷管用！”

六月的北京，初夏已至，燥热难当。自来水工程工地上，坑道已如一条曲直的长龙成形。江流、周鲁等一群学子脚蹬布鞋，下穿牛犊短裤，有的挖坑，有的运土，有的铺管子，个个忙得汗流浃背。

不远处，两轿夫抬着一台轿子颤颤巍巍而来，绿呢大棚，分外阔气。侍卫掀起轿帘，把都水清吏司主事扶下轿。那主事肥头大耳，道貌岸然，清清嗓子，用尖细的声音道：“太后谕旨，周学熙接旨——”

周学熙忙跪上前道：“太后在上，草民周学熙接旨。”

“传太后口谕，自来水工程自动工以来进展缓慢，成效未见却严重妨碍治安交通，致怨声载道，故令尔等加紧施工，务必于月底前完竣，如有延误，严惩不贷！钦此——”

民工一阵骚动。江流上前跪下：“主事大人，自来水工程任重而道远，原定工期本已勉为其难，若是再缩短工期，恐怕难以实现。”

主事根本不听他说什么，斥道：“大胆刁民！你敢抗旨不从！”

周鲁听罢，火冒三丈，暗自握拳，就要冲上去。周学熙一把抓住周鲁，叩首解围：“草民领旨谢恩！”那主事轻蔑地瞪了眼周鲁，上轿离去。

“他妈的！一帮秋后的蚂蚱！不给银子还充大爷，老子就不完工！”周鲁气愤不已。周学熙拿着那纸文书：“忍忍吧……不忍又能怎么办？想强国，就得兴实业，而在这样一个国家，想做点实业就要乖乖地听朝廷的话。想想，缩短工期总要比责令停工强得多吧？这个国家需要实业，大兴实业才是救国之道。”他把公文放好，拿起锄头，跳下坑道，一声不吭地继续施工。江流、周鲁默不作声，敬佩与怜悯并交心底。

邓玉秀和方兰两人为了筹钱跑遍了京城。离魏国的斩首日期越来越近，方兰整天不吃不喝，在房里发呆。所谓哀莫大于心死，这一个月虽说也想尽了其他办法，但音信全无，唯金六爷那儿有一线生机。最后这几日，只有邓玉秀天天跑出去打听消息，方兰偶尔去京师大学附近转转，却听说周鲁、江流根本不在学校，去当什么义工，心里更是凄凉。

邓玉秀是个精干人，早几天就把银票准备好，整整齐齐码好：“银子弄来了，加上之前凑的，还有你身上那几千两，足足三万两，只多不少。”方兰见邓玉秀如此仗义，更觉得心里犯愁：“妹子，我不知道该怎么谢你好，姐往后想法子还你。”和方兰几日相处，邓玉秀早就把她当作自家姐妹一般：“这钱借给你就没指望还！我担心的是金六爷那儿，离斩首只差三天了，还是一点动静都没有。”

这日晚上，又是一夜未眠。方兰的房间，燃放了三支香，烟雾缭绕，方兰跪立龛前。邓玉秀累了一天，在床上正欲歇息。突然，一个紫衣丫环匆匆闯入：“小姐，门口有个满脸疤瘌的爷要见您！”邓玉秀一个鲤鱼打挺从床上翻起：“人呢？快请！”

鬼脸掌柜匆匆进屋，拿起八仙桌上的盖碗茶一饮而尽。方兰急切地问：“画找到了？”

“你们家那口子命不该绝，三段画一段不少，全给寻来了！”

方兰一听，脸上露出了久违的笑容：“六爷人呢？”

掌柜一抹汗：“师父一路奔劳，先回去歇着了，让我明儿个一早把二位姑奶奶领过去。”方兰哪里等得明天：“事不宜迟，恩人可否现在就带我们去见六爷？”

又来到那破陋小屋内。金六爷这次没抽大烟，端出了两杯热茶，然后在炕头上把画铺展开来。灯烛煌煌之中，三段《女史箴图》散佚画卷平铺炕面。金六爷一手持放大镜，赏心悦目之余，不忘招呼方兰、邓玉秀二人：“来，你们瞅仔细，线条均匀又有节奏，如春蚕吐丝，流水行地，以形写神，皆出自然。咱大清国多少高文硕学、骚人墨客都朝思暮想的宝贝哟，此刻就在你我眼前，造化呀……”

方兰并不精通字画，听六爷一说，也感觉出来了一些个神秘的气韵，欣然道：“雍容，典雅，又不失力道，不愧出于名家之笔。”金六爷这才抬起身来：“这《女史箴图》一共十二段，段段都是醒世的劝诫。正所谓天下万物由盛而衰，由兴而亡。咱们眼皮底下这三段呈现的就是西晋王朝的一时盛兴。瞧瞧，这儿微加点缀，要的就是不求晕饰的境界，飘飘欲仙，雍容华贵……”

邓玉秀为人心细如发，她抿一口茶，打断道：“六爷，恕我直言，画是不错，可会不会……”金六爷眯缝着眼上下打量邓玉秀，许久才缓缓说来：“姑娘担心的是赝品吧？您只管把心放肚子里。顾恺之的‘密体法’在南朝张僧繇创立‘疏体法’之后就迅速消亡了，后人很难掌握。如今再高明的画师也会在临摹时因怯笔露出马脚。看看，这三幅画的线条一气呵成，均匀优美，除了原作不可能有这么完美的笔法，绝不会假。”

方兰点点头："有您这句话我就放心了。三万两银子我们带来了，那咱们就……"

鬼脸憨笑："一手交钱，一手交画。"

"就你这王八犊子嘴快！"金六爷呵斥道，"三万两不是小数目。姑娘想仔细了。这行有这行的规矩,付了银子就不能再拉抽屉。要是现在改主意，我金六也不怨你，这宝贝我自己个儿留下。"

邓玉秀反复验画，实在找不出什么不对。方兰当即掏出银票："六爷放心，这画就是我丈夫的命，我决不反悔。"

金六爷接过银票，数了数，裹好三段画，笑脸递上。

两人一夜未睡，见东方既白，便直接裹着画来到了英国领事馆。麦格力高刚起床，就听仆人来报邓小姐来。三人围观画卷，麦格力高赞不绝口："真是幅好画，和女皇陛下珍藏的九幅比较，笔法如出一辙。方小姐果然讲诚信。不过还得请两位稍等一会，这三幅画是要献给女皇陛下的，还需要鉴定一下的好，希望两位谅解。"说话时，麦格力高将画卷裹存，起身交给身旁秘书，又对其耳语嘱咐几句。两人点头离去。

过了整整一个时辰，几个像模像样的鉴宝人在领事馆里来来去去，议论纷纷。方兰人已极倦，眼睛却一眨不眨地看着紧闭的办公室门。突然，所有的争执声全部消失,四五个鉴宝人鱼贯而出。少顷,麦格力高夹画走入，面如冰霜："方小姐，看来我高估了你的诚意。"

方兰一听这话，浑身发抖。麦格力高傲慢地将三幅画卷扔在地上："为什么要用假画来欺骗我？你们是在侮辱我的智商吗？"麦格力高冷笑道："这三幅画，笔法和画工都是一流的，就连字体和落款都看不出半点破绽，换作一般人恐怕就要上当了，可是你们还是大意了。顾恺之是西晋人，那时候是用动帘床来造纸，用的原料主要是麻、楮、檀木或是荛花，而如今你们中国人造纸已经改用细密竹条，原料也换成了杨桃藤和黄蜀葵。你们拿来的三幅画用的是清朝的画纸，只不过加了些茶水和颜料做旧罢了。这种赝品，还是请二位小姐带走吧！"

方兰如遭晴天霹雳，呆若木鸡地站在一旁。邓玉秀一言不发，转身冲了出去，赶到遂宝斋，见大门上锁，门板庇窗。邓玉秀拼命砸门，门锁锒铛作响，里面空无一人。金六爷屋内早已空空如也，唯有凌晨沏的两杯茶冷香犹存。人去屋空，只有一封书信横放在炕上，上面触目惊心几个大字："人为财死，鸟为食亡，二位见谅！"

残阳火红。江流、周鲁等青年施工归来，浩浩荡荡。嬉笑之时，江流见“京师大学”的牌楼下站一女子，仔细观瞧，不是别人，正是邓玉秀。

“哼！傻眼了吧？好言相劝她不听，这下好了，卖国贼没当成，反被人坑了银子，自作自受。”周鲁一听两人被骗，没好声色地说。邓玉秀最讨厌他幸灾乐祸：“你除了会嚼舌根子还会干嘛？都什么时候了，净说风凉话。明儿个可就是斩首的日子，还不赶紧想辙！”

江流沉思片刻：“方小姐知道你来找我们吗？”

“她伤心着呢，没告诉她。”

“那就暂时先别说了。生死攸关，我怕她情绪波动，容易坏事。”邓玉秀不信任地看看江流：“听你这意思，有办法？”江流说：“幸亏留了后手。成败在此一举。事不宜迟，你去想法子弄两张到新加坡的船票，咱们三更在沙滩街角汇合。”

邓玉秀一听这话，摆明了是有谱，脸色由阴转晴，也不多问：“船票好说。那你们一切小心，咱们三更见！”

雨声淅沥，青烟绕梁，龛上菩萨面目慈祥。方兰跪立龛前，神情凄然：“魏国，我尽力了，该做的不该做的我都试过了。别怪我，我只是想让你活着。既然上天造物弄人，我宁愿选择无怨无悔……”说罢，方兰缓缓起身，踏上高凳，悬一白绫于房梁之上，伸手打了死结：“不管来生投身何处，不求天长地久长相厮守，只求生生世世都能有你相伴……”说罢，白绫勒住脖颈，方兰微闭双眸，蹬翻高凳。正在这千钧一发之际，只听哐啷一声响，房门大开。邓玉秀破门而入，满身污泥的江流与周鲁带着蓬头垢面的男子闯入。

“不好！快救人！”说罢，邓玉秀扶起高凳，周鲁踏上去剪断白绫。江流扶方兰平躺在地上，伸手试探呼吸：“还好，只是晕过去了。”男子抱着方兰痛哭流涕。方兰迷迷糊糊睁开眼，只见面前一个消瘦的身影，满脸沧桑却又深情款款，正是日思夜想的魏国。“不，这肯定是在做梦，”她半撑起身子虚弱地问道，“我死了吗？”魏国轻抚方兰秀面，微笑摇头：“没死，咱们都活着……”

清晨，霁雨初晴，雄鸡报晓。六王爷率四名亲兵护卫阔步至监狱门外。门房惊醒，慌促迎上前单膝跪地：“给六王爷请安！”六王爷一摆手，整理仪容：“起来吧，进去知会一声，我亲自押魏国去刑场。”六王爷率亲兵在前，牢头亦步亦趋随行。

“照您吩咐的，昨晚上好吃好喝给他送行，我瞅那小子情绪还不错。”

“嗯，回头把枷锁卸了，让他松快松快。”

不一会儿，几人来到魏国牢前，顿时大惊失色，慌作成一团——牢房内竟空无一人！

此时，周鲁挥鞭策马，四轮马车疾行，车厢内，江流、魏国、方兰、邓玉秀对坐两排。

江流交待道：“车票和船票已经给你们准备好了，到天津歇一晚上，明天一早就有抵达新加坡的客轮，到后替我向孙先生问好。”魏国拱手相谢：“兄弟放心。这次多亏你了，魏国无以为报。”方兰愧疚道：“那日我出言不逊，得罪了江流兄弟，你却以德报怨，这份大恩大德我……”江流笑道：“罢了。昨天的事都过去了，明天会发生什么谁也不知道，重要的是眼前，我们都平安。”

“对了，你还没告诉我呢，你们到底怎么把魏国救出来的？”邓玉秀好奇地问道。

这一个月来的酸甜苦辣唯有江流和周鲁心知。原来，那日见了自来水厂的施工图，管道修正路线正好经过法部监狱，江流便有了通过修管道，人不知鬼不觉地把魏国救出来的想法。两人登高俯瞰法部监狱——监狱呈正方形，东、南、西、北各一排监房，正中一座50米高的八角楼，整座监狱如同一个“回”字。江流说：“……还记不记得方小姐那日在马神庙说，魏国所关押的牢房阴暗潮湿，终日不见阳光。以八角楼为中心，终日不见阳光的牢房只有正东、正西、正南、和正北四间，因为八角楼的阴影正好能将这四间牢房完全覆盖。你看，现在正北方的牢房就被影子遮住了，等到影子转移，太阳也就跟着转移了，所以无论如何那个位置也照不到太阳。”

周鲁一开始很疑惑：“即便是四选一？那也有风险。”

江流却异常有把握：“用不着四选一，别忘了。我也蹲过监狱，对里面的布局略知一二。大清监狱分内监、外监和女监，北面一排为女监，不必考虑。西、南两排为外监，也叫普牢，军、流以下的人犯拘禁于此。南面一排为内监，也就是死牢，像魏大哥这样的重犯只会关押在正南面。”

修坑道之时，重重困难，江流查书阅典，下了很大的工夫才攻克难关。由于保密工作做得到位，除了几个亲近的同学外，连周学熙都没告诉，怕的就是走漏风声。

行刑前夜，电闪雷鸣，魏国吃过狱头送的最后一餐饭，彻夜无眠，甬道内鼾声连成一片。突然，墙角地砖有异动。砖石移开，只见一个脑袋探出，魏国大惊失色。周鲁移开地砖，三人潜入地道。外面大雨瓢泼，邓玉秀守在洞口外焦急等候。江流、周鲁、魏国从洞口爬出，满身泥泞。江流迅速以火镰点燃引火，四人拼命奔逃至林深处，少时，只听身后一声闷响——洞口坍塌。

江流正讲得起兴，周鲁撩开帘子："前面就是车站了，时辰刚好，赶快去上车吧。"

车站内，人头攒动，方兰眼尖，一把抓住魏国的手。魏国抬眼望去，只见站口巡警设卡，所有乘客全部都要验身登记。江流紧皱眉头："糟了，钦犯越狱，势必全城通缉，只是没想到他们动作这么快。"

邓玉秀左顾右盼，前面管事的不是别人，正是那巡警总厅行政处佥事徐冠杰。她一拍手："老天爷保佑，这下事情好办了。"

一大早，六王爷把徐冠杰唤来，亲自部署。徐冠杰迅速包围京城各大城门，尤其是火车站等人流杂多的地方更是重兵把守。这会儿，他手拿魏国画像，正指挥手下巡警对照画像盘查乘客。

突然一女子娇声传来："徐大人好威风，整个车站就显您了。"徐冠杰回头一望，见是邓玉秀，连忙上前深鞠一躬："哎呦！邓大小姐！什么风把您吹来了？"

"送两个朋友上车。队排得这么长，徐大人行个方便吧？"邓玉秀故作轻松地说道，手心里早已泛出一层汗。

徐冠杰连连点头："好说好说，给大小姐加个塞儿还不是小事一桩。"江流、周鲁早就闪去一边，静观事变。邓玉秀道声谢后，朝身后招了招手。方兰扶着魏国，两人压低帽檐，径自走向跳板。徐冠杰觉得那男子非常面熟，仔细打量二人，忽然喝道："慢着！我怎么看那男的眼熟？敢问大小姐你这朋友叫什么名字？"那方兰顿时吓得不轻，脸色惨白。徐冠杰尽收眼底。

"叫张国兴，怎么了？"

徐冠杰拿起画像核实："对不住了大小姐，您这朋友我得看仔细了，要不您家老爷子可饶不了我。来人，把那两个人带过来。"巡警应了一声，将魏国、方兰带至徐冠杰跟前。

徐冠杰反复对照画像核实："这位先生……您是魏国吧？好久不见。"江流、周鲁见势不妙，连忙出门驾车。邓玉秀还在据理力争："你认错人了，他是我朋友。"

"大小姐交友不慎，这路朋友您也敢认？把这两个人给我押下去！"

"放肆！你敢怀疑本小姐，把人给我放了！"

突然，一个威严的声音传来："你放肆！你还要捅了天不成！"邓玉秀一听，全身一个战栗，回头一望，只见父亲威严地骑在马上。徐冠杰连忙迎上，所有巡警全部下跪："提督大人，您来得正好，大小姐她……"九门提督威严地扫一眼周围，行至邓玉秀跟前："越来越没边了！竟然敢私通乱党！他是什么人你知道吗？——朝廷钦犯！跟他混在一起是要满门抄斩的！你想害死老子吗？"邓玉秀见父亲生气，也毫不畏惧："到了还是说了实话，您心里只有您自己，我是死是活您根本管不着。"

"我没工夫跟你在外面丢人现眼！从小到大，我对你如何，你自己心里清楚。为了个野汉子跟我断绝关系也就罢了，如今还要为了这个通缉犯气死老子吗！来人，把那两个反贼给我押回刑部！"巡警应一声，拔刀相向。

突然，邓玉秀掏出手枪，直指来人："慢着！谁动我就打死谁！"九门提督朝着枪口走上前："那你就打死我好了！"

邓玉秀目光灼灼："您是我父亲，不论如何我都是您的骨肉，我不会向您开枪。可这两个人女儿今天保定了，请恕女儿不孝。"话毕，邓玉秀将枪口顶在自己太阳穴上："您要还认我这个女儿，就放了他们，不然我死在您面前。"

九门提督万没想到女儿会如此刚烈，气得全身颤抖不已。邓玉秀对魏国大吼："还愣着干吗？快跑！"魏国、方兰踌躇片刻，方兰拉过他的手慌忙逃窜。火车站外，一片混乱，两人一路狂奔。江流、周鲁赶着马车到来，魏国、方兰飞快地蹿进车厢。江流挥鞭大喝，待徐冠杰率领大队骑兵呼啸杀来，马车已经绝尘而去。

林深处，好不容易才摆脱了追兵，四人生起一摊篝火。魏国的处境比在牢狱中好多了，但形势仍不容乐观，他说："整个京城草木皆兵，出城是没指望了。"周鲁拨弄火心，闷闷地说："是福不是祸，只是害惨了邓小姐。"

方兰自我安慰道："玉秀在她父亲手里应该不会有事，毕竟是亲生骨肉，打断骨头连着筋。"魏国更是惭愧："一切事情都因我起，不能再连累你们了。万一邓小姐有什么不测，我用我的命去赎她……"

几人七嘴八舌地谈论着，江流在一旁不声不响地冥思。周鲁捅捅他："眼下邓小姐下落不明，咱们应该先找个地方落脚，见机行事。想到什么好去处没有？"江流看看几人，又盯着方兰看了许久："我在想钱子谦。"

"啊？你想那个鸟人干吗？"周鲁大惑不解。

"如果我们躲到他府上，一来可以旁敲侧击地打听到邓小姐的消息，二来也绝对安全。有个办法兴许可以让他答应，只不过……要委屈一下方小姐和魏大哥。"

月黑风高，八旗先祠中，一个黑影翻入，隔窗窥视着。钱子谦房间灯火依然，留声机播放着法兰西名曲《玫瑰人生》，浪漫悠扬的手风琴漂浮空中，屋子的四周满满地挂着方兰画像，有翘首仰望的，有低头含羞的，有回眸一笑的，千种姿态万般娇媚。钱子谦捧着一杯红酒，一个人颓然地在桌前喃喃自语："郎才女貌，豺狼配虎豹，咱们是天生一对……楼上残灯伴晓霜，独眠人起合欢床。相思……相思……一夜情多少？地角天涯不是长。"

忽觉窗子有动静，钱子谦起身，开窗便骂："哪来的野猫野狗……"不料，一只黑手一把捂住的嘴，翻窗而入，把面罩一拉。见来人是周鲁，钱子谦吓得怯怯退步："周爷爷饶命……我该死……"

周鲁一把将钱子谦摔在地上，大摇大摆地走进房间，走到一幅画像前，背手打量起来："这些都是你画的？"钱子谦眼瞅着周鲁半天，看他没想揍自己的意思："是……是，只因相思成疾，又见不到人……周爷爷要是看着不爽，我……我马上给摘了去……"

那些画，虽说是信笔拈来，倒是形神兼备。周鲁摆手道："不必了，难得你一片痴情。我给你一次机会，你可愿意？"

钱子谦眼睛一亮，没想到这神通广大的周鲁还会让自己帮忙，忙不迭地递上茶水："什么机会？"周鲁不客气地连饮几杯，一擦嘴巴："眼下我姐姐遇到了些难处，你愿不愿意帮忙？"说罢，瞥了钱子谦一眼。钱子谦转悲为喜，连忙转到周鲁面前，一脸真诚："甭说帮忙，为了姐姐，我倾家荡产都愿意！有什么事您言语。"

周鲁看他一张肥脸乐得要开出了花，老不乐意地说道："老子是想让你给我姐找个清净的地方住上几天，你管不管？""我当是什么大事？"钱子谦大笑道，"我们家除了银子多，就是宅子多！光是阿玛赏给我的就有八间。你和姐姐去住便是，爱住多久就住多久。"

为了迎接方兰，钱子谦指挥家丁们大半夜打扫庭院，张灯结彩。家丁分站府门两侧，斜系红花，手持乐器。钱子谦自己上穿毛锦团蟒纹长袍、宝蓝色马褂，头戴青缎子小帽，帽檐正中镶着一颗红宝石，脑后还续着油亮的长辫子，脚上白竹布的袜子，踩着玄色贡缎的双梁鞋阔步走出。

天蒙蒙亮时，一个家丁气喘吁吁跑来："来……来……来……了！"钱子谦大喜，亲自跑到门口，只见江流、周鲁、魏国、方兰正匆匆而来。

"奏起来！奏起来！奏得好统统有赏！"这小王爷开心得不行。话毕，鼓乐齐鸣锣鼓喧天。

周鲁一听，疾步奔来，大声喝令：“停！停停停！”钱子谦一身华服迎上：“周爷爷不必客气，这是钱某的一点意思。”周鲁连连摆手：“低调！低调！我姐姐不喜欢大张旗鼓。”

钱子谦大惊声色：“啊？都他妈给我停下——”整个院子一派肃静。

方兰颇有些不好意思，双颊绯红，格外娇艳。钱子谦喜不自禁，正准备上前，突然发现佳人身边旁边站着一个陌生男子，不禁有些奇怪，打量道：“这位是？”

方兰嫣然一笑，朱唇微启：“这是我远房表哥。你就是小王爷吧？”钱子谦见方兰和自己说话，愣在一旁不知如何是好，只会傻笑：“正是，正是。”方兰走上前去，微微一躬身：“小王爷是嫌我们不请自到了？”钱子谦一听那清泉一般的声音，身子酥了半边：“哪的话。周大哥是我亲大哥，方小姐是我亲姐姐，那方小姐的表哥就是我的亲表哥！哥哥们肯来我这儿，那是瞧得起我。”

钱子谦专门配备一名管家给方兰，众人进了大门，穿过倒厅小院，左拐，进了一处月洞门，又跨入一带垂花走廊，眼前一栋古香古色的建筑，红墙绿瓦，翘角飞檐，收拾得利落。院中种植的各色鲜花，摇曳生姿，还有一弯明镜一样的湖泊。钱子谦时不时在方兰身边献殷勤：“这是钱某读书歇憩之处，北京城数这儿最清净。方小姐愿意怎么住就怎么住，府上几十号家丁爱怎么使唤就怎么使唤，千万甭跟我客气。”

“家丁就不必了，我没有使唤人的习惯，还是让他们侍候小王爷吧。”方兰浅浅一笑。周鲁听得一路，早就烦了：“我姐姐说不用就不用，小王爷带上这些家丁早点回去吧。”

“回去？回哪去？”

“回你府上啊，你该不会也想住在这吧？”

钱子谦莫名其妙：“这就是我府上，我当然要留下来照顾方小姐。”

方兰和周鲁一时都没辙了。魏国在一旁尴尬不已。江流一把将钱子谦拉至一旁：“钱兄弟，心急吃不了热豆腐。方小姐一路奔劳，先让他们兄妹俩好好歇息。咱们日子还长着呢，懂什么叫细水长流吗？强扭的瓜不甜……”钱子谦眼睛一瞪，细细一忖思，颇有些心得。

7

话说四人在钱子谦家中住下后，马上就有家丁来伺候，送来上好的衣服，花花绿绿的尽是绫罗绸缎，舒服惬意，不在话下。

江、周两人在正房里，那江流不看别的，单站在钱子谦屋内的书架前，细细浏览。周鲁则似活霸王一般，凡是府中稀奇东西都要拿起来鉴赏一番，这日正得了一个西洋送来的望远镜，通身镀金，镶着各色宝石，尤其是那镜片镶框，还镌刻着一行字：le jockey club paris。周鲁把玩良久，用望远镜扫过清一色的紫檀家具，停留在多宝阁中琳琅满目的古玩玉器及西洋珍宝上，一样样物件清楚得就在眼前，

周鲁一边啧啧称奇，一边感叹："好玩意儿都让这帮纨绔子弟敛去了，老子当年在广东水师也没使过这么稀罕的望远镜，真他娘的糟践。"

江流正跷腿坐在太师椅上看书，乜了眼周鲁："百年成之不足，一旦败之有余，大清国的钱向来花不到正地方。"

周鲁仰坐在藤椅上，透过望远镜望江流，只见他聚精会神，目不斜视地盯着一本书看。"你看什么书呢？一整天也不挪窝。"

江流摇摇手中的书，周鲁定睛一看，封面上书"蒋氏东华录"五个大字。江流如饥似渴地读着："这种好书，市面上可买不到，清朝开国以来的大事小事全在里面。老王爷对钱子谦的栽培还真是用心良苦啊……"

周鲁满不在乎地笑笑，望远镜停在墙壁上的一幅钱子谦自画像上。那画中人雄姿英发，策马挥鞭，甚是有着非凡的气度，和钱子谦平时模样相差太远。周鲁不禁大笑起来："再用心也是白搭，烂泥扶不上墙。瞧瞧，给自个画得人五人六的，也不撒泡尿照照，跟个貔貅似的。"

说话间，魏国推门而入。他换上一身干净的衣服，除垢去污后，精神焕发，和昨日那囚犯之样判若两人。他坐到太师椅上："经年不沐浴，尘垢满肌肤。今朝一澡濯，衰瘦颇有余。这一年没正经洗澡，今天总算搓掉了几层陈泥，身轻如燕啊！"

周鲁忙嚷嚷道："我和江大哥也不比你强。你在牢里受苦，我们在外面挖沟，一个月没换衣服，昨晚上又让大雨一浇，要不是刚才洗了澡，换上这狗王爷的裤褂，明早晨非捂馊了不可。"

"知道，你们换下来的衣服方兰正帮你们洗呢。"

江流大惊："这怎么使得？"

魏国打趣道："她怕再不洗，官兵顺着馊味就找来了。"

周鲁透过望远镜看窗外，只见方兰正揽着一个大盆，坐在板凳上搓洗衣服，不禁感叹："贤惠……魏大哥好福气啊。"望远镜缓缓转移至月洞门——钱子谦满脸笑容，正引着管家拎一绸缎包袱匆匆走入。

周鲁一见，噌地就站起来："这哈巴狗怎么又来了？一天恨不得跑八趟！"

钱子谦见方兰孤零零地搓洗衣服，急忙大步上前，抓住方兰的手："我的亲姐姐，您怎么干起奴才的活？这不凤凰跑到鸡窝里，乱了贵贱吗？"方兰笑笑说："哟，小王爷又来了。没事，不过是洗几件衣裳，没小王爷说的那么严重。"

钱子谦连连摇头："别人看，许是不严重。换到亲姐姐身上，就是戳我心窝子。瞅瞅这一盆泥汤，简直玷污这双小白手！"管家在一旁狠劲点头。钱子谦看得烦心，一拍管家脑勺，怒骂道："就他妈会拍马屁！一点眼力劲没有。还不去替姐姐洗！包袱拿来！"

钱子谦接过包袱，一把拉过方兰："这等粗活让下人去干。姐姐随我进屋去，我给你看样好东西。"

进了屋，绸缎包袱摊开，是一床秋被，被罩一色的黑金色，方兰一看就知道尊贵非常。

"眼瞅着要立秋了。老话说，早晨立秋凉飕飕，晚上立秋热死牛。咱们都是爷们，出点汗倒无妨。可方小姐金枝玉叶，我怕她嫌热，特地送来这'香云纱'的被罩给她用。"钱子谦百般讨好。周鲁不客气地拈起被罩，柔软丝滑，摸着还沙沙作响，问道："这玩意有什么稀罕？能当蒲扇使？"

"这可是当年老佛爷赐给我阿玛的！"钱子谦不无得意，眼睛却瞟着方兰，"这种缎子产自南海，工艺独特，数量稀少，盖在身上凉爽宜人，对肌肤和身体都极有益处。阿玛一直舍不得用，说是……留着给我媳妇用的。"

方兰一听，羞得不行，连连摆手："这么贵重的东西，小王爷还是拿回去吧。"

周鲁急了，脱口而出："你这厮想占我姐便宜？肉皮子痒痒了是不是？"钱子谦吓得躲到魏国身后。魏国左右为难："周鲁休得无理。既然小王爷也是一片好意，我这当哥哥的就替表妹收下了。"方兰在一旁，尴尬地站着，好不自在。

魏国说："小王爷真是处处周全，改日我下厨做几样拿手的家乡菜，好好犒劳小王爷，以表谢意。"

钱子谦连忙接过话："择日不如撞日，我这就让管家备上酒菜，咱们喝个通宵。我这有一肚子话要对亲姐姐说呢。"

方兰心里一万个不乐意："时辰这么晚了，你再不回去，老王爷怕是要担心了。"钱子谦连忙献媚："亲姐姐多虑了。我平日住在学堂，夜不归府是常有的事。"

周鲁看看天色，不耐烦地大吼："我说你这人，非让我把话挑明了才行啊？你不睡，我们还睡呢。这么老晚，没人陪你喝酒！"江流连忙迎上拦住周鲁，将钱子谦拉至一旁，故作惆怅："钱兄弟，你怎么全忘了？上午怎么教你的？"

钱子谦寻思片刻："细水长流？"

"你这叫逆流而上，只会适得其反。"

"江大哥有何高见？"

"懂什么叫厚积而薄发吗？"钱子谦瞪眼看着江流，思索一番，连连摇头。

江流意味深长地教导他："放三分，留七分。方小姐喜欢含蓄。"钱子谦眼珠一转，恍然大悟般，心安理得地转身，走到方兰面前深鞠一躬，又对三人拱手道："诸位！时辰不早了，钱某先行告退！明日不劳表哥大人费心，钱某自备美酒佳肴来看望诸位！"说罢，指挥家丁撤下。

星光暗淡，榻上，周鲁、江流各枕东西。这几日净顾着和钱子谦迂回，两人竟也没顾得上打听邓小姐的下落。两人谈论起自去年的保路运动后，革命运动风起云涌，而邓玉秀这个女子，撕破老父情面，为革命事业竟然能利用身份之便帮助同盟会，实属难得。

次日，旭日东升，炊烟袅袅，晨曦透过木窗，洒向灶台。方兰和魏国一日春宵，万种缠绵不在话下。魏国拥着佳人，感叹着两人这些年的不易，突然生出了贪恋红尘、风月无边之意。方兰性格其实刚烈异常，抛家进京，数次相救，知道魏国的命是自己一手争取过来的，因此格外珍惜。灶上一锅白粥沸腾，方兰将腊肉切成薄片放入锅中，顿时香味扑鼻。

王府庭院，夏末季节繁花似锦，绿草如茵，古木参天，楼台阁榭更有些南方风味。魏国站在长廊曲回的水榭边洗漱，举目望东厨，看着方兰忙碌的身影。西厢门开，江流打哈欠走出："一宿没睡。周鲁的呼噜要人命啊。"魏国笑而不语。方兰探出东厨："魏国，过来搭把手！"

魏国匆匆将一锅热粥端上八仙桌，方兰撒入葱花，四人各盛一碗，喝得津津有味。魏国感慨道："昨日还命悬一线，醒来竟是鸟语花香，妻朋相伴。难怪说人生如梦。若能如此平淡过一生，也未尝不是一件幸事。"话语中流露出羡往之情。周鲁一听，满不在乎地说："魏大哥此言差矣。大丈夫岂能因一时落魄而丧气？"

"是啊。魏大哥为革命舍生忘死，这些道理自然不用多说。何况眼下的平静也只是一时，待在这毕竟不是长远之计。"江流也插话道。周鲁一边吹气，一边贼眉鼠眼地看着院子："说得对。寄人篱下浑身不自在。一会我再出去查探查探，说什么也得逃出城去。"

周鲁换上一身钱子谦的洋装，戴着礼帽墨镜，乍一看和英国留学的绅士一般，一出门，街道上人来人往格外热闹。他匆匆搭上一辆黄包车，压低帽檐："走！"

黄包车车夫外表敦厚，但眼里透着机灵："大爷去哪？"周鲁坐在车斗里，拿着望远镜左顾右盼："你一天能挣多少？爷给你两块大洋，包你一天如何？"那车夫心里和明镜似的："先掏出来我看看。"周鲁掏出一块银元，在车夫眼前一晃："看好了，先付你一块，收工时再付一块，你就顺着道走，爷今儿就想逛京城。"

两人来到德胜门，白日头下，人来来往往，京城还是闷热得慌。车轱辘止在了树阴下，周鲁举着望远镜，只见那城门口尽是重兵把守，城墙及通缉榜上贴着魏国画像。周鲁摘下墨镜，拿着望远镜细细看去，一队出殡的孝衣百姓也被巡警逼着开棺验尸，一个老太婆哭天抹泪，却也没法子。周鲁眉头一皱，戴上墨镜，坐上车："他妈的！死人也要查？"车夫蹲在一边，打量周鲁一番，扑哧一乐："甭说死人，连牲口都查。"

"其他几个城门都这样？"

"一样。大爷身上要是背着案子，最近出城就别指望了。"

周鲁心里一激灵："你看爷像背着案子的吗？"

车夫作揖："像不像，都跟我没关系，您给钱就行。"

"你小子还是个舍命不舍财的！放心，钱少不了你的。走，先陪爷爷吃个饭。"

盛暑不消说，车夫跑了一上午，真是饿了，来到餐馆，耍起旋风筷子，一顿猛吃。周鲁砸吧着酒，对他竟也生出了几分亲近："你叫什么？"

车夫头也不抬，边吃边答："刘马。"

周鲁是广州人，连着口音一听："牛马？怎么起这么个倒霉名字？"

刘马一抬眼，露出憨厚的微笑："姓刘。不过经常被人叫错，习惯了。当牛当马，天生拉车的命。"

"呵，你这人倒是敞亮。"

周鲁说话时，刘马一碗面吃个精光，打了个饱嗝道：大爷请我吃了顿好的，算我欠你个人情，有机会还你。"

"就当交个朋友吧。"

刘马咬了口芙蓉糕，摆摆手："你身上有案子，我不敢交你这个朋友。"

"你他妈就认准了我背着案子？"

"大爷挂相，遇见官兵躲着走，又专拣出城的地界去，错不了。"

周鲁一寻思，声音低下来："那你小子还敢拉我？"

“我是拉车的，别的事管不着。谁给大洋我就拉谁。”

“要钱不要命，大洋就那么好使？”

刘马一愣，旋即含含糊糊道：“我兄弟有病，有大洋他就有药吃，有命活。您说好使吗？”

周鲁赞道：“为兄弟舍命舍财，是条汉子！要是我愿意出钱替你兄弟治病呢？”

刘马抬起头，颇有些不相信。周鲁一拍大腿：“鼓不打不响，话不说不明。你为了兄弟肯舍命，我为了兄弟肯舍财。只要你有法子帮我兄弟出城，我就出钱给你兄弟治病。这买卖如何？”

“为兄弟出手不能叫买卖，叫情义。咱们都是为兄弟。”刘马虽是个本分人，却有些想法。他一拍脑袋：“大爷，我确实想帮你，更想救我兄弟。可我只是个拉车的，没什么能耐。下午我拉你到朝阳门那边碰碰运气，那是走粮车的地界，偏僻！能不能出城，我没把握。”

两人吃过一餐饭，出来时已和朋友一样。他们匆匆向着朝阳门而去。

日光西垂，钱家庭院里，江流倚在水榭的梁柱上看书，旁边已经堆起厚厚的一叠。魏国锻炼身体后走来，见江流看书没动窝，说：“还在看东华录？”江流笑笑：“闲来无事，拿清朝这点事打发时间。知己知彼嘛，不然，又怎么对得起魏大哥这一年的忍辱负重？”

魏国脸上流露出一丝尴尬：“兄弟言重了。我当初一时鲁莽，是我愧对你们才是。”

江流听着这话，心里一阵难过，又想起白白丧命的丁福贵父女，一时静默无言。魏国那饱经沧桑的面容，早已不是当初的白面小生，受过风霜历练，更显苍劲有力。

“魏大哥在我心中一直是顶天立地的英雄，挽狂澜于既倒，扶大厦于将倾，敢为人之所不敢为，敢当人之所不敢当。

“我这算什么英雄？你说的英雄和我当初想的一样，可今日这两个字于我而言已不可同日而语。”

“那魏大哥以为何谓英雄？”

魏国背着手，看看庭院风光，几只麻雀在地上跳跃啄食，他静静闭上眼，感受着这远离纷乱凶杀的片刻光阴，缓缓道：“心怀天下，仁者无敌。”

傍晚时分，炊烟四起，小小的庭院也忙得不亦乐乎。江流添炭烧火，方兰洗菜切肉，魏国掂锅掌灶，一派热火朝天。几人不免打趣起来。魏国道：

“你对那个小王爷念了什么咒？这一整天也没见他人影。”霎时间，一股浓烟扑鼻，江流扭脸道：“随便支了几招，我说……方小姐喜欢含蓄，得欲擒故纵。”

魏国一听，望着方兰，上下打量：“欲擒故纵？”方兰脸羞得通红：“你也跟着起哄。谁告诉你我喜欢含蓄？”

“难道嫂子喜欢奔放？魏大哥可不像啊。”魏国连忙摆摆手，用大勺掂着火，大火呼呼地蹿上锅里：“别把我扯进来。要说奔放，谁比得上周鲁那浑小子？这时辰不早了，周鲁也该回来了。”江流看了看天色，不无忧虑道：“我心里也犯嘀咕，那小子一向毛毛躁躁的，真担心他出什么岔子。”

大院的门一阵响动。“瞧瞧，多不禁念叨，这不是回来了？”方兰还在自顾自地洗萝卜。脚步声纷乱，从远而近，江流脸色一变，警觉道：“不对。不止一个人！”魏国立刻熄了火，三人面面相觑。

脚步声靠近，突然，耳畔传来了钱子谦的声音：“快点！快点！跟上！”

“该不会……小王爷报官了？”

方兰话一刚出，魏国使个眼色。江流会意，正欲蹿上墙。“把东西拿到东厨去！仔细着点！”钱子谦带领一帮厨子、家丁推门鱼贯而入，有的挑菜，有的牵畜，有的抱禽，有的拎鱼，只见那瓜、果、粮、酒、蔬菜一样不少，牛、羊、豕、犬、雁、鱼样样俱全。

“赶快把这些东西拾掇了，该蒸的蒸，该炖的炖，误了开饭我扒你们的皮！”钱子谦又换了一身行头，威风凛凛地站在屋中间，一见着方兰满脸疑惑，连忙迎上，“姐姐忘了？昨晚上不是说好要款待各位。钱某今儿个一大早就吩咐下人采购，凡是市面上能找到的我全搂来了。准备材料忙活了大半天，要不钱某早就来看望姐姐了。”

魏国极其不自然地看着江流：“看来你那道咒也封不住几个时辰。”

钱子谦围着方兰不撒手，朝一个厨子挥了挥手。厨子欠欠身子，连忙赶来。“他叫老田，是阿玛贴身的厨子，不比御膳房的差。快告诉亲姐姐你都会什么。”那老田连忙下跪：“小的精通满、鲁、川、苏、粤、闽、浙、湘、徽九大菜系。”

钱子谦一挥手，老田躬身回厨房，见着那锅中菜肴已熟，便朝房外询问：“小王爷，这锅里的菜已经炒了。您看，是盛出来，还是？”魏国一见是自己做的东西，连忙走进来：“老人家，我来吧。既然已经做好了，当然盛出来。不吃岂不浪费。”说罢，魏国从老田手里接过炒勺，将菜盛入盘中。老田正准备端出菜去，突然觉得什么不对，又回头细看魏国。

钱子谦和江流坐在大厅聊天，钱子谦兴致颇好，有问必答，决不设防。

江流谈到这京城不太平，守卫森严，九门提督真不好做。钱子谦不过把九门提督看作一个小官，哪里放在心上，任江流问。两人越谈越欢。江流突然试探道："对了，我听说九门提督有个女儿，叫邓……"

钱子谦眼睛一亮："江大哥不愧为风流才子，邓玉秀都知道！那可是京城响当当的小姐，不知有多少京官的儿子都惦记着。人漂亮，可就是脾气太爆了点，连她老子都拿她没辙，比不上我亲姐姐温柔娴淑。怎么？江大哥也认识她？"

"是有过一面之缘，也不知她现在可好？"

"让她老子软禁了！"钱子谦满不在乎地一抬手，"我劝江大哥就甭惦记了。人家名花有主，为了个野男人和她老子都断交了。"

说话时，老田慌慌张张行至门外跪下，两只手汗淋淋："小王爷，麻烦您出来一趟。小王爷画工精湛，这豆腐雕琢的工艺还望小王爷来指点指点。"钱子谦听罢，笑逐颜开："你瞧瞧，少了我这双火眼金睛这老东西还开不了灶儿了！本王爷帮他长长眼去！"

此时，刘马载着周鲁正好走到府门外。周鲁摘了墨镜，掏出三块银元，拍在车夫手中："我身上就带了三块大洋，你都拿去吧。上树莫上尖，走路莫走边，事事留一半，日后好相见。这点钱够你抓几副药的。今后你兄弟就是我兄弟，看病的钱日后我替你想办法。"

周鲁信步跨入月洞门，突然见东厨窗内几个剪影鬼鬼祟祟，他立马欠身走到窗下，捅破窗纸偷窥，里间隐隐约约飘出老田几句话："小王爷，你可惹祸上身了！那人可是当今朝廷通缉的要犯，叫魏国！"老田居然从身上掏出一张魏国画像，展开递给钱子谦："小王爷自己看！这是今天我在集市采购的时候巡警挨个发的！小王爷怎么把他领家来了？"

钱子谦不见则已，一想私藏钦犯可是满门抄斩的罪名，整个人慌促起来。老田到底见过些风浪："小王爷先别慌，照我说的做准保没事。等会你进屋去，接着跟他们闲扯。只要你不露馅，不要打草惊蛇，我找机会溜出去禀报老爷，让他带上精兵活捉这帮叛党……"

窗外，周鲁听罢，赶忙奔至正房，推门而入："咱们暴露了！那厮要去报官！有个厨子认出了魏大哥！"

魏国大惊失色："你肯定？"

周鲁信誓旦旦："千真万确。我扒窗户看得一清二楚，老东西手里拿着魏大哥的画像，打算去告发！"

说话时，钱子谦推门而入，没想到周鲁在场，强挤出一张比哭还难看的笑脸："周爷爷回来了……"周鲁一回头，嗖地掏出一把长匕首，眼露凶光，直逼钱子谦。钱子谦一下瘫坐在地，哆哆嗦嗦，捣头如蒜："周……周爷爷……你……你这是干嘛……饭菜说……说话就得，我有事先走一步！"说罢，躬身想往门外爬。周鲁狠下心，扑向钱子谦："小王爷得罪了！拿命来！"

便在此时，门外有动静，周鲁警觉，扯着嗓子喊："外面的听着！谁敢离开这座宅子！老子就割下你们主子的人头！"老田刚要准备推门，被唬得一跳，战战兢兢退回东厨不敢再出来。

钱子谦哭丧着脸，身子早已没了力气，像泥一样瘫在地上，只知道求饶。江流于心不忍，说："事已至此，也无需隐瞒了。我们正是朝廷通缉的要犯，魏大哥也不是方小姐的表哥，而是她丈夫。"钱子谦一听这话，两眼顿时呆滞："方小姐……此话当真？"

方兰看着他泛红的眼眶，心里一阵酸楚："千真万确，我是魏国的妻子。多谢小王爷这几日的照顾，我等无以为报。如今事已暴露，小王爷若赶我们走，我毫无怨言。可若去报官捉拿我丈夫，那就请先杀了我吧。我与夫君生是一处，死作一对。"

钱子谦心灰意冷："我对你痴心一片，与你们无冤无仇，你们为什么欺骗我？利用我？"

"我们身不由己。我丈夫为了国家身陷囹圄，乃至性命不保。我们也是逼不得已才出此下策。"

"你们行刺当今摄政王，还说是为了国家。简直就是胡说！"

"小王爷说的国是大清国吧？可在我看来大清国只是一姓之家，而魏大哥为的是天下的百姓，为的是整个中国。"江流争论起来。

"荒谬！大清国就是整个中国！"

"或许曾经是，可如今它已经千疮百孔了。"

钱子谦控制不住自己的愤怒："你们这是大逆不道！"

在江流眼中，钱子谦一直就是一个普通的王室，虽然身为一个京师大学的学生，没想到思想依然顽固到如此地步："小王爷你错了，魏大哥所为非但不是大逆不道，反而是在替天行道。不知小王爷有没有读过书房里那套《蒋氏东华录》。"钱子谦满不在乎地摇摇头。

"身为八大铁帽子王的后代，怎能连自家的事都不清楚？如果我没说错的话，小王爷的祖上是礼烈亲王吧？清太祖努尔哈赤当年以'七大恨'祭天，誓师征明，从此开创大清基业。他的第二个儿子代善随父南征北战，屡立奇功，并与诸子立八弟皇太极嗣父汗位。不到十年功夫，又辅佐八弟统一整个东北，南下朝鲜，西征蒙古，屡挫大明官兵，建立起关东一统的大清帝国。从此以后，代善接连辅佐三朝皇帝，劳苦功高，被封为礼亲王，谥烈。

代善之子萨哈璘被封颖亲王，谥毅。萨哈璘之子格克德浑封顺承郡王，谥恭惠。多罗顺承郡王爵始为世袭罔替。小王爷和老王爷也跟着沾了祖上的光。”

钱子谦一听心里发虚：“沾祖上的光有何不妥？”

江流微微一笑：“小王爷应该比我清楚，除了八家铁帽子王的爵位可以世袭罔替之外，其他贵族子孙都要世袭递降。可那些八旗王公贵族平日里穷奢极欲，挥金如土，沉迷于酒色财气之中不思进取，爵位代代递减甚至丧失。康乾盛世时尚且能混上个一官半职勉维生计，可到了嘉庆年间，国力衰退，政府再无闲差可给，他们只好沦为闲散宗室，靠冒认房产、田地，开大烟馆、赌场，甚至强占贫民妻女，抢劫过往商客为生。而管理皇族事务的宗人府，首长皆从亲王、郡王中选出，八旗子弟即使杀了人也没有死罪，不能判死刑！”

周鲁、魏国、方兰见江流句句在理，凝神倾听。周鲁不忘守在门口看东厨动静。钱子谦也听得出江流话语中的愤怒和深意，渐渐低下头去：“我知道你说的对，但这与我何干？”

“这当然与小王爷无关。”江流正色道，语气越来越急切，他思考了太久，也愤怒了太久，“小王爷恐怕还未满月就已经继承爵位，领取高额俸禄了吧？可那些没有世袭爵位的贵族从咸丰年间起，就只能举家食粥过日子，衣衫褴褛、破鞋露脚。皇亲贵族尚且如此，那小王爷我问你，百姓呢？嘉庆年间光是从和珅府里抄出白银就有 11516 万两，相当于政府四年的收入！当今的奕劻，凭着慈禧老贼的宠信步步高升，也快富可敌国了吧！还有前不久颐和园大摆寿宴，那几乎是用亡国的代价换来的！”

钱子谦如闷头挨了一棍，摸摸自己身上穿的绫罗绸缎，颇不自在。

江流指着东厨里满满一厨房东西：“瞧瞧小王爷为了这顿饭下的本钱吧，已经赶上老百姓将近半年的花销了。中国已经快被你们榨干了，只剩下这片缺失的土地和四万万饥泣的民众！要是连这些都保不住，小王爷，你对得起列祖列宗吗？”说罢，他走上前从周鲁手中拿过匕首，说：“你走吧，我们不会加害于你，明早我们自会搬离贵府。魏大哥的命就握在你手里，小王爷自己定夺吧。”钱子谦满脸通红，站在堂屋内默不吭声。魏国几人默默走出去，准备好离开。

次日清晨，三人正打理包袱之时，有人送来一封信。江流拆信一看，正是钱子谦亲笔所写：

江大哥：

这是我钱子谦第一次真心实意地叫你一声大哥。昨晚上回去以后，我一宿没合眼，用想我亲姐姐的精神头仔细琢磨你说的话，想得脑仁儿疼还是没想透。可有一样儿，我认你这个大哥了。江大哥放心，我不会去报官，也不赶你们走。可你们毕竟是通缉犯，让朝廷知道了阿玛也保不了我，还望你们一切谨慎。告诉亲姐姐我想她了，我不会死心，细水长流，厚积薄发。

江流扑哧一声笑了，转身说："放下行李，咱们不走了！"

8

1911年10月10日，辛亥年八月十九日，在经历了前十次起义失败后，武昌起义一举成功，消息传遍大江南北，各省纷纷响应，相继宣布独立，清王朝顿时陷入了土崩瓦解的局面。大街小巷时不时有报童挥舞着《皖江日报》吆喝："号外！号外！革命党昨天起义，占领武昌，现正渡江向汉口、汉阳进军。"

魏国几人在钱子谦庭院中得知，清政府连续发布了《罪己诏》和开放党禁的上谕。月底内阁奏请释放魏国等人，说其"以改良急进之心，致蹈逾越范围之咎，其迹虽近愤疾，而当日朝廷不忍加诛，切实以其情尚可原，冀有祓濯自新之日。……"三人喜不自禁。

香山之顶，群山逶迤，十月红叶似火。三人持香火并立，三雄结义。

"大哥魏国！"

"二哥江流！"

"三弟周鲁！"

"三人虽不同姓，愿结为异姓兄弟，同心协力，上报祖国，下安百姓，死生相托，吉凶相救！福祸相依，患难与共！不求同年同月同日生，但愿同年同月同日死！苍天后土，实鉴此心，背义忘恩，天人共戮！"

江流满怀感叹，一路走来，风雨波折，历经无数艰辛，但希望引领中国走向自强、自立、自新之路的理想非但没有消磨，反而如剑锋一样越磨越利。他挥手指着满山红叶说："瞧瞧，革命的明天一片火红！放眼林海笑，朗朗红叶潮，曾经苦海迎来今朝。"魏国更是雄情激烈、壮志凌云："抬眼苍天笑，纷纷世上潮，谁胜谁负自有分晓。"

面对革命大势，清政府惊恐万分，为挽救行将覆灭的命运，重新启用袁世凯为内阁总理，并派其前往湖北镇压革命。

一时间革命组织和团体都如雨后春笋般建立起来，除了同盟会、共和会，还有铁血会、光复团、女子北伐队、女子革命同盟等。北京会所张灯结彩，同盟会、铁血会、共和会等众多革命团体齐聚一堂。铁血会头领吴龙率会员行至楼前，与共和会的李云豪等人相遇，大家谈论武昌起义，激动万分。魏国站在台上，万众瞩目："牺牲两个字是严酷的。曾经以为我们是弱国，我们是弱国之民，我们所谓抵抗，无他内容，其内容只是牺牲。前不久，我同盟会骨干赵伯声先生长辞于世。那时我还在牢里，生死未卜。当一个人真正失去自由的时候才会静下心来思考，思考若有朝一日能够重获自由究竟要做些什么？很幸运，我重获了自由，更幸运的是我找到了答案——欲在明日来临时迎接幸福，须在今日结束前结束痛苦，这痛苦就是牺牲。"

铁血会的吴龙大吼一声："不用霹雳手段，不显菩萨心肠！不牺牲怎么革命？"

魏国手指头颅："用智慧。前不久我的一位兄弟与我讨论何为英雄？我回答说，心怀天下，仁者无敌。"角落里传来击掌附和声，一名身穿长袍马褂、头戴英国绅士圆形盆底帽的中年男子抚掌而笑："魏先生深谋远虑，大仁大义，许某钦佩不已。"

魏国觉得此来人非比寻常，问道："这位先生是？"

"在下许昌。"

魏国微微一笑："噢，敢问许先生到此所为何事？"

"传话。"

魏国心里一咯噔："替谁传话？"

许昌从椅子上慢慢站起来，脱下礼帽、墨镜："袁大人。当今内阁总理大臣——袁世凯。"

顿时台下炸开了锅，众人嗤之以鼻。周鲁更是起身，走上前去，对着许昌叫嚣："这儿不欢迎满清走狗！回去告诉你家主子，让他趁早缴械投降！"

"不错，当年袁大人遭摄政王陷害，不得已称病躲回河南老家，三年来不问世事，赋闲垂钓，实则心怀天下。袁大人十分赏识魏先生的精明才干，所倡导的很多政治理念都与他不谋而合。"许昌胸有成竹，拿捏得极为到位。这欲擒故纵的一招果然让魏国生疑："既然是不谋而合，又为何要出兵与我党交战？"

"问得好。许某此次前来就是为了议和。"

"议和？"台下议论纷纷。

"我凭什么相信你们？"

许昌深鞠一躬："信与不信都在魏先生。我给你三天时间考虑。三天后若魏先生愿意合作，就请到我府上一叙。许某恭候先生大驾。"

江流、周鲁、魏国送别各位革命志士，从楼中走出。周鲁依然对许昌的到访义愤填膺："真是野鸡变凤凰，袁世凯那狗贼也配当什么总理大臣。"

"错。咱们虽然打了几场胜仗，可论财力、兵力和装备，咱们远比不上袁世凯的北洋军，更何况北洋军不过是清军的冰山一角。如果一直打下去，我们未必能赢到最后。老实讲，输的几率更大，只是时间问题。"江流思虑深远。

周鲁急了："那你们打算怎么办？真去跟他们议和？你答应，孙先生还未必答应呢。"

魏国叹了一口气："听说那袁世凯辞职后，朝廷编练了陆军十四镇，二十四万新军。可军官大多出自北洋，与袁世凯情同手足，朝廷都调动不了。据说摄政王也被他用脚疾不愈为由逼得下野，此人绝非常人。许昌约我三天后到他府上再议，我觉得不妨去探探口风。江流，你觉得呢？"

"我赞成，先看看他葫芦里究竟卖的什么药。"

周鲁看看天色，一拍脑袋："哎呀！时辰差不多了！魏大哥，咱们赶紧回去吧！"

魏国就被周鲁、江流拉着一路小跑回家。门前焕然一新，门口挂上了几个红灯笼，但大门紧闭着。周鲁双手推门，一个"请"的手势，魏国就被江流推进了庭院。只听得周鲁忽喝一声："吉时已到！敲锣打鼓放鞭炮！"

说完，正房的东西两侧涌出两列仪仗队，各持弯脖号、大号、红伞、绿掌扇、朝天镫、筛镜、令箭、金瓜、斧钺及八面大鼓等婚庆器物，敲打而来。锣敲三声响，两人一左一右蹦出，各点燃一挂鞭炮，劈啪声震耳欲聋。

仪仗队站定，中间冒出一个肉球脑袋，手捧红棉纸灯花嬉笑走出，左右跟随两名家丁各端一茶盘，一盘中装着万年历、铜镜、芭兰香，另一盘中盛着桂圆、花生、栗子、红枣。钱子谦走至魏国跟前："表哥大人！不！是魏大哥！恭喜恭喜！快把喜花戴上！"

魏国莫名其妙："这……喜从何来？"

钱子谦郑重地把喜花给他带上："魏大哥，你和方小姐在狱中的生死婚约，钱某已有耳闻，如此真情日月可鉴。这些日子我也想通了，既然败局已定，倒不如成人之美，帮你们补办一次真正的婚礼，往后你俩细水长流，幸福长久。"

魏国四顾观望，回首问周鲁："是你告诉他的？"

"不错，主意是我出的。"周鲁难得高兴，"如今大哥重获新生，给嫂子补办一回体面的婚礼也是理所应当的。”

魏国披上喜服，规规矩矩地被钱子谦带至正房前。正房门前繁花似锦，左右贴一大红对联：不愿似鸳鸯嬉戏浅水，有志像海燕搏击长风。

司仪嗓门洪亮，从茶盘中取铜镜，环照四方，唱道:“驱邪——”随后，再用芭香兰在门前晃动几下，又唱道:“除煞——”唱毕，司仪上前将门推开，做了个“请”的手势：“新郎入堂——”

大门一开，魏国望向房内，只见那正房改作礼堂，窗户皆用红布帘遮挡，正中一幅红双喜字；香案供奉天地诸神，两侧一对蜡扦，上烧喜烛，下压元宝敬神；案下挂绣有“牡丹富贵”、“麒麟送子”、“鸾凤和鸣”图案的红缎桌围子。房正中一张八仙桌，桌上摆满山珍海味，羊羔美酒。

待嫁的美娇娘头顶大红盖头，一身绫罗喜服，凤冠霞帔，脚着五福鞋，婷婷端坐八仙桌后。魏国迎上去，拉住方兰的手，拜过堂后，被众人推搡着送入洞房。罗帐上挂着双荫鸳鸯彩绘宫灯，喜字围屏前，龙凤蜡烛长明。

管家将帐子放下，闷上一会，再将帐幔拉开。魏国双手将方兰盖头摘下。方兰今日精心打扮，粉面羞红，眼睛如一汪清泉。魏国不禁心跳加速。司仪让魏国从方兰头上摘下绒花，笑道：“插上生男，插下生女。”魏国迟疑一笑，将绒花插在罗帐上方。

“养儿防老！”那司仪一边吆喝，又从茶盘中抓红枣、花生、桂圆、栗子，依次撒入帐内：“早生贵子！”

周鲁捧着一碗寿面，端上一盘饺子，分别递上，示意方兰夹起一个饺子。方兰不知他们使什么坏，咬上一口，满口生涩，勉强下咽:“这饺子怎么……”

“生不生？”

“生。”

周鲁在一旁开心得不行：“生就对了！生个大胖小子！”周鲁还有话要说，却被江流挤开了。江流端着两杯酒走入，两只高脚杯用红头绳拴在一起：“大哥、嫂子，还记得这两支杯子吗？”两只精巧的小玉杯，依然闪烁着当初温润的绿色。方兰一见，百感交集。魏国感叹道：“当日牢里牢外隔空对饮，今日终于好梦成真。”

闹过洞房，大家都去酒席吃饭，一伙人敲瓶打碗好不开心。

月圆时分，万籁俱静，唯有秋叶偶零落，沙沙作响。花好月圆夜，两情相愿时，一池浮萍散尽。周鲁正要出去透透气，却见那池边树下，一人清泪独垂，甚是可怜，走近一看，原来是钱子谦独坐水榭，抱坛饮愁：“喝酒都塞牙，钱子谦呀钱子谦，你是他妈仗义还是傻呀？人家夫妻对拜，你就回家拜祖坟吧。”

周鲁晃着醉步走来："哥几个到处找你喝喜酒！你倒好，躲这儿喝起闷酒来了！"钱子谦见周鲁打趣，强颜欢笑："钱某拼不过几位哥哥，怕钻桌子现眼。"周鲁虽平时大大咧咧，粗枝大叶，但心里苦涩颇多。他凑到钱子谦跟前："哼，心里有事何必掖着藏着。我问你，是不是还在惦记方小姐？"

一阵风袭来，那银盘似的月影姗姗而动，似有仙子从月宫飞下，降临人间。这景色美得如梦如幻，却让周鲁心里一阵悲凉。当初多少个月圆之夜，在那春禧楼，与仙儿挑灯嬉笑，饮酒吟诗，如今这一切不正如这池中月影，一触就心碎一池么？

想着想着，周鲁心也沉重起来，他拍拍钱子谦的肩膀："认命吧，老爷们在女人面前栽跟头也不算什么稀罕事。女人嘛，生来就是让男人惦记的。莫说是近在咫尺，就是远在天边，阴阳相隔，一旦刻在心窝子里，就是一辈子。"

钱子傻傻地看着周鲁："周大哥也饱受相思之苦？"周鲁抢过酒坛，仰头猛灌一口："人都没了，相思管个屁用！走吧，进屋喝酒去！"

夜已过三更，杯盏狼藉。众人围坐一起，边饮边谈。

"武昌起义后，革命团体如雨后春笋般建立。同人佥谓自兴中会改为中国同盟会以来，党会原已统一，只有北方同志落落如辰星。孙先生认为，眼下迫切需要建立一个统一的革命领导机构，所以才让我在京城成立支部以资号召。"魏国下午在庆功会上得到消息，这会儿得了空立刻说了。江流、周鲁一听，激动异常："若是能合并，同盟会的实力必然大大增加，革命前景之美好更是指日可待。"

"其他革命团体赞同合并吗？"江流问。

"革命之举本就同出一宗，我想应该不会有人反对。只是这么大个摊子担在我肩上，难啊。可惜两位贤弟有学业在身，不然还能来帮帮我。"

周鲁巴不得什么事都能出力才好："我和二哥已经想好了，这个学上不上也不吃紧，反而虚度光阴，我们正合计着退学呢。"

"这怎么行？江流，这是你的主意？"

"所谓学业，根本在于学以致用。"江流微笑着点点头，"眼下到了该用的时候，若还是闭门苦读，岂不成了书呆子？况且现在整个中国打成了一锅粥，京师学堂哪还有心思授课。与其坐以待毙，不如另谋出路。"

"学业的事你们自己拿主意吧，我这个当大哥的还是奉劝你们仔细斟酌。若决意要退学，京支部那边我给你们留着位子。"

钱子谦摇摇头，直勾勾地看着江流："刚才我迷迷糊糊听见江大哥说要退学，此话当真？”江流望着他：“怎么，小王爷也要入伙？”

“别别别，别算我，我可不跟着你们抽风。”钱子谦不好意思地搔搔头，瞧一眼魏国和方兰：“媳妇没娶上，再连学业都没了，我还混个什么劲呀？”江流拍拍他的肉球脑袋：“浩然天地，四海恢弘，大丈夫当志存高远。身居屋舍亦可推窗远望，胸怀之中，自有广阔天地！”

几日后，钱子谦带着假辫子照常上学，一进学校，就见三五成群的人围在那棵歪脖子古槐下观望。百余条假辫子悬挂树梢上，随风飘荡，竟是公开向学校示威一般。学生们议论纷纷：“先是狗尾续辫，现金又是满树辫冢，谁这么大胆子？现在满树大辫子，真是百年不遇的奇景。”

突然，人群让出一条路，刘廷琛黄着脸，破口大骂：“学监，你瞧！这是明摆着要造反！干脆把周鲁一伙送到衙门处置！”刘延琛气血冲顶，转身指挥身边的汪鹤，“去！把周鲁、江流那伙害群之马给我找来！”

汪鹤急忙附在他耳边说：“大人，他们今天一早已经递上退学函。”

“退学？哼！走得好！走得越远越好！免得让这几块臭肉炖坏整锅汤！”刘延琛心里着实不是滋味，又见围观者渐多，不由得将愤怒转嫁于众学子身上，“你们还有脸围观？统统回去上课！”众学子呼啦散去，却有一人一动不动地盯着树看。

见是钱子谦，刘延琛连忙恭敬迎上。钱子谦不理睬他，光是看着大树出神，半晌，突然一把揪下脑后假辫，走到树下，将手中的假辫抛上树梢。刘延琛大惊：“小王爷，这……”钱子谦背手而去，说道：“浩然天地，四海恢弘，拖着条辫子，小爷嫌碍事。”假辫随风摇曳，刘延琛、汪鹤大吃一惊，相顾无语。

长廊曲回的水榭中摆着一张方桌，桌上一盘黑白棋，许昌闲坐桌前自摆棋局，对面一把空椅。棋局呈“三劫连环”阵，黑白子势均力敌。许昌思谋良久，将手中黑子放入棋盘，转而再替白子谋对策。

对面一人，静静坐下，不动声色。许昌也不抬头，自顾放下一个白子，悠悠地说：“袁大人向来同情革命，赞成改革。这些年来，建新军、废科举、引进外资、大兴洋务，这些功劳天下人有目共睹。”

来人良久不语，默默地拿起一粒黑子，放在棋盘上：“既然如此，袁世凯应清楚当下的潮流，为何还要助纣为虐？”

“正是因为清楚，袁大人才一手揽下镇压革命党的烂摊子。”

“笑话，岂不是自相矛盾？”

“魏先生不妨换个角度想想，袁大人若不接手，朝廷自会委派他人着手此事。革命军起，东南响应，北京政府与武昌军政府各以重兵相持。如恃兵力以决胜负，无论孰胜孰败，必民生涂炭，财力困穷。”

魏国沉默片刻，把玩着一颗黑子：“以去一君主为目的，而使全国流血，的确为民主党立宪党所不忍出也。”

“以保一君主为目的，而使全国流血，袁大人同样不忍出也。自开战以来，你我皆知战火延长于中国前途有无限之危险。二十二省南北分立，汉人团做一国，蒙、回、藏遂以解纽，以内部离立之原因，成外部瓜分之后果。这亡国之责，袁大人担不起，相信贵党也担不起吧？”

魏国依旧摆弄黑子，举棋不定。

“魏先生，该你了。”许昌笑着提醒道。魏国摇摇头，统观棋局，不知不觉已呈“四劫连环”阵，他将黑子丢回篓中：“不必下了，许先生用心良苦啊。这‘四劫连环’再怎么下，也注定是和局。”

“魏先生好眼力。”许昌饶有深意地看着魏国，“既是和局，又何苦鹬蚌相争呢？”

魏国站起身说：“停战可以，但君主与民主之分歧该何去何从呢？”许昌站起身，走到魏国身边，拍拍他的肩头：“我不是已经说过了，袁大人向来是赞成改革的，也深知立宪根本就是换汤不换药的把戏。政见之争是小事……”魏国一听此话，不由得动了几分心。许昌便继续说道：“如今摄政王虽已下台，朝野之中仍有溥泽、奕劻等诸多大臣一心捍卫宪政。重组内阁后虽夺去了溥泽统领禁卫军的实权，但此人在朝野中威信不减，拉帮结党，频频与袁大人为敌。我们也想政清人和，百姓安乐，可心有余而力不足啊！”许昌顿了顿，“除非……”

魏国此时以为自己已经清楚了袁世凯的立场，说：“许大人有难处不妨直言，若能不以兵力而平息战事，我同盟会愿全力配合。”

“好！袁大人就在等你这句话！”许昌捋了捋虬髯，“若同盟会能在京城制造些混乱，震慑朝野，袁大人那边自有办法堵住溥泽等人的嘴。”

“混乱？什么样的混乱？”

许昌眼角微微一动：“贫民，贫民暴动！”

秋风萧瑟，同盟会、铁血会、共和会等一众人冒着严寒齐聚一堂参加同盟会北京支部成立大会。江流和周鲁前后张罗，从宣誓到选举整个过程极为顺利。魏国在台上征求各会意见：“凡国人新立各会党，其主旨同出一宗，愿联为一体者，概认为同盟会员。”

铁血会的吴龙起身迎合：“认祖归宗、同仇敌忾本是天经地义，我铁血会没意见！”共和会的李云豪也一表决心：“这些年单打独斗吃了不少苦头，我共和会愿归入旗下，往后大家同心同德，把紫禁城掀个底朝天！”

突然，会场里一个嘹亮的女声响起：“男同胞都认祖归宗了，我们女同胞也绝不落后。我代表女子革命同盟宣布，正式归入北京支部！”随后，所有的革命团体相继表示赞同合并之意。

当夜，魏国被选为支部会长，会议一致同意在北京支部分设总务、交通、军事、财政、妇女等十余个部门，订立了一系列条款规则。魏国把江流和周鲁一一介绍给在座各位，众人开始研究同盟会京支部成立的第一战。

魏国说：“我京支部刚刚成立，大多革命团体成立尚晚，羽翼还未丰满，仍需历练。铁血会和共和会摸爬滚打多年，已是身经百战。论革命激情，我相信兄弟们难分高下，可有些事光靠满腔热血还不够。”

李云豪是个为了革命早将生死早置之度外之人，他豪爽地说：“魏部长过奖了，都是提着脑袋干革命，何分高下？直说无妨。”

“我打算在京支部成立一个特别行动组，我来担任组长，全组成员七人为限。任务由我亲自部署，由大家共同商讨对策。当然，都是些危险的行动，你们要做好心理准备。根据任务需要，你们可跨越本会任何部门。”

李云豪一抱拳：“难得部长看得起我们，我等自当义不容辞。”江流环视一周，疑惑道：“大哥，七人为限，在座只有五个人呀？”话毕，敲门声响起。魏国神秘一笑：“说曹操曹操就到。我来给你介绍一位老朋友和一位新朋友。”

周鲁探出头去，见门外站着的不是别人，正是那日以身相救的侠女邓玉秀，身边一位男子相貌堂堂，神采飞扬。多日不见，邓玉秀除了有些消瘦外，举手投足依然豪爽大气。那位男子是邓玉秀的未婚夫，名叫彭良，曾是北洋天津兵站司令部副官，不论枪法还是胆识，都是数一数二的好手。今日京支部成立，孙中山亲自任命他来担任军事部长。

七人入座，开始商讨暴动事宜。彭良心思缜密、做事稳重，和江流想法常常一致，尤其是在策划时，更是滴水不漏，严谨有加。他赞同江流，主张贫民暴动不宜力量分散，以团体为单位最稳妥。他说：“四九城内最具规模的团体非东洋车夫莫属。不用贪多，只要煽动一个车厂的车夫，那就是上百号人，节外生枝的风险最小。”江流点点头，接话道：“最要紧的是这些车夫终日走街串巷，对京城地形最为熟知，满北京城的犄角旮旯都是他们最好的掩护。吴兄弟和李兄弟有何看法？”

“我赞成，不论成功与否都值得一试。”李云豪表态支持。

吴龙沉思半刻，看着大家：“我虽不赞成议和，但既然大家伙都觉得议和是最好的出路，我就少数服从多数。至于发动什么人来暴动，我听你们的。”邓玉秀看着彭良，握紧他的手：“我的看法不变，东洋车夫是最佳人选。”

“讨论了一晚上，难得意见如此统一。”魏国脸上露出了笑容，“那就这么办。现在的问题是如何说服那些车夫？”

“周鲁，你刚才不是说认识个姓刘的车夫吗？有把握吗？”邓玉秀望着周鲁。周鲁咬咬牙答应下来：“还是那句话——给大洋！有钱就好办事。”魏国寻思片刻：“百人为宜，五千大洋够吗？”周鲁这几日早已摸顺了行情，摇摇头：“那顶多五六十人，造反可不是闹着玩的。煽动那么多人，我不擅长，得让二哥助我一臂之力。”

留声机的喇叭缓缓传出《曹操与陈宫》的音句，八仙桌上，正中一口铜龙锅，下烧木炭，那龙口幽幽地吐出热气。袁世凯夹起一片羊肉，在锅中涮了涮，夹回碗中，沾了沾麻酱。

“大人，这肉还没熟呢。”

袁世凯望望许昌，掂掂那块泛红的肉：“半生不熟的东西，最香。你试试。”

“这……许某怕闹肚子。”

袁世凯又涮了一片半生的羊肉，夹入许昌碗中：“尝尝。对了，刚才你说同盟会答应全力配合？”许昌勉强放进嘴里，撇嘴摇头，又赶紧饮了口茶：“不错。我估摸着这会儿魏国正忙着筹划暴动呢。”

袁世凯抚须笑了笑。许昌见袁世凯心情不错，探问道：“袁大人，许某有个问题……大人现在好比秤砣，偏向朝廷，您是护国英雄；偏向革命党，您是开国英雄。不过，前者算是好奴才，而后者……前途无量啊。”

火锅沸腾，龙锅中的肉一下子烧熟了。袁世凯皱着眉头：“你是让我当吴三桂？”

“错，是当华盛顿。袁大人就没想过亲自做大总统？”

袁世凯一摆手：“打住。甭管羊肉还是白菜，放锅里煮久了迟早要变色。”

“如果釜底抽薪，让这锅水凉了呢？如今，革命党虽势单力薄，却深得民心，前景难以估量。可既剿之，又养之。大清帝国虽根深蒂固，却外强中干，禁不起大风大浪。可既抚之，又防之。如此一来，一旦时机成熟，就……”

此时，门外下人来报：“禀告袁大人，信使来报！镇压湖北起义的冯国璋焚烧了汉口市区，黎元洪为首的革命党被迫退却。冯国璋请示追还是不追？”

许昌对袁世凯使了个眼色，袁世凯心知肚明："让冯国璋回来领赏吧。"袁世凯与许昌相视长笑。

繁华市井，行人往来。老牌楼下，十几辆黄包车无序地停放着。刘马正倚坐车旁同车夫们闲扯，见客便上前招揽生意。少时，周鲁阔步而来，一个箭步蹿上刘马的黄包车，说了句："走着！"

刘马拉着周鲁疾行，回首说："怎么，京城还没逛够？"

周鲁笑道："情义无价命有价。什么门都不去，爷今天是专程来救你兄弟命的。"

刘马顺着周鲁的指挥，在那四通八达的京城绕来绕去，来到同盟会会馆之中，一进门，只见那茶几上摆开五十块大洋。江流、魏国、邓玉秀、彭良、吴龙、李云豪围坐在茶几旁，神情严肃地看着刘马。刘马有些拘谨，把目光从大洋上移开，环视众人："你们真是革命党？"

魏国见刘马并不像那平常车夫一样贪财，心生出几分好感："这五十块大洋你先拿去给兄弟治病，如果不够再来取。事成之后我再付你五十块，让你们哥俩舒舒服服过日子。另外，我同盟会北京支部的大门永远向你们敞开。"

"暴动的事我不懂，但几位大爷对我恩重如山，我刘马绝无二话。"

周鲁大笑："痛快！我就说这小子靠得住。"

"还有件事要拜托刘兄弟。"在一旁的江流突然心生一计，"你是哪个车厂的？"

"中合兴。"

"你们车厂有没有冤家对头？"

"有，老合兴车厂。"刘马义愤填膺地说，"那帮孙子不守规矩，压价抢行，打闷包，欺生客，是全京城车夫的冤家。"

"太好了。你们车厂有多少车夫？和你打过交道的，最好是像你一样胆子大的有多少？"

刘马低头一想："把那散的也加起来，也有一百来号。拉车的都是贱命一条，平常见面免不了牢骚几句，攀交情不难。像我这般舍命不舍财的有多少，我不知道。但那穷得丁当响的穷光棍，倒是十个有八个。"

江流一听，比自己预先想的要好得多："好。有劳刘兄弟明晚戌时三刻把他们都召集到宣武门外的破庙来，就说有笔大买卖跟他们谈！"

刘马挠挠头："叫去没问题，可让他们入伙参与暴动，我不敢保证。"

江流拍拍他的肩膀："请将不如激将，明天晚上咱们演出好戏。"

这夜，江流想出了一个妙招。同盟会中多名同志都被他叫来，在刘马的指挥下打扮成车夫模样，来到了一处倾圮破败的佛堂内。刘马把两家厂子共百余名车夫叫来。以刘马为首的中合兴车夫居左，江流、彭良、吴龙、李云豪等伪装成老合兴车夫聚右。双方嗤之以鼻，暗自较劲。

旧庙正中一个佛台，残灯下，整齐放着五千块大洋和美酒。周鲁站立案前，手端大碗道："清酒红人面，财帛动人心。甭管是老合兴的弟兄还是中合兴的弟兄，今晚上都是奔着大洋来的。你们都看见了，大洋有的是！各位好汉谁敢入伙干这一票，一百块大洋就是他的酬劳！

"他们也配叫好汉？一群不守规矩的下三滥！"刘马拉起一嗓子。话音一落，两拨人对骂。

"哼！屙屎不出赖茅厕，寻食不到怪祖宗。冲你们这帮丧门星，中合兴迟早完蛋！"李云豪和吴龙装作老合兴的人，所以言语中七分得意三分鄙夷。刘马佯怒道："君子求财，取之有道！你们坏了行规，打闷包，欺生客……"

李云豪一口打断他："还扯上君子了？撒泡尿照照，贱命一条！少他妈往脸上贴金！"

江流见火候已到，双手叉腰就站了出来："老子这辈子就受不了挤兑！小丈夫不可一日无钱，大丈夫不可一日无志！老合兴的弟兄们，瞧好了，这烫手的买卖我接了！"说着，阔步上前，喝下盟誓酒。周鲁捧上一百块大洋，江流掀起衣角，兜住大洋，大笑道："酒是白的，喝下去脸是红的。银子是凉的，攥在手里心是热的。干完这一票，回家娶妻生子享清福！"

"人无横财不富，马无夜草不肥！这买卖我也接了！"彭良趁热打铁。

"还有我！打虎不离亲兄弟！"吴龙、李云豪说罢，三人携手上前，喝酒，摔碗，领大洋。吴龙把戏做得足，回头炫耀道："老合兴的弟兄们，还愣着干嘛？给那帮娘们开开眼！"

中和兴那边一阵静默，平静得可怕。刘马挺身而出："他妈的，让人骑在脖子上拉屎。中合兴的弟兄们，别让他们丫看扁了！老子活着都不怕，死算个什么？这买卖我接了！"中合兴车夫本来就年轻，一听这话，气血贲张："奶奶的，栽跟头不能栽面子，老子也豁出去了！"

一刻钟的功夫，车夫纷纷响应，一个个上前喝酒、摔碗，大洋也被拿个精光。

"兄弟们，进城后一切按照计划行事，以往的过节就此打住。枪声一响，组长的命令高于一切！命攥在自己手里，望诸位凯旋归来！兄弟们，出发！”魏国一声令下，百余人分头朝城内挺进。

天正凉寒，皓月当空，天地静谧，京城中寒鸦点点。众生安眠之时，一堆黑色的人影在街道内穿梭，突然几声清脆的枪响划破夜空，惊起几只野猫。官府附近，江流带领五名车夫潜在墙根，一听枪声，立刻把几枚嗞嗞冒着火星的手榴弹扔过大院墙。倏尔，爆炸声轰鸣。

江流大喝：“打倒满清！”

“打倒满清！打倒满清！”口号声里夹杂着火硝味儿，在漆黑的夜中格外响亮。江流做了一个手势，车夫分头散去。少时，犬吠由远及近，一队官兵匆匆赶来，地上唯见几个脚印，只得咒骂连连。

与此同时，周鲁正在东便门的角楼下，领着一群拿步枪的车夫对着那角楼拼命射击。子弹触壁，火星四溅。许久没拿枪，周鲁一拿起便有瘾。“守城的驻兵就在里面，打！照死里打！”他玩命射击，领着大家齐喊，“打倒满清！打倒满清！打倒满清！”

子弹如雨而至，驻兵被打得探不出头，只在里面惨叫。突然，背后不知道哪里传来几声枪响，原来是驻兵从角楼伸出的枪筒。周鲁也不恋战，恐有人员伤亡，连忙领人撤回。在街角，吴龙、李云豪他们已经顺利在驻军粮仓、兵器库放火，火势蔓延，烟雾冲天，照得半个京城通亮。

徐冠杰率领大队官兵策马至街角。一个探子来报：“提督大人，粮仓和兵器库起火，东便门驻军遭到偷袭！还有赵大人、李大人家院子都被炸了！”

徐冠杰眼中露出一丝凶光，咬牙切齿道：“光他妈报丧管个屁用！是什么人干的？”

“看打扮像是东洋车夫。可咱们的人刚到，他们就撤退了。从枪声判断，反贼人数过百，而且兵力分散，不好对付。”

徐冠杰脑筋一转，计上心来：“绿营兵队长听令！带领你们手下兵马，分别向东、南、西、北四路扩散兵力，每队三排、每排三棚、每棚十四人，给我铺遍整个京城，看他们往哪钻！”

枪响仍不断，手下的人不免担忧：“大人，外面兵荒马乱，我建议您还是回衙门避一避，免遭暗算。”徐冠杰一摆手，寻着枪响而去。夜色苍茫，枪声起伏不止，侍卫紧紧跟随徐冠杰，行至一座二层茶楼处，马蹄下忽现一条绊绳，徐冠杰一声惊呼，跌落在地，官兵立刻滚鞍下马，列阵护卫。茶楼二层闪出几个人影，抬着四个大桶，将桶中液体泼向楼下。徐冠杰等人还没反应，已被淋了一头，抬袖一闻，大惊失措：“是汽油！快撤！”

一行人慌作一团，邓玉秀带领几名同盟会员手持火把，将徐冠杰等人包围。

徐冠杰一见邓玉秀，腿软了半截："邓……邓小姐。"邓玉秀一哼："不敢当，托大人的福，如今本小姐是朝廷要犯。"

侍卫赶紧拔枪，被邓玉秀一声喝住："敢动一下我把你们烧成灰！"

徐冠杰抬起眼看着邓玉秀，自嘲道："邓小姐是来找我讨债的吧？善恶到头终有报，只争来早与来迟。我徐冠杰料到会有这一天，能死在邓小姐手里也算死得其所，省得惶惶终日，受良心煎熬。动手吧！邓大人的大恩大德，徐冠杰来生再报。"说罢，徐冠杰跪地等死。

邓玉秀到底是姑娘家，一见他如此，顿生怜悯。一旁的同伴看出了邓玉秀的心思，连忙提醒："别手软，他这是蛊惑你。邓小姐下不去手，让我来代劳！"

"不必，我来。"邓玉秀定定神，抬起火把悬于徐冠杰头顶。徐冠杰吓得浑身发抖，头顶一阵灼热，大声叫喊："等等。邓小姐，看在相识多年的分上，赏我个痛快，劳驾用枪打死我吧。"

徐冠杰做势去取枪，猛然一个翻腕将邓玉秀擒住。邓玉秀被卡住脖子，不能动弹。

"人不为己，天诛地灭。邓小姐，委屈你了。"徐冠杰一阵阴笑。

话音刚落，只听一声枪响，邓玉秀瑟瑟发抖，身后徐冠杰双目圆瞪，应声倒地。远处街口，彭良举枪跨立，枪口冒烟。

几名同盟会员冲上去制服了官兵。邓玉秀面色发白，魔怔一般地望着自己两手的血。

周鲁拨弄尸体，只见飞弹正中命门，啧啧称："彭大哥百步穿杨！幸亏来得及时，不然就错过这出好戏了！二哥你看，一枪毙命！"江流忧心忡忡，扫了眼被俘的官兵，问魏国："这些人怎么办？"

魏国望着那些瑟瑟发抖的官兵："这次暴动大获全胜，咱们的目的达到了，放他们回去报丧吧。"周鲁咆哮道："还不快滚！再不滚老子拿你们练枪法！"官兵一听，抱头鼠窜，仓皇而逃。

9

消息传得很快，不出三个时辰，紫禁城里人尽皆知。隆裕太后听闻后惊吓不已，一大早就宣袁世凯进宫。袁世凯知道今天要有一顿好骂。平常一声不吭的隆裕怒喝："袁世凯！我把你弄回北京是保我大清江山的。现在可倒好，连拉洋车的都敢在朝廷门口闹事，你这总理大臣是怎么当的！"

袁世凯不慌不忙，走上前，跪下："回太后，是一帮拉车的刁民起事，微臣怀疑是革命党暗中指使，已派人去追查了。"一听革命党，下面如开了锅一般，百官议论纷纷。隆裕吓得站起身来。袁世凯口气急切："微臣罪该万死。自入京以来，臣一刻勿忘太后嘱托，尽忠尽职。可如今汉阳失守，南京光复，海军起义，各省纷纷独立，清军节节败退。库币告匮，贷款无门，增兵又无望，全局威迫，四面楚歌，暗杀之党林立，稍疏防范，祸变即生。再这么下去，微臣恐皇太后和皇上的安危不保。"

便在此时，一个太监急匆匆入殿："报。启禀太后，提督府衙门来报，昨天夜里九门提督遭革命党暗杀，因公殉职。"噩耗传来，隆裕心慌意乱。溥泽站在殿下许久，阴森森地盯着袁世凯。

许久，隆裕深深叹了一口气："袁世凯，那你打算怎么办？"

袁世凯嘴角闪出一丝笑："依臣所见，不如试试和他们议和。"

溥泽一听，立刻阻止："万万不可！太后，革命党就那几千兵马，想对抗我大清，无异于以卵击石。此时若轻言议和，我大清颜面何存？"隆裕看都不看他一眼，却问奕劻："庆王爷，你说呢？"奕劻生性谨慎："事关国体，臣不敢妄下臆论。"

隆裕大怒："哼，出了事就都不吭声了。六王爷，平时你那些大道理都哪去了？"

"回太后，臣以为，论兵力革命党的确比不过我大清，可孙贼最大的法宝是威望。现在全国十五个省宣告独立，都打着共和的旗帜。一旦开战，孙贼就是打不过咱们，可朝廷想收复这十五个省绝非易事。"

袁世凯连忙迎合："六王爷说的不错。革命党要求共和，我大清要君主立宪，老佛爷垂帘听政那会儿就在为这件事折腾。共和自然是不能答应，微臣誓死也要捍卫咱大清的利益。不妨和革命党方面谈一谈，若是能和平解决，也免了战火纷飞，生灵涂炭。"

"那自然是最好了。"隆裕软下来，语气中有一丝犹豫。溥泽见袁世凯奸计恐要得逞，急忙长跪于殿前，呼道："请太后三思，此事万不可草率决断！臣等愿亲率大军南下，剿灭叛党！"

隆裕对这些宫廷之战看得多了，眼下只希望现世安稳，挥挥手说："好了好了，知道你一片忠心。可打仗就是花银子，这仗能不打还是不打，先谈谈看吧。"

袁世凯走出太和殿时，手里已经拿了一份诏书，上面工整写到：

奉天承运，皇帝诏曰：现在南北停战，应派员讨论大局。着袁世凯为全权大臣，由其委托代表驰赴南方，切实讨论，以定大局。钦此。

北京的冬天，萧瑟凛冽，大雪纷飞，但报童的生意出奇的好，经常是字墨尚温，报纸就已经被抢购一空。局势急转，短短几个月内，几方势力达成共识。1911 年 12 月 25 日，孙中山从美国乘船抵达上海。四天后，在南京举行的临时大总统选举会议中，高票当选为中华民国临时大总统。

同盟会北京支部比以往任何时候都要繁忙。江流刚挂断电话，疲惫地揉着眼睛，只见周鲁拿着报纸兴冲冲走入："二哥，新到的报纸，孙先生被选为民国总统了！"

"是吗？"

"你听，我给你念啊。各省代表在南京举行临时大总统选举会议，到会者共十七省四十五人，候选者为孙中山、黄兴、黎元洪。选举以每省一票为原则，共十七票。孙中山以超过投票总数三分之二以上当选中华民国临时大总统。"

江流一把抢过报纸："拿来我看看。孙先生得了十六票。对了，快给魏大哥打个电话。"周鲁点点头，拉过电话线："你好，我是北京支部，请问魏部长在吗？——什么？回北京了？什么时候……"

门外传来一个熟悉的声音："二弟、三弟这么一念叨，就把我念叨回来了。"魏国走入，他一身毛料大衣，西装笔挺，英气蓬勃。江流大喜，连忙问道："大哥！你怎么回来了？"

魏国脱去西装外套，叹了口气："别提了，都是钱闹的。"周鲁、江流面面相觑。魏国说道："孙先生在上海登岸时，所有人都认为他带回了巨额资金。清廷没钱了，隆裕知道，全国人民不知道。孙先生没钱，根本没人知道。十六年来，那些襄助革命的华侨们早就囊中羞涩了。明天孙先生就要抵达南京就任大总统，却身无分文，说出去简直让人笑掉大牙。"

"兴中会不是有个叫宫崎寅藏的日本人一直在资助我们吗？孙先生这次没有向他张口？"

"何止张口，简直是狮子大开口，上来就要借五百万。"魏国伸开巴掌，"把宫崎寅藏吓得腿都软了。按照张謇的预算，临时政府一年的财政支出，包括军费、中央行政、外交经费，就要两亿两，而海关税、盐税、江浙粤给中央的补贴最多不过一亿出头，还有八千万两的财政空缺。这还不算什么。最严峻的是正在北方战场上打仗的军队也要大笔银子养着。"

江流点点头说："当家才知柴米贵。这几日管京支部要银子的电话，我就接了不下五十个。"

三人一时无语，都在思量各自的心事。魏国向窗外看去，鹅毛大雪笼罩整个京城。魏国缓缓说道："孙先生启程南京那天，让我先回北京帮他搞国民公债。南北议和也暂停了，对方还要把咱们的条件上奏朝廷，一时半会不会有结果。我索性就跟孙先生一块离开了上海。"

周鲁听得怪新鲜："国民公债是什么玩意？"

"可以理解为管百姓借钱，借一还三。"魏国看着江流，希望他能给些具体建议。江流蹙紧眉头，说："可以这么理解。可说着容易，借起来难啊！"

魏国思忖着，突然想起两个人："对了。怎么没见彭良兄弟和邓小姐？"

"那对鸳鸯总算熬出头了。"周鲁坏笑道，"那邓老爷子答应了他们的婚事，这几天正忙着张罗婚礼呢。"

又是一年元旦，这日，南京两江总督府焕然一新，在一派欢呼和礼炮声中，孙中山宣誓就任中华民国第一任临时大总统，并宣读誓词。

袁世凯是个眼里容不得沙子的人，听闻此事，迅速把许昌叫来，一巴掌就把《顺天时报》拍在书案上："蹬鼻子上脸！这孙文总共找了十七个咨议局议员，就把自己弄成了大总统，简直恬不知耻！"许昌见袁世凯发火，知道不好收场，字斟句酌："袁大人何必急于一时。他这个大总统不过是临时的。"

"临时的？有谁当了大总统，还会是临时的？"

许昌依旧不紧不慢，鞠了一躬："大清尚在，他这个总统当不稳当。革命党在谈判中也说过了，只要清帝逊位，一切都好商量。"

"商量！"袁世凯拍案而起，"不提谈判还好，一提我就来气！那个袁绍仪是干吗吃的？谈了半天谈出个大总统来。你现在就致电上海，随便找个理由，就说袁绍仪遽行签约，逾越职权，罢免去职，撤回北京。"

"那……接下来，袁大人有何打算？"

袁世凯冷笑道："他孙文想推翻帝制是真的，想当大总统也是真的。他是敢想敢干，我袁世凯没他那么大胆子，可我既然能促成和谈，就能毁了和谈。"

许昌一听，竟渐渐露出笑脸："强将手下无弱兵，但万一把革命党赶尽杀绝，这戏可就没的唱了。"

"你的心思我明白。北洋军可是我最后的杀手锏，从当初的小兵小将到今天独当一面，不知费了我多少心血，用就要用在刀刃上。"另一件事也让袁世凯头疼不已："整垮了摄政王，又冒出个溥泽。比起革命党，这帮皇亲国戚更难缠。明里打不得，暗里除不净。哎！心腹大患啊。"

一月以来，寒风更加萧瑟。江流几人接到筹款的任务后，没日没夜地筹划，最后选定在菜市口、自来水厂、黄包车厂进行宣讲。

这日，少有的暖阳天，在市集门口，两张方案横摆，上有笔墨、算盘、账簿等物，“中华民国公债”的横幅标语格外显眼，热闹的锣鼓吸引了大批士绅百姓的围观。魏国站立案前，几名同盟会员坐案后记账。魏国慷慨陈词：“公债募集，为文明各国之通例，特吾国未经仿行，又以旧时政府，其信用不孚于国民，故国民亦不知公债之利益。今则民国方兴，与民更始，昭示大信，中外咸知，筹办者无侵吞消耗之可虞，受买者有利息报酬之可冀。分期缴纳，定限归还……”

同一时间，江流正在自来水厂和众工人推心置腹：“我知道，诸位挣的都是血汗钱。我也曾加入过你们的队伍，北京城每一寸自来水管道，都是咱们辛勤的成果。北京城的每一滴自来水，都饱含着咱们的血汗！民国政府不会白花你们的钱！今天我站在这里，不是向你们募捐，而是请你们投资，给咱们自己的共和投资！”台下工人一脸懵懂，或评头论足，或转身离去。周学熙坐在最前排伏案倾听。

周鲁来到了黄包车厂。车夫们见上次领头起义的周大爷来了，将他团团围住。周鲁一见都是熟面孔，也不含糊，头一扭，嘴一歪，亮出一摞债票，一脚踩住黄包车轮子，一腿支地：“这公债，怎么跟你们说呢？有五元的，有十元的，有百元的，也有千元的。我知道你们手里都有一百块大洋，这千元的债票我就不指望哥几个了，百元的我也不强求。可另外两种面值的哥几个听好了：年息八厘，每年二月二和八月二发利息。偿还期限六年，前一年付息不还本，后五年连本带利逐年还清。”车夫听得甚是来劲，任凭周鲁一五一十地说下去。

当日晚上，几人在支部碰头，拿出钱款一对，几人共筹到公债八百大洋，远远不够所需。江流叹了一口气，自我安慰道：“万事开头难。临时政府刚成立一周，国人还不明白大清帝国与中华民国有何不同，给他们点时间。”

话音刚落，秘书行至魏国跟前，呈上信函：“魏部长，孙先生来信。”魏国脸色一变，连忙拆信。周鲁打趣道：“又是催银子的，这么几天上哪去给他找银子？”

江流沉默不语，忧心忡忡地看着魏国：“国库还有多少银子？”

“十块大洋。”几人愣住了。魏国也不再言语，起身从方兰手上拿过大衣，急匆匆穿上，戴上帽子，径直走进风雪中。

风雪萧瑟中，许府的门吱呀一声开了。

“魏先生不在南边议和，怎么有空屈尊寒舍？”许昌抬起头，看着那两腮冻得通红的魏国，暗暗冷笑道。

魏国目光咄咄逼人：“为什么要开战？不是要议和吗？”

许昌皱皱眉，退后几步，整理襟上的衣扣，冷冷地说：“袁大人不正在和贵党议和吗？”

“嘴上议和，背地里开战，袁大人这出双簧唱得真是漂亮。”

“魏先生又误会了。开战的不是袁大人，是溥泽。”

许昌挥挥手，丫环上茶。他坐到红木椅上，语气阴沉：“如今，以溥泽为首的大清宗室成员组成了宗社党，誓死捍卫君宪。他们一边调动北洋军起兵南征，一边死盯着袁大人的南北议和。若议出个君宪，大家可相安无事；一旦议出个共和，不但革命军，恐怕袁大人都自身难保。”

“北洋军不是袁大人的军队吗？”

“可也是大清的军队。溥泽之所以开战，是因为孙先生一回国就弄出个南北朝。既然祸起孙文，停战无非两条路：第一，孙先生辞退总统之职；第二，除掉溥泽。”

“若果真如许先生所言，那么除掉溥泽以后，再度和谈，可所谈内容归根结底还是君宪与共和。如今袁大人已亲任谈判代表，不知他老人家对国体到底作何打算？”

“魏先生一针见血。实不相瞒，袁大人也很为难。”许昌见事已成半，顺势说道，“许某妄自揣测：保留君宪，或许不尽善尽美，可也不至于一无是处。起码袁大人还是总理大臣，权力在握，又守着大清，家大业大，日后赶上日本，并居列强，亦非天方夜谭。如果让他老人家逼主子逊位，共和倒是成了，可你们让他老人家何去何从呢？”魏国远没想到今日就要谈这一层关系，他心里咯噔一下。这时，眉清目秀的小丫环上茶，朝魏国浅浅一笑。这一笑，却让魏国想出了很多层意思，今日来此，恐无善果。

魏国饮了口茶，把许昌的话想了几个回合，突然觉得有什么不妥，这种感觉微乎其微，却让他心里一阵抽搐：“袁大人的心思猜也能猜到。孙先生在就任誓词中说过，民国卓立之时，便是他辞退之日。言外之意，谁能让清帝逊位，达成人民意愿，推功让能，自有公论。”

“何为公论？”许昌咄咄相逼。

“我也给袁大人指两条路。”魏国料定自己今日所说，一定会传到袁世凯耳里，也不再遮掩，“第一，维持清朝统治，那咱们的仗就打不完了。若打仗，我革命党只好奉陪到底。第二，找个汉人称帝，袁大人又甘心吗？

袁世凯若自己称帝，天下人甘心吗？这大逆不道的骂名，他担得起吗？可是在共和体制下，这一切就都不是问题了。许先生，我的话够明白了吧？”

眼前这位饱经沧桑的青年，聪明透顶，有勇有谋，许昌半是赞许半是威胁地笑了笑：“魏先生，你指的分明是三条路啊。”

“这第三条路，还要袁大人自己闯。好了，魏某告辞了。”魏国说完，头也不回地走了。冷风袭来，许昌打了一个哆嗦。他一动不动，丫环上前送来暖炉时，他依然死盯着魏国用过的茶杯。

魏国回到支部，已经是半夜子时。冬夜的寒冷痛彻心扉，如同一个人毫不留情地将人间所有希望全部斩杀。魏国把经过一五一十地告诉江流、周鲁。周鲁、江流对袁世凯的言行从来都很警惕，认为此人奸猾狡诈、两面三刀，不可不防。魏国却更愿意解决眼下的问题，认为和袁世凯合作，除掉宗社党，才能平息南方战事，更认为袁世凯这个人终生追赶风气之先，领时代之潮流，以立宪号召群雄，以北洋雄视天下，可以帮革命党推翻清朝，也可以像曾国藩当初搞垮太平天国一样来搞垮革命。

“做一个假设，如果袁世凯推翻了帝制，按照孙先生的意愿，是不是该推举他做大总统呢？”魏国试探着问。

“可杀了溥泽就能停战吗？你相信那个袁世凯真能帮咱们实现共和？”江流反唇相讥。

魏国顿了一下，他知道江流在怀疑什么，但话不能说透：“孙先生要的是共和，谁能推翻满清谁就来当这个家。眼下能推翻满清的只有袁世凯。”

明眼人都能听出这话中有好几层意思，但如果不遏制以溥泽为首的宗社党，战事不平息，一切都是空谈。

窗外，雪正下得紧，素白一地。

第二日，江、周二人早早来到摄政王府邸。王府高墙阔壁，庭院幽深。府门外，三步一岗、五步一哨，八旗兵勇配枪巡逻。马车、轿车、轿子依次停放。周鲁面色阴沉下来：“这帮狗娘养的，真下血本。看来一锅端是不可能了。”

“不必一锅端，除掉一个溥泽足矣。”江流迅速记下王府的院落布置。不一会儿，宗社党散会，清廷官员三五成群结伴走出，寒暄告别后，上车的上车，上马的上马。溥泽同摄政王并肩走出，巡逻的八旗兵勇立刻将溥泽保护起来，简短地寒暄辞别后，迎入轿车。少顷，轿车开动，兵勇跑步护送轿车离去。

江流知道此次刺杀难度极大，他掏出画像比对：“上车的就是溥泽。

门口送他的人是谁？”

周鲁一个跟头翻下围墙：“反正不是好鸟。要不要两个一起做了？”江流随即翻下墙，脚不点地地往前跑。刘马早已等候多时。两人上车后，刘马紧紧跟随着溥泽的轿车，只见那密密匝匝八旗兵勇团团围行，别说人，连只苍蝇都飞不进去。

刘马从不多言语，只是默默拉车。江流放下车篷：“一朝被蛇咬，十年怕井绳。他们想必料到会遭暗杀，早有防备了。看来像魏大哥上次那样下手是行不通的。”

“他们像是要奔火车站，咱们还跟不跟？”刘马问道。

“跟！”

江流掀起车帘，见那洋车在闹市中穿行，横行霸道，兵勇一路吆喝，伤及不少小商小贩。刘马不愧是拉车的老手，在人群中左躲右闪，竟也在那熙攘中开出一条路，和那轿车前后脚到了火车站。

溥泽一下车就被簇拥着，径直向候车室走去。一辆火车鸣着笛缓缓驶入，八旗兵勇一半站岗，一半随溥泽至火车前。江流、周鲁隐在角落监视，只见那头等车舱重兵把守，一个男子从车厢走出，见到溥泽便单漆跪地。这就是溥泽来接的人。

这一看不要紧，却把那藏在暗处的江流、周鲁惊得不浅，只见那人长相居然和彭良如出一辙。那人和溥泽继续谈论，隐隐约约飘出几句话：“都是因为袁世凯那狗贼。先上车，我路上慢慢跟你说。”说罢，二人在兵勇护送下走出站台。好半晌，周鲁才回过神来：“彭大哥？他……他怎么会？”江流没空理会周鲁，见二人转身上了洋车，拉起周鲁飞也似的跑出去找刘马。

夜寒至极，风飕飕渗骨。当夜，月黑风高，周鲁趁着黑灯瞎火悄然入室，蹑手蹑脚走到床前。床上被子蒙得鼓鼓的，隐约看着一人侧卧于床上。周鲁冷笑，掏枪，慢慢逼近，猛地揭开被子。

被下无人，只有两个枕头。周鲁一时惊慌，背后袭来一脚，他惊得一回头，只见面前一张俊脸，耳目间一丝佞气。不是别人，正是在火车站所见的熟客。

二人拳脚相见，难分高下。突然，另一个人影潜身而入，枪口黑森森地顶着周鲁的对手。不是别人，正是江流。周鲁自怀中掏出预先浸过蒙汗药的毛巾蒙过来，那人瞬间晕眩。

“彭大哥，你自己看吧。”周鲁举油灯照亮这厮的面孔。彭良、邓玉秀定睛一看，惊得不敢相信自己的眼睛。江流忙带领他们去会议室。桌上，行李箱敞开，里面有一封信、一张名刺、一块军牌、几本军事书籍、几件衣物。

"这些是从他箱子里搜出来的。"魏国已把他底细调查清楚，一一道来，"这个人叫崇恭，来头不小，是奉天讲武堂的总监督，也是溥泽的亲信子弟，掌管奉天省八旗官兵。这次他是被溥泽秘密召回京城的，打算在一月二十六日，也就是农历腊月初八与宗社党密谋起兵。看来许昌说的不错，的确是溥泽在其中作梗。"

周鲁掰着手指头思索一番："腊月初八？那不就是明天？时间太紧了，他们干吗非要选在腊八节开会？"

"我听家父说过，清廷贵胄们有在腊八节赠送腊八粥的习俗，宗社党选在明天肯定是为了掩人耳目。"邓玉秀喃喃自语道。

"明天什么时候？"

"信里只说是晚上，地点在溥泽的府邸。"魏国、江流、周鲁看向彭良，却又难以启齿。邓玉秀见彭良眉头紧锁，就知道他铁定动心。果不其然，彭良思索片刻，立刻表态："我去。"

"等等，还……还有没有别的办法？"邓玉秀知道此行有多么凶险，如成功刺杀倒还罢，若是出了岔子，当场暴毙不说，如被活捉，严刑逼供，生不如死。她心里七上八下不是滋味。彭良定了定神，深情地看了邓玉秀一眼："不用想了，一切都是天意。放心吧，我不会有事的。错过明晚就算是想出办法也来不及了，一旦东北出兵，后果不堪设想。"

邓玉秀声音里已有了哭腔："可那是狼窝！你不能去！"

"别任性。"彭良轻揽邓玉秀的双肩，"有崇恭的身份作掩护，可以说是有惊无险。凭我的枪法，百米之内击毙溥泽不是问题。"

两人走到今天经历了困难重重，如今彭良只身赴会，凶多吉少。江流、周鲁在旁边听了，心里很不是滋味。

"彭兄弟，一旦你开枪，后果无从揣测。你和邓小姐历经磨难能走到今日实属不易。你可以不去，没人会怪你。"魏国说。

彭良默然："魏部长，如果这件事落到你头上，你会不去吗？"

散会后，魏国让彭良留下来继续商讨刺杀事项。邓玉秀呆立一旁，心乱如麻，只能去街上散散心。

风刀霜剑时节，邓玉秀的眼泪如落了线的珠子一般，控制不住地掉落，被风一吹，几点寒冰就凝结在脸上。恍然间离家后的第一个腊八节就这么到了。以往的腊八节，父亲总是早早地问她想吃什么样的腊八粥，然后在腊月初七派下人去早市购买，下午开始洗米、泡果、剥皮、去核，半夜时分开始用小火慢炖。腊八节一大早还没起床，就被那绵香的粥味熏醒。

邓玉秀想着那陈年往事，生平第一次，在理想、信仰和爱情之间感到了无助和彷徨，早知今日，何必当初要拉着彭良入会。

冰上映月，夜风寒凉，看着冷冰冰的湖面和月光，邓玉秀泪如泉涌。身后突然一阵脚步声，一个人体贴地帮她披上衣服，不用问，她已经知道是谁。邓玉秀攥过那人的手，闷头抽泣。彭良顺势坐下，将邓玉秀轻轻揽入怀抱，轻声道："认识这么多年，第一次见你掉眼泪，哭得跟个大姑娘似的。"邓玉秀抽动着鼻翼："我本来就是大姑娘。"

"我怎么没看出来呀？当年拉我入同盟会的英雄气概都哪去了？是谁跟我说，革命志士不分男女，个个都是顶天立地的爷们。刚一说完，一剪子就剪了我的辫子。"彭良将她拥得更紧。邓玉秀破涕而笑："瞧那天把你吓得。"

"当时是吓得够呛，辫子半个月没敢扔，可现在我不怕了。玉秀，是你引荐我加入的革命党，道理你比我明白，南边几千号弟兄的命都攥在我手里，我不去还算是人吗？"

邓玉秀眼睛盈亮，攒着一汪水："可万一你出事了，我可怎么办？"

彭良摸摸她的头，叹了一口气，故作轻松道："放心，我命硬，死不了。明天你去集市买点豆子、红枣、莲子什么的，晚上熬好粥等我回来，咱们一块过节。"

第二天，雄鸡报晓，曙色微明。二层小楼前，方兰在佛龛前点燃三炷香，拜了拜。彭良从二楼走下，见方兰，便问道："玉秀呢？"方兰看到他，心里颇有些不自然："一早就去集市买五谷和干果了，说要给咱们熬腊八粥，估摸着中午就能回来。"彭良松了口气。

江流、周鲁、彭良几人按计划行事。彭良回到房间，换上崇恭的戎装，对镜观瞧。他取出手枪，检验、装弹、上消声器，一系列动作迅速熟稔，而后，瞥见邓玉秀昨日留下的发簪，心头还是一阵不忍，于是跑到书桌前，拿出笔墨纸砚，书写起来。写完后，依依不舍地将信纸折好，整理整理官帽，和江流、周鲁匆匆离去。

魏国一把拦住几人："真的不打算等邓小姐回来了？"

彭良咽了下口水，艰难地吐出几个字："不等了。"

"还是道个别吧，万一……"

周鲁刚一出口，就被江流打断："乌鸦嘴！"

彭良惨淡一笑："不碍事，反正也听了一早上乌鸦叫了。"

“可溥泽他们晚上才密谋，彭大哥何必去这么早？”

彭良轻描淡写地说：“玉秀看着我走，我怕她心里难受。正好我还有些私事要办，索性先走一步。劳烦你们把这封信交给玉秀，让她别为我担心。”说罢，掏出那封信交给江流。

“军牌、名刺务必装好。兄弟，一切小心，今晚给你庆功！”魏国嘱咐道。

彭良恍恍惚惚，居然径直来到和邓玉秀订婚的酒楼。掌柜好半天才回过神来：“哎呦！这不，这不新郎官吗？没想到您还是位军爷！怎么？婚宴改日子了？”彭良靠着柜台，潇洒一挥手：“实不相瞒，最近手头有点紧。我那婚宴的定钱能不能先拿来使使。”那掌柜上下打量一番，眯眼一笑：“行，您的钱，您想怎么着都行。”说罢，连忙命伙计取来大洋，交给彭良，又多一句嘴：“军爷，那您这婚宴还……”彭良接过银子头也不回地往外跑：“办，还在你这办。”

刚走出酒楼，彭良一抬眼，见邓玉秀提篮子从路对面走来。他欲上前，转念一想，还是不要相见，急忙退身躲避，只在街角痴痴看着邓玉秀的一举一动。邓玉秀正在和那小商贩讨价还价。彭良望着她一颦一笑，一瞬间竟然那么陌生。邓玉秀买完东西，正要抬头，彭良连忙转过身去，身后一行出殡的队伍从路口抬棺走来，白茫茫一片，挡住了邓玉秀的视线，也永远隔开了这对鸳鸯。

邓玉秀见是送葬队伍，心里堵得难受。她匆匆进院，巴望着还能在彭良走前好好陪陪他，三步并成两步走回来。一回来，院里静得可怕，江流、周鲁、魏国、方兰几人各自发呆，房内无语。她觉得气氛不对，小心地将篮子放上餐桌：“你们都怎么了？东西都买回来了，足够熬两大锅的。方兰，来厨房帮我吧？”方兰回过神，见她一脸希望，忙咕哝道：“哦，好。”

玉秀匆匆跑回房间，一开门，满心希望彭良能在房里和平时一样等着自己，谁知里面空空如也。江流赶忙解释：“彭大哥出去办点事。”

“办什么事？晚上有那么大的事等着他办，他怎么不老实待着呀？”

方兰在一旁支支吾吾：“彭大哥说，等晚上的事办完再回来。”

“他为什么不等我回来再走？你们为什么不拦着他？”邓玉秀一听，瘫坐在椅子上，两行清泪夺眶而出。江流掏出信，递给邓玉秀：“这是彭大哥写给你的。”

邓玉秀拆开信，只见那白纸上几行清逸的诗：

冰糖糯米煮红豆，红枣花生莲子稠。桂圆薏仁栗麦香，五谷八宝一碗粥。粥似绸来我似粥，你似八宝粥中游。潜心熬粥粥便稠，粥够稠时我喝粥。

句句关爱，字字深情，邓玉秀拿着信纸，读着读着，不禁潸然泪下。

10

邓玉秀抱着栗子，出神地盯着粥锅，叹了一口气："到今天我才明白，当初你对魏大哥的牵挂，这滋味真不好受。"

"女人毕竟是女人，逃不出个情字。"

邓玉秀扭头看灶："诶，火怎么小了？"方兰拍拍手中栗子毛灰，站起身来："可能是柴火受潮了。你看着火，我去取点柴。"说罢往柴房走去。

崇恭被关了一天一夜，柴房里冰凉潮湿，早就饿个半死，又全身发冷，见有人来，连忙挣扎起来。方兰避之不及，只能走到他身后一边取柴一边说："你老实点。"崇恭又生一计，突然用头撞房梁，咚咚作响。方兰一见，生怕他撞出个好歹来，连忙走上去："有话说？"

崇恭拼命点头："呜！"方兰踟蹰片刻，拿下崇恭的堵嘴布。崇恭的脸都变了形，嘴里哈着白气："小姐，你们饿了我一天了，给口吃的行吗？"方兰想了想："等着。"

方兰抱着柴走到灶房，一边添柴，一边和邓玉秀商量："我去给那个绑来的送点，饿他一天了，怪可怜的。"邓玉秀此时火正大，恨那崇恭长着一张和彭良一样的脸，她赌气说："饿死一个少一个。"方兰耳根子软，想起崇恭也不容易，拿起一碗粥起身："算了，就当是善待俘虏吧。"

方兰将一瓷碗端到崇恭身旁，拿下堵嘴布："喝吧。"崇恭歪着脖子，看着那瓷碗，试探道："小姐让我怎么喝？要不……你把我手松开？"方兰大怒："美得你。张嘴。"崇恭张嘴接粥，眼睛却阴森森地看着方兰。他抿上一口粥，眼珠一转，突然甩头将碗顶翻。烫粥乱溅，瓷碗落地，碎了一地。方兰惊慌失措，崇恭高声训斥她："狗奴才！你想烫死老子！"

方兰被烫伤了手，顿时被激怒："你别不知好歹！爱喝不喝，饿死你！"

方兰捂着手气冲冲去找魏国。魏国三人正在讨论晚上分工。方兰闯进来，恼怒地说："好心当成驴肝肺。我给崇恭送粥，可他倒好，一甩脑袋把碗打碎了。家里还有烫伤药吗？"

魏国一听，连忙进屋拿药："有，你等着。"

江流立在一边，打量着方兰手上残留着的粥汤，觉得有些蹊跷，脑海中风驰电掣般地想起了当年自己在牢房中砸碎瓷碗当利箭的情景，顿时觉得不妙，一把抓住方兰："碗打碎了，碗片收了吗？"

方兰的手腕被掐得生疼，连忙甩手出来："还没顾上，一会我去收。"

江流惊呼："坏了！"说罢拉着众人疾风般奔出屋子。江流一脚将门踹开，却只见一地的碎片和割断的绳子躺在潮湿的地上，崇恭已无影无踪。

"他一定去找溥泽了，追！"江流大呼不妙，周鲁立刻冲出大门。江流忙拉住他："我抄近路去溥府，争取能赶在他前面。你们走大道，路上一旦见到崇恭务必将他拿下！咱们府门口汇合。"说罢，江流朝小路飞奔而去。周鲁、魏国、邓玉秀立刻起身，沿大路疾奔。

夕阳西斜，彭良在颠簸的车篷中，心如止水，整整一个下午，他已经想得很清楚。

"吾至爱汝，即此爱汝一念，使吾勇于就死也。吾自遇汝以来，常愿天下有情人都成眷属；然遍地腥云，满街狼犬，称心快意，几家能彀？"黄花岗起义，林觉民写给妻子陈意映的那封《与妻书》，字字泣血，声声不舍，恰如彭良此时此刻心绪。

车颠簸，街景带着寒风匆匆而过，彭良摸着腰间那一圈生硬冰凉的炸药，眼角流下泪水。

溥泽府邸内停满了马车、轿子，亲王、贝勒、贝子及少数汉官们或彼此寒暄，或结伴走入大堂。彭良被一群官兵簇拥着来到大厅，无一人发现他是假身。彭良稍稍松了口气，观察起王府左右构造。须臾，便有一大堆问候者前来攀谈，彭良作揖赔笑。一名贝子热情迎上，对彭良道："崇监督！想不到溥大人也把您请来了？"

彭良故作泰然："噢……是啊是啊……都是咱大清的事，该来，该来。"谁知一开口就露出了破绽。彭良的声音比崇恭低沉不少，贝子疑惑道："崇监督，您的嗓子怎么？"彭良眼里闪出一丝慌促，连忙说："最近天凉，染了些风寒。"

"监督要保重身体，咱大清的精兵强将，可全指望您了。"

"末将定当竭心尽力。溥泽大人现在何处？我去给他请安。"

"在后寝更衣呢，说话就来。监督去便是，在那边。"贝子指着南后方的一间正房。彭良道了个别，匆匆离去。贝子狐疑地看着他的身形，觉得哪里不对。

彭良鬼鬼祟祟地潜入后院，环顾四周无人，忙躲到假山后。他掏出手枪，探头窥视后寝，从窗子投射出一个剪影，彭良判断此男子便是摄政王溥泽，举起手枪，瞄准。正要扣动扳机之际，一名男子走进房内，人影顿时混杂，只模模糊糊看得人影，却分不出谁是谁。

里面的两个人窃窃私语："我先去前面招待贝勒、贝子们，你更完衣就赶紧过来。都是自家人，衣冠不必太过讲究。"

"我还请来了不少汉臣，还是体面点好。"话毕，溥泽推门走出。

彭良忙收枪隐蔽，不慎触倒花盆，溥泽警觉，喝道："谁！"

彭良忙掩饰住惊慌，回道："末将崇恭。"

溥泽疑惑地望着彭良，走向假山一瞧，见假山后的水池里漂着一顶官帽。彭良俯身假装捞官帽："末将失礼，方才经过时不慎被风刮飞了帽子。您看……这……这可如何是好？"

溥泽看了他一眼，眼神冷峻，又看了看水池中的官帽，大笑起来："这点小事让下人去办。外面风大，监督快随我去客堂饮杯热茶，暖暖身子。一会我让下人把那官帽烘干了再给监督送去。"时机正好，彭良摸着腰后的手枪，准备迎上去。溥泽的脸越来越近，他手正准备扣动扳机，突然一阵脚步声，夜色中十余官兵围上，彭良迅速用袖子遮住了手枪。

大厅中，人来人往，唯有彭良一人没有官帽，引来阵阵瞩目，那假头皮虽然做得像，可毕竟许久没有戴过辫子，举手投足间难免不自在。溥泽走至上座，皇族汉臣分列而坐。

一时嘈杂声皆无，只听得溥泽字正腔圆地说道："咱们今天关起门来议的，是天大的事。那孙贼想要咱们的江山，还自封个什么大总统，把大清变成了南北朝。袁世凯小人得志，连我也被那贼娘算计了。大清国危在旦夕，腊八节把大伙都叫来，给咱们大清国谋条出路。"此话一出，戳到了在座各位的痛处，下面议论不断，几个贝勒更是激动地大喊。

"革命党不过是跳梁小丑，当初就该把他们赶尽杀绝！"

"有咱们宗社党在，他孙文休想动我大清江山！"

溥泽一招手，只见门口几个下每人捧一托盘，盘中几碗腊八粥，送至各位宾客面前。溥泽语重心长道："今天人来的真齐啊！咱们皇亲国戚有日子没聚聚了。天气凉，快喝碗粥润润嗓子。往年腊八都是好酒好菜招待，可今天每人只有一碗粥。为什么呢？银子都拿去打仗了。这仗要是打不赢，咱们连这碗粥可都喝不上了！"正在喝粥的群臣闻声，停下碗筷，百感交集。

"咱们宗社党成立以来未见大效，要么不干，干就要干他个惊天动地！"溥泽终于讲到了正题，"诸位大将手里面少说也都攥着几万精兵。我知道打仗需要军饷，如今国库没银子，可也不能委屈了前线的将士。我和摄政王商量好了，我们俩带头出五百万两！诸位贝勒、贝子们，剩下的就看你们的了！"

“我出五十万两！”

“都是保咱们自己家江山，我出一百万两！”

便在这热火朝天之际，一侍卫匆匆走入，飞快跑到溥泽身旁耳语了几句。溥泽听罢，诡异地瞄了一眼彭良，站起身来：“诸位先坐，我去去就回。”溥泽赶到大门口，只见几名侍卫押解着浑身恶臭、脏乱不堪的崇恭。侍卫连忙汇报：“大人，就是他硬闯会场，冒充崇大人。”

溥泽一惊，连忙俯身看去，只见这人虽衣衫褴褛、臭不可当，但那眉眼之间却是崇恭无疑。崇恭跪下大叫：“都统，冤枉！里面那个才是假的！他是革命党，打算刺杀都统！都统万万不可上他的当！”

溥泽上前打量，让他起身：“你叫我都统？”

“在崇恭眼里，您永远是号令禁卫军的都统！”

“我问你，上次我在东北打猎不慎跌下马，你派哪位军医给我接的骨？”

崇恭纳闷道：“都统何时在东北跌下过马？在下……不知……”

溥泽顿时明白了大半：“放了崇监督！把府里官兵都找来，跟我进去捉拿叛党！”

彭良听得门外脚步声纷沓，自知不妙，他暗下里摸了摸炸药。便在此时，溥泽、崇恭率官兵推门而入，迅速将大堂包围。

几个贝子大惊：“溥泽，你这是干嘛？”溥泽也不答话，眼睛死死盯着彭良：“给我把那个冒名顶替的叛党拿下！”彭良知道事情败露，猛然敞开衣襟，露出预先绑缚在身上炸药，冲向溥泽。

“都统小心！”

电光石火，几名官兵开枪击中彭良脊背。

彭良忍住疼痛，扑倒溥泽，拉动引线。一声巨响，火光爆射，二人同归于尽。在那震耳欲聋的爆炸声中，“共和万岁”的口号响彻云霄。

府门外，江流、周鲁一路跑来，上气不接下气。两人刚立住脚，突然听到爆炸声响，滚滚浓烟喷出，群臣惊叫逃出大堂。

“御医！去找御医！”崇恭跑出门外。江流看他完好无事，心里暗道不妙。

下人将两具烧焦的尸体抬出，江流定睛看去，其中一个脚穿军靴，身上残留戎装的碎片。江流目眦欲裂，丧失理智地要冲进府去收尸。周鲁一个飞身将他扑倒，捂住他得眼睛：“二哥冷静，冷静，冷静……”说话时，两人泪水盈盈。

有情人终成眷属之日，本该是良辰美景，却寒风习习，枯草摇曳。彭良舍生取义，晚清朝廷更加惶惶不安，宗社党也群龙无首元气大伤，南方的革命军也因此少了战乱之忧，但这一切的一切，却是邓玉秀最不愿意面对的。前几日还是生龙活虎的爱人，今日却成了孤魂野鬼，他们曾共赴香山，在那漫山红叶中定情，在朝阳沐浴中畅谈革命理想。彭良那日的话一直灼灼刻在她心上：“我四亿同胞流血牺牲，豆剖瓜分，亡国灭种，正斯时也。同胞同胞！同志同志！共和若成，虽死亦荣，共和不成，虽生亦辱。我志已决，死本不足惜，只愿以此微躯，助我共和大业日进一日。”

邓玉秀泪眼婆娑，穿着一袭洁白的婚纱站在墓穴前。这西式的婚纱是彭良和她亲自挑选的，婚纱随风轻摆，她痴痴怔怔地读着彭良的遗书，多少次哭晕过去。曾经用一生践行的爱的承诺，如今已成烟云。

同盟会北京支部的所有人默默站在一旁，这些用热血浇灌自由之花的革命志士身着黑衣，注视着花颜憔悴的新娘，满目悲切。江流手捧彭良的新郎服上前，整齐码放入墓穴。一位黑袍牧师手持《圣经》走上前。

“请把手放在《圣经》上宣誓。邓玉秀小姐，你愿意嫁给彭良先生作为你的丈夫，爱他，忠诚于他，安慰他，尊敬他，保护他，无论他贫困、患病或者残疾，直至死亡。你愿意吗？”

邓玉秀声音哽咽，泪水涟涟：“是的，我愿意。我愿一生一世爱他，忠诚于他，安慰他，尊敬他，保护他，无论他贫困、患病或者残疾，直至死亡。”

方兰上前，打开彭良生前买的两枚婚戒。邓玉秀拿过两枚闪着泪光与血光的婚戒，一枚放入墓穴，一枚戴在手上。

“我以圣父圣子圣灵的名义宣布你们结为夫妇。上帝将你们结合在一起，任何人不得拆散。阿门。”

不久，邓玉秀离开北京，随家人搬到天津。魏国则赶赴上海参加第二次和谈。在袁世凯和许昌的计划中，魏国已经不知不觉成为一颗不可或缺的棋子。溥泽已除，满朝上下都吓破了胆，再无人敢小视革命党，更无人敢针对袁世凯。而袁世凯在北京以静制动，黄兴、宋教仁发来电报，他无动于衷，直到孙中山亲自写信才罢休。孙中山提出了议和的最后五条：清帝退位、孙文辞职、袁世凯赞成共和、为临时大总统。这正中袁世凯下怀，几日后，他一身戎装，走上了逼宫之路。

太和殿外冷冷清清，偌大的殿堂里唯有几个太监宫女在门外守候。落叶狂扫，大风将上朝臣子的衣裾吹起，隆裕、溥仪并坐在金銮宝座。

“启禀太后，北洋第二军统领段祺瑞领兵入京，前方将士有本呈奏。”

隆裕一听不悦："怎么还带兵来了？你是怎么管的北洋军？"

"臣罪该万死。将在外，君命有所不受。"袁世凯立刻掏出一个奏折，当着满朝文武开始大声诵读："如今全局危迫，四面楚歌，暗杀党遍布都内，稍疏防范，祸变即生，两宫亦陷于危险之地；共和制度浩浩汤汤，原已致君于尧舜，拯民于水火。时至今日，唯有俯仰民意，为皇太后皇上求一富贵尊荣，也使四万万人免受战祸，死于非命。三年以来，皇族之败坏大局罪实难数，现有一二王公，仍行阻扰，以致恩旨不颁，万民受困。皇上欲求之一安富尊荣之典、四万万人欲求一生活之路而不见许，瑞等不忍宇内有此败类，谨率全军将士入京，与王公痛陈利害，挥泪登车，昧死上达！"

群臣面面相觑，贝勒王爷气得牙痒痒。隆裕大怒，拍案而起："大胆！养兵千日，一日反噬！这可如何是好？"

袁世凯放缓语气，胸有成竹道："大清打仗，为的是君主立宪；革命党打仗，为的是民主共和。双方都是为保一姓之江山而自相残杀，故而将士们不愿赴战。请太后明察。"

溥仪顿时大哭起来。隆裕心烦意乱地看着他："国家这些年费了多少金银，未想到却养成了这班虎狼之师！革命党要是打进北京，这清廷上下哪里还有活路？"

"皇太后心焦也无甚用处，今儿早晨谈判代表送来了革命党方面提出的要求。臣以为，太后不妨考虑。"

袁世凯欲言又止。隆裕瞥了他一眼，止不住地憎恨："什么要求？"

袁世凯眼睛一亮，嗓门突然高亮起来："若……清帝逊位，他们愿意答应太后提出的一切优厚条件。这样一来，可以保住清帝尊位，仍居身于紫禁城内，中华民国将以对待外国君主之礼仪相待，且世袭罔替。"说罢，袁世凯匍匐在地，一动不动。

六王爷哪里忍得住，扑上去一阵呵斥："袁世凯！你这个乱臣贼子！早知今日，当初就该让你死在安阳！"

袁世凯毫不退让，抬头盯着六王爷，气势逼人："太后召我回京是为了保咱大清。我袁世凯今日所作所为，不正是为了保住咱大清吗？"

六王爷怒发冲冠，一把揪住袁世凯的衣领："你少在这里惺惺作态！"

"都别吵了。"隆裕心如死灰，身边的溥仪稚嫩的哭叫声格外刺耳。望着这个和自己没任何血缘关系的孩子，隆裕心想，强拼强凑这些年，到如今，大清朝毁了，什么都没了，这个无耻的奸臣把皇上逼到无路可退，自己一个女人，还有什么办法呢？隆裕眼角挂泪，凄然道："准了，准了，都准了，退朝吧。"她起身，缓步走下台阶，行至袁世凯跟前，也不开口，只是仇视。

“事关重大，还请近支王公商议后再行定夺的妥当……”袁世凯话未落音，隆裕抬手重重扇了他一记响亮的耳光。袁世凯口角渗出血丝，伏地不起。隆裕回首，面无表情地牵过溥仪：“皇上，走，咱们回家。”

空空荡荡的大殿，一派死寂。形只影单的袁世凯，跪在金銮殿上，以大清标准礼仪向龙椅三叩首。

殿外，钟声响起，遥远沧桑。

三日后，隆裕偕同宣统皇帝溥仪在乾清宫宣布退位，昭告天下。

此讯一发布，传十传百，人尽皆知，北京城上上下下欢欣鼓舞，街头巷尾奔走相告。

北京支部张灯结彩，里外装裱一新，挂上共和国旗，设下美酒佳宴，同盟会员和周学熙、刘马等齐聚一堂，把酒言欢。

事情发生得太快，但江流一直心存疑虑：为何南北议和时革命党占了上风，但在交涉之中，几乎毫无主动权可言？袁世凯为何对同盟会的一举一动了如指掌，有一出必有一抑？袁世凯难道真心为了共和，他能和孙先生一样做到一言九鼎？他看着那飘扬的青天白日旗，心里暗暗地埋了几个结。

江流回到饭桌上，但见杯盏狼藉，好几桌兄弟畅谈心扉、抱头痛哭，周鲁双眼通红，喃喃念着几个死去弟兄的名字。这条血路毕竟是兄弟们用命换来的，哪怕它不够光明，哪怕它前途未卜，但至少孕育着希望、理想、热情、尊严，有了这种精神，恐怕再残酷的明天也能一起面对。想到此，江流不由地释然。

周学熙见到江流，叹服道：“江流，你小子居然瞒我这么久。闹了半天帮我挖管道是为了救人，你们可真敢干啊！。”

“周大哥，帮你挖管道是真，为了救人也不假，只是……”

周鲁微醉，误以为江流尴尬，连忙举杯过来：“周大哥，你可别怪我二哥，当初也是迫不得已。看在咱们是本家的分上，我敬你一杯！”

“我周学熙不是小心眼的人，”周学熙一笑，自斟一杯酒，“事情都过去这么久了，今天说起来就是个奇事。何况，你们是为了救革命同胞。如今咱们共和国成立了，我替你们高兴还来不及呢，怎么会怪你们？诶，对了，你们挖地道救出的人呢？也让我见识见识，究竟是何许人也？”

方兰笑靥如花地接过话：“魏国他现在还在火车上，明天才能回来。”

这桌正聊得不亦乐乎，只听得当当几声敲碗声，那桌一个人站起：“大家伙今天能聚在一起，都是江流兄弟张罗的。我建议，咱们全体同仁敬他一碗！”江流一回头，见是李云豪，连忙起身倒酒，举碗，说：“诸位兄弟，我江流是晚辈，入会时间不长，才四年。但这四年里，我和各位弟兄肝胆相照，几番出生入死。那些离开我们的好兄弟，拼了命干革命是为了什么？为的就是让咱中国实现真正的民主共和，要咱中国的老百姓挺起胸膛堂堂正正地做人！这碗酒，先敬那些死去的兄弟！”

江流一口饮尽，倒上第二杯酒，长叹：“世事艰险，人心难测，这民主共和之路真正走起来，比咱当初想的要难得多。但今天，这大清国没了，皇帝老子没了，咱中国人再也不用跪着磕头当奴才了，无论如何我们都向共和迈出了一大步。我江流向死去的弟兄们保证，一定和在座的各位把这条路坚持到底。民主共和万岁！”

众人皆举杯庆贺，隔壁桌吴龙站起身，已酩酊大醉，他大声说道：“弟兄们，我说两句！李云豪你是知道的，那次黄花岗起义，我他妈亲兄弟都死在战场上了！今天，这块大石头也算有了着落，但我他妈心里还是硌得慌。江流，你说，他袁世凯真的靠得住吗？”

满座一时默然，江流无言应答。周鲁站起身，抓过杯子一把摔在地上：“共和这条路，没有回头路。顺之者昌逆之者亡，谁敢反对共和，我周鲁第一个要他的命！”

第二天一早，酒瓶满地，一片狼藉。江流、周鲁、方兰七扭八歪在沙发上酣睡。突然门被推开，魏国拎着小吃走进来，环顾屋内，微笑摇头。他走到沙发前，轻轻拍醒江流：“喝了多少酒？这都中午了，还不起来？”

江流睡眼惺忪：“魏大哥？”方兰醒来，看到魏国，心花怒放。魏国亮出小吃：“我在大栅栏排队买了点小吃，尝尝。”周鲁一听有吃的，一个跟头翻起来：“魏大哥真是心细，正饿得前胸贴后背呢。”

四人简单清理后，围坐餐桌，把那炸糕、驴打滚、肉末烧饼一一放好。正吃得香，推门进来一个人，戴着墨镜帽子，身后还有一个下人，抱着裱字。魏国、周鲁知来的是非常客，连忙擦擦嘴站起身来。江流一见大惊，来客不是别人，正是许昌。

周鲁哼笑一声，坐下来继续吃。屋内气氛一下子尴尬起来了。魏国打破沉默：“许先生，你怎么来了？”许昌笑脸迎上，眼睛不时地看看江流：“来而不往非礼也。魏先生两次光临寒舍，许某今天是来给诸位贺喜的。”

周鲁吃着吃着，突然一顿：“你贺什么喜？”

“当然是共和之喜。许某得知魏先生今日归来，特带来两份贺礼，以表心意。”说罢，冲下人一招手。下人将锦布揭开，亮出“天下为公”四个大字。

“这四个字是许某昨夜亲笔书写的，还望魏先生代劳，找机会替许某转交给孙先生。就说袁大人麾下一无名之辈，敬佩孙先生的豁达胸襟。推功让能，功成不居，正所谓‘大道之行也，天下为公’。”

江流见他话里有话，忙问道：“推功让能，功成不居。此话怎讲？”魏国脸色发青，难看得要紧，许昌依然不慌不忙道：“这位仁兄还不知道吗？清帝退位，专制已除，孙先生兑现誓言，辞职引退，举袁大人为第二任临时大总统。如此磊落胸怀，着实令人钦佩。”

“什么？孙先生辞职？袁世凯是大总统？”周鲁也惊得不浅，想起昨夜江流那一番话，如今知道是什么意思了，他一把冲到许昌面前，指着鼻子骂道：“你这鸟人，休要胡说八道！当心我拔下你舌头。袁世凯当大总统？我呸！他也配？”

“这……我……我还没有来得及和他们讲，”魏国连忙拉过周鲁，和许昌解释，又转过脸对江流、周鲁说，“二弟、三弟，我稍后会和你们解释。许先生，这字我代孙先生收下了，没有别的事……”

“许某还有第二件贺礼，送完便走，不会打搅诸位太久。”周鲁一语不发，江流胸脯起伏不定，心中愤恨不已。许昌装腔作势地说：“共和已成，魏先生功不可没。车夫暴动，暗杀溥泽，在鄙府又多次替袁大人出谋划策，袁大总统十分赏识，希望魏先生到内阁任职，共谋大业。”听完此话，江流恍然大悟，原来一切都是局中局，自己和周鲁不过是这棋盘中的一个小小的棋子。周鲁早已怒不可遏。许昌熟视无睹道：“魏先生意下如何？”

“这……我考虑一下，过几天给你答复。”

“好，我回府上敬候佳音。”许昌说完走出大门，背影傲气十足。

三兄弟在厅内不语，饭桌上的糕点早已冰凉。江流冷冷说：“想不到，大哥早就算计好了，却一直在利用我们。”

“二弟，你误会了。那晚你们态度如此坚决，当时情势危机，为大局考虑，我是不得已才对你们有所隐瞒。”

周鲁一拳砸在桌上，几个饽饽滚到地上：“笑话！大哥的一句不得已就把兄弟们都卖了，你还拿不拿我们当兄弟！”

“三弟，我们革命是为了什么？推翻封建专制，建立共和政权。至于大总统谁来当，何足论哉？”

“大哥说得倒是轻巧。君主专制虽然已经推翻，但是我们把建设的事业委托给他们官僚，你以为他们真的会力行我党的主义，替人民谋福吗？”江流洞若观火，他明白袁世凯的狼子野心，从来不信任袁世凯会真的替天行道。

“只要他肯推翻清朝，可以停战，让人民早过太平日子，我们给他一个民选的总统，任期不过几年，有何不妥？”

周鲁不客气地打断：“是魏大哥想在这太平日子里谋个好差事吧！”

魏国不可置信地看着周鲁，一字一顿地说：“孙先生就任誓词的第一句，沿用的就是八年前他在檀香山茂宜岛募款组织兴中会时提出的‘驱除鞑虏，恢复中华’的口号，这项任务如今是达成了。而‘巩固中华民国，图谋民生幸福’这句誓言要艰难得多。民国之难建、民主之难行、民生之多艰，这不是仅凭一纸誓言就能实现的。我向兄弟们保证，南京政府已经制定出一部临时约法，我会推举你们成为议员，在民主共和的旗帜下，袁世凯必须遵从这部临时约法，遵从议会的决议。”

情义依旧在，但已沧海桑田。江流心中有再多话语，也只能淡然一笑：“要是他袁世凯不遵从呢？你拿他有办法吗？”

十日，在前清外务部公署前，袁世凯就职仪式正式举行。司仪缓缓宣告：“中华民国元年二月十五日，临时参议员在南京投票，袁世凯全票当选为中国民国临时大总统。抚今追昔，选举大总统全票通过者，只有华盛顿一人。同人深信，袁公为世界第二华盛顿！中国民国第一华盛顿！”四下皆静，只听一声喝令：“升共和国旗！”礼台前，共和国旗徐徐升起。袁世凯宣读誓词：“世凯深愿竭其能力，发扬共和精神，涤荡专制之瑕秽。谨守宪法，依国民之愿望，祈达国家于安全强固之域，俾五大民族同臻乐利。”

几天后，魏国从北京支部搬到了国务办公室，如今他已经是大名鼎鼎的总统红人。办公室规格极高，富丽堂皇，窗明几净，到处堆满贺礼，正中墙上高悬青天白日旗和袁世凯半身像。一批又一批的官僚络绎不绝，前来庆贺。魏国正寒暄，突然看到门外站着两人迟迟不进来，走出去一看，是周鲁、江流。

魏国顿时收敛了笑容，走到办公桌前，拿起两张大红聘书，满脸含笑：“二位兄弟来得正好，我正想派人把这聘书送去。”

江流笑笑，拦住他的手：“大哥，不必了。我们是来告辞的。”

魏国的手停在半空，心里一震：“要走，为什么？”

“我和二哥眼睛里都揉不得沙子！”周鲁淡淡地说。

“再大的恩怨，你们也不应该在这个时候一走了之。中华民国刚成立，正是百废待兴、亟需人才的时候。你们不理解我，也该为民主共和留下来。”

“民主共和？”江流见魏国居然还在执迷不悟，“大哥，满清四大奇案之一的刺马案，听说过吗？……我们兄弟三个，纳了投名状，没想到，竟会落到这样一步田地。”

魏国盯着江流：“你是说，我们兄弟非得闹到你死我活才肯罢休？”江流摇摇头。周鲁连忙接话：“大哥，我和二哥昨晚已经考虑好了，你不用劝我们。人各有志，二哥的性子我最清楚，劝也没用。”他戏谑地拿起那几张大红聘书，一把丢在办公桌上，“这些个鬼东西，就留给你那帮道贺的马屁精吧。”

魏国沉默无语，江流和周鲁无法理解他的苦衷，少年气盛的人往往不知道和平建设对于一个国家的重要，而争权夺利之心于他而言，在南洋的时候早已被孙先生洗净了。魏国叹道：“二弟、三弟，既然你们去意已决，我也不强求。为了安抚革命党人，袁大总统答应了孙先生的要求，由临时政府统一派遣稽勋留学生去往西洋。这几日，众多同盟会同仁都递交了申请。你们不妨也考虑考虑？”

周鲁和江流深深鞠了一躬，大步走出，在门口碰到了李云豪和吴龙二人。他俩也是特地来请辞的。昔日并肩作战的好兄弟居然一个个离自己而去，眼睁睁看着政见上的误解让多年的情义轻易被摧，魏国重重地叹了口气。

转眼到了四月，京城里春暖花开，景色嫣然，鹅黄嫩绿都爬上了野坡和枝头，大街小巷飞絮漫天。周鲁和江流沿着后海散步。湖面上波光粼粼，岸上杨柳依依，堤上三五成群的孩子在嬉笑打闹……

江流望着周鲁，感叹道：“想不到什么都没变。当初两个愣小子背着行李来求学，如今学无所成，无功无业，两袖空空，又背着行李回来了，真像是做了场春秋大梦，梦断人醒。”

周鲁打趣道：“要不明天一早咱们再去求学，一切重新来过？”

“这就是命，重来多少次也逃不出劫数。”江流望着远处湖上游舟往来，感怀颇多，“我自认识赵老师，从此投身革命，这就是命。后来又认识了你，从此咱哥俩同生共死，几乎每个晚上都要睡在同一间屋子里，听你打呼噜，这也是命。之后咱们和魏大哥结拜，风风火火大干了一场，结果却分道扬镳，这还是命。既然是命，我认。”

“以后有什么打算？总不能真的浪迹天涯吧？”

江流没答周鲁的话，只眺望远方，良久，说：“你和我一起走吧，出去看看。”

“二哥，你真动心了？去那么老远，干吗啊？”

“出去看看，总是好的。这几日，翻来覆去地想，也许王应当年的决定是对的。中国并不是不善于改变，只是总希望把走的道路彻底改变了，而不懂得改变自己，所以永远也不知道路该怎么走。在没有路的时候，还不如出去看看。”

周鲁听罢，捡起石头，打了个漂亮的水漂：“看来，二哥真的决定了。”

江流点点头：“你呢？真不愿跟我一块儿？”

“嗨，我早说过了，我周鲁不是读书的料！我也想明白了，等你这一走，我就去南京投奔黄克强。依我来看，必须动真格儿，有争斗才有输赢，有了输赢，就有英雄。我周鲁要当战场上的真英雄！”

第三章　问　道

1

海天苍茫，碧浪翻涌。海天相接处，霞光漫天，流云似火。汽笛响起，一艘邮轮正驶离港口，破浪前行。

江流拎着行李，俯身走入船舱，见各床铺上都写有赴法稽勋留学生名字的名牌。他寻着自己的铺位，将行李放在床下。邻铺一个穿着蓝布长袍的年轻人正在收拾。他打开一个箱箧，里面满满塞的都是书。突然船身一摇，几本书掉落地上，滑到江流面前。江流连忙拾起，见书页上写有几个大字：唐熙同。

江流笑道："熙同，熙同，熙攘天下客，你我皆相同。唐兄有礼了。"唐熙同接过书，瞧一眼江流的名牌："江流天地外，山色有无中。原来是江兄，早就听闻你的大名，幸会。"

江流连连摆手："咱们同为留法学生，又是邻铺，是缘分。刚才瞧见这邮轮上有个喝茶的地方，你我先去喝一杯，如何？"唐熙同不慌不忙自箱箧中取出一只绸布包裹："走吧。"

会客厅宾客往来，侍者穿行，厅内多是西装革履、金发碧眼的外国人，倒显得江流与唐熙同形如异类。两人落座，一位系着领结的侍者马上走来，递过一张咖啡单，那上面尽是法文。

江流一一看过："café，这就是所谓的外国茶，我有幸在英国大使馆喝过一次……熙同，你喝过吗？"唐熙同摇摇头，笑而不语，慢悠悠地打开手中包裹，里面竟然是一套紫砂茶壶和茶杯。江流笑道："你带着茶壶干吗？"唐熙同一本正经将茶壶递给侍者，用法语嘱咐一句，便向江流得意一笑："喝了几千年的味道，如何能丢？"

一会儿，侍者端来咖啡与水，放在桌上。唐熙同慢条斯理地泡茶，看着江流挠头搔首的样子不免一笑："对我而言，每日无茶不欢，如同洋人喝咖啡。《茶经》有云：蠲忧忿，饮之以酒；荡昏寐，饮之以茶。此中之妙，那些番邦蛮夷如何能体会？"

邻座的一对外国夫妇听见二人对话，不由来到二人桌前，鼻翼翕动，闻了闻茶香，说：“盛开如菊，醇香清澈。阁下泡的是产自湖南洞庭的君山毛尖吧？”唐熙同瞠目结舌，江流莞尔：“这位先生，对中国茶十分精通啊！”

“数年来，我游历过许多国家。贵国是一个古老而又神奇的国度，有着辉煌灿烂的文明，我十分欣赏。”唐熙同有些沾沾自喜，摆弄着精致的茶杯，向江流使个眼色。“你们在汉唐时代的强盛，让诸国来天朝觐见，可是今天的中国，却故步自封。为什么我们可以了解并喜爱你们中国的茶，而你们对我们的咖啡连尝一口都不肯？”外国夫妇微微欠身，“不打扰了，二位慢慢品尝。”

江流目送他们回座，却见一位金发碧眼、活泼浪漫的年轻小姐走进咖啡厅，一路欢笑，来到外国夫妇这桌坐下。江流觉得这女孩天真自然，清丽脱俗，不由得多看几眼。突然，一个肉球脑袋直愣愣地在咖啡馆门口左看右眺。江流一见，原来是钱子谦。钱子谦要寻找的是金发碧眼的美女斯蒂芬，未曾注意到斯蒂芬一家的旁边坐着的竟是江流，大惊道：“江兄，你怎么也在这儿？”江流看出来他心猿意马，一把将他按住：“海上旅途漫漫，钱少爷坐下喝杯咖啡，叙叙旧。”钱子谦不时地瞧着邻桌的美女斯蒂芬。江流介绍说：“这位是唐熙同，这位是钱子谦，都是这批稽勋留学生。”钱子谦心不在焉：“我要这个……咖啡。”

转眼已到夜间，太平洋上海风习习，一轮满月当空而悬。江流兴致昂扬道：“当年我坐渔船离乡，船在波浪中摇晃，我以为要葬身鱼腹，胆战心惊。没想到如今竟坐上万吨油轮，一路从黄浦江到太平洋，真正领略到大海的莫测与神奇。”唐熙同也感慨道：“从此离乡背井，家国已在万里之外，不知何日再赏故乡月啊。”

钱子谦颇有些不满：“二位，如此夜海朗月，风光大好，就不要发这番莫须有的乡愁了。法兰西盛产美酒与佳人，可是个浪漫的国度。”

“远渡重洋，自是要寒窗苦读，孤枕青灯，不问风月。”唐熙同说。

“倒也是，”钱子谦身倚栏杆，思索再三，“阿玛原本要我接管几家铺面，想想他为官多年，有父兄照应必是顺风顺水。但自从和方小姐难成美眷，让我知道好男儿远非满身铜臭气。当日你一番痛责，我如醍醐灌顶，所以我就踏上了赴法之途。对了，不知道王应与周鲁现在身在何处啊？”

“周鲁留在国内，王应眼下就在法兰西。”

数日航行后，邮轮靠岸歇息，乘客们也纷纷下船。一个船员大喊："今天邮轮在这靠岸停歇，大家可以上岸走走。晚上七点准时开船，任何人都不要迟了。"

唐熙同好不快活，一步跨上码头。钱子谦对着暖阳，狠狠地伸个懒腰："摇晃了这么多天，骨头都快散了。我听说这南洋好吃的东西不少，什么肉骨茶、娘惹菜、鱼汤面。走啊，我请客。"

南洋码头集市，三人一路走一路瞧。远处碧浪银波，近处闹市喧嚷，商贾云集。近旁的几个华人渔民迎上来，向船上下来的乘客们兜售新鲜鱼虾。一个面目黢黑、戴着破帽子的渔民拎着鱼篓来到江流三人面前，将鲜鱼拎出来，点头哈腰道："今儿一早刚打上来的鲜鱼，三位尝个鲜吧。前面几家食店都可以代煮，提我林宗文的名字就行……"

一股浓厚的海腥味袭来，三人互相看看，钱子谦捂着嘴连连后退："我们就是四处瞧瞧，不买鱼，快拿走。"

唐熙同也摆手道："这位大哥，我们现在可没什么胃口，抱歉了。"渔民不死心地跟在他们身后，再三央求："您三位挑了，我替您送到前面食店存着，中午去吃就行了。好容易遇上同胞，照顾下生意吧。"

江流心软了："要不咱买两条，中午喝鱼汤……"

话还未说完，渔民一转身，拎着鱼篓就奔向码头。钱子谦正掏着腰包，一看乐了："哎，这人有意思啊，买卖也不做就走啦。走，瞧瞧去。"

原来码头上来了一个邮轮船员，手里拎着大大小小的袋子，正将袋中的东西分给众人，有信也有衣物。

"彭虾仔。"

人群中一个个头不高的黝黑渔民连忙跑上："这儿呢。"喜滋滋地接过家书和一袋衣物，打开，闻了闻，瞬间乐开了花，"这是我娘给我装的烟叶，就是这味儿。"

船员又拿出一包东西："鲁山。"

一个粗大的汉子上前，声音粗哑："哎，辛苦大哥了。"他接过布包一掂量，咧嘴一乐："我媳妇一准给我捎了熏肉，待会儿切一块给大哥送船上去。"

江流几人看着这场景，颇为感动。船员又叫一声："林宗文。"刚才围着江流几人卖鱼的渔民早已迫不及待，刚要伸手，身后却响起一声大喝："别动！"众人回头，一个叼着烟袋的精瘦男人慢悠悠走过来，身边还跟着几个手下，众渔夫都赶紧闪开。

钱子谦问身边一个船渔民："那人谁啊？"

渔民怯怯地回答："金八爷，鳄鱼帮的大把头。"金八爷一挥手，手下几个喽啰上前，从船员手里抢过林宗文的包裹。金八爷吐了个烟圈，呲着金牙："林宗文，这月的渔税还没交呢吧。"

林宗文跪地哀求："八爷，上月台风，下不得海，这两日船客买鱼的又少，就拖了几日，您再缓缓？"金八爷伸手接过林宗文的包裹，皮笑肉不笑："好说，这是你家里寄的东西吧，先存我这儿，交了渔税再拿回去。"

"八爷，您高抬贵手，先给我，渔税我尽快给您补上。"林宗文说罢跪在地上就磕起头来。金八爷一抖手，把包裹摔在地上，书信散落一地，还有一双半大不小有些发旧的虎头鞋。林宗文不顾一切，向那双鞋扑去。金八爷眼快，一脚踏在他手上："你到这儿那天我就告诉过你了，这里无论是码头还是渔船，包括你们的贱命，都是我金八爷的。想拿，用钱买。"林宗文不肯放手，挣扎要去拿鞋。

钱子谦实在瞧不过去了，喊了一嗓子："哎，那个卖鱼的，你那篓子鱼，咱们都买了。"说罢走过去，把几块大洋放到林宗文手中。林宗文满脸哀乞，举着钱给金八爷。金八爷眯着眼，瞧着钱子谦一身阔气，冷笑一下，一挥手，手下人弯腰拿了钱，他朝钱子谦一拱手："码头上的规矩，外路客的面子，要给。林宗文，今儿你运气，下月没钱交，就别在码头上混了。"说罢，带着几个手下扬长而去。

江流和唐熙同连忙上前帮林宗文捡起那散落一地的东西。林宗文默默呆在一边，把那虎头鞋死死抱在怀中："谢谢几位，这鱼要不了这么些钱。我家还有些家乡的茶果，不如到家中坐坐？"

江流把包袱打上结，背在身后："也好。这鱼带回去煮了，咱们一道吃。"

林宗文引着江流三人向一处低矮的房子走去。江流看着那繁华之处渐远，再往前就是渔村，家家户户晒着渔网，问道："听你的名字，倒像是个读书人啊。"林宗文苦笑，咳嗽几声："不瞒几位，我家祖居福建，家父那一辈还略有些薄产，我倒也读了几年书。后来家乡发了大水，兵荒马乱，家徒四壁，我是没法子，才跟着同乡下南洋讨口饭吃。"

唐熙同一听，同情地说："不易啊。一介书生，却要离乡背井讨生活。"

"苦也能忍，只是思乡之苦难捱。我们这些渔夫在南洋打拼讨生活，最大的盼头就是靠来往的船只给我们捎个家书，得到一点家乡亲人的消息。"

钱子谦一边走着，一边好奇地看着林宗文手中紧抱的鞋子："你家里给你捎这小孩的鞋做什么用？还是一双旧鞋子！"

林宗文愁苦的脸上终于露出笑容："小哥有所不知。我外出来到南洋时，老婆才怀孕五个月……我这五年都没有归过家了，我老婆也不识字，她每三个月给我寄一双娃娃穿过的鞋子，这样我就知道，娃娃现在长到多高了。”林宗文不禁满面喜色，用手比量了一下，“听同乡说，娃娃圆脸，大耳朵，日后肯定福气好。”

四人走到一处破旧不堪的小屋前，破旧的木门稀稀松松，屋顶只用茅草胡乱盖着。推门进去，屋内光线极暗，只有小床、破桌、几只板凳而已。床头一个小柜子，刷上了耀眼的红漆，格外醒目。

“家里简陋得不像话，让几位见笑了。”

三人打量着房子，钱子谦瞪大眼睛：“这也是人住的地方？”江流瞪了他一眼，钱子谦赶紧收了声。

不一会儿，鱼做好了，江流、唐熙同、钱子谦与林宗文围桌而坐。林宗文握着那双虎头鞋喃喃说道：“……一转眼，就五年了。离开家那会儿，大家伙都安慰亲人说我们是去南洋闯天下了，赚了钱就回去。可是现在呢……我只担心，说不定哪天死在这里了，家里也没人去捎信。”

钱子谦不以为然地说：“唉，我看你们也不用这么感伤，到底也不过就是几日的航程，大不了，买张船票就回乡了呗。”

“说得容易，”林宗文站起身来，屋内太小，转不开身，只得又坐下来，一碗碗添着鱼汤，“单那一张船票，就要大半年不吃不喝才行。这些下南洋的，哪个不盼着回乡，等到头发都白了，也没回去……这滋味，苦啊。家里，吃奶的娃娃，白发的娘，照顾一家老小的媳妇，那都是心头的肉。想想这，再苦都得熬着。”

“那个金八爷常欺负你们，是不是？”钱子谦颇有些气愤。

林宗文凄惨一笑：“在这儿，我们叫猪仔，命比草贱，谁都能来踩一脚。这些苦只能自己往肚子里咽。图啥？只图我的孩子，不用当猪仔，能当个人。”

江流暗自环视四周：“你说你老婆每隔几个月就捎一双孩子的鞋寄过来，这五年，得好多双了……”

林宗文走到那红漆小柜边，从柜子高处摸出一把锈迹斑斑的钥匙，把小锁打开，里面全是一双双半旧不新的小鞋，依照尺码一溜排开，放在最下一层的是几双满月伢子不足一握的婴儿鞋。这些鞋静静地守在柜子里，悄无声息地诉说这逝去的岁月，成为这位渔民生命中唯一的亮色。

“这鞋做得好细致！”钱子谦不可置信地走过去，随手拿起一双，翻开鞋底，上面用红丝线缝出了两个字：“守土。”

林宗文在一旁解释道：“守土，一辈子不离乡。这是我给娃儿起的名。

我老婆不识字，请私塾的先生给写了这俩字，绣在鞋底。”他从钱子谦手中接过鞋，抚摸着，“收到这双鞋时，我算着阿土大概会说话了，我想着啊，他应该是先学会叫娘，然后会叫奶奶。孩子的声音啊，就像有只小猫拿爪子挠你的心。好几回，我在梦里，都听见他叫爹爹了……五年了，五年了，我的娘，听不见儿子叫声娘。我的儿，叫爹却没人应他一声啊……”林宗文说着说着，又红了眼眶。他又拿起一双：“这双啊，应该是阿土刚会走路时穿的。他都会走路了，可我还一次都没抱过他。我摸着这鞋底，就想着他走过那些地。你瞧，这鞋底上沾的土都是故乡的土啊！”

钱子谦鼻头一酸：“林大哥，你会早日回家见到你的孩子，还有你的亲人的。”

“回家，我都不知道，这辈子还有没有命活着回去……”林宗文的声音开始颤抖起来。遥遥的，邮轮的汽笛声响起，林宗文惊醒：“时辰到了，你们三位也该登船了。这半日能遇着你们，也算是有些安慰了。”钱子谦自怀中掏出一把钱，放在林宗文手上：“下船的时候没带太多，这些留给你吧。”

林宗文大惊，连连推脱。江流懂得钱子谦这份心，说：“你且收着，也是我们一点心。日后恐怕无缘再见了，只希望你能早日还乡，一家团圆。”唐熙同一拱手，也掏出几张票子：“同是天涯漂泊客，多珍重！”

三人惜别林宗文，自往码头去了。林宗文久久站在门口，目送三人远去。

王应离开北京后，筹款来到法兰西，很快便发现法兰西是一片共产主义运动的沃土。看着赴法华工生活窘迫，贫苦不堪，而资本家则剥削无度，王应便尽微薄之力开办了一个简易的豆腐厂——振华豆腐厂，取振兴中华之意。工厂实行工人同吃同住，发放统一配给，实行共同账户制，工人们都以工兼学，生意忙时积极工作，不忙时便学习中文、法文，工人严禁吸烟、饮酒、赌博。虽说管理严格，但是工人们亲如一家，关系极好。

这日，巴黎之夜月朗星稀，振华豆腐厂里，几间小屋传来笑闹的声音。小屋里一张简陋的饭桌，桌上九只倒扣的大海碗，几个工人围坐桌旁。跛脚陈六儿和媳妇忙活着摆碗筷，几个孩子嬉笑跑闹，见王应来了，呼啦一声一拥而上。王应抱起一个，牵着一个，边走边说：“陈大哥，今儿是你们家老大的生日，咱们大家一块热闹，给他庆生。”

陈六儿一张老脸笑开了花：“翔仔可真有福分了，有这么多叔叔伯伯给他过生日，王厂长给他亲自张罗，可是他的造化。”陈六儿是振华豆腐厂的老职工，也是豆腐厂成立后的第一个华工，王应对他视如朋友一般：“翔仔满十六了，成人了，这可是大日子。”

旁边的工人也都附和着：“是啊。陈六儿，你养大几个娃娃不容易。娃成人了，该替你分担了……兴翔这个孩子自小懂事，是个能干的。你苦尽甘来咯……”六儿媳妇望着外面，心里掩藏不住的期待和焦急：“不早了，翔仔咋还没回来？菜都好了。”

“不急，再等等，他是正主。”

陈六儿的小女儿名唤阿囡，天真可爱，她踮起脚一个一个数着桌上的碗，若有所思，突然回过头用清脆的声音说：“王爸爸，为什么要有这九个碗啊？”王应笑笑，抱起阿囡，细心解释：“这叫九大簋，是你们广东人的习俗，有长长久久的意思。”阿囡点头，大眼睛水灵灵地转：“那我生日也会有九大簋吗？”

陈六儿媳妇连忙打断：“你个女伢，过哪门子生日，还敢说要九大簋？”阿囡一听这话，委屈地嘟起了嘴。

“嫂子，这你就错了，”王应认真地说道，“那女伢怎么了？女伢出门读书，照样能堂堂正正地赚钱做事。等阿囡再大一点，就送她去学堂念书。阿囡长大了，一点都不比男仔差。”阿囡一听，不好意思地笑了。

“一家五六个娃娃，哪有钱送她念书？男仔都轮不上呢。”陈六儿心里喜欢这个满女，却无奈地摇摇头。

“你们放心，这钱，咱豆腐厂出。这豆腐厂是咱们大家的，赚的钱也是大家的，往后咱们的娃娃都可以进学堂念书，念得好的，还有奖励。”

正当众人开心时，门哐当一声响，一个满身是血的少年破门而入：“不好了，兴翔出事了！”

冰冷的大街上，一个男孩横躺在血泊之中，口鼻尽是鲜血，两道长长的血迹随着车痕曳向远方。另一个不知所措的少年王宇一见王应来了，哇的一声扑到他怀里：“王叔叔，两个法国人驾着马车在比赛，我们走在路边。有个法国人的马惊了，奔着我们就冲过来。兴翔哥一把把我推开了，他就给撞上了……”

陈六儿媳妇一见到儿子，晕倒在地，不省人事。陈六儿目眦欲裂：“人呢？撞了人就这么走了？”

王宇战战兢兢从兜中掏出几张法郎：“是个年轻的法国大爷，他扔了几张钞票就走了。巡警路过，看了看，说没救了，也走了。”陈六儿气得浑身发抖：“这钱也能要？一条人命，多少钱能换？这群王八蛋害死我翔仔，不得好死啊……”王应二话没说，抱起兴翔就往医院的方向奔去。

病床上，兴翔面无血色，没有一点生气。陈六儿抱着头坐在一边，胡子拉碴，一下子苍老了许多。事故已经过去四天了，肇事者没有出现。房门推开，王应一手牵着阿囡，一手拎着食盒，走到陈六儿身边。那阿囡懂事了许多，不哭不闹走到爸爸身边。

王应说："你媳妇一急，病倒了，我叫了韩家嫂子来陪着，饭菜也是她帮着做。你家孩子多，她照应不过来，我就把阿囡带来了。"

陈六儿揪着头发，看着兴翔浑身石膏，惨白的脸一动不动："四天了，还没醒。医生说，要是再不醒，就……"

王应安慰这个可怜的父亲："翔仔这么好的孩子，一定不会有事。我托人去警局打听了，争取找到撞人的凶手……"

正说着，躺在床上的兴翔剧烈地抖动起来，嘴角又溢出血迹来。王应赶紧站起："我去叫医生。"陈六儿一下子扑到病床前，恸哭起来："翔仔，你醒醒啊。阿爹和你妹妹都在这儿，你睁开眼看看阿爹。你才十六啊……"几个华人医生冲进来，把陈六儿和阿囡带出门外，开始抢救。

一个时辰左右，一个医生出来了，问道："谁是他的亲人。"

陈六儿一跃而起："我，我是他阿爹。"

"命是保住了……"

陈六儿喜极而泣，拉住医生的手："真的？翔仔没事了？"

医生摇摇头："虽然暂时保住了性命，可他内脏受损很严重，还需要做几次手术。你们也知道，咱们这华人医院主要是给华工看病的，设备和药物都是教会捐赠的。这么大的外科手术，我们做不了。病人很危险，最好马上转到大医院去……你们也要有思想准备，这可是很大一笔钱。"

陈六儿傻了："法国人的医院，我们哪里看得起？"王应一直没说话，半晌才答言："陈大哥，你放心，这钱我们会想办法。"陈六儿抱着头绝望地蹲在地上："咱们豆腐厂刚办几个月，赚的钱根本不够。再说，没了豆腐厂，大家伙怎么活啊……"阿囡摇摇阿爸，奶声奶气地说："阿爹，我以后不吃糖了，省下钱给哥哥治病。"

海天之间一线纯白，海鸥翱翔。甲板上站满了人，为那前方模糊的大陆欢呼雀跃，只有江流面带忧色。唐熙同走到他身边："今日就要登陆法兰西了，江兄还在牵挂那位无法归乡的南洋客啊？"

江流叹气："我只是想，中国还有多少人如他一样，即使不下南洋，日子又好过到哪里去呢？"唐熙同肃然起敬："原来江兄效尤杜工部，心忧天下。说到底，中国的百姓真是太善良软弱，一辈子不过希冀能吃饱穿暖，一家和美……可是，这小小的愿望都是奢求。”

“安得广厦千万间。我们海外求学，希望日后能学以致用，效力国民。”

唐熙同点头附和：“可是，我们到法兰西，要学什么科目，你可有打算？”江流摇摇头。

邮轮破浪前行，甲板上，有些乘客忍不住振臂高呼：“法兰西，终于到了。”钱子谦不知从哪儿冒出来，找到江流，忍不住张开双臂迎着海风，发出一声长啸。阳光透过云层，一线金色洒在船头。浪花四溅，邮轮鸣响汽笛。

众旅客纷纷提着行李走上码头。钱子谦雇了几个搬运工，自己悠哉地摇着折扇：“听说巴黎大学的宿舍，豪华精致，不亚于咱们的王爷府邸。”唐熙同背着大包小包，嗤笑一声：“幸而官派留学生每月都有银钱支取，要不然咱们哪里住得起。”钱子谦迫不及待地说：“别担心，还有我。走吧，咱们直接雇车去宿舍。”

江流最后一个从船舱出来，看两人正等着他，连忙摆手：“你们先去吧，我要去拜访一位故人。”钱子谦一敲脑瓜：“王应！既是故人，倒不如同去拜访，我也想瞧瞧，他是不是变成洋人了？”

江流掏出一张纸，上面写着王应的地址。钱子谦招手，叫过一辆马车。不一会儿，马车停在豆腐厂外，三人下车。钱子谦怪声道：“安特街 39 号，就是这儿！居然是个豆腐厂？王应改行磨豆腐了？”江流也一脸诧异，走到门口，里面寂静无声，只有一个佝偻腰的守门人走出来：“你们，找谁啊？”江流试探地问道：“这里是否有一位叫王应的先生？”

“王应？你们找我们老板啊。喏，在那边。”顺着守门人手指的方向，三人瞧见不远处的街边，王应站在当街一块石磨之上。王应正在向街上行人募捐：“几天之前，就是在这儿，我们豆腐厂的一个孩子被马车撞了，伤得很重，现在在医院里，等着钱做手术。他为什么会受伤？因为当时两个法国人在比赛谁的马跑得快。当马车冲过来的时候，这个孩子把他身边的人都推到了一边，可他自己却没能躲过去。”人群中，有豆腐厂的工人，也有路过的法国人。

“振华豆腐厂，现在有工人十六人，算上他们的家人，一共是四十九个人。我们这些人来自不同的地方，有着不同的姓氏，可我们是一家人，如血脉至亲，无法分割。如果我们这些萍水相逢的人能成为一家，我想，不同的肤色，不同的信仰，不同的国籍，也可以成为一家人。中国有句古话，四海之内皆兄弟。用基督教的话说就是，所有人都是兄弟姐妹。这个受伤的孩子，他舍己救人，是我们的骄傲。现在他手术需要钱，我带着我的家人们在这里恳求每一个路过的兄弟姐妹能伸出手，帮帮我们。”

他身后，走出来一个楚楚可怜的小女孩，正是阿囡。她费力地抱着箱子走到众人面前：“求求你们，救救我哥哥。”她个子太小，捐款箱看上去要压垮她的细胳膊。几个法国妇人掏出十字架亲吻，向上天祷告。众人纷纷投钱，阿囡含着眼泪一一道谢。有人投了厚厚一叠钞票：“还有我一份！”

王应望过去，顿时满脸惊喜：“江流？”

异乡逢知己，王应见到江流、钱子谦自然惊喜万分。江流将唐熙同这个湖南老乡介绍给王应认识，两人一见如故。王应看着意气风发的江流，脱胎换骨的钱子谦，不由得心生欣慰：“巴黎大学是法兰西最好的大学，自由却不失严谨。你们跨越千山万水而来，定然会收获良多。我要先恭喜你们了。不过听说巴黎大学毕业考试之难，也是全法兰西出名的，绝大多数人都望而生畏。考试不及格，就永远毕不了业。”

“那怕什么，到底先入学再说嘛。”钱子谦倒毫不畏惧。江流赞叹说：“这种制度，倒也有趣。所有人都能轻松进入到最高学府的讲堂，但要通过持之以恒的努力，才能最终走出校门。”

2

巴黎大学是中世纪大学的典范，牛津、剑桥等大学的源头，连京师大学也是依照它的模式创办的，因此被称为“大学之母”。巴黎大学虽然闻名遐迩，却从不设入学的门槛，不分贵贱，因此世界各国的学子云集于此，去触碰智慧的最高权杖。刚一下车，三人就被那浓郁的学术气氛和异国情调吸引住。巴黎大学到处是古老的建筑、整齐的草坪、学者的名言辞碑，三人停住脚步，满脸敬畏，啧啧称赞，江流顺着路标一路走到报名处，填完注册信息后，他一摸口袋，暗道不妙，大半的钱都捐给王应了，剩下的估计只够交付学费的了，细想一番，他先报了名，没事一样地出来。

夜色阑珊，王应与江流相会，站在豆腐厂的一盘石磨边，细说着分别后各自的经历。江流把自己在南洋的见闻说了一遍，叹道：“我没有想到，无论是在祖国还是在异乡，百姓所受的苦楚都是一样。人如蝼蚁，轻贱如尘，真不知到何日才能不再见到同胞受辱、百姓不再零落天涯。”

王应郑重地点点头：“出国之前，眼见国内局势混乱，民不聊生，我就已下定决心，要寻一条救国救民的路了。”

江流不解地抬头：“法国的一家豆腐厂，就是你要寻的救国之路？”

王应轻轻抚摸着石磨："我们用这磨盘磨豆子，一圈一圈地走，低着头只看着脚底下。我就想，咱们中国人不知道垂着脑袋转了多少圈子了。法国是革命的起源地，肯定有什么道道值得咱们学。这豆腐厂是一种尝试，也是变革。"

"共同的生活、共同劳动、共同的利益，对吗？"

"对！"王应答道，眼里颇有些欣喜，"在这里，人人平等，每一个人都是主人，为自己工作，为自己努力，共同追求富足安乐的生活，这就是我要创造的一个新桃源。"

江流看着满天星光，百感交集。人类社会发展至今，身份、地位、阶级、贫富，这些枷锁重重锁住了人们追求自由和平等的心，如果有一种信念能振奋人的信仰，能在这广袤的大地上传播兴盛，让人人自足，从而建立起王应所说的桃源一般的社会，那该有多好！然而现实是残酷而艰险的，总能让畅想戛然而止，江流问道："对了，那个受伤的孩子怎么样了？"

"手术已经做了，可是他伤得太重，还要继续留在医院里恢复一段时间。倒是你，钱全给了我，你怎么办？"

江流挠挠头，这才想起此行的目的："我找你，正是想请你帮帮忙。"

当别的同学在巴黎大学宿舍三五成群地热烈交流时，江流拎着行李正在巴黎的街道上孤零零地行走。夕阳给塞纳河镀上一层金，两岸的梧桐郁郁葱葱，偶尔风起，水波涟漪细密，树叶沙沙作响。西岸的艾菲尔铁塔渐渐沉浸为天地之间一道深深的吻痕，悠远而厚重的暮钟从东岸的圣母院飘过，路上的绅士、淑女都不由自主地停下脚步，听浪漫之都的回声。巴黎在这一刻魅力四射，那自然的美，行走的美，生命勃发的美，无一不深深震撼了这个中国学子的灵魂。原来人也可以生活得这么美好，这么惬意，这么和平安详。

走进小院时，只见那草坪整整齐齐，繁花如锦，唯有中间一个废旧的喷泉池颇显得孤零，池中静波淼淼，映着一栋灰白的法式小楼。

江流蹑手蹑脚走到喷泉旁，对着门牌反复确认地址，然后走上台阶，按响门铃。门铃响了三声后，吱呀一声，一位白发的法国老妇人站在门口，一双灰蓝的眼睛直直地盯着来人。她穿着一套雍容华贵的裙子，头上戴着礼帽，手上戴着雪白的手套，脸上的皱纹很深，神情冷淡。

江流倒吸一口冷气："夫人，您好，请问艾伦小姐住在这里吗？"

老妇人倨傲地看着江流，用纯正的法语回答："她就站在你面前。"江流掩饰不住满脸的惊讶，没想到王应介绍的房东——艾伦小姐竟然是位古稀老人。艾伦把江流的表情尽收眼底，不满地哼了一声，但依然钉在门口，没有让江流进屋的意思。江流很是尴尬，不知如何是好，支支吾吾：“我，我是从中国来的……”

艾伦不客气地打断他：“我知道，你的朋友已经跟我讲过了。你是我的房客，我是你的房东。”

江流看着艾伦的打扮，突然觉得自己来的不是时候：“您是要出门吗？”

艾伦皱眉，拿出一条丝巾擦擦额头：“没有。”

“那……我可以进来吗？”

艾伦警觉地打量着他：“你身上有虱子跳蚤吗？”

江流赶紧摇头：“没有，我保证。”

“你每天洗澡吗？”

江流声音弱了下去：“我，这两日旅途劳顿，倒是还没……”

艾伦又不客气地打断他：“你先去楼上洗个澡，你的行李要清洗消毒才能拿进来。”江流不敢反驳。

进房后，江流四下打量，这是一座古老而又传统的房子，一切的饰物都显出主人的挑剔与整洁。玻璃柜中是整套的银制餐具，桌上的花瓶中插着一束紫色的鸢尾。

艾伦不理他，走到一层大厅的躺椅上坐下，端起热气腾腾咖啡，优雅地喝了一口，只当江流不存在。江流浑身难受，也不敢造次。半晌，艾伦才用冰冷的语气说：“第一，院中草坪，每月整理两次。第二……你有笔吗？”

江流一指门外：“在行李里面。”

艾伦皱眉，瞥一眼江流身边的小桌：“桌上有纸笔，记下我说的话。”江流只得慢慢挪到桌边，拿起桌上的羽毛笔。艾伦继续说道：“第二，整栋房子，每日都要打扫。地毯要清理，每个角落都要干干净净。第三，如果没我的允许，不能与我讲话，更不能进我房间。”

江流有些不知所措，他觉得自己一下子回到了中世纪的欧洲，不禁发问：“艾伦小姐，我……”艾伦不满地一瞥江流，姿势优雅地搅动着咖啡：“怎么，有意见？那现在就可以出去，带着你的行李离开这里。”

江流只好低头：“没有。”

“你每月只付五法郎，根本不够房租。所以，读书以外的时间，你是我的奴仆。其他的吩咐，我想到再告诉你。”

江流瞪大眼睛，狠狠地咽了一口口水：“就听夫人的吩咐……”

谁知艾伦大怒：“叫我艾伦小姐。”

江流赶紧道歉：“对不起，艾伦小姐。”艾伦缓缓起身，走向楼梯：“二楼第三个房间属于你，你先去洗澡，行李清理干净才可以进房间去。这月的房租，明早放在桌上。”江流连忙从贴身衣袋中掏出钱：“艾伦小姐，我现在就给您……”

艾伦转头喝道：“我说了，放在桌上。不要让我把话说第二遍。任何不干净的东西都不能碰到我的手，听明白了吗？”江流愣在原地。艾伦提起裙摆，踏上楼梯，留下一个优雅的背影。目送艾伦上楼，又听她走进房间、关门，江流才舒了一口气。他蹑手蹑脚走到楼梯边，向上张望。楼梯尽头的墙壁上挂着两幅画像，左边一幅是一个面目英俊的法国男子，右边的画上是一个穿着礼服带着紫色鸢尾花环的少女，画中少女清丽脱俗，宛如仙子。

静谧的夜，秋虫鸣唱。江流换上了一身别扭的睡衣，虽然破旧，但是干净。他望着窗外明月，辗转反侧，难以入眠，遂起身下床，轻手轻脚走出房间。

江流小心翼翼走到门廊，侧耳聆听，四下一片静寂。艾伦小姐的房门紧闭。江流舒了一口气，便推门走进卫生间。卫生间里一片漆黑，江流摸索着伸手开灯。

孰料，一声惊天动地的尖叫响起。江流顿时傻了眼，只见一个半裸的少女慌慌张张地站在卫生间，身上礼服正脱了一半。少女如雪的肌肤，高耸的胸脯，金色的长发刺得他目瞪口呆。少女哭叫着，随手抓起一把梳子砸来。江流头部被击中，疼得几乎背过气去。少女冲到艾伦房间放声大喊：“奶奶！奶奶！”江流捂着头，看着她又叫又跳，尴尬得站也不是坐也不是。半晌后，艾伦的房门才打开，她十分气愤。艾伦的睡裙外罩着华丽的袍子，头发一丝不乱，她看着眼前衣衫不整的孙女和哭笑不得的江流，一语未发。少女哇地大哭，又咕噜出一大段法语。

江流唯唯诺诺地站在一边听着，他不愿辩解什么，他已经做好了被轰出去的准备，一切不过只等艾伦开口罢了。艾伦半句都没提江流，她推开少女，严厉地说道：“伊莲，我说过，无论多大的事，女人都不能像疯子一样尖叫，你难道忘了？他是我的房客，和你一样，也是巴黎大学的学生，他叫江流。”艾伦用法国贵族的手势优雅地介绍两位年轻人相见，但两人都同时后退了一步。艾伦视而不见，继续道，“噢，江流，我忘记告诉你了，伊莲是我的孙女。之前我说的规矩还要补充一条，就是不能偷看我孙女换衣服，你要记上。”江流哭笑不得。

“奶奶，你怎么能让一个中国人住到我们家里来？我不同意，我不欢迎他，中国人粗俗无礼，还不懂尊重女人。您应该马上把他赶走。”听到伊莲的大喊大叫，艾伦板起脸训斥道：“伊莲，你怎么敢对你的祖母如此大声说话……”她发现伊莲的礼服似曾相识，便疑惑地问道．“这件礼服好像是我的？”

伊莲慌了，带着哭腔说道：“奶奶……我……”艾伦明白了一切，她点点头：“你鬼鬼祟祟地偷穿了我最心爱的礼服，所以才不敢开灯，怕被人知道？”

伊莲小脸涨得通红，赤裸着双肩听祖母训斥，旁边还站着一位陌生的男人，她又羞又怕，瑟瑟发抖。艾伦的声音越来越严厉：“你一定是跟那些没教养的男孩子去舞会了。那个马克是不是你的舞伴？”

“不是，他才不是，我没有跳舞，跟斯蒂芬她们玩了一会儿就回来了……”几滴眼泪伴着伊莲颤抖的声音掉落。江流连忙插嘴道：“艾伦小姐，其实也没什么严重的，不过是一场误会，您就不要再惩罚她了。”

艾伦当江流不存在一般：“伊莲，这个月你都不可以再出去玩，任何舞会酒会还有戏院，都不许去。听到没有？还有，这件礼服是我十五岁生日时巴黎最有名的裁缝给我做的，我只在姐姐的婚礼上穿过一次。你马上给我脱下来。”

伊莲胸口剧烈地起伏，怨恨地看一眼江流，一转身跑到自己的房间，反锁上门。江流准备过去道歉，艾伦不客气地拦住他：“那件礼服，我希望明天看到它熨烫整齐地挂在我的衣橱里。”艾伦转过身进屋去了，留下江流傻在那里。江流抬头瞧着挂在墙壁上的油画，画中带着紫色花环的少女与伊莲一模一样，正冲他甜美地微笑着。

清早，江流、钱子谦在美丽的巴黎大学的林阴小径上散步，好不惬意。有几个法国学生经过，朝两人友善地打招呼。江流有些不习惯，钱子谦却一一回以微笑，尤其见到金发碧眼的美女，更是笑开了花。

“这洋人还真奇怪，陌生人也会打招呼。换做中国，定要被骂做疯子了。”顺着他的话，江流想起了昨晚那可怕的遭遇，摇摇头：“洋人的想法还真是琢磨不透。……你报的是什么系？”钱子谦一听学习，立刻发了虚。江流自顾自地说：“我早在京师大学的时候就决定了。我已经报了文学院哲学系。哲学系的几位教授很有名气。”钱子谦随声附和道：“好好好！那……我其实和你一样！有你在，我心里才有底。”

两人走了一阵子，江流觉得眼前的路越来越窄，犯起了嘀咕：“不对啊，今早伊莲告诉我去文学院的路就是这条，怎么走了半天都没到？”

钱子谦诧异："伊莲？是个法国姑娘吧？你怎么会跟一个法国姑娘在一起？"江流根本不想提这档子事，敷衍道："不过是房东的孙女……我明白了，她是故意的。"

前面来了一位风度翩翩的法国学生，他连忙走过去询问。法国学生很友善："文学院哲学系？我也是哲学系的，我叫威尔士，我带你们过去吧。"

江流大感意外："那就太好了，威尔士，谢谢你。我叫江流。"说着，江流跟着威尔士向前走。钱子谦落后一步，不由感慨："其实洋鬼子也都不错嘛。只有那个斯蒂芬，怎么都瞧我不顺眼。"

巴黎大学文学院曾经有过辉煌的学术史，早在1828年春天，就已经开设了三门深受社会公众欢迎的课程，威尔曼、库赞、基佐三位意气风发的青年学者引领社会潮流，名扬海外。而文学院的哲学系更是奉行绝对自由、不言之教的自主读书风气，让学生在静观、默察宇宙及人生一切大问题时能够通盘运用各种思维方法，从而存乎一心。

学院前大厅，屹立的是古代神话诗人奥墨尔和希腊先哲阿基米德的巨型雕塑，雕像后面的剧场壁龛上，井然地列着巴黎大学杰出的校友——索邦、笛卡儿、拉瓦锡、夏尔·罗兰、巴斯卡、黎塞留的全身雕塑，庄严肃穆。威尔士一一向两人介绍，江流在震惊之余更感到精神振奋，在这样一个优秀的大学学习，的确让人有深重的责任感和归宿感。

三人正聊得起劲，迎面碰上了马克和另一个法国学生切利亚。马克一见江流就鄙夷得上下打量，而切利亚看着威尔士，脸上露出讽刺的微笑："瞧瞧，到底是下等人的后代，这么快就与劣等民族的人做上朋友了。"切利亚和马克是法国贵族，威尔士却是农场主后代。在学校中，切利亚经常找茬挑刺，显出自己身份的优越性。威尔士虽然没有流着贵族的血液，但他的圣洁、自强、尊严丝毫不亚于他们，只见他挺起胸，站到切利亚面前道："我不是下等人，我父亲的农场跑着你这辈子都没见过的良驹。还有，无论是哪国的人，都是神的子民，没有贵贱之分。"

切利亚正想争辩几句，马克一挥手，让他闭嘴，他像小丑一般涨红了脸。马克一双蓝眼睛乜斜着江流与钱子谦，顿时高傲起来："粗鄙的人都流着无知的血液，居然也能混进巴黎大学这样的地方。"江流知道，进入巴黎大学肯定躲不开实力的交锋，他看着马克倨傲的样子，不卑不亢道："到底是谁无知，可以在学业上一较高下，到时自有分晓。"

几人互不相让，对视着。此时，走廊另一端，一个忧郁轻盈的少女的影子一闪而过，钱子谦立刻被吸引过去。江流一看，是伊莲。伊莲一脸愁闷，显然因为昨晚的事而不开心。她充满恨意地盯了江流一眼，兀自走远。马克、江流两人赶紧追上去："伊莲，伊莲……"

伊莲鸿影一现，蹬蹬上楼了。马克一个箭步走上去拦住她。江流还想跟着，钱子谦连忙一把拉住他，把他拽进哲学系教室。满屋皆是金发碧眼的同学，一看来了几个黄种人，立刻兴奋地窃窃私语起来。钱子谦觉得新鲜得很，左看右看，一点不生疏。几人寻了位置坐下后，威尔士和江流等人攀谈起来。

威尔士介绍道："马克家族是世袭的爵位。巴黎的贵族一向都如此傲慢。只有那位艺术系的玫瑰——伊莲小姐，能让他为之折服，可他却只能闻到花香，根本无法将她采摘。"

江流想到昨晚伊莲晚归，想必也是和这个马克在一起了，但他奇怪："这又是为什么？"

威尔士撇撇嘴："伊莲的老祖母是出身于尊贵的霍亨索伦家族，有王族的血脉。像马克一样的寻常贵族，在她眼中不值一文。"钱子谦一听王族，觉得亲切异常，连忙接口道："敢情她奶奶还是一格格啊。"

威尔士不解："格格？"

"就是皇上的女儿！"

"皇帝？你们中国的皇帝不是被革命党赶跑了吗？"

钱子谦一把推开江流，自己坐在威尔士身边，兀自胡侃起来："这都知道啊，那你知道八国联军吗？"

此时，马克匆匆走进教室，看脸色，估计和伊莲没什么进展。他狠狠地瞪了江流一眼，远远地坐下了。钱子谦有点担忧，小声地问："威尔士，我听说你们法国人动不动就要与人决斗啊？"

威尔士看着他，扑哧一乐："那是十六世纪以前的贵族嗜好，多半是为了名誉与爱情。现在可不多见了。"

江流听着两人交谈，无所谓地耸耸肩，打开买来的新书，认真读起来。

教室的门开了，众人肃静，注视着门口。两个校工搬着一个巨大的雕花落地镜进来。众人傻眼。随后走进来的是一个身穿燕尾服、脚踏黑靴、一脸严肃的教授，他随手一指，叫那两个校工把落地镜摆放在讲台一侧的位置。威尔士小声向江流介绍："他就是罗兰教授，本校传奇人物之一。他很严厉的，容不得学生有任何错误。"

待校工退出，罗兰抬起头，看着台下的学生，用纯正而流利地法语进行开场白："我的习惯是随身带一面镜子，随时都能看到自己的仪态和表情。上其他课的时候，你们可以把它搬到一边。不过，要记住随时帮我擦干净。"说着，他伸手翻开花名册，"你们的艺术史课程，由我来教授。我是谁，你们不必知道，但你们是谁，我很有兴趣认识……米歇尔·琳达。”

一个美丽的法国少女赶紧起身：“在。”

罗兰抬头看看她，继续点名：“……切利亚·朗姆……”被点名的人依次站起示意。到了钱子谦，他战战兢兢地站起来。

罗兰好奇地问：“到底，钱是你的姓，还是子谦是你的姓？”

钱子谦用结结巴巴的法语回答：“钱……是我的姓，我爸爸也姓钱。”

“为何姓在前名在后？”罗兰饶有兴趣地看着他。钱子谦面红耳赤，不知如何回答。半晌，一派寂静。罗兰不高兴地说：“连对自己的名字都没有研究，如何认识自我？中国不是也有伟大的哲学吗，为什么要到法国来学习？”

“这……”钱子谦支支吾吾。

罗兰皱皱眉，严厉地瞪着这个回答不出问题的学生。这时，一旁坐着的江流起身，深深地行了一个礼：“老师，刚才那个问题，我可以回答您。我也来自中国。”

罗兰看着眼前这个大胆的中国青年，点头应允。江流说：“姓氏在前，是我们中国的家族传统，世世代代，延续传承。姓氏是一个象征，是一种对人类文明源起的敬意。”

“那我问你，对你们中国人来说，是不是家比人更重要？你们顾的只是一个空洞的家，忘记了去尊重每一个活泼的人？”

江流微微一笑：“老师，如果没有那个空洞的家，没有祖辈和父母，哪里又会有像您这样一个活泼的人呢？”罗兰看着他，没有言语。江流继续侃侃而谈：“老师，诚如您所说，中国也有伟大的哲学家。可是，每个国家都有不一样的哲学，也有不一样的传统和文化。他们的不一样到底在哪里？有没有可以沟通和互相学习的地方？这是我的疑惑，也正是我为什么要来法国学哲学的原因。我们都希望能在法兰西这片文明的热土上寻求到不一样的智慧与科学。”

江流话音刚落，钱子谦带头鼓起掌来。所有人都被他潇洒非凡的气质所折服。马克没料到这个看起来文弱的中国人居然也是一个雄辩的英才，惊讶不已。罗兰素来不苟言笑，听了江流的话，停顿片刻，露出了难得的微笑：“祝你成功，我的孩子。”

和江流不同，唐熙同则选择了农科。他一个人坐在农科教室中，这个班居然一个黄种人都没有。唐熙同本来胆子小，这会儿更是忐忑不已。这时，坐在中间的一个扎着马尾的法国女生俏皮提议：“老师还没来，我们先自我介绍，互相认识一下吧。”唐熙同一听更为紧张，连忙把头低下。

谁知他这样反而在人群中格外显眼，那个女生立刻把他揪出来："那位同学，从你开始吧。"

唐熙同傻了，他局促地站起来，因太紧张，竟支支吾吾半天，说不出一句话来。其他同学都哄笑起来，几个不怀好意的法国男生一个劲儿挤眉弄眼："是不会说话吗？中国人，你难道是个哑巴？"

唐熙同脸憋得通红，平日里学过的法语这会儿全都记不起来了，他的头越来越低。这时，教室门口翩然飘过一袭绿色的裙裾，一双绣花布鞋站到了门口。唐熙同一愣，抬头一看，只见一个黑发齐腰、手捧书本的女孩对他嫣然一笑。她边说边走到唐熙同身边："这位同学，是我的同乡，刚从中国赶来，我来代他介绍一下吧。他叫唐熙同，来自中国湖南，那是一个盛产粮食和鲜鱼的地方，我们管它叫鱼米之乡。我想，我们应该好好欢迎一下这位来自鱼米之乡的同学。"

众人纷纷鼓掌。女孩眨着黑色的大眼睛，向目瞪口呆的唐熙同伸出手，用久违的中文清脆地介绍自己："我叫方芝，也来自中国！"唐熙同连忙投去感激的一笑，握住她伸出的右手。

下课后，方芝与几个法国女生说笑着走出教室。唐熙同收好书本，自后面追上来："方小姐。"方芝落落大方地一笑："刚才大家都做了自我介绍了，你不会没记住我的名字吧。"唐熙同被这样一问，反而不好意思起来："方芝同学……我是想问你，你如何知道我的姓名与家乡的？"

"我比你早来一年，读了预科。"方芝歪着脑袋，一副可爱的样子，"你们来之前，我就看过这批留学生的名单了。"唐熙同恍然大悟："噢，原来是这样……可你一个女孩子，为什么要读农科啊？"

"农科怎么了？你看看班上那些漂亮的法国女生，她们也都很乐意读农科。你不觉得种植、培育、收获是一件很有趣的事吗？"

两人在学校的林荫道上随意地散着步。校园里静谧、纯美，间或有几只鸟在枝头鸣叫，阳光正好，缕缕清风为花园增加了不少小情趣。走到了学校的小湖边，方芝俏皮一笑，反过来问他："那你为什么要学农科？"

"我来法国的途中，看到法国农器、种子和肥料的使用，及法国的水利设施、家畜的驯养，都是我国农人所不及的。我只是想，到底民以食为天，中国的地域那么辽阔，若是以农科所学造福百姓，才是治国的根本。"唐熙同是个有心的人，他来巴黎大学前阅读了厚厚的农业知识丛书。这一会儿，巧遇同乡知音，他侃侃而谈，毫无拘束之感。许多见解，方芝听了之后大为讶异，他流利的法语更是让她叹服。

方芝觉得这位少言寡语的中国男生是一个充满了想法、拥有主见的人，很是欣赏："你是一个很有想法的人。"

上完一堂课，钱子谦用他那不流利的法语结识了几个法国朋友。法国人天性浪漫开朗，钱子谦潇洒、直率的性格让他很快和他们打成了一片。趁着江流自习的工夫，钱子谦跟着威尔士四处转悠。路过活动室，听见一阵阵哄笑声，钱子谦平时最爱凑热闹，哪里按捺得住，一个箭步走上台阶，推开门，只见里面乌烟瘴气，一阵阵烟雾飘出来。钱子谦呛得不行，连连挥手，威尔士微微一笑，拉着他进去。

"香烟会？"钱子谦满头雾水地看着手中那根短小的香烟,泛起了嘀咕。云雾中，几个男生激烈地谈论些什么。威尔士过去拿过一根烟，使劲吸了一口烟，然后吐出一个浑圆又浓厚的烟圈，众人在一旁都起劲地喝彩。威尔士摇头晃脑道:"对，就是吸烟、吐烟圈。谁的烟圈最大最多，就算赢家。奖品是一整瓶杜松子酒！"钱子谦一转念，他捏捏手上细小的香烟，灵机一动地问道："什么烟都可以吗？"

几个法国男生争先恐后地凑上来："都可以！"钱子谦一拍大腿，蹭地跑出去，边跑边喊："我去去就来！"几个蓝眼珠子大眼瞪小眼，看着威尔士。威尔士连忙摇摇头，表示不知情。

待钱子谦风一样地跑回来，大家看他从背后抽出一杆大烟枪，不慌不忙，猛吸一口，然后缓缓飘出一个巨大的烟圈。那烟圈神奇地停在半空中，所有的法国学生都傻眼了，目瞪口呆盯着。

不一会儿的功夫，钱子谦接二连三地吐出了八九十个烟圈，都停在半空，让人难以置信。良久，威尔士才眨巴一下眼睛，指着那黑黑长长的大烟枪说："这个，这个也是香烟？"

钱子谦得意洋洋地说："这个就是我们中国的香烟。这是我爷爷的爷爷的爷爷传下来的，宝贝，没见过吧？"

"太神奇了，你能借我试试吗？"威尔士身边的一个小个子满脸崇拜。

钱子谦一皱眉："那我赢了吗？"

香烟会老大连忙过来搂住他的肩膀："当然，那瓶酒是你的了。"钱子谦乐了，眼睛眨也不眨就把烟枪递给威尔士。看看表，到饭点了，他悠闲地出门，拿着酒去找江流。

下课后，江流来到巴黎大学学生餐厅，早已取了食物找了位置坐下。钱子谦得意洋洋，刚要向他炫耀自己的成果，就见伊莲与斯蒂芬小姐手挽手走进餐厅。钱子谦一双小眼睛亮了，他立刻起身，大脸盘子凑到斯蒂芬面前："斯蒂芬小姐，我就说我们是有缘之人嘛。你瞧，又遇见了。刚才我赢了一瓶高档杜松子酒，不如一同进餐吧？”

斯蒂芬无所谓地耸耸肩：“伊莲，你愿意吗？”伊莲瞪了江流一眼，摇头道：“那个人我不想看到他。”斯蒂芬优雅地一笑，欠身走远：“抱歉了，我的朋友她不愿意，谢谢你的邀请，钱先生。”

钱子谦触了一脸晦气，回来埋怨江流：“你到底怎么得罪了那位伊莲小姐？”

江流自然不能说出原因，只能苦笑一番：“长恨人心不如水，等闲平地起波澜……你再不吃，牛排就冷了。”钱子谦连忙拿起锃亮的刀叉，对着那七成熟的牛排，笨拙地左右比划开来。

“洋人这玩意，怎么用啊……不行，我用不了。”说罢，钱子谦用力抓着刀叉拼命地切割坚硬的牛排，引来旁人注目。

这时，一身烟味的威尔士走进餐厅，向众人宣布：“学校决定，两日后在此举行欢迎酒会，欢迎所有新同学。”

餐厅里的学生都欢呼雀跃起来，钱子谦一蹦三尺高，揽住马克：“酒会？这倒是不错。话说酒逢知己千杯少，到时咱们可要一醉方休啊。是不是，马克同学？”

马克嫌恶地甩开钱子谦的手：“中国人也知道酒会？”

钱子谦一挺胸脯，不高兴地说：“这个，当然知道了……别说酒会，老佛爷的御宴我阿玛也带我参加过。那个满汉全席，真是丰盛啊。”马克未置一词，只冷冷地注视着江流，转身走远。

钱子谦尴尬地站着，挠挠头，一脸忧虑：“唉，幸好他的敌人不是我。你可就惨了。”江流自顾自切着牛排：“兵来将挡，水来土掩，你别忘了，我可是拎着脑袋干过革命的人，还怕这个？”

3

哲学是一门高深的学问，很多青年人都望而却步，江流却另辟蹊径，在哲学系自由主义的教学观念中，找到属于自己的学习方法：“科学方法”——归纳和演绎，“艺术方法”——模仿和创造，“天才方法”——发明和启悟。他发现，所谓哲学就是研究知识之谓，而哲学家不应该汲汲于事功，应该置身于名利场之外，静观默察宇宙及人生一切大问题，因此哲学家的知识应该要广大渊博，无所不知。

初到巴黎，美景让他流连往返。有时他会约上钱子谦、唐熙同，趁着周末时间，跑到罗浮宫、凯旋门、巴黎圣母院等地方玄思，和钱子谦大谈中西方画派风格。艾伦家住得离先贤祠很近。先贤祠是法兰西民族精神的精髓和象征。1791 年 4 月 4 日，法国制宪会议通过决议，将圣女洁娜维耶芙教堂改名为先贤祠，以此纪念在历史上为法兰西民族做出非凡贡献的伟人，他们的遗体被安放在先贤祠的底层。那通往地下墓室的巨型圆柱，如同承载了人类的灵思和妙想、自由和先知一般，紧锁着着江流的心。

这天，从先贤祠出来，江流急匆匆地从集市买回一大束鸢尾花往艾伦家赶。刚到门口，一阵优美的音乐吸引了江流，他放慢了步伐，轻轻推开门。留声机正播放着一支悠扬的圆舞曲，艾伦穿着一件大红色的舞会礼服翩翩起舞。舞步交错中，艾伦陶醉地举着双手，好像拥抱着一个并不存在舞伴。江流的出现打乱了艾伦的好心情，她停住舞步，欠身走到留声机边，右手轻轻一按，音乐戛然而止。艾伦自言自语道："亲爱的肖恩，谢谢你请我跳舞，今天我很快乐。"说完，她向着空气伸出手，仿佛等待着一个人的亲吻，笑得如少女般甜蜜陶醉。

江流看呆了。艾伦变了脸，没好气地说："你竟然不敲门就进来？"

"我……我看门没有关着……"

"鞋底的泥擦干净了吗？"

江流愣了一下，点点头："遵照您的吩咐，擦干净了……我还买了新鲜的鸢尾花……"艾伦点点头，脸上又露出了忧伤的微笑。她看着江流把新鲜的鸢尾插入花瓶，又吩咐道："那些换掉的花，你把它们埋到院子里。虽然已经枯萎了，可还是要体面地埋葬它们。"

"葬花？"江流一个激灵。

艾伦点点头，歪着头看着他："你说什么？"

"噢，我想起了中国的一个故事，是一个很忧伤很美丽的爱情故事。故事里有一位叫林黛玉的小姐，就像您一样，喜欢埋葬凋零的花朵。"

艾伦一听，很有兴趣地将身子坐正，招呼江流坐下："想不到那么远的国度也有像我一样的人？这故事你讲给我听。"

"可是，我今天还要帮您清洗刀叉餐具呢……"

"没关系，那个可以以后再清洗。你先把林黛玉小姐的故事说给我听。"

江流无奈地走到沙发边坐下："这个故事，要从一块很大的石头说起……"

时间过得很快，伊莲参加完马克举行的舞会回到家，见客厅里还坐着两个人，顿时吓了一跳。定睛一看，艾伦在凄凄哀哀地哭泣，而江流坐在对面，似乎在小声劝慰。

"噢，奶奶，你怎么了？"伊莲大惊，转眼愤恨地看着江流，"为什么奶奶会哭，你到底做了什么？”

艾伦正哭得伤心，手绢上泪迹斑斑，她连连摆手：“不，不要怪他。……这位叫林黛玉的小姐实在太可怜了，我听到她的故事，就想起很多从前发生的事，真是太让人难过了。”伊莲吃惊地张大嘴。江流连忙解释：“我在给艾伦小姐讲故事……”伊莲打断他：“我不想听你说话，我讨厌你。”说完，伊莲转身上楼。江流刚想解释，却被艾伦一把拉住：“不要理她，你继续说，林黛玉小姐生病以后怎样了……”

等这个凄美绝伦的爱情故事讲完，已经是午夜时分，江流是个遵循今日事今日毕的人，虽然艾伦让他早些休息，但他还是走进厨房把刀叉餐具清洗干净。他对着那些精致的盘碟、刀叉，凑近仔细研究着，自言自语：“为什么这些刀叉都不一样大，有什么区别吗？”他全神贯注，全然不顾身后。

“你要偷奶奶的餐具？”

江流吓了一跳，回头看见伊莲穿着白色的睡衣站在身后，他赶紧拿起一块抹布遮掩道：“不是。我是遵照艾伦小姐的吩咐，把他们清理干净。”

伊莲怀疑地打量着他，忽然想到了什么，大笑起来：“我知道了，你根本不会用刀叉，所以才偷偷摸摸在这里研究。”伊莲娇憨一笑，江流终于如释重负，松了一口气。

“不过，你必须从我们家搬走。”伊莲话锋一转，非常霸道地说。

“这……我是交了房租才住在这里的，也是艾伦小姐同意的。”

伊莲脸色一变，拿起桌上一只漂亮的盘子，细声细气地说：“这样，”说着，她开心地松开手，“奶奶就会把你赶走了。”那盘子跌落的瞬间，江流不顾一切扑过去，整个人倒在地上接住了盘子，又狼狈地爬起来。

见一计未成，伊莲急了，连忙上前来抢，不料一脚踩到了睡袍的下摆。“哎呀”，她尖叫一声，扑倒在江流身上。江流刚接住的盘子，又被撞在地上。两人大眼瞪小眼瞧着彼此，耳边传来清脆的瓷器破碎声。

“伊莲，那只盘子的来历，你告诉他。”艾伦板着脸坐在沙发上。伊莲和江流狼狈不堪，一语不发。良久，伊莲说道：“那是威廉一世最心爱的盘子，后来赠送给我们霍亨索伦家族。”江流一听，傻了眼，知道自己闯了大祸，看了看哭丧着脸的伊莲，说不出半个字。

“你现在知道它的价值了。你要怎么赔偿我。”艾伦说话不紧不慢，颇有分寸。

江流为难地说：“我没有钱……”

艾伦皱纹突然一下舒展开：“既然没有钱，就要为我再多做一些事。”

伊莲一听，气得跳起来：“奶奶，您应该把他赶走。这个人一定是故意打碎您的盘子的。”

艾伦看着失态的孙女，耸耸肩：“赶走他，谁来赔我的盘子？”伊莲一时语塞。艾伦看着两人说：“从今天开始，你要做伊莲的家庭教师，教她学习中文。”伊莲简直要崩溃了，她指着江流大喊大叫：“奶奶，我不要学什么中国的文字，更不要这个人教我。”

艾伦眯起眼睛，打量着伊莲，她一缕金发耷拉在额上，显得滑稽又可爱，白色睡衣被弄得皱皱巴巴。艾伦摇摇头：“你这样大喊大叫真是太粗鲁了。我比你还小的时候，已经在学习希腊文和希伯来语了。中国是一个很古老的国家，学习他们的文字会是一件很有趣的事情。如果不同意，圣诞舞会的时候，你就不要再打那件皇后礼服的主意了。”

“我……”伊莲一脸委屈。

艾伦根本不听她的辩解，高傲地对江流说：“你有意见吗？”

“我？”江流苦笑着耸耸肩，觉得这一切啼笑皆非，“一切听艾伦小姐的安排。”

艾伦这才满意了：“如果半夜再把我吵起来，我会把你们统统赶出我的房子。

书房中，第一堂课就要开始了，江流做足了准备，伊莲却一脸不情愿。江流谨慎地看着她，拿出文房四宝，说：“中国的学生学习汉字，都会从最简单的字开始。我今天先教你写一个人字。”伊莲心不在焉地瞥了一眼，只见江流提气运笔，在白纸上写下一个字。“你看，这个字就像一个人，有两条腿，稳稳地站在地上。”伊莲一听，觉得有趣。江流让伊莲看他的口型，教她念：“日……恩，人。”伊莲连忙跟着学起来，发出了一个别扭的音。

江流点头，把手中的毛笔递给她：“你可以写一下这个字，试试看。”伊莲接过毛笔，看着那软软地笔尖，研究了好久，比对着江流的字，在纸上写下歪歪扭扭的一个“人”字。

“不不不，你要先写左边这一笔，然后再写右边的……就像人走路，要先迈左腿……中国字，字形和字意的关系很密切，如果明白这个道理，你会觉得很有趣。”

伊莲想了想，反应非常快：“两个人，是不是念……爱？”

江流摇摇头，认真地说：“不，两个人念从，就是顺从、跟随的意思。你明白吗？”

“三个人呢？”

江流微微一笑，提笔写下一个“众”字：“三个人念众，是很多人的意思。”

伊莲恍然大悟道：“三个人就是很多人了？”她拿起“众”字，指着它说道，“那为什么这一个人要在这两个人的上面？人不是应该平等的吗？”江流一时半会想不出如何解释，只能愣愣地看着伊莲天真的眼神。伊莲见他回答不出来，顿时对这位老师的学识表示不满，丢下笔，跑出去了，剩下江流一人，面对着那“人”、“众”二字发呆。

第二天是巴黎大学传统的迎新酒会，在精心装饰过的礼堂里举行。几十张长条餐桌富丽堂皇，上面摆满了丰盛的佳肴。所有新生都穿着体面，面带微笑，交谈都是低声细语，生怕搅坏了这和美、庄重的气氛。江流走进餐厅，有些拘谨地四下张望。威尔士在远处招手：“你来晚了，我们替你留了位置。”说着，威尔士带着江流向座位走去。远远的，江流就已看到钱子谦正跟同桌的几个法国同学已十分熟稔地说笑着，久别的唐熙同就在邻桌。

马克与伊莲、斯蒂芬坐在江流对面的位置。钱子谦凑近江流说：“其实这些洋鬼子都没见过什么世面，不过一杆烟枪就让他们争着和我做朋友了。那些刀叉怎么用，威尔士已经教给我了。你呢？”江流一笑：“等会你自然知道了。”

这时，人群中传来一声惊呼，整个大厅沸腾了。门口，众多法国女生簇拥着方芝走进来。方芝显然经过精心打扮，身着一身绸缎旗袍，齐腰的黑发挽成云髻，婷婷走进礼堂。她落落大方，如东方女神降临人间。钱子谦看傻了，喃喃自语：“竟然还有这么漂亮的中国女子。她长得太争气了……只是我好像在哪里见过呢……”

方芝粲然一笑，挨着唐熙同坐下。钱子谦更是吃惊不已：“那个书生？我倒真小瞧他了啊。”

此时，坐在最前面一桌的一位年迈端庄的法国女士站起身，举起酒杯，全场肃静。威尔士小声说：“嘘，校长夫人要说话了。本校惯例，迎新酒会都是由校长夫人献诗开场的。”

“当夏日的白昼褪尽，遥望那繁花似锦的平原，四面八方飘洒着令人陶醉的香气。今夜的繁星与明月如此皎洁，幽幽苍穹也披上了朦朦胧胧的色彩。柔和苍白的曙光期待着登台的时刻，我们的爱与魂灵，在那遥远的天际飞舞……”校长夫人的声音柔和、醇美，如同一泓清泉酿成的好酒，令人回味无穷。

钱子谦一脸崇拜："虽然不太明白校长夫人念的是什么意思，我还是能感受到法兰西的……美。"

"桑特！"校长夫人举起红酒，向大家示意。所有人举起酒杯。

"桑特！"

新生们开心地进餐，大厅里一片刀叉交加的声音。江流瞧着眼前的刀叉，没有动。钱子谦拿起刀叉，有点紧张，动手切割，总算顺利吃到一块肉。他瞧着江流，很是有点得意："你不会还用不了刀叉吧？"

马克在一旁嘲讽道："怎么不吃呢，是不是又怕把牛排切出盘子了？不用担心，大家都知道你们来自落后的中国，不懂礼仪也正常。"伊莲在一旁，也停下刀叉，饶有兴趣地看着江流。

江流慢条斯理地拿起刀叉："刀叉有何难。在我们中国，这都是厨房的用品，上不了餐桌的。我们中国人用的餐具，你们也未必会用。"江流不慌不忙地拿出两根树枝削成的筷子，放在桌上。马克拿起这两根长短一致的小小木条，递给伊莲。伊莲推搡着，摇摇头。

"这叫筷子，"江流一本正经地解释道，"我们中国人就用这个。"

马克很不服气，一把抓过筷子，笨拙地拿在手里，去夹一块西红柿，但那两根小小的木棍就是不听他使唤，无论怎么使劲，死活夹不上来。伊莲发出了一声清脆的嘲笑声。校长和夫人也饶有兴趣地看过来。马克气得脸通红，又试图去夹蔬菜，一不小心，弄巧成拙，不但把整个生菜篮子碰倒，还将西红柿汁弄了一身。

钱子谦乐了，口无遮拦地说："在中国，三岁的小孩子都会用这东西，想不到一个堂堂的法国贵族却这么笨啊。"旁边的人哄然大笑。伊莲看着马克的窘样，也不由笑起来。

马克羞急了，丢下筷子。江流拿过筷子，顺手夹起盘中一粒粒豌豆，伊莲瞪大了眼睛看着。

"餐桌，也能代表一个国家的文化。我只是想告诉你，我来到法兰西一定可以学到你们的文化，而本国的精粹我也不会丢。"江流不亢不卑地说。

大厅里的中国留学生纷纷站起身来，为江流喝彩。方芝边鼓掌，边问身边的唐熙同："那个人叫江流？"

唐熙同点头："他可不是一般的人物。"

方芝绽放出神秘的笑容，一副恍然大悟的神情："我知道他。"

江流身边的法国同学纷纷向他敬酒，凑过去争着要看他的筷子。马克气得离席而去，斯蒂芬小姐望着伊莲说："你瞧，连你的骑士都不是他的对手。"

“我要先走了，这里吵得我头晕。”伊莲一推手，仇视地望着江流，起身去追马克。

待江流醉醺醺地回到家中，已是晚上十点钟了。他步履踉跄，绊倒在楼梯边。伊莲听到动静，举着烛台走出房间，见江流醉倒在那儿，灵机一动，想出了个鬼点子。

“糟糕！”第二天，江流猛地睁开眼睛，迷迷糊糊看向窗外。阳光照耀，太阳已经高高升起。江流揉着头坐起身，看看壁上的挂钟，穿上衣服就向外冲去。

江流步履匆匆，行走在校园里。两个法国女生与他擦肩而过，他礼貌地打个招呼，谁料两人却忍不住捂嘴笑起来。江流有些诧异，却顾不上许多，加快脚步。当他刚走上阶梯，迎面有人拦住了去路：“你，站住。”

江流惊诧，抬头一看，眼前一位面容娇艳，戴着长羽毛的帽子，穿着紫色长裙的法国女士正一脸严肃望着他。

“你是什么人？”

“我……我是本校哲学系的学生……噢，我是从中国来读书的留学生。”

“读书？”法国女士冷笑一声，“你现在的样子像是来读书的吗？”

江流低头一看，发现衣服扣子扣错了，连忙重新扣好。女士又掏出一面精致的镜子递给他。江流一看，见脸上一团乌黑的墨水。

“衣冠不整，面目脏污，这样怎么能进学校？”

江流望着镜子里的自己，把事情猜了个八九不离十：“啊！我……这……我这就去洗脸……昨天酒会，多饮了几杯，所以……我保证，不会有下次了。”一抬头，法国女子已经走远了：“下次？下次校长不会再让你这样走进校门了，中国人。”

江流不可置信地看着那远去的身影，自言自语道：“法国的女学生怎么都如此野蛮？”

江流擦干脸上的水，走进教室。伊莲和马克不屑地盯着他看。江流一坐下，钱子谦连忙凑到他耳朵旁：“听说了吗？今天的老师是位法国美人。”

“你的消息倒是灵通得很。”江流伸手问钱子谦要镜子，仔仔细细整理着容装。“是威尔士告诉我的，”钱子谦期待地说，“这位老师，据说是罗兰教授的新婚夫人，两人差三十多岁呢。”江流对此显然不感兴趣，他环顾教室，指着讲台问道：“为什么那儿有只花瓶？”钱子谦无所谓地摊开手：“这个……我就不知道了，管他呢。罗兰教授已经那么古怪了，这位罗兰夫人还不知道是怎样呢。”

便在此时，一个紫色的身影闪入教室，优雅地走上讲台，将手里拿着的一支沾满晨露的玫瑰插入瓶中。江流呆住了，这不就是刚刚训斥了他的那位高傲的法国女士吗。她这么年轻，居然是自己的老师！

“我叫索菲拉，从今天开始，给大家讲授美育课。”那声音如初生的夜莺婉转动听，伴着窈窕的身姿，令人陶醉不已。钱子谦一手撑着课桌，半露出笑容，傻傻痴笑道：“罗兰教授，艳福不浅啊。”

“美是什么？你们可以看到这支玫瑰，它娇艳、芬芳，它尊贵地绽放，毫不掩饰自己，它让我们感受到晕眩陶醉的爱情……它就是美，一种自然的蓬勃的生命的美……”索菲拉热情洋溢地开始授课，她的目光含情带笑，扫过每一个人的眼睛。突然，她充满激情的讲述停止了，皱皱眉，指着墙角一些散乱的杂物。

“为什么没有打扫教室？”

学生们一下都愣住了，纷纷回头去看那堆平常都忽略了的杂物。马克硬着头皮撒了一个谎：“今天校工生病了，大概没人打扫。”

“好吧，那你们现在开始打扫。”索菲拉严肃地看着他，“你，快把它清理干净。”

马克迟疑道：“夫人，我们不是在上课吗？”

“这正是我们要学习的。没有舒适和美的环境，还谈得上什么美育？”

“打扫杂物，那是仆人的工作……”马克极不情愿地说出了自己的心声。

索菲拉走到马克身边：“你是贵族？”

马克立刻挺胸抬头，骄傲地回答：“世袭勋位的带剑贵族，夫人。”

索菲拉丝毫不为其所动，摇摇头，看着自足自大的马克：“贵族？真正的贵族是心灵上的高贵与尊严。打扫杂物，并不卑贱。如果你不肯，我的课你不用上了。”马克无奈地低下头，脸色通红地开始打扫教室。

下课后，钱子谦幸灾乐祸地拍江流的肩膀：“真痛快。这位罗兰夫人教训了那个傲慢无礼的法国贵族，可以做你的盟友了。”

两人走到操场旁边坐下，不远处，马克和切利亚正和一群学生踢足球。

“这法兰西，真是挺新鲜。我越来越觉得，自己不会白来一趟。”

“新鲜？你是说那个凶巴巴的罗兰夫人？”钱子谦不解地问。

“不只她，”江流摇摇头，目光灼灼，如同几年前刚出黄埔小学一般，“这里每个人、每件事，都很有趣。”

话音未落，一个足球直飞过来。有人在绿茵场上大喊：“踢过来。”

钱子谦捅捅江流，表示自己不会。马克一见他的怂样，立刻高傲地笑起来：“我想你们连足球是什么都不知道吧。算了，切利亚，你去把球捡回来吧。”

江流一个箭步跳将上去，飞身一脚，那足球在空中划出了一道美丽的弧线，不偏不倚地落在马克身边，众人发出一声喝彩。马克被臊得脸色青一阵白一阵。

“这东西，我们中国叫蹴鞠，几百年前就有了。”江流不客气地回敬道。天色一暗，几点雨飘来，江流皱皱眉头：“这巴黎的天气真让人捉摸不透，上午还是好好的，下午怎么就下雨了呢？”

时光飞逝，转眼一学期过去了。春季里，空气中总蕴含着些许泥土的芬芳，微醺的旷野上铺开嫩绿的青草坪，星星点点的野花连成一盏云霞，点缀着巴黎最美好的季节。塞纳河上荡漾的小船载着从四面八方赶来的游人，在碧波中播下一道道银色的涟漪。

索菲拉新学期的第一堂课，恰逢一个春暖花开的日子，她换了一身浅绿色的长裙，戴着贵妇帽，灵动智慧的目光透过网纱把学生们欣喜的表情尽收眼底。

她带着学生们走入春天的巴黎大学，来到了一块已经平整好的苗圃前。在他们旁边，是一座花园，花团锦簇。钱子谦张望着，见他的心上人斯蒂芬和一群艺术系学生都在那里写生，嘀咕道：“别说，我真想转去艺术系了，至少赏心悦目啊。”

这边，索菲拉开始给大家分发表格：“各位，新学期才开始，我现在却要布置你们期末要交给我的作业了。”

众人都好奇地看着表格，不知道这美丽的老师有什么奇妙的心思。索菲拉莞尔一笑，指着那苗圃道：“每两人为一组，自由挑选一块土地，种植任何植物都可以，期末的时候由我来打分。”

钱子谦大惊：“种地？我千里迢迢跑到法国最有名的大学里种地？”

切利亚叉着腰，瞧着威尔士，哂笑道：“农场主的儿子，这个你最擅长了。”威尔士根本不理他，切利亚讨了个没趣，悻悻地呆在马克身边。

索菲拉看着议论纷纷的同学们，和蔼地笑了：“我希望你们每个人都要用心地对待你自己选择的那块土地，投入你全部的爱与感情，等到收获的季节，才会有好成绩。”

钱子谦举手问道：“夫人，我们来到法国是想接受高雅艺术熏陶的。如果是种地，在我们中国买块地，自己研究就可以了，何必千山万水跑到这里来？种地，还能当一门功课？”

索菲拉看着钱子谦：“我不认为农民不高雅，也不认为种地就缺乏艺术。

梵高为了画好向日葵，亲自去种了一片。难道说，他就不是艺术家了？中国的农田是最广袤的，也就是说，你们拥有最多的土地财富。连土地都不热爱，你们学习其他的，有什么用处？”

马克走到江、钱两人身边，挑衅地说：“既然你们国家大多数人都是种地的，那我们就比一比，看谁种的好。”

4

入春之后，伊莲比上一年更加活跃，她经常趁着艾伦不在家的时候偷偷和马克约会。艾伦絮絮叨叨地说女大不中留的问题。江流对美丽的伊莲总是有一种说不出的情愫，这个女孩儿有着他在中国女孩身上见不到的活泼和自主，但她实在太倔强。只有黄昏时候，当伊莲在钢琴旁坐下练琴，江流在隔壁房间开始自己一天的功课，在那一刻，两人才能在这不可名状的美中感受属于生命的律动。

这天，钢琴声刚落，伊莲居然穿着一身华贵的礼服来到江流房间，她显然精心打扮过。虽然两人已经很熟悉，但那一刻，当伊莲如同一朵纯白的夜来香绽放在江流面前时，他被那绝美的容颜震慑住了。他感到自己的心跳很快很快。伊莲轻启朱唇：“今天，我不学中文了。”

“可是，艾伦小姐她……”

伊莲连忙捂住他的嘴，一阵少女馨香的气息袭来。晚风轻轻吹拂着落地窗帘，伊莲紧张地握住他的手：“我要和马克出去……你不能让奶奶知道……”

这一夜，没有了熟悉的钢琴旋律，江流发现自己居然连一个字都看不进，他只能恼怒地看着夜色。月光如水，在云丝风片中穿行，如同没事人一样掠过江流的窗帷，如此皎洁，如此安详。江流摇摇头，想着唐代张若虚描写春月的诗句“玉户帘中卷不去，捣衣砧上拂还来”。突然，门口传来艾伦小姐呼唤的声音：“江流，开开门，我要看伊莲学得怎么样了！”

夜半时分，月移西天，四下静谧。伊莲自马车上下来，与马克道别。马克的身上散发着朗姆酒的余香，他借着朦胧的月色和酒劲，壮着胆子吐露自己的心声：“要知道，对我来说，你如同天上的月亮，那么高贵而又明亮。我深深地爱着你，可你对我一直这样忽冷忽热，让人捉摸不定……”

他的眼睛如黑夜中的星光热烈，渐渐地，一切都模糊了，他的头慢慢俯下去，等待着亲吻的降临。伊莲脸色惨白，连忙挣脱他的怀抱：“你醉了，你在这里会吵醒奶奶的，你先回去吧。我要回去了。”

“不，我并不怕被任何人知道，”马克急急地揽过她的肩，“伊莲，我们都不是保守的人，你为什么总是这么拘束呢……”他着魔一般亲吻着伊莲金色的秀发和白嫩的小手。伊莲摇摇头，拼命地反抗着。

“作为一个上等绅士，在夜里这样纠缠一位小姐，是很不合适的！”一个炸雷般的声音响起，马克和伊莲都吓了一跳。马克赶紧松开手，伊莲捂着潮红的面颊，大口地喘着粗气。

马克面红耳赤：“艾伦小姐，您好……”

艾伦小姐身后闪出一个人影，是江流，马克又惊又怒，直指江流的鼻子：“你怎么会在这里？”

艾伦小姐皱着眉，语调也提高了八分：“他是我的宾客，马克先生。谢谢你送我孙女回来。我想，你该回家去了。”马克不甘心地看着伊莲和江流，气恼地垂下手，踏上马车离去。

艾伦小姐转身走进房内。马蹄声渐远，江流若有所思地踏上台阶，伊莲瞪着他：“你居然告诉了奶奶？”

“我没……”

江流还没解释完，就听见艾伦小姐训斥的声音传来：“伊莲，你太让我失望了。一个贵族的小姐，竟然在没得到长辈允许的情况下跑出去参加舞会……”

艾伦小姐的话还没说完，伊莲就激动地捂着脸哭泣起来：“不，我不是贵族的小姐，我没有马车，也没有新的礼服和珠宝首饰，我连个女仆都没有。我还要忍受和一个陌生人同住在一栋房子。”

看着孙女失控的样子，艾伦小姐一拍桌子：“你在侮辱你高贵的家族……”

“是吗？”大滴大滴的泪珠顺着伊莲的脸颊滑落，她飞快地脱下自己的礼服，“伟大的霍亨索伦家族还剩下什么？除了那些带着徽记的旧古董和不值一文的贵族尊严。”伊莲穿着白色的衬裙，瘦小的身躯在朦胧的灯光下瑟瑟发抖。

艾伦小姐浑身颤抖，干瘪的嘴巴一张一翕。江流扶着艾伦小姐慢慢往楼梯方向移动，刚上到二层，就听见伊莲房间一阵乒乒乓乓。一会儿，伊莲拎着一只小小的皮箱飞快地向楼下冲去。艾伦小姐惊呆了，她一把拉住伊莲：“你要离开我？”

伊莲一甩手，挣脱着向楼下走去：“我要离开你们，离开这个让我讨厌的地方……”

艾伦小姐拦在伊莲前面："不，伊莲，你不能走……"

突然，脚下一个趔趄，艾伦小姐自楼梯上摔了下去。伊莲一声尖叫，哭喊着跑下楼去，抱住晕厥过去的艾伦小姐大哭起来："奶奶……"

"左腿骨骨折，另外还有几处擦伤。你们是怎么照顾艾伦小姐的，怎么能让她从楼梯上摔下来？"乔瑞医生给艾伦小姐打完封闭针，等她服完安定睡下后，才出来找江流、伊莲。伊莲浑身哆嗦地站在一边。江流轻轻挽着她，不时安慰着。

"我从三十年前就是艾伦小姐的私人医生了，她从来没有受过这么严重的伤。不管发生了什么，现在病人需要好好地休息。我先回去了，明天再过来看望艾伦小姐，你们要小心照料。"

沉睡中的艾伦小姐看起来十分安详。伊莲摸着她的腿，啜泣不已，她突然低声说："其实，奶奶她从来没有嫁过人。"

江流大惊："那你……"

伊莲牵动嘴角，苦涩一笑："奶奶的情人叫肖恩，是一个海军中尉。他不是贵族，但为了他，奶奶成为家族的背叛者。肖恩在普鲁士的战争中死去了。奶奶在上帝面前发誓，一辈子不结婚。后来，她的哥哥见她十分可怜，把自己最小的儿子过继给了她。"

江流指指门外："肖恩就是画上的那个人？"

伊莲头枕着艾伦小姐的手臂："我很小的时候，父母就死去了。奶奶说，我长得很像她年轻的时候，她希望我能像一个贵族小姐那样。可是，我们只有贵族的血统，却没有贵族的财富。"

"原来如此，"江流不禁感叹道，"艾伦小姐很痴情，也很可怜。怪不得她听了我讲的故事，会哭得那样伤心。你热衷参加那些上流社会的聚会、舞会，也不过是为了证明你是一个贵族后裔？"

"你会觉得我是一个很坏的人吗？"伊莲恳切地看着江流，湖蓝色的眼睛中透出来的难过与痛苦让人心疼不已。江流怜惜地拂去黏在她额上的湿发："不会。你是一个很可爱、很美丽、很高贵的女孩。"

这一夜，对于江流来说，无比漫长。他隐隐约约觉得，这些貌似和平安详的法国人背后，陈腐的阶级观念、挥之不去的上流意识依然禁锢着他们。有了这层魔网，又何谈平等和自由呢？

清晨，一线阳光投射进来，艾伦小姐睁开了眼睛，看见伏在自己身边熟睡的伊莲，她抬起手，轻轻抚摸着伊莲的脸。出门买花回来的江流看着这一幕，如释重负地笑了。江流扶着艾伦小姐坐起，又把一束鸢尾插进花瓶，放到床头。伊莲慢慢醒了，一抬头，顿时惊喜万分："奶奶，你醒了！"

艾伦小姐笑笑："上帝可真小气，我不过去他的花园转了转，他就把我赶回来了。"伊莲心里一酸："奶奶，我真的很担心你会丢下我。现在，我知道错了，我再也不会惹您生气了。"

"听说你一夜没睡，和伊莲一起守在我的病床前？"艾伦小姐慈祥地看着江流。

江流摇摇头："这没什么，艾伦小姐。"艾伦小姐神情向往地看着那丛生机勃勃的鸢尾花，心里有了些许安慰："谢谢你的照顾，我决定赐予你一个荣耀。你不用再称呼我为艾伦小姐，从现在开始，你被允许和伊莲一样，称呼我为奶奶。"

伊莲惊呆了，瞪大眼睛："奶奶，您是希望他成为我们家的一员吗？"

"是的，孩子。"艾伦微笑看着江流，"这是一种荣耀。作为你的祖母，我很希望得到你感激的亲吻。"

江流愣在那儿。伊莲拉拉他的衣襟："还愣着干什么，还不去亲吻我们的奶奶？"江流郑重地走过去，浅吻了艾伦小姐的额头，小声地喊了一句："奶奶。"

和风煦暖，草木荣盛，平坦的绿野上浮着一层淡淡的雾气，如同仙境一般。塞纳河两岸的法国梧桐，抽出了嫩绿的新芽，沙沙作响。方芝今天心情甚好，她精心打点过妆容，又拿出许久没有佩戴的中国玉石仔细戴上，出了门。门外，唐熙同等候已久。

两人在塞纳河畔并肩而行，谈笑风生。方芝爽朗的笑声总能吸引不少人的目光。这个活泼、美丽的中国女孩，有着磁石一般的魔力，深深吸引着唐熙同。他不禁感叹着："来法之前，本想今后一心向学，不问风月。孰料，不过数日就已与你结伴而行，实是有违誓言啊。"

方芝歪着头，一脸娇嗔地说："莫非你后悔了？"

唐熙同连连摆手："熙同得遇如花美眷，哪里曾有悔意。当日你穿旗袍参加迎新酒会，容光焕发，美丽动人，我早已为之倾心了。"他越说声音越小。方芝盯着他："可是，瞧来瞧去，你这书呆子都没有任何表示啊。我还以为，落花有意流水无情，白白痴念了一场呢。"

唐熙同四处张望："读书人难免要恪守礼训，不敢造次。"方芝看着他，又好气又好笑。唐熙同见方芝立在原地，一言不发，含情脉脉地看着他，伸出了自己的右手。

这边浓情蜜意之时，那边钱子谦却守着荒芜的园圃，愁眉不展。好一个假日，居然要守着一堆破土，他想起来就来气：“我堂堂一个镶黄旗的王爷，今日落到这地步，居然要我下田种地？”

“我以为罗兰夫人的一番理论已经让你茅塞顿开了呢，想不到你还耿耿于怀啊。”江流一丝不苟地研究着手中的土。身旁的法国学生早就开始种植花苗，前几天，马克更是派马车送了几趟花苗，几个仆人忙得不亦乐乎。

钱子谦看看他们，又看看自己这块空空的地，别提多郁闷了：“美人的教诲，我当然要听了。我现在已经不认为农民是下人了。可是叫我去种地，我还是不情愿。”

“倒不知这法国的土地和中国的土地是不是有什么不同，”和钱子谦相处时间一长，江流练就了一身边听废话边思考的好本事，“不过想想，橘生淮南则为橘，生于淮北则为枳，也应该是有迥异之处的。”

“你不会真的要种吧……”钱子谦一屁股坐在地上，没精打采的。突然眼前出现两双锃亮的皮鞋，在阳光下极为耀眼，他一抬头，看见两张臭脸——马克与切利亚。

“中国人倒是很勤奋，这么早就来了，说不定是想趁着没人破坏别人的田地。”切利亚虽对马克毕恭毕敬，和江流他们说起话来却是恶毒嘲讽。

钱子谦一听就来气了：“贼喊捉贼，这么想的恐怕正是你们吧。”

马克看着江流愁眉不展，心里别提多来劲了。他不理钱子谦，径直朝江流走去：“比赛，我一定会与你公平竞争，绝对不会使用不正当的手段。而你，一定会输给我的。”切利亚得意地帮腔：“马克家的花园里有巴黎最好的园丁，有他们的指导，你们输定了。”

“现在说这些，恐怕为时尚早。”江流站起身来，拍拍身上的泥土，毫不畏惧地回应。马克走近江流，眼睛里要冒出火来：“还有，我要警告你，不要打伊莲的主意，否则你会为此付出代价的。”

江流直视马克：“阁下最好不要再用威胁的语气对我讲话，否则你会成为我的敌人！”马克转过身，愤愤然走开，与切利亚自去看自己那块地。他们掏出一把卷尺，开始在地上丈量着。

钱子谦嘴里衔着草根：“哎，你说那两个洋鬼子在搞什么名堂？”

“他们是要测量那块土地的面积，然后精确计算要种植多少植株，间距多少，使用多少肥料，浇灌多少水。”

钱子谦傻眼了：“这是种地啊，还是算术啊？我们怎么办？”

江流一抬手，指指农学院：“走吧，去找熙同商量一下。”

两人刚到学院门口，就见唐熙同和方芝有说有笑地回来了。江流连忙拉着钱子谦躲到一边，看两人旁若无人地走过，才偷偷摸摸跟在后面。

巴黎大学东面是大名鼎鼎的卢森堡公园，著名的恋爱圣地。春天的暖阳一照，绿树遮阴，青藤蔓绕，幽静小径更是让恋人们悠然向往。眼看前面有个石凳，唐熙同连忙走过去："走了这么久也乏累了，不如坐下歇歇吧。"方芝点头，正要坐下，唐熙同拦住了她："莫急。"石凳上有几只死去的蜜蜂，唐熙同将它们捡起，轻轻放到花下，又拿出手帕铺在石凳上："好了，请坐。"

躲在花丛的钱子谦看到这一切，惊讶得说不出话来，他借着花朵枝丫的遮挡，偷偷观瞧，身子越靠越前，摇摇晃晃，简直要贴到石凳上去。江流一把拉住他："君子有德，行事当光明磊落。"

"欲知心腹事，但听背后言。"钱子谦一本正经地耳语，"无妨！无妨！"

唐熙同和方芝两人隔着一段距离坐着。唐熙同很是腼腆，客客气气地问："学成之后，你有何打算？"

方芝摇摇头："离毕业之日尚且还有两年，我也没有想过那么远的事。其实当初要来读书，也是受我大姐的影响。我家中姊妹三个，大姐是个很有想法的女子。她一直鼓励我，虽身为女子，也要为自己的梦想去努力。"说话间，阳光于叶间疏漏，方芝的侧脸镀上了一层金一般，柔和，纯美。唐熙同不觉得看呆了："不知道你的梦想是什么？"

方芝笑笑，看着前方啄食的一只鸟儿："我不像大姐性子那么强。我只想寻一处好山好水的地方，一幢屋，一片田，屋子前后种了我喜爱的花草，伴着心爱的人，朝看日出，暮看云霞，做一对远离世俗的神仙眷侣。"

唐熙同听得痴了，不由得点头迎合："逢乱世，这偌大的天地真不知要去何处为你找这一片桃源。"

钱子谦左听右听，也没发现什么重点，颇有些鄙视："呆子就是呆子，说来说去竟都是些梦话蠢话，真是不解风情……"江流小声地说："嘘，你瞧……"钱子谦扭脸一看，发现自己耳旁的花枝上飞舞着数只硕大的蜜蜂。他吓得张大了嘴，连忙一跃而起。

扑通一声，钱子谦摔倒在方芝与唐熙同面前，把两人吓了一跳。唐熙同惊讶半天："这……你们……"江流赶紧扶起钱子谦，鞠了一躬："惊扰二位了，是子谦告诉我这后园正演着一出西厢记，叫我过来看个热闹。"

唐熙同有些尴尬，方芝倒是落落大方："我知道你们。你是江流，京师大学的学生。你是钱子谦，前朝遗少。对不对？"

钱子谦估摸着唐熙同把所有事都告诉这位红颜知己了，立刻装出一副了然于心的神情："熙同，看来你与这位小姐交情不浅啊。"唐熙同连连摇头。方芝连忙接话："你们不用问他了。我叫方芝。"

"方芝？这名字听来实在耳熟，倒像是古人。"钱子谦念叨了几遍。

方芝笑了：“我姐姐叫方兰。”

阳光如碎金，山风清新。

“罗兰先生，您约我到这里来，是……”

罗兰走到江流身边，眯着眼睛，睿智而明亮地说：“你是一个很特别的学生，我很想与你聊聊，感受一下中国的文化。”

江流笑了，欠身一鞠躬：“乐意奉陪。”

这时，穿着白裙的索菲拉自丛林后走出来，手捧一束野花。索菲拉一改平常上课时的严肃拘谨，变得妩媚动人，清新活泼。江流目不转睛地看着索菲拉。罗兰得意地问江流：“我的太太她很动人，是不是？”江流连忙收回眼神，自知失礼。

“你在欣赏美，这有什么失礼的？你这样爱慕我的太太，让我很开心，应该是我谢谢你。”

索菲拉听他们畅谈自己的美貌，也灿烂地打趣：“罗兰先生，如果你有这样一位情敌，恐怕你会输得很惨的。”罗兰无所谓地耸了耸肩：“年轻男子的爱情总是来去匆匆，是耀眼又脆弱的水晶。我对你的爱，是经过岁月磨砺闪现光芒的金子。聪明的罗兰夫人，一定会有她智慧的选择。”索菲拉挽起罗兰的手臂，掩藏不住眼里的爱意：“那是因为她有一位世界上最睿智的丈夫。”江流在一旁，竟不觉得尴尬，反而艳羡不已。

三人一边散步，一边聊天。罗兰先生轻揽着索菲拉的腰，时而低声细语，时而快乐地大笑。

“我听说，在中国，人们不会谈论爱情。年轻的男女也不被允许公开谈情说爱。”江流低头沉思片刻，点点头：“本国的确有很多的传统，尤其在情感上，比较保守，不能与法国人的浪漫奔放相比。”

“那么，你知道什么是爱情吗？”

“我想，爱情应该是一种纯真无私的感情，发自肺腑地去喜欢一个人，愿意为他付出一切。”

“我猜，江流先生还没有经历过爱情。”索菲拉突然又变成了老师，她低下头，想了一会儿，“还有很多的爱情，因为披上了世俗约束的外衣，变得不可理喻和脆弱不堪。也有很多相爱的人，因为阶层的不同，身份的高低，家族的差异，而不能够在一起，不得不选择和一个并不爱的人相伴终生。这样的爱情岂不是一场让人流泪的悲剧吗？”

罗兰说：“所以，两人一定要有高山大海般纯粹的情感，抛开一切的束缚，自由地相恋。只为了两个人本身的爱和拥有彼此的欲望，才是真正的爱情。我看得出，你对那个叫伊莲的女孩有着不一样的感情，如果你觉得是爱情，就应该勇敢追求。”

江流点点头：“罗兰先生，现在我知道了，谈论爱情并没有什么可耻，还是一件很有趣的事。”

“爱是伴随人一起来到这个世界的，不必掩盖。热爱伴侣，才会热爱朋友，热爱自己的民族和祖国。对我来说，索菲拉是我的爱人，而法兰西更是我永远不会抛弃的情人。就如同我从你的语言中能感受到你对你的祖国忠贞不渝的爱。”

江流有些黯然：“我爱我的祖国，可是她现在正饱经战乱之苦，我无法为她分忧。”罗兰和索菲拉同情地望着江流，他们虽然没有去过中国，却能深刻地感觉到这位中国学子对于祖国那份眷恋和不舍。罗兰抬起手指着海边：“往前走，我要带你去一个地方。”

海浪澎湃，礁石错落有致。罗兰带着江流走上峭壁。江流惊奇地看到，几乎没有水分的岩石中，竟然长着一棵孱弱的梧桐树，枝丫柔软，已经长成碗口大小。

“你可能无法想象，在海岸边的岩石间，没有什么养分，海风不断地吹袭，竟然还能长出树来？你说，这棵树为什么能生存下来？”

江流想了想：“因为它的根扎在岩石缝中的。”

“对。”罗兰善意地笑了，“也许，你觉得你站在一片不适合自己生存的土壤上，可是你同样能做到，将根扎进石缝中，汲取养料，尽量让自己长得茁壮，来抵抗海风。人，需要这样顽强的毅力。”

江流看着导师矍铄的身姿，迎着一阵阵腥咸的海风，默默说道：“记得您曾在第一堂课就问我，来法国求学的目的是什么，虽然到现在，我都没有明晰具体的答案，但一切的希望都是为了今后能够回报我的祖国。学习哲学，让我追求的是精神上的胜利和解脱，但灾难深重的祖国和人民似乎更急需的是物质上的补给。我不过一介书生，总是觉得自己毫无用处。”

“作为你的老师，或许我还可以加上一句：强大不仅是物质上的强大，也更应是一个国家民族精神的强大和独立。”罗兰紧紧盯着江流，“物质和精神并不矛盾。万物都是为人而存在的，而不是因人而存在。你和你的同伴，就是你们的祖国最大的财富补给。”

江流犹如醍醐灌顶：“我们？”

“对，你们！”罗兰指向大海，涌动的浪潮不停地冲刷着礁石，一次，又一次，“你们是初升的朝阳，澎湃的浪潮，你们决定着国家与民族的未来，你们是全新的人，是全新的希望。迎着海风，深深地扎下根，就会萌发出崭新的绿叶。”

罗兰在地上捡起一块尖利的小石头，拉着江流走下一个石子坡，向着那棵英勇而稚嫩的小树走去：“自强不息是人类最可贵的精神。记住，无论何时，都要超越世俗。就像这棵树一样，纵使前路迷茫，也终究能看到希望。来，江流，为你为我，为法兰西，也为你的中国，我们都要选择自强不息。”

江流接过小石子，眺望远方蓬勃的海潮，心情也如着海潮一般沸腾不已：“罗兰先生，我会记住你的这番鼓励。”两人在小树上分别用中法文刻下“自强不息”。看着这激动人心的一幕，索菲拉微微点头。海风吹着梧桐树，吹散了浮云，也将江流的心吹出了一线光明。

夜色深沉，此刻的北京城中已无来往路人，京城的生机仿佛被抽干了一般，气氛压抑到极致。魏国孤身站在胡同口，脸色黯然，默不作声。一盏昏黄的灯光下，乞讨的瞎子正盘坐路边拉着二胡，哀婉凄怨的曲子如泣如诉。魏国将一枚大洋丢入瞎子面前的破碗。瞎子摸索着：“大爷，你给的钱太多了。”

“这首《病中吟》，你拉得很好。”

“自幼就拉这首曲子，每根弦，每个曲调，都在心里，想忘也忘不掉的。大千世界，菩提众生，最难得一个忘字。不挂怀，不牵念，则不烦忧，于人于事，皆如斯。”瞎子的话如同箴语一般，意味深长。

魏国叹道：“你虽瞧不见，却比那看得见的人明白许多。你的话，我记下了。”暗夜里，一条悠长寂寥的身影慢慢离去，身后又响起那悠长的二胡声。

魏国跌跌撞撞走回家中，窗前一灯如豆，方兰灯下久候，已经昏昏欲睡。魏国熟视无睹，闷头往书房中走。他呆坐红木桌旁，默然不语，过了片刻，一杯上好的铁观音放在桌前。

“又是袁世凯？”魏国今日颓然如此，她也猜到了几分。

魏国喃喃自语道：“他一直架空议会，独断专行，今日索性宣布解散议会。如此下去，我看离登基称帝之日不远了。”

桌上的茶水袅袅升起几缕香雾，魏国眼中的血丝又加重了。袁世凯的好儿子袁克定不知用了什么手段，让议会变成了一个策划登基的大本营。

方兰也忧虑万分：“他如此出尔反尔，枉你当年盟誓追随，助他促成民主共和，登上大总统职位。现在，却成了他登基的云梯。暗室欺心，他将置那些仁人志士于何地？”

魏国拉开抽屉，看着几年前写给江流、周鲁的聘书，那大红早已褪色。魏国没有忘记两位兄弟在临走时的失望神情，他摇摇头道：“我将主动请辞，决不留恋。”

“狡兔死，狐狗烹。你若对他无用，只怕他早就暗下杀机了。你若对他还有用处，再难全身而退了。”

“死又何惧，只怕要背了千古骂名啊。”魏国黯然起身，望着窗外。

方兰轻轻靠着魏国肩头：“我知道你心里苦，只是，就这样去法国，岂不把江山拱手让给了袁贼？”

“这不过是暂避风头。我相信，袁贼的日子不会长。”

法兰西的明媚日光之中，巴黎大学一年一度的戏剧表演又要开始了，学生忙忙碌碌地在各个教室排练，尤其是伊莲所在的艺术系，更是每日里忙得不亦乐乎。

“江流同学，我找你来是想邀请你参加我们的戏剧社。”江流正在学校草坪上看书，一回头见索菲拉老师一身白裙、笑意盎然。

“戏剧社？我？”

“是的，莎士比亚的戏剧。有人推荐你加入我们的戏剧社。”

江流惊讶了：“可我根本不懂如何演戏啊。”

索菲拉看着江流，摇着头，莞尔一笑，用毋庸置疑的口吻说：“不过，我相信你。你懂得什么是真正的爱情，你一定可以扮演好一个角色。”

江流还是一头雾水，但面对着索菲拉信任的笑容，他无法拒绝，只能点头道：“好吧。是谁推荐我的？”

索菲拉笑了：“是美丽的朱丽叶小姐。”

江流跟着索菲拉来到排练室，换上了仆人的服装，马上就有一些不怀好意的同学走过来，挤眉弄眼地丢给他一个话剧脚本。几声“朱丽叶”的呼喊让他回过神来，他一回头，一个冒冒失失的女孩差点将他撞倒。他连忙一把拉住她，只见是一位金发碧眼的美人，穿着华贵的戏服、带着鸢尾花的桂冠。“伊莲。怎么是你！原来你就是朱丽叶？”江流一下子红了脸，不自在地挠挠头。伊莲见他的样子，乐了：“是的，我的仆人。一位会念中国诗歌的仆人，这多有趣啊。”

伊莲穿着中世纪的华服，虽然未施脂粉，但举手投足间的优雅和清纯，和平时的活泼可爱大相径庭。江流不禁看得呆了，下意识问了一句：“罗密欧呢？”

话未说完，有人在背后拍了他一下，江流一回头，见一张傲慢的脸正居高临下地盯着自己，原来是马克。他轻揽住伊莲的肩头，在伊莲耳边窃窃私语，时而轻蔑地看江流一眼："我不认为中国人能够演好这个角色。"

江流冷笑一声，不甘示弱地答道："中国戏剧种类繁多，内容丰富，恐怕马克先生你听都没有听说过。"

话已经放了出去，自然不能让马克小看了自己，自此之后，课余时间江流都用在排练仆人的戏上。在家中，伴着皎洁的月光，伊莲邀请江流扮作罗密欧，陪着她练习朱丽叶的台词。每个晚上，两人都会站在仲夏夜的阵阵幽香中，投入地排练着。

"你的眼睛比他们二十柄刀剑还厉害；只要你用温柔的眼光看着我，他们就不能伤害我的身体。"

"我怎么也不愿让他们瞧见你在这儿。"江流幻想着自己正是那得不到爱情的失意王子，他攥紧伊莲的双手，"朦胧的夜色可以替我遮过他们的眼睛。只要你爱我，就让他们瞧见我吧……"

江流越来越投入，就连声音也流淌出浓郁的深情。月色朦胧，夏虫轻鸣，两人的呼吸撩动着一个秘密。伊莲忽然意识到什么，呆呆望着江流，有些娇羞惶恐，也有些陶醉，一泓清亮的泉水在她心中涌出，她长久以来在寻找到的答案似乎这一刻有了结果。

伊莲突然清醒了，连忙抽出手："谢谢你帮我排演。今天就演到这里吧，我要去睡了。"说完，她急匆匆地转身跑了，丢下江流若有所失地站在原地。

江流看看手中的下一句台词，自顾自地念出声来："爱情怂恿我探听出这一个地方；他替我出主意，我借给他眼睛。我不会操舟驾舵，可是倘使你在辽远辽远的海滨，我也会冒着风波寻访你这颗珍宝。"他抬起头，见伊莲窗口那团蕾纱缠绕着的橘黄的小灯突然一亮，点亮了一个深藏心中的梦。

又是一夜未眠。

下课铃响后，江流理了理纷乱的思绪，呆呆地看着窗口，期待那个影子会翩翩而至。过了良久，吵闹的教室已经空空如也，窗口还是空无一人。江流怅然若失地收拾好物品，正准备离开，一只手突然挡在了面前。

"你的苗圃到现在都是光秃秃的。这是你的作业，也是你的责任，而你却任由它荒废。"

江流抬头看着声音暗哑的马克，他的脸上已经没有了之前势不可挡的傲慢。他挪开马克的手："马克先生，谢谢你的关心。不过，交作业的时间还未到，我不会令你失望的。"说罢，江流目不斜视地走出教室。窗外，悠扬的铃声响起。

“你对自己做的事情要负责。你不是也在追求伊莲吗？我敢断定，无论是苗圃，还是伊莲，你一定会输！”

江流听到这句话，停下脚步：“是吗？”

“法国有句俚语，你的计划恐怕在处于蛋的形状时就已经夭折了。”

“中国人也有句话，任凭风浪起，稳坐钓鱼台。”江流淡然一笑，转身离去，“不过，我想你大概不会明白这句话的意思。”

这天下午，马克看着江流的苗圃外围着一圈人，议论纷纷。马克好奇地走上前，见江流的苗圃中种了一棵歪歪斜斜的树，就和威尔士乐不可支地嘲笑一番。江流全然不顾，专心侍弄那棵歪脖子树，浇水，培土，忙得不亦乐乎。

钱子谦在一旁莫名其妙，他捅捅江流：“我听说，马克种的可是只有法国宫廷才有的王冠金玫瑰。就这一棵站都站不直的小树，你还这么卖力？”

伊莲扶着那棵歪歪扭扭的小树，不知江流葫芦里卖着什么药，也疑惑地看着江流。

江流如什么都没听见一般：“我想让这里充满生机和自由的气息。”

伊莲不解地问：“但这棵小树歪歪斜斜的，一点都不规整。”

江流笑着回答：“歪了有什么不好？为什么非要长得很规整呢？肆意生长，无拘无束的，不好吗？要是都修剪得整整齐齐，那也许是你想要的结果，但不是树的愿望。”

伊莲似有所悟：“那树的愿望是什么？”

“自由。”

钱子谦也恍然大悟：“原来是这样。你说的对，我们应该把树的自由还给它们！”

说着，身后响起一个熟悉的声音：“想不到一别经年，二弟还是如此率性而为。”江流听到这个声音，回头，只见方芝陪着魏国与方兰走来。江流十分激动，丢下手中工具，奔向魏国，两人紧紧相拥。一旁的钱子谦盯着风韵曼妙的方兰，也看傻了眼。

伊莲一脸奇怪地看着几人，直到江流向她奔过来：“这是我中国来的朋友，今晚我就不能回家吃饭了，你帮我和奶奶解释！”

伊莲点点头，好奇地看着几人越走越远。

5

魏国和江流并肩站在山顶,眺望远处一片秀色山野。魏国赞叹不已:“看这山野碧翠，一派祥和，真如桃源一般。”

江流点头 :“此地虽好，毕竟不是家乡。”

“家国天下，到底也只是耳畔轻风,”魏国声音有点颤抖，“纵然我们抛洒热血，自以为是，引刀成一快，到头来还不是流落异乡，惨淡如斯。救国……遥不可及啊。”

江流连连摇手 :“此言差矣。当年你告诉我，民主共和并非没有孙先生就不行。现今看来，袁世凯果然辜负了我革命党人。孙先生曾言，天下大势浩浩汤汤，顺之者昌逆之者亡。袁世凯或许一时能遮天蔽日，但我不信他能改变历史，改变天下大势。国家之命运，个人之前途，莫不如此。”

“是又如何?现今国内局势黑暗混乱，出路茫茫，你我有心杀贼无力回天，还不如归享田园，好好过日子。你呢，学习情况怎么样？”

“还行，这里的教学方式非常新颖，深得我心，比我们自由开放，却体律周严。只是欧洲大陆战火绵延，就算是巴黎，我也不知道有几天的宁日可待了。”

魏国蹙眉 :“天下之大，莫不是各有各的辛苦和难处。一晃眼，竟然已经是十年了。十年间的跌宕起伏，不计其数。”

“是啊，十年了。只盼魏大哥能重拾斗志，再有一番惊天动地的作为。”魏国点头。山风轻拂，两人相视一笑，一切尽在不言中。

夜间，狂风大作，雷雨交加，巴黎的春天总是让人摸不到头脑。一小会儿的时间，大街上已经是水渍斑斑。在巴黎大学的苗圃中，刚刚发芽的花苗在暴雨面前，娇弱得不堪一击，几道闪电横劈下来，煞白的雨伴着轰隆隆的雷声毫不留情地摧残着一切。

四下静寂，两个黑影疯了一般冲进苗圃。刚刚抽出嫩芽的金玫瑰被雨水打得七零八落，马克心疼不已，不顾切利亚的劝阻，拼命用雨布遮住一棵棵娇贵的幼苗。

砰砰砰!江流刚刚帮艾伦小姐收拾好餐桌，就听见一阵急促的敲门声，一开门，只见钱子谦浑身泥泞。钱子谦焦急地指着外面的大雨，半天说不出一句话来。江流看着天色皱皱眉 :“没关系吧，那小树不是珍贵的树种，不经风雨，怎能成材？”钱子谦愣在原地，想了半晌。

周四正是戏剧排练时间，江流和伊莲在戏台上兴致勃勃对台词。平常生龙活虎的马克完全变了一个人似的，蔫蔫地靠在椅子上，一声不吭，脸色苍白。

“今天，我有一个好的消息和一个坏的消息要告诉大家。因为校长非常重视我们的戏剧演出，所以他邀请了几位尊贵的伯爵和他们的夫人来观看我们的戏剧。”排练开始前，索菲拉站在台上宣布。几个女生一听，开心得大笑起来。突然,马克打了一个大大的喷嚏。索菲拉同情地望着他:“同时，也有一个非常糟糕的消息。我不得不遗憾地说，马克恐怕不能再扮演罗密欧这个角色了，因为他生病了。虽然他的表现一直都很出色。”

马克急了，连忙站起来：“不，夫人，我可以参加演出，我可以……”他的声音嘶哑难听,带着浓浓的鼻音。索菲拉看着他的红鼻头,摇摇头:“我已经问过你的家庭医生了，他说你需要七八天的时间才能恢复。我们的罗密欧可不能是一个一直咳嗽的先生，所以……我们必须要重新挑选一位先生，替代马克扮演罗密欧。”

排练厅安静了下来。平常向往扮演男一号的人并不在少数，但是真到了紧急关头来扛大梁，没人敢拍胸脯保证自己能演好。突然，一个柔美的女声响起：“索菲亚小姐，我想，让江流扮演罗密欧吧！”

马克闻声，连忙抬头，一看是自己的梦中人“朱丽叶”小姐说出这句话的。伊莲镇定地说：“他每天都在练习罗密欧的台词，为了帮助我演好朱丽叶，他一直都在陪我排演。我知道，他可以表演罗密欧，就让他试一下吧！”伊莲话语中还带着一丝羞涩。

索菲拉有些犹豫：“一个来自中国的罗密欧？”

伊莲优雅地走到索菲拉身边，拾起裙摆，欠身行礼：“夫人，戏剧不过是剧作家编写出来的故事。既然是故事，为什么我们不能改变一下？一个来自中国的罗密欧，也很有意思，不是吗？”

“我想，一个来自中国的罗密欧……”索菲拉思索片刻，微笑着看着两位年轻人，停顿了一下，“一定会成为本校历史上最经典的角色。”

伊莲很高兴,一把将江流拉到台上。排练正式开始,两人当着众人的面，吐露着在家中排演过千遍百遍的台词。他们情投意合，默契十足。

两人渐渐走近彼此，深情凝望。想起那晚在花园之中伊莲的羞涩，江流似乎明白了少女的心事，他内心慌乱不已，眼神却更加执著。台下响起雷鸣般的掌声。坐在角落里的马克看着他们彼此深情的模样，嫉妒而又愤恨地攥紧了依然穿在自己身上的“罗密欧”的戏服。他知道，过不了多久，他就要脱下华丽的戏服，把男主角甚至他的伊莲，统统都让给那个可恶的中国人。

艳阳高照，马克的苗圃里花草葱茏，金玫瑰渐渐长出了一个个花苞，与金色的阳光相映成趣。马克与切利亚正在除草，其他同学也在勤奋地劳作，唯有江流那块田地是杂草丛生。

经过暴雨的冲刷，那棵歪歪斜斜的小树更加凋敝，原本光滑的树干上长出了沟壑，显得有些苍劲和沧桑。钱子谦绕着小树看了半天：“你瞧，人家苗圃姹紫嫣红，咱们这儿光秃秃的，就只一棵歪歪扭扭光秃秃的歪脖子树，就算长满叶子，也难登大雅之堂啊。”

“知我者谓我心忧，不知我者谓我何求。我想，只要有人明白并理解，足矣。”

马克与切利亚，走过楼梯的拐角处，听到几个法国同学正在拐角处议论纷纷。

“苗圃作业，谁输谁赢，有人要下注吗？”

威尔士的声音传来：“虽然我一直认为江流很优秀，但这回他恐怕要输给马克了。他的苗圃里，那棵光秃秃的树怎么能和马克名贵的花相较？”

“我看也未必，”另一个学生叫嚷道，“你们难道忘了第一次酒会上，马克本要等着看江流出丑，到头来不还是他出了丑。那个中国人，不能小瞧。我觉得马克这次还是要败给江流。”

“少废话，你们到底要不要押注？”

“十法郎，我赌江流赢。”另有几位同学纷纷迎合。

这时，一个同学打趣道：“就连马克最心爱的伊莲小姐现在也投入了中国人的怀抱，我看马克一定要败了。”墙角的马克不由捏紧了拳头。

切利亚惊讶地看着他：“马克，他们说的是真的吗？伊莲真的跟那个中国人在一起了？”

“没有这样的事，”马克发烧尚未痊愈，一激动，脸上燃起了一层红晕，“我绝不相信伊莲这么傻，放着一个贵族不选，去选择那样一个下等人。”

“我也不相信，可是……”

马克剧烈咳嗽起来，他揪起切利亚的衣领，凶狠地说：“我要证明给你们看，我不会输。无论是功课还是爱情，我马克都是胜利者。”

江流天天陪着伊莲，开始无话不谈，以往的心结一件件打开了。谈到江流以前的生活，谈到紫英和周鲁，谈到南洋的点滴，但江流下意识地把魏国后来的变化隐去了，或许伊莲体会不了。伊莲在弹琴的时候，江流常常静静地站在她背后，看着她的背影。那梦一般的旋律如同月光下的一夜小舟，载着两人驶过烦恼、忧愁，漂向没有战乱和喧嚣的远方。

伊莲坐在琴凳上，双手搭在琴键上："你想听什么曲子？是牧童、牧女的两情相悦，还是纺织姑娘的单相思？或者哪个作曲家的哪个曲子？我都可以弹给你听。"

江流半依偎在伊莲的床头，随手抽出来一个琴谱，随意地翻看着，找到一首递给伊莲："就这首吧。"

伊莲拿过琴谱，不一会，李斯特的《爱之梦》从钢琴中缓缓流出。江流坐在伊莲床头，见她的书柜之中满满摆放着各类小说，有歌德的《少年维特之烦恼》、福楼拜的《包法利夫人》、小仲马的《茶花女》。江流打趣道："看不出，你小小的年纪，却这么喜欢伤感的作品。"

伊莲一边弹琴，一边答话："伤感？你不觉得爱情最美好的莫过于得不到和已失去，伤感才是爱情最好的诠释，不是吗？"

江流看着伊莲："在我的国家，最美的爱情是举案齐眉，相敬如宾。像你这样的年纪，其实不该早早就明白这些的。"

伊莲停下手中的钢琴，疑惑地看着江流："你觉得我比你年轻，就不配谈爱情？"江流摇摇头。伊莲有些愠怒，站起来，指着书架上的书："我和你不一样，从小奶奶就给我说了很多她的故事，所以我从小就知道，我这一生苦苦追寻的也是一段美好、悲切的爱情。"

江流看着她的面庞，叹了一口气："昨天我去了里昂美术馆，看到了达·芬奇的圣母像。画面上的圣母上半身后倾，面朝天使，惊恐的脸上透出矜持，但她似乎准备好了即将到来的一切。她骨盆微微前伸，仿佛已经决心委身于圣灵。她的这种美正是女人在爱情中的体现，有矜持有恐惧但是更有无限的向往。"

伊莲听得出神，看着江流："你看的是圣母，想的却是现实中陷入爱情的女子，你有心上人了吗？"江流闻言，支支吾吾说不出来。伊莲期盼地看着他，"你们的婚姻没有爱情，你们的爱情也很少有竞争者，但在这里，不是这样的。"

窗下，高烧未愈的马克骑着白马翩翩而至，而这一晚，伊莲没有下来。马克看着她窗前的明灯，听着里面传出来的欢声笑语，如遭雷击，他守到半夜，终于失魂落魄地离开。

月光熹微，天地间蒙上一层柔和的雾光。江流伫立窗前，伊莲慢慢走到他身边，轻轻地将头依靠在江流的肩膀上。江流握住伊莲的手，心中一阵阵痛："伊莲，我不一定能一直陪在你身边，很有可能我要……"话音未落，伊莲伸手捂住江流的嘴："不要说。我们给彼此一个希望，行吗？"江流点头，轻轻抱住了伊莲。

振华豆腐厂的发展蒸蒸日上。短短几个月的时间，在王应的亲自管理下，工人总数已经达到了三十个。江流课余时间也经常来帮忙，一方面在王应实行共产政策的时候给予鼓励和支持，另一方面向驻法公使馆反映情况，要求支持。

“要告诉大家一个好消息，咱们豆腐厂这个月的进账比上个月翻了一番。陈大哥，这些钱你拿去分给各家。”王应兴冲冲地说道。陈六儿疑惑地接过王应一叠银票，看看其他工友。大家也都不解地问：“王兄弟，这……这也不是年节，怎么就发利是了？这个月的工钱，刚发过啊。”

“不是利是，这叫利润，”王应笑笑，“我不是说过嘛，赚的钱，大家都有份。之前赚的钱都用来采买原料，加上翔仔的手术费，所以大家都没什么花头。可现在赚的多了，就是大家的了。”

几个工人互相看看，乐得开怀。陈六儿搓着手，连忙搭腔：“咱也从没听说过，这老板赚钱就分伙计的。”

王应迎着这些工友的眼神，无限憧憬地说：“总会有那一天的，到那时，没有老板和伙计之分，没有富人和穷人之分，没有欺压，没有掠夺，没有赋税，没有徭役，所有的孩子受一样的教育。这样的世界，取决于我们大家。”

“我信你的话，王兄弟。你说有，就一定会有。”陈六儿拍拍袖口，站起身，把钱分给其他人，“大家伙都拿着。我们要好好干。”

林贵祥接过钱，一阵憨笑，话没绷住就脱口而出：“再存一阵子钱，就能买船票把婆娘接来了。我让她把俩娃娃也带过来。一家人都在一块儿，日子可就有奔头了。我那两个娃虽是丫头，可讨人喜欢，嘴甜，懂事！”

另一个工人打趣：“贵祥，你想闺女是假，想媳妇是真吧。”

林贵祥也不恼，说：“哪个男人不想媳妇，有啥？”

王应点点头：“一家人就应该在一起，不分开，才是家。”

不知何时，门已被推开，魏国进来了，站在一隅听大家说。王应一见，眼里闪过一线惊喜，急忙起身把工友送走。

魏国在桌边坐下，笑着说：“文能办厂，武能革命。你有济世的胸襟，所以这些工人掏心掏肺把你当亲兄弟。我以前从没想过，区区一个豆腐厂，能做出什么花样来。现在看来，你办的虽是个小厂，想的可都是天下大同的筹谋。如此一比，魏国浅显啊。”

王应未置可否，站起身来笑眯眯地说：“魏大哥，走，我带你去厂里转转。”

两人在厂里边走边聊。魏国看着豆腐厂整齐的加工设备，秩序井然的工作程序，感慨道：“在法国，你创下了一片属于自己的天地，也算是不虚此行了。”王应连连摆手：“其实，初来法国，我又何尝不是四顾茫然，前途未卜。上至国家，下至个人，如同迷雾中行走，看不到一丝光明。在塞纳河畔，我连坐三日，看着法国人的生活，思索在这个革命开始的地方，究竟能找到些什么。”

“听上去像是出家人打坐参禅，你悟到了什么？”

“我想，那些理论、章法太远了，倒不如落到实处去体会一下。”王应顿了一下，接着说，“我认识了几个在法国底层生活的中国人，就拿出了身上所有的积蓄，办了这个豆腐厂。很多事情都是在与这些人一起办厂的过程中想明白的，一旦想明白，也就有了新的方向。魏大哥，我问你，中国之前途命运取决于何人？”

“在不屈不挠的革命，在以民为先的政党。”

王应摇头，目光深邃：“我之前也是如此想。但后来我才明白，中国的未来取决于另外一批人。”

魏国皱皱眉：“另外的人？你是指……”

王应目光炯炯：“民众。就是那些不停劳作却依然贫苦的人们，那些一无所有挣扎在中国最底层的人们。他们的力量，虽然现在你还感受不到，但总有一天会在压抑中迸发。只有一个代表绝大多数人民利益的党派，才能真正去改造现今腐朽没落的中国……令四万万民众觉醒，的确任重而道远，但我始终坚信，星星之火，可以燎原。这些最底层的劳苦大众，就是明日中国的缔造者。希望，在他们的身上。”

魏国不置可否：“只怕是你一厢情愿的空想啊。”

王应坚定地说：“不会的。我们的每一份努力，都不会毫无用处。当他们开始觉醒，你看吧，他们的力量会摧毁一切腐朽与没落，从而创造一个新的世界。”

魏国觉得有些奇怪，似乎有理，却也似乎没理，他不知道王应是悟了还是疯了。不过他此时此刻的劲头，让魏国颇为羡慕。曾几何时，自己也是这么热血，得了一个理论以为能放之四海而皆准，但谁又能说没有成功的可能呢。魏国自嘲地笑了。

一个学年转眼就要结束了，巴黎大学的学生们都在为期末考试而忙碌着。伊莲站在苗圃外，疑惑地看着江流：“明天就是检查作业的时候了，你为什么要拆下篱笆？”

江流擦着汗说：“从前有一个巨人，拥有一个美丽的花园。当他看见孩子们在里面玩，很生气，于是他把所有的孩子都赶了出去。可是，他得到的是一个没有生气的空园子。后来他想通了，拆掉了那些墙，让花园成为外面世界的一部分。于是，美好的春光和快乐的花草树木又回来了。”

“春光，花草！”伊莲看着那棵歪脖子树。它虽然没有经历过任何的修剪，但是葳蕤挺拔，别有一番自然的情趣。伊莲恍然大悟：“所以，你是想让你的苗圃没有篱笆的限制，成为一片真正自由没有拘束的地方？”

“不只是这片苗圃，我更希望我所踏足的一切土地，都能如此。”江流把篱笆拆除后，伊莲惊喜地发现，一只小鸟叽叽喳喳飞来，停落在歪脖子树上，又不见了。原来，树冠上不知何时出现了一个鸟窝，里面传来一阵阵微弱而稚嫩的叫声。

宣布考试成绩那天，索菲拉特地穿上了她最美的衣服，带上了俏皮的玉兰香园丁草帽，心情甚好。哲学系的学生们都在苗圃前集合，索菲拉轮流审视各个学生的苗圃情况。马克的苗圃花团锦簇，布置得错落有致，色彩极为艳丽。

马克的精心布置出乎索菲拉的意料，她禁不住喊出声来：“马克、切利亚，你知道我站在你们的这片花园中，感受到什么吗？”马克低头一笑：“我猜测不到夫人您的感受。”

“浪漫、美好，一位正直的男士对一位可爱的小姐无穷无尽的热爱，热烈的赞美，灿烂的爱语。”索菲拉陶醉在花香的芬芳中，眼里闪出梦幻的爱情之光，“噢，这些名贵的金玫瑰，十分动人。”

马克长吁一口气，面带得意之色。江流倒是一脸坦然。

威尔士小心翼翼地探问：“所以，夫人您的评分是？”

索菲拉想了想：“五分，他当之无愧！”马克雀跃，与切利亚拍手欢呼。钱子谦一缩头，手心里一下子渗出了汗水，心里直犯嘀咕：“完了。马克已经拿到满分了，我们怎么办？”

索菲拉又缓缓走到江流的花圃前。两个花圃，相隔咫尺，却完全是不一样的风格。马克的花圃雍容华贵，花木错落，整齐和谐。而江流的花圃，不但没有篱笆，一棵并不繁茂的小树歪歪斜斜。索菲亚皱皱眉头，她低头一看，那疯长的野草没有篱笆的束缚，更加自由地向四周蔓延。众人窃窃私语着。切利亚瞪大双眼：“天啊，这个疯狂的中国人居然连篱笆都拆了。我看，一定是不及格了。”

索菲拉看着这一切，一语不发。突然，几声啁啾的鸟鸣让她一激灵。她上前一看，惊喜地发现鸟窝里的小鸟已经长大，争先恐后地探出头来。归来的雄鸟站在树梢高歌，声音婉转动人，悠远而清晰。

索菲拉绽放出会心的笑意，想不到这不高的小树居然引来了夜莺鸟。她目光转向江流，冲他笑了笑，笑容中带着一种心意相通的默契：“让我猜猜，你想说的是什么？阳光照耀大地上的所有生物，树木按照自己的方式自由地生长。你的疆土没有界限，所有一切的美好与生命都融为一体，平等、自由、分享、包容……我说的对吗？”

江流本来做了解释的准备，没想到索菲拉想得比他更远。索菲拉饶有深意地看着他：“我猜到了你的想法，那么你能猜到我对你的评分吗？”江流诚实地摇摇头：“卢梭先生曾经说过这样一句话：自由，就像天真和美德一样，只有拥有它的人才能体会它的价值，一旦失去它，对它的感觉也就不存在。我想，您也是一位热爱自由平等、热爱分享与融合的人，对吗，罗兰夫人？”

索菲拉笑了：“聪明的中国人，我给你们五分。”

“我们也是五分？”钱子谦不敢相信地大喊。

马克脸涨得通红：“这不公平。一棵歪七扭八的树也得五分？罗兰夫人，你偏心！”

索菲拉意外地看着他：“我安排这份作业给你们，并不是要你们布置得多么精妙，种植多么昂贵的植物，只是希望你们能亲近自然，体会到世界万物和谐平等的奇妙之美。马克，你倾注心血种植的花朵，显现出你有一颗仁爱动人的心。正是因为有这样的心，那些花朵才盛开得灿烂而又迷人。所以，你得到了五分。江流和钱子谦的花圃，不仅仅只是仁爱了，更有平等地分享，与自然真诚地对话。他的心中，有一个无限宽阔的世界。”众人听了，不由鼓掌，纷纷向江流竖起拇指。

江流和钱子谦并肩走在校园中。钱子谦止不住赞叹：“这回真的让那些法国人大吃一惊了。咱们中国人可算是露脸了。”

正说着，斯蒂芬与伊莲匆匆而来。江流一见到伊莲，哑然不敢说话。两人还没到近前，斯蒂芬就大声问道：“怎么样？你们的作业评分，是谁赢了？”

钱子谦自得地说：“比赛的结果早就在意料之中，自然是我们赢了。你们也这么关心评分结果？”斯蒂芬笑着推了伊莲一下：“还不是这个人。看来，还是你说的对，你的心上人果然厉害。”

伊莲低头抿嘴笑，解释道：“我对斯蒂芬说你会赢。她不相信，还说如果你赢了她就在假面舞会上扮演美人鱼。”

“假面舞会？什么假面舞会？我怎么不知道？”钱子谦不解地问。斯蒂芬耸耸肩，不屑于回答他的问题：“每年的狂欢节，学校都要举行假面舞会，巴黎的名流们也应邀来参加。到时候，所有人都带着面具来参加舞会。舞会要选出一位全场最动人的dancing queen，由她挑选一位舞伴领舞，然后所有人开始跳舞、狂欢，那才是舞会最激动人心的时刻。”

一听到跳舞，钱子谦来了兴趣：“要怎样才可以被选中？什么面具都可以吗？”斯蒂芬点头：“你想扮演谁都可以。”钱子谦一拍脑袋：“这倒有趣。江大哥，咱们也参加吧。”

伊莲含情脉脉地望着江流，他却避开了她的眼睛：“我不会跳舞，我也不知道要准备什么面具……”伊莲鼓励说：“我听说，奶奶年轻的时候可是舞会的宠儿。你去请教她吧。”

两人回到家时，落日已经把巴黎东岸镀上一层金。艾伦小姐依偎在沙发上，透过轻薄的幔纱看着窗外。她脸上满是回忆的神情，仿佛穿越时光，回到裙裾翩翩的时代。

“假面舞会？噢，让我想想。那天我穿了一件紫色的礼服，我让女仆把我的束腰扎得紧紧的……我还戴了一顶有紫色羽毛的帽子。我不停地跳舞，快乐得要飞起来了……”大教堂的钟声穿过岁月，回响在心头。

江流和伊莲都听得呆住了。艾伦小姐吩咐伊莲：“你去我的衣橱间，把柜子最上面那个箱子里的那套衣服取来。”伊莲点头。艾伦小姐看着江流，沉静而哀婉地说道：“我还记得，那天我轻盈得像一团泡沫，然后我就遇到了肖恩。噢，就像你一样的年纪。他望着我，就像望着一位女神。可是他没有邀请我，只是那样看着我。他的眼神，我一辈子都忘不了……”

不久，伊莲捧着一套男士礼服走出来。艾伦小姐看到那件燕尾服，眼神中透露出少女般的青春。她颤颤巍巍展开燕尾服，在江流身上比划着，声音有些哽咽：“去，你换上。这件衣服我保存几十年了。”

江流傻眼了：“奶奶，这是……”但艾伦拿着衣服，执意要他换上。当江流穿着一身燕尾服，有点拘谨地走下来时，艾伦小姐痴痴地望着他，眼睛一下子亮了。

“肖恩……”

伊莲站在旁边，冲江流一使眼色。江流立刻弯腰行礼，有模有样地说：“艾伦小姐，很荣幸见到你。”

艾伦的眼眶渐渐湿润：“肖恩，你不打算请我跳支舞吗？”

伊莲默默地开启留声机，音符流淌而出。艾伦腿伤尚未痊愈，江流俯身拉着她的手，带着轮椅舞动。听着昔日的音乐，艾伦小姐沉浸在自己的梦幻中，耐心地教导江流如何移动舞步：“要感觉你的舞步踩在音乐的节奏上。向左，很好。向后，转圈。再来一次……”艾伦笑得十分甜美，仿佛回到自己初见情人的那场舞会。一曲终了，艾伦仍沉浸其中，痴痴地和过去道别："肖恩，谢谢你，你让我想起我一生最快乐的时光。"

江流推着艾伦的轮椅到楼梯边，两人望着墙壁上的画像。江流俯身蹲在艾伦膝下，诚心诚意地说："我想，肖恩一直都没有离开您，一直都在守候着您，奶奶。"艾伦小姐点点头，泛起了微笑。伊莲擦去眼角的泪水，偷偷握住了江流的手。

日照群岚，海面流光似霰。江流和罗兰并肩走在满目金黄的晨曦中。江流思绪重重，眼神迷茫地望向海的远方。罗兰笑着打趣："听说你在我太太的课上赢了对手，还赢得了美人的芳心，可你看上去似乎有很多心事啊？"江流有些窘迫："学生此刻心中正有些烦恼，想和老师倾诉。"

"爱情是人世间最自然、最美好的事物，怎么谈得上烦恼？"江流远眺，眼神迷惘："我的国家还在战火中飘摇，岌岌可危。我的同胞还在生死线上挣扎，甚至都忘了什么叫活着。我来到这里，只为救国二字。我不该让其他的情感占据我的精力。"罗兰正色道："既然如此，你来巴黎也有一段时间了，最大的收获是什么？"

"我也说不清楚，但我向往这里的自由，这里的生活状态。我希望有一天，我的国家和人民也能过上这样的生活。"

罗兰嘘出一口气，看着江流："在法兰西，自由只是一个层面。说到底，人人渴望的是一种美的观念，美的人生。我所说的美，虽只有一个字，却大到银河宇宙，小到粒子微尘，包含了这个世界的万物，当然更在你的爱情中。你追求美，感受美，才能在丑恶的物质世界之上找到一颗刚毅的心灵，才能真正想清楚救国是什么，想要民众过的生活又是什么。爱情也好，美的生活也好，它与你的理想并不排斥，而是相辅相成的。"

江流喃喃自语："美的生活？说起来动听，可是对于一个充满腐朽的国家，难道不会太缥缈吗？"

罗兰看着江流，指向远方的朝阳："你看那太阳，虽然在海的尽头，如此遥不可及，可是它的光度，它所散发的温暖，还是让人想要不顾一切地跑向它，拥抱它。美就像这太阳，是生命的源头，也是追逐的本质和方向。再腐朽的国家，有了美的感召，总能凝聚起一种向上的、坚韧的情感，总能积累起最丰厚的、不容放弃的力量，直至埋葬所有的丑恶。"

江流似有所悟："我想我明白了……"

"美并不缥缈，也无关国家、种族，不管是贵族、平民，唯独有了美的精神，生活才是有意义的。"近旁的山崖下，礁石遍布，海浪时而柔和，时而澎湃。罗兰说:“比如说这海,今天我们来时,因有阳光照耀,波光粼粼,气象万千,是一种优美;而阴风怒吼之时,波涛汹涌,甚至在月光下,他的奇绝、凄美是我们都不曾看过的,这种或许可称之为壮美。但是事物在一分为二后,总有人想着把他们分开,但这些又是怎么能分开的呢?每一件事物的身后所承载的美的精神,或许是需要更高层次的观察才能被真正完整地了解的。江流,你懂了吗?”

江流凝视海边夕阳,喃喃自语:“美的精神,美的精神……”

便在此时,罗兰张开双臂,大步踏入海中,脚步深深浅浅。他回头,朝江流大喊:“还等什么?快与我一起拥抱美去!”

民国三年初,魏国、方兰终于回到北京。黄包车在大街上徐徐前行,魏国哑然看着。大街小巷处处都是民众高呼君主立宪的请愿之声,浩浩荡荡的队伍里有西装笔挺的、有花头粉面的、有戴大檐编织帽的,熙熙攘攘。

方兰不知发生了什么,她看着来往的人群,惊讶道:“君主立宪?不是共和立宪吗?怎么会这样。那会儿传来的消息,不是说他一时半刻还不能登基吗?”

车夫这时插话了:“您二位有所不知了,现在满世界都吆喝着让袁世凯当皇帝,可有一阵子了。前儿,我们还都去请愿了呢。”

魏国皱着眉头:“你们也去请愿?你们都想袁世凯当皇帝?”

“这位爷,您说啊,这谁当皇帝还不都是一样。老爷您照样坐车,我们照样风里雨里卖把子力气。变了天也变不了这世道。”

魏国喃喃自语:“原来,闹腾一场,又走回了老路。没什么改变。”

“可不是。我们去新华门外请愿,还有钱发呢。白花花的大洋,谁不爱?谁当皇帝管他呢。我们老百姓这日子还不就是混着过。只要给钱,别说当皇帝,当我祖宗我都愿意……”

魏国怒目圆瞪:“如此说来,这国不是都被你们卖了嘛……”

“呦,没瞧出来,您还是一爱国义士。”车夫不恼反笑:“他不当皇帝,还有别人要当。你争我夺地折腾,苦的不还是咱们老百姓?那去请愿的也不只咱们啊,听说还有不少的王公遗老、将军、巡抚使,哦,对了,还有乞丐和八大胡同的姑娘呢。一拨拨地排起队来,挨新华门外跪着,请袁世凯早点儿当皇帝呢。”

方兰看了一眼丈夫越来越铁青的脸色,拿出一些钱币给车夫:“谢谢您了,这是车钱。我们就停在这儿了。”

魏国制止道:“不,让他继续走!”

“哟！这就对了，想开点吧您！早年闹着变法革命那些人，血是流了，也没见着有什么改变啊……”

魏国漠然地听着车夫的话：“去新华门外。”

新华门外，夕阳如血，一队队的群众跪在地上，跟着一个领头的人一起呼喊：“君主立宪万岁，袁大总统万岁……”其间有穿着华丽的达官贵人，也有浓妆艳抹的妓女、衣衫褴褛的乞丐。魏国、方兰站在一旁，愤懑地看着眼前的一切。“荒唐！”他愤怒地大骂，狠狠地一甩袖子，头也不回地走了。

6

深夜，霜寒露重，三两声远行的钟响。魏府里四下安静，唯有把头的书房依然亮着一盏灯。离开数月，书房已经积了厚厚一层灰，一进门就有一股腐旧的霉味。魏国一回来，就自个儿闷坐在屋里，连晚饭也没吃。方兰兀自端着茶碗，走过门廊，轻轻叩响了书房的门。

吱呀一声，昏黄的灯光照着魏国胡子拉碴的脸，格外憔悴，方兰看着愁眉深锁的丈夫：“我倒不明白，咱们走了不过几日，竟有如此翻天覆地的变化。前几日你还说有转机，现在居然折腾着要当皇帝。这是怎么了？”

魏国抬眼看了看妻子。几个月前，在法国感受的希望、奋进，在心里保留的一丝侥幸，回国来一下子被现实打击得体无完肤。他叹了一口气：“我们拼了命换来的共和啊，自由的日子没过几天，就要回到帝制了。别说你了，我也想不通啊。他如此倒行逆施，历史自有公断。早知如此，我何必要回来，在法国度余生，岂不好？”

书房的门被人敲响了，仆人阿文站在门外传话：“老爷、夫人，有客人来访。”

客厅中，杨宇澄正站在一幅字前，悠悠念道：“何妨且尽杯中物，一任清泉石上流。”话未尽，只见魏国破门而入，往主座一坐，漫不经心地说道：“宇澄兄深夜造访，不知所为何事？”

杨宇澄在魏国去法国之前，还只是一个喜欢四处活动的政府小员，思想灵活，善于察言观色，短短几个月时间，他就坚决投奔袁克定，举起了拥帝的大旗，从此扶摇直上，成为袁氏宠臣。如今，他的身份地位俨然和魏国不相上下，此番前来自然是希望把这位昔日的革命者拉拢过来，因此说话很是斟酌了一番。听到魏国的开场白，他嘿嘿一笑：“既然魏先生直奔主题，我也就不绕弯子了。”

“有话请直说。”

杨宇澄不慌不忙地接过仆人递过的茶，品了一口，说："魏先生几次出言冒犯袁公，但袁公都未计较，始终当你如自家兄弟看待。今日特派杨某来请魏先生回到袁公身边，共谋大业。"

如此露骨，魏国暗暗吃了一惊，他怒道："杨兄恐怕是来劝我帮他圆皇帝梦吧？你回去告诉袁世凯，我魏国不愿做一条任人摆布的狗，更不愿意陪着他一起遭受千古骂名！"

杨宇澄赔笑："恐怕魏先生言之过早吧？究竟是千古骂名，还是名垂千古，历史自会评断。"

魏国思量再三，愤愤回敬道："昔日曹操挟天子以令诸侯，雄霸一方，也不敢妄自称帝。他袁世凯何德何能，竟妄自封天子！回想辛亥年间，许多人纷纷劝进，让他袁世凯取清廷而代之，他不肯。后来当上临时大总统，北洋哗变，曹锟又让袁世凯趁机以正大位，他还是不肯。我本以为他袁世凯当真是个顺应潮流、识得大体之人，所以才追随了他。没想到他居心叵测，一直在等待时机。是我魏国瞎了眼！"

杨宇澄心生恼怒，眼角闪过一丝狡黠："先生息怒。袁公并无心称帝，但如今民心所向，全国上下无不希望袁公入主龙位。几日前，袁氏家族守墓人入京，更是将一块在袁氏祖茔拾得的石块送上，石块上刻有'天命攸归'。"魏国不置一词。杨宇澄又道："袁公曾祖父坟侧，夜间不时有红光显现，形如火炬，照耀方圆数里。祖坟旁还生长出一棵紫藤树，形如盘龙，长逾丈许。诸多征兆所示，袁公称帝乃大势所趋啊！"

魏国冷笑一声。杨宇澄依旧一脸笑容，不慌不忙地说："北平城锡拉胡同内一瞎眼道士，本姓薛，人称薛半仙，能掐会算，天下之事无所不晓。杨某受袁公委派，三日后去找那道士为袁公求算登基吉日。魏国兄若是不信杨某所言，可以跟我一同前往。"

"荒谬至极！一国之命脉，岂能听一瞎眼道士信口开河！你回去告诉袁世凯，我魏国还是那句话，天下大势浩浩汤汤，顺之者昌逆之者亡！恕不远送！"说罢，魏国头也不回地往里屋走去。杨宇澄看着他的背影，摇摇头离去。

魏国彻夜未眠，清晨时分，他两眼通红，胡茬布满双颊。地板上满是揉成一团团的纸，纸上尽是字字泣血之句。魏国写写停停，那纸上赫然写着"民主"、"共和"，恍惚间，"民主"被撕开，一下子满目都是袁世凯的嘴脸。魏国心烦意乱地揉搓几下，扔在地上。

这时，外面一阵喧嚣声，一名家丁匆匆跑入："老爷，有客人来访。"魏国刚准备接话，书房门洞开，两个男子赫然走进来。为首的男子一拱手：

“大哥，是我……”魏国眼前一亮，竟是那阔别已久的三弟周鲁。

一别数年，周鲁在南方周游，参加革命党的各种活动。魏国看着孔武有力的周鲁，欣喜若狂。周鲁背后站着另一个面生的汉子，一看就是敢豁出命的人。周鲁连忙介绍：“大哥，这是和我一起共事的黄萌兄弟。黄萌，这是我多年的好兄弟魏国。”

不一会儿，家丁送来热茶，三人去客厅就座。周鲁信步走在最前，黄萌次之，而魏国则小心把书房关上后匆匆跟上。刚一到客厅，周鲁抱拳道：“我当年错怪了兄弟，以为兄弟是热衷名利的小人，现在看来，咱们还是兄弟。过往的事情，是兄弟我不对，先跟魏大哥道歉了！”

魏国连忙拦着他：“兄弟之间，还讲究这种虚礼做什么。”

“既是兄弟，我就不多废话。有一事希望能得大哥之助。”

魏国见他神情，已知了个五六分，暗暗深吸一口：“不知何事？只要你开口，我能做到的，我一定全力以赴。”

“我此番来京，意欲手刃袁贼！”

魏国眉毛一跳，吹茶的气力稍稍大了些，几点滚烫的茶水泼在衣服上。周鲁继续说道：“此行前来，如有魏大哥掩护，做起来更是得心应手。”

魏国饮了口茶，派人送来毛巾，仔细地擦拭完衣角，才叹了口气：“周鲁兄弟，三思后行吧。”

站在一旁的黄萌急忙插话：“怎么，魏国兄弟不是反对刺袁一事吧？”

“我的确反对复辟，痛恨袁世凯的所作所为。昨夜杨宇澄也来找过我，让我继续辅佐袁世凯称帝，我断然拒绝！今天周兄弟又让我来协助刺杀袁世凯，老实说，我同样拒绝。”

“你这又是为何？”周鲁一拍桌子，茶杯在桌边剧烈地颤抖。

“不是我魏国贪生怕死。二位兄弟想一想，反对共和之人是杀得完的吗？从晚清至今，我们杀的人也不算少了，但是民主共和依然是一纸空谈。杀了一个袁世凯，还有第二个，周兄弟你告诉我，刺杀之花如何开出民主之果？”

周鲁的火噌地一下子冒了上来：“你怎么变得像王应一样婆婆妈妈！我周鲁只求眼前清净，不管什么花花果果！我只知道谁要当皇帝我就杀了谁，有一个杀一个，有两个杀一双！”

黄萌连忙打断：“刚才魏国兄弟说杨宇澄昨夜来过，不知他还说过些什么吗？”

魏国摇了摇头：“说的净是些荒谬之论！什么民心所向，祖坟冒青烟，还有什么三日后要去锡拉胡同找薛半仙！如此无知的政府，迟早是要垮台的！”

黄萌一听，连忙追问：“薛半仙是何人？魏国兄弟可否详细说来？”

“就是个瞎眼算命的。袁世凯鬼迷心窍，让杨宇澄三日后去找他算什么登基吉日……”

黄萌计上心来：“那杨宇澄此前是否见过薛半仙？”魏国回答道：“从未见过，想必此人就是个江湖骗子！”黄萌连忙拖着周鲁起身，说道：“兄弟既然不愿相助，我们自然不会强求。人各有志，兄弟方才所言的确也句句在理，我们就不叨扰了。”

黄萌是一个老革命党，隐姓埋名在京城中做些小买卖，认得很多道上的朋友。为了配合革命党的行动，他开了一家金鱼批发店，租下闹市的几间小屋。那靠北的一间不做别的用，只摆一个八仙桌，放几个干干净净的小茶杯，来的都是革命同仁。周鲁一行来北京后，便都和几个革命党住在离黄萌处不远的地方。一有事，几个人说话就到。

周鲁踢门而入，屋内已经有几个人候着了。周鲁很是气恼：“黄大哥，我真是不理解，你为何会轻易放过魏国。若是再激将一番，魏国定会出手相助！”

黄萌微笑着摇摇头：“我虽与魏国一面之缘，却看出此人已厌倦是非，即便是说破大天，他也一定不会趟这浑水。”

坐一旁的杨禹忙问：“现在该怎办呢？离投票之日仅剩六天了，如何是好？”

黄萌略有所思，神秘地说：“不过，这次探访魏国，却是另有所获。我已有妙计。万事俱备只欠东风。不知在座的是否有人能装成睁眼瞎子？”

周鲁跳出来：“这有何难！”说罢，他翻着白眼，颤颤巍巍，摸摸索索地走了几步。周鲁的言行举止与睁眼瞎子如出一辙，逗得众人捧腹大笑。杨禹伸手在周鲁面前晃了两下，周鲁状若未见，继续一脸呆滞地看着前方。

“哎哟，还真是像呢。”黄萌笑了，“既然是周鲁能装瞎子，那就更加好办了。”

找魏国碰了一鼻子灰，杨宇澄回来就被骂了个狗血淋头，袁克定又逼他出门去找那个薛半仙。

一顶小轿在锡拉胡同停了下来，两个仆人放下轿子。轿子帘慢慢打开，杨宇澄走出来：“真费劲，可算找到了。”

薛半仙家的门虚掩着，手一推就全开了，再往里进，只见一片昏暗，杨宇澄小心地摸进客堂。客堂正中摆着一张方桌，桌后一个屏风，桌上隐隐可见签筒、画符、铃铛等占卜器具。杨宇澄正准备提嗓子喊人，却见一个瞎眼老人摸摸索索从屏风后走出，须发花白，一脸沧桑。杨宇澄连忙作揖："拜见大师。"老人颤颤巍巍地指指签筒说："你先求个卦吧。"杨宇澄虔诚地摇着签筒，一只竹签跳了出来。

杨宇澄念道："盈虚消息总天时，自此君当百事宜。若问前程归缩地，须凭方寸好修为。还请大师详解。"

大师忧思深重地掐指一算："施主此番前来可是受一大人物所托？"

杨宇澄一愣，连忙回答："是是是，大师果真是料事如神啊。"

"而且，这位大人物现在所想问之事，事关天下。倘若成事，则是天下至尊；倘使不成，则是万劫不复啊。"

杨宇澄大惊，人世间还存在此等神人，顿时虔诚得五体投地："还请大师指点。"

"尘世如海，百姓如鱼。此人虽命带富贵，却如沧海一鱼，并非真龙天子。"那瞎眼半仙继续道，"此人贵气天成，虽锋芒太露，一旦越过龙门，便可成就九五之尊。"

"跃龙门？"杨宇澄追问道，"还敢问大师有何破解方法。如何才能一跃龙门？"半仙翘起食指掐算："世间有一种鱼，叫富贵金鱼，品种稀少，寓意大富大贵。若将此鱼悬于此贵人之房梁之上，供养七七四十九日，乃化为龙矣。"

"我这就回去安排。"杨宇澄连忙吩咐助手记下。正准备告辞，却见半仙敲着桌子，声音拖得老长："切记，此鱼娇贵异常，若在供养时不幸夭折，乃大凶之兆。正所谓黄河三尺鲤，本在孟津居，点额不成龙，归来伴凡鱼。"

杨宇澄一听，心里更有谱，立刻说："好，定然谨遵大师教诲。"说罢，从衣兜里拿出一个小包裹放在桌子上。那半仙看都不看，挥了挥衣袖，不再言语，走入屏风后。杨宇澄放下金条，恭敬地退出。

那半仙听着人已远去，立刻转动眼珠，使劲抹了一把脸，恢复了正常神态。此人正是周鲁。周鲁一跃而起，匆匆推开身后的另一扇小门，直通里屋，一进门就嚷嚷起来："哎哟，这杨宇澄东问西问，再耗下去，我这瞎子可要睁眼了！"昏暗的小屋中，薛半仙正与黄萌坐在一起。

"委屈大师了。"黄萌说道。两人一起深深鞠躬。

"此举若能成功，四万万人民能因此获得民主之自由，大师功不可没。"周鲁执着要一拜再拜。

"万事万物皆有定数，冥冥之中，一切早有安排。"半仙悠悠地说。

黄萌感觉薛半仙话里有话，又上前深深鞠躬，问道："我们此行异常凶险，还请大师卜上一卦。”

薛半仙拿出签筒，慢慢摇晃，一根签掉在地上。薛半仙摸索着将竹签捡起来，递给黄萌。黄萌拿起竹签，神色有些疑惑，轻声念道：“出身未捷身先死，黄粱一梦终成空。”一旁的周鲁心急如焚：“哎呀，这到底是说我们先死，还是说袁贼美梦成空啊。”

薛半仙缓缓摇头：“不可说，不可说。”闭上眼睛，宛如入定一般，一动不动。

“卖光了？你们这群废物！连这么一点小事都办不来。转悠了两天，一条富贵金鱼都没有买到！”杨宇澄重重地把茶杯往桌上一摔，茶水溅了一地。

仆人吓得一缩脚，急忙解释道：“大人，我们走遍了京城所有的金鱼商铺，但是都没有买到。这几天买富贵金鱼的人挺多，而且这鱼原本就矜贵难养，每个商铺的存货也只有几条。”

“废物！”杨宇澄骂骂咧咧。

一旁，一个浓妆艳抹的女子温柔地为杨宇澄续上茶水，轻声说：“大人何须动怒。妾身倒是听说，天桥那儿有一家叫金鱼黄的金鱼批发店，店面不在街面上，也不大打眼，但是品种特别齐全，大人不妨差人到那儿看看。”

天桥可是个什么都有的地方，江湖艺人众多，抖空竹的、舞叉的、爬杆的、耍中幡的，挤得个水泄不通。杨宇澄随着人流走，满头大汗地寻找那金鱼批发店，见桥东头根下有家张着大条幅卖鱼的，忙不迭地就去了。杨宇澄也不看鱼，直奔主题。

黄萌故作惊讶：“富贵金鱼？大人，我们平时都很少进这种金鱼呢。这鱼品种稀少，不好养。大人您买这种金鱼作啥？”

“这你就别问了，你只要负责帮我把鱼弄来了，自然是重重有赏。”

“这鱼挺难找的呢。”黄萌故作为难。杨宇澄看他是个不吃软的货，也就收敛起那一副讨好的样子。他若无其事地摸了一下腰间的物件，低声道：“富贵金鱼是难找，不过，这枪里的子弹找人倒是容易得很。”

黄萌故作慌乱，赶紧回答道：“大人，您给小的一天时间，小的明日一定将富贵金鱼送到您府上。不过……”黄萌迟疑了一下，“大人，这富贵金鱼异常娇贵，脾气秉性与平常的金鱼大不相同，温度、阳光、喂食都相当重要，若有差池就很容易养死。所以，通常都是由我专门送到府上，找最适合的位置去摆放。”

杨宇澄沉思片刻，上下打量了黄萌一番，见他一脸老实，身板虽厚，却也看不出有什么不对，说道："既然如此，那你明天带着金鱼跟我去一个地方，摆放好了，务必让这金鱼养得长久。"说罢，杨宇澄拿出一叠银票给黄萌："喏，这是定金。"

黄萌接过钱，心里长吁一口气。

第二天，天灰蒙蒙的，行人显得比往常少了很多。杨宇澄坐在一顶轿子中，不时掀开轿帘。紧随其后的一顶轿子中，黄萌小心地捧着金鱼缸，不动声色。

在袁世凯的书房内，杨宇澄四处打量，寻思着地方。几个下人在一旁伺候着，过了半天，他小心翼翼地对黄萌说："你在这儿伺候好金鱼，我这就去请大人过来。"

黄萌故作随意问了句："敢问这金鱼买来是伺候哪位大人的？"

杨宇澄脸一沉："这轮得到你发问吗？你好好瞅瞅，看房梁之上哪儿比较适合挂这个鱼缸。"

"房梁？"黄萌一脸惊诧，"这是何意？见过挂宝剑的，没见过有人挂鱼缸呀？"杨宇澄眼睛一瞪："这你就别管了，让你挂你就挂！"黄萌点头哈腰附和道："是，小的遵命。"少顷，门口响起一阵脚步声，满面红光的袁世凯带着下人走了进来。

杨宇澄等人立刻躬身下拜："给皇上请安。"

黄萌头上渗出了细细的汗珠，他暗自把手伸进鱼缸内，正欲掏出藏在里面的手枪。突然杨宇澄狠狠地拽了他一把："吓傻了是不是？赶紧放下鱼缸，给皇上请安。"黄萌一惊，鱼缸的水泼出去一半。袁世凯纳闷地往这边看了一眼，杨宇澄连忙抢过鱼缸，扶稳。黄萌没辙，只能屈尊下拜："草民黄萌，给皇上请安。"

袁世凯看那鱼缸做工精美，晶莹剔透，几条富贵金鱼游来游去，浑身金黄透亮，格外精神，他没理跪在地上的黄萌，喜出望外地端过鱼缸："宇澄，这就是你说的富贵金鱼啊？"

杨宇澄讨了个喜，连忙回答："是，皇上。您看这富贵金鱼，华贵异常，天生的龙相啊。"他转眼看着跪在地下的黄萌，轻轻踢了他一脚。黄萌立刻领会了他的意思，站起来说道："是。这富贵金鱼天生就富贵逼人，而且更为奇特的是，这次购进的富贵金鱼都比平时略微大一些。这条鱼尾部的纹路在阳光下能隐隐看到龙形的花纹呢。小的卖了这么多年金鱼，这还是头一遭碰见呢。"

袁世凯掩饰不住激动："可当真？"

黄萌信誓旦旦地说："草民不敢欺骗皇上。小的这就把鱼缸放到阳光下，皇上可自行观看。"

袁世凯把鱼缸交还给黄萌。黄萌把鱼缸放到桌子上，袁世凯和杨宇澄快步走上前。黄萌眼瞅着两人走上前，迅速将手伸进鱼缸，掏出手枪，反身对着袁世凯扣动了扳机！但是，手枪根本没响！黄萌大惊失色，继续扣动扳机，却始终没有任何声响。袁世凯躲在杨宇澄身后，吓得魂飞魄散。

杨宇澄大喊："侍卫，快，把这个逆贼拿下！"黄萌自知大势已去，一把将手枪摔在地上。几个侍卫迅速冲进来，制伏了黄萌。

"说！是谁让你来刺杀朕的。"袁世凯怒不可遏，大喝一声。

黄萌一脸正气，骂道："你这逆贼，逆反共和，人人得而诛之！"

"哼！"袁世凯得意地说，"可偏偏朕就是皇天护佑，大难不死。你这手枪若在水里少浸泡一刻，恐怕就让你得逞了。说，究竟是谁派你来的。说出来，就饶你不死。"

黄萌鄙视地看了他一眼："呸！要杀就杀，说什么废话。杀了我一个，天下有志之士还会前赴后继。"

"好，我今天就杀一儆百，看看你的跟随者到底还有多少。给我拖下去，凌迟处死，当街示众！"袁世凯咆哮着。

黄萌的声音渐渐远去了，仿佛所有的反对之声已经灰飞烟灭。袁世凯和杨宇澄静默着，整个书房唯有时钟的滴答声。袁世凯半晌没作声，忽然一巴掌将富贵金鱼打翻在地。鱼缸崩落在地，水流四处，几条金鱼在地上垂死挣扎。

批发店的革命同志围坐在小桌前，钟声响起，所有人都明白，黄萌已经遭遇了不测。

周鲁缓缓站起身说："已经八点钟了。此地不可久留，大家各自撤吧。"

杨禹望着周鲁，说："周大哥，我们还是等等黄大哥吧。说不定，他正在回来的路上呢……"

"杨禹！"周鲁一拳砸在桌上，双目赤红，"黄大哥的仇，我们日后一定要报！"

几日后，国民代表大会顺利召开，在袁世凯的威逼利诱下，各省国民代表共 1993 人，投票赞成君主立宪，无一票反对。

魏府里一片平静，魏国每日里独自下棋，对外界事情不管不顾。棋盘上，黑白二子呈对弈之势，黑子略占上风。他手持白子，凝视棋局，微蹙眉头。

杨宇澄走到他身边，冷眼旁观，慢悠悠地说：“此局大势已定，无论魏先生如何落子，都是徒劳。”魏国连眼都不抬，只慢声道：“宇澄兄倒是自信得紧，凡事都得留三分。”

杨宇澄明白，拉拢魏国能说服一大批革命党人，这是一招不能走错的棋，他斟酌再三：“虽然杨某向来佩服先生一腔热血、深明大义，唯有一点却是在下不愿学的，那便是先生的犹豫。先生心里清楚，君主立宪才是救中国的最好出路，如果贸然由封建专制转入共和，必然引起暴力内战，这不会是先生愿意看到的。”

魏国兀自看棋：“我是不愿看到再有流血，但若说局势，共和才是人心所向。”

杨宇澄怏怏地说：“共和，共和，如今民国已有四年，可中国还不是一样的混乱？再说我们的筹安会也不是什么推翻共和的反动组织，不过是探讨立宪、共和哪个更适合中国，说到底是为了天下太平啊。况且，这也是大总统的意思。先生总是推辞，怕是不好吧。”

魏国抬头看一眼杨宇澄，也不气恼，只是笑笑说：“魏某一向喜欢举棋不定，杨兄何不给我点儿犹豫的时间呢？明日一早，必给你满意的答复。”

清晨，魏府的下人扫院开门，见杨宇澄已经等在门口。

“你家主人呢？”

下人迟疑一下：“我家主人昨夜一直在书房，不知这会儿……”

杨宇澄迫不及待地进门，直奔书房：“魏国兄，我杨某也算三顾茅庐了……”他推门而入，书房空无一人。杨宇澄环顾四周，只见桌上放着偌大一张纸，上面赫然四个大字：“无耻贱人！”

熙攘的北京街头，乔装打扮的周鲁和杨禹正走在路上。突然，一个声音传到周鲁耳边：“三日之后，袁世凯天坛祭天。”

周鲁吓了一跳，一把拉住来人：“哪路兄弟？此话怎讲？”那人身手矫健，挣脱周鲁，匆匆道：“一个自称是从洞里爬出来的人让我告诉你的。”

洞里？这是什么人？周鲁正准备追问，只见那人已经杳无身影。路另一侧，魏国把一切看在眼里，放下车帘缓缓离走。

窗外寒风呼啸，屋内灯光昏暗，映着周鲁、杨禹、赵培等人的脸。桌上，一张摊开的地图，周鲁在上面一边指点，一边说着计划。“袁贼要去祭天，机不可失……列位请看，这天坛，地处闹市，通各路街道。这儿，是茶楼，居高临下，一览无余……”周鲁哼哼一笑，“占据了有利的位置，自然要扔一个会响的，炸他个极乐登天。”

黄萌被捕后，京城守卫顿时森严起来，革命党遭到大肆捕杀，所有的革命工作被迫转到了地下。杨禹说：“制高点虽好，可是去容易，走却难了。咱们谁去？”

周鲁见众人都不发声，站起身来：“我打听过了，此番袁贼出行，护卫不算多，但都是精良之部。这次行动风险极大，咱们的人不宜过多……我一定要亲手为黄大哥报仇。”

赵培举手：“我也去！”大家立刻争先恐后表态。周鲁挥手说：“行了，别争了。各位都是忠肝义胆的好兄弟，周某在此谢过诸位。我跟赵培去。他性子沉稳，适合这次行动。各位留下接应。赵兄弟，你意下如何？”

“不杀袁贼，誓不归还！”赵培咬牙切齿地说。

周鲁用力拍了拍赵培：“志士同心，血荐轩辕！”

赵培咬破手指，题下一首血诗。众人朗声齐吟：

在昔头皮拼着撞，
而今血影散成斑。
红点溅飞花满地，
层层留与后人看！

刺杀当日，周鲁和赵培坐在袁世凯祭天必经之路的一座茶室内。茶楼窗边，周鲁从容地端茶壶倒水。上好的铁观音经沸水一泡，立刻满室清香。周鲁端在手中，屏息凝神，听着窗外的动静。

突然，街道拐角处，一群开路的警察将路边行人屏退。街上，前后两辆汽车驶来，从车外的装饰到两边的侍卫安排，一模一样，车窗都挂着厚厚的帘子。

周鲁没想到这一招，怒道：“奶奶的，没想到袁贼还有这一手。”

赵培低声问道：“现在怎么办？”

“双管齐下，我前，你后！”

话刚落音，周鲁瞅准第一个汽车，从窗间投下炸弹。赵培紧随其后，对着第二个车子投掷炸弹。顿时，街道上硝烟四起，路人纷纷仓皇而逃，尖叫不已。

杨宇澄大呼：“保护皇上！”他抬眼，看见窗口的赵培，抬手就是一枪。赵培捂着胸口，回手一枪，杨宇澄应声倒地。

赵培已是一个血葫芦，有进气没出气。楼梯口官兵冲了上来，说时急那时快，一枪打中了周鲁的肩膀。周鲁挣扎着还击。这时，后窗一个人影翻身而入，抬手举枪，将几个官兵三下两下射杀，然后一手拉着周鲁，一手拖着赵培，三人一同向后窗撤去。

赵培见是杨禹前来救场，挣扎着说："杨禹，你带周大哥先走，别管我了。"

"这是什么话。走，一起走……"周鲁执拗着。杨禹眼见着赵培血流如注，一咬牙，拉着周鲁向窗外跳去。

官兵又从楼梯追上来，却见茶楼上只剩下奄奄一息的赵培。赵培咧嘴一笑，拉响了身上的炸药。一声巨响，火光四溅。

大劫过后，行人寥寥。最后一辆汽车旁，数十名侍卫正围着保护。半晌，许昌走到车前报告："皇上，人已经死了一个，剩下的已经派人去追了。"车窗打开，袁世凯露出半边脸，怒气冲冲。一张报纸被风吹了过来，袁世凯伸手抓住，摊开一看，却见报纸的头版正是一篇《袁氏窃国，万民征讨》的檄文。

袁世凯脸色发青，手不断发抖，恨恨地把报纸揉成一团，厉声道："回府！马上给我回府！"袁世凯跌坐在椅子上，双目怒睁，突然，一口殷红的血喷在了地上。袁克定惊恐地喊叫："父亲！父亲！"

夜凉如水，秋风瑟瑟。仆人早已撤下，只剩魏国孤身坐在庭院，想着几天前的街边事。忽然，门上传来一声沉闷重响，再听却已没了动静。方兰从卧室起身，面露惊恐之色："魏国……"

魏国一把捂住她的嘴，轻轻走至门口，侧耳倾听。门上没有听到任何动静，一条血线从门外渗进来。魏国暗道不妙，连忙将门打开半扇，一团黑影伏在门口石阶上，定睛一看，是周鲁，满身是血，早已晕死过去了。

7

自刺杀袁世凯未遂后，周鲁一直住在魏府。周鲁的伤虽已痊愈，但心未痊愈，他对于袁世凯复辟行径一直耿耿于怀，直至他死后才渐渐释然。

京城三月末，正是春暖花开时，魏国的院落中花草新绿，流水绕阴，杨絮漫天。周鲁对着一池春水感叹："终于等到这一天了，黄大哥、赵兄弟在天之灵也终于能瞑目了。"

袁世凯死后，魏国接受了许昌的建议，重回政府共谋共和大业。经许昌提拔，魏国很快成为了国民政府特任官员。

一天，办公室响起了敲门声，许昌微笑着进门，坐在魏国对面："上次魏先生建议自办军校培养军事人才一事，总统已经批阅，并且非常赞成。恭喜兄弟了。”

魏国颔首笑道：“还要多谢许先生帮扶抬爱。自民国元年以来，政府为国会所操纵，闹得天翻地覆。若自个组织编练军队，我有子弟兵，则操纵在我，这样才能长治久安。”

许昌赞同，轻叩桌面：“魏先生此番见地我自然表示佩服赞同，但军校不同一般学校，不仅要有文才，还需有武略，这样的人才现今中国难觅。”

魏国略带神秘，笑道：“只要许兄有心办此事，人才不是问题。偌大一个国家，还怕没有人才不成？”

魏府中，桌上摆满了佳肴，周鲁啜一口小酒，笑道：“当年轻狂英雄少年，如今又要出山。周鲁祝大哥你一路畅顺。”魏国笑道：“何来又出山？都言道身在此山中，云深不知处。我们这般人就是在这迷雾中跌跌撞撞罢了。”周鲁关切地问道：“袁世凯那王八蛋死了，魏大哥你有何打算啊？”

“吾惟愿不遗余力推动民主共和国家之建设。”

“好！”周鲁激动地说，“这就对了，凡是阻挡国家之进步的，我们都要誓死反对到底。”

魏国见状，试探地问道：“我有意请兄弟维持北平地方治安，不知你愿意否？”

周鲁一愣：“这又是什么东西？北平地方治安？我可不愿意，我还是愿意在部队，有仗打的时候就冲锋陷阵，没仗打就练练兵。”

魏国不禁大笑：“我就知道你要这么说。那我给你一个军校，你觉得如何啊？”

周鲁眼睛一亮：“军校？听着倒像一回事了。”

魏国一本正经地说：“政府准备建一所军校，我打算推举你来做这个校长，你可愿意？”

周鲁沉思片刻道：“以前说师夷长技以制夷，又有中学为体、西学为用，我说这些都是狗屁！只有军队先强大，才能保证国泰民安。行！这个校长，我干了！”

魏国大喜过望，拍拍周鲁的肩膀夸道：“好兄弟，我果然没看错你！既已答应，其他的都好说。学校经费运营我一力承担，实在不行我去给你化缘，不劳你校长亲自出马。你这个校长就专心管理学校，训练学生，学校日常事务我派专人帮你打点。我们一起合力打造民国第一所专业化军事院校。”

熙熙攘攘的巴黎码头，淅淅沥沥下着小雨，王应和江流、唐熙同等人一起迎接十万来法华工。就在不久之前，王应得到消息，北洋政府已经和法国签订了以工代兵的协议，作为参战的条件，中国将运送十万华工来到欧洲。三人接下这摊子事时，钱子谦直撇嘴：“这么多人？放哪儿能搁下？”

“这倒不用咱们操心。不过这些华工大多是穷人，没受过教育，法国政府希望我们能成立专门的机构，负责他们的教育和培训。”王应倒是想得很清楚。

三人正在码头忙得不亦乐乎，有人拉了拉王应的衣服，他回头一看，居然是一个小女孩。小女孩怯生生地举着一张破破烂烂的纸问：“叔叔，我们是不是到了这个地方？”

王应接过地图，发现上面密密麻麻注着路线和港口，于是问道“小妹妹，这儿就是巴黎。你怎么一个人？”小女孩回头指了一下远处的人：“爸爸在那儿呢。”江流抬眼见一个壮实的中年男人匆匆赶了过来。看到小女孩，那人松了一口气，急切地说：“你这孩子就是乱跑。谢谢你。我叫李大伟，是孩子的父亲。”王应望着李大伟说：“没事。这张地图是你的？”李大伟乐呵呵地说：“对，是我自己画的。这些年走南闯北，每到一个地方就做个标记，大概总是有偏差的，但是应该大方向都是不错的。”说罢，李大伟抱起孩子，“我先去登记了。地图您若喜欢，先留着看。”

王应点头，连忙递过一张联系卡：“你到振华豆腐厂来找我就行了。”待他走后，江流伸过脖子细细看那地图，啧啧称奇。王应说：“如何？华工之中也有不少杰出的人吧。他们欠缺的只是一些培训。”

“有道理。开启民智，可是一番有意义的事业！”

王应突然想起什么似的，说：“你有这心思，明天带你去听一个中国人的讲座。”江流好奇地问：“讲座？何人？”王应含笑不语。

次日，江流来到一个礼堂，这里在举办华法教育会的发起会。一位儒雅的中年男子正站在台上侃侃而谈。慕名而来的有知识分子，也有很多华工，座无虚席。

“……而现在，十万华工已经来到了法国。这股力量是中国四万万民众中的一小部分。今后一旦回国，他们在法国受到的历练，接受的教育，便能如小火苗一般，点燃更多民智。多送国人赴欧，归来者改良中华便是成功！”

话音刚落，掌声如潮。江流穿过人潮，挤到前排，小声问王应：“他是……”

“蔡仲卿。”王应神秘地笑道。

江流大吃一惊。这位年过四十却精神矍铄的人，是大名鼎鼎的教育总长，不禁肃然起敬。

“现今世界各国之教育，能完全脱离军政和教会障碍者，以法国为最。……法国科学之发达，不独在科学固有之领域，甚至包括哲学教育学。这次，我们中国以法国教育为师资，又多得法国教育家的助力，而成立此教育会，此后之灌输法国学术于中国教育界，而开创新的纪元！”掌声更热烈地响了起来。蔡仲卿指着王应，说：“目前，我们已经在组建一些华工组织，准备开展对华工的培训。这位朋友叫王应，便是组织的牵头人。”王应微笑起身，点头示意。之后分发了蔡仲卿从国内带来的相关书报、印刷局、俭学会等资料，与会者交口称赞。

当晚，几人就来到华工聚集的窝棚，给抵法的劳工发物资。他们发现华工生活简陋至极，小孩们也没地方学习，饿着肚子嬉戏玩耍。在码头遇见的小女孩也在其间。小女孩眼尖，发现了王应，连忙招手喊道：“叔叔，叔叔。”王应看她小脸、小手都脏兮兮的，连忙带她到旁边的清水池洗干净，然后从衣兜中掏出几盒饼干，递给她。她欢喜不尽地接过饼干，小小地啃下一口，又放回衣袋。江流好奇地问：“你怎么不吃呢？”

她懂事地说：“带给爸爸，他很久很久都没有吃过饼干了呢。”王应一听，突然有些哽咽。旁边戏耍的孩子们接过饼干，都小心翼翼地收好，个别大孩子更是懂事地把自己那份送给更小的孩子。钱子谦身为公子少爷，从来没缺衣少吃过，看到这些小孩饥饿难耐，却互相谦让，不禁恻隐。

江流等人正在为华工的事情忙前忙后，国际时局也是万千变化。第一次世界大战爆发后，德国不顾国际公约，突破比利时，长驱直入，不久就兵临巴黎城下。惶惶不安的巴黎人觉得形势不对，在街道上焦急地谈论着时局，每时每刻都有无数辆马车拉着行色匆匆的人们离开这个伤心之都。

大雨如注的天气，巴黎大学哲学系依旧上课。这天，当罗兰拿着一幅画轴庄重地登上讲坛时，发现几个学生的位置已然空空荡荡。他脸色肃穆，缓缓展开画轴，挂在黑板上：“孩子们，这是我最后一次给你们上课。”

在这幅《自由引导人民》的画中，倒在地上的尸体、战斗的勇士以及高举法国三色国旗的女子，透露出的坚强、刚毅、愤怒，恰如此时此刻饱受战火侵袭的法国。罗兰激动地高呼：“我这个老迈的人，即将走向战场。米拉博说过，要为祖国这个挚爱的情人献出所有的爱。我爱我的祖国，我要为这个女神去浴血奋斗。法兰西万岁！”

大家都激动异常。马克第一个站起来，带头唱起了《马赛曲》：

前进，祖国的儿女，快奋起，光荣的一天等着你！你看暴君正在对着我们举起染满鲜血的旗，举起染满鲜血的旗！听见没有？凶残的士兵嗥叫在我们国土上，他们冲到你身边，杀死你的妻子和孩子。……

慢慢的，所有人都站了起来，其他班的学生闻声也纷纷赶来。切利亚、威尔逊、伊莲、斯蒂芬，他们有的站在桌前，有的趴在窗台，合着庄严的旋律，齐声高唱。罗兰泪流满面，在讲台上激动地指挥着拍子。江流和钱子谦也情不自禁地站起来，合着激昂的旋律唱着。

假面舞会取消了，巴黎大学停学了，罗兰和马克都随着军队去了战场。伊莲整夜站在花园中，裹着一身素衣，含着泪为法兰西祈祷。

江流终日忙于华工事宜，这日，回到家已经凌晨。当他疲惫不堪走进房间时，发现伊莲正坐在卧室窗前发呆，脸上有隐约的泪痕。

江流问：“伊莲，你怎么了？”

“对不起，亲爱的，”伊莲抬头看着他，泪水不住地掉落，“这里要爆发战争了，奶奶跟我决定搬到瑞士去。你跟我们一起走吧？”

江流知道这一天迟早会到来，他一直都担心伊莲会如同风信子一般不辞而别。情人的热泪洒落在他的手心，一切美好都将成为消失的过往。他看着伊莲憔悴的眼睛，那汪向日葵一般热情而灿烂的双眸因为离别、战争而布满愁绪。往事尚有余温，而人将失散天涯。他已明了，爱情于这个乱世，是可望而不可得的。他轻轻地抚摸着伊莲的手，摇头道：“你知道，我不能走……我的国家需要我留下。”

伊莲克制住抽噎：“那我们呢？我们会不会再也见不到了？”

江流握住她的手，半天说不出话来。伊莲踮起脚尖，在江流脸颊上深深印上一吻。伊莲吻得越来越强烈，江流无法抑制地回应着。静悄悄的房间中，两人都能听到彼此的心跳。伊深情地注视着他：“我愿意把我最珍贵的东西留给你。这将是我最美的回忆。”

江流抱着伊莲的细腰，目不转睛地看着她纯洁的眼睛，微微绯红的双颊。江流将伊莲拥入怀中：“我真正想要的是你的心，你的牵挂，而不是你的身体。”

清晨，巴黎突然下起大雨，雷声轰鸣．伊莲的眼中流出哀伤的泪水，她深情地望着熟睡中的江流，然后走出门外。大雨滂沱，一身白衣的伊莲坐在车中，掀开了帘幕，外面是熟悉的街道、小镇。伊莲泣不成声，艾伦将她揽在怀中，唱起了古老的歌谣。

江流醒来，呆坐在房间中，脑海里不停地闪现和伊莲相识、相知的一幕幕。他坐在钢琴边，抚摸着琴键，幻想着伊莲又弹起那首《爱之梦》。似锦繁花一下子都憔悴成可憎之物，夜莺的啼鸣也是声声孤寂。那青春的、纯洁的感情，就要随风散尽了。

江流痛苦地倒在床上，不知昏睡了多久，直到一阵猛烈的敲门声把他捶醒。开门，王应撑着一把伞进来了，说道："走吧，这么多天了，不能一直憋着！"

他们来到一家尚在营业的咖啡馆，布置陈列精致、古典。两人在咖啡馆窗边就坐，许久没有说话。好一会儿，王应问："累吗？"江流笑笑，不置可否。

"你记不记得丁香？"

江流疑惑地点点头："当然。你以为我还沉浸在失恋的痛苦中吗？"

王应微微一笑："不是以为，你明明就是。这几天没来工厂，你知道发生了多少事吗？李大伟因为工厂主不给工钱，纠集工友砸了机器。工厂主一怒之下将几个工友关进了大牢。钱子谦把他们赎出来的。"

江流一怔："有人受伤吗？"王应笑了笑："已经处理好了。我们去和工厂主交涉，他答应给工人涨工资，工人们这才罢休。"

江流点点头："对，我一直相信，工人的力量可以为他们争到应该得到的利益。"

"所以我想告诉你，我也和你一样，曾经以为爱情是很珍贵的，是很难割舍的，就像我和丁香，但是我更明白，是什么让我们分别，是这个千疮百孔的社会，是永远烧不尽的硝烟。"

江流微微点了点头："豆腐厂是你创造的一个小小社会，是一种尝试，也是变革，是为了我们的国家。"

王应笑道："不仅是国家，更是为了千千万万个我们自己，能享受美和爱情，能享受尊严和荣耀。我需要一试。"江流不免有些愕然。王应拿出烟斗和火柴，慢慢说道："1848 年，有两个人就坐在这儿，探索天下劳工的命运，探索天下共和、博爱、民主的一天。他们是两个来自莱茵河畔的大胡子，一个叫马克思，一个叫恩格斯。或许到了他们说的那一天，我们的所有悲剧才不会上演。"

十一月，天气开始转凉，华法教育会知难而进，蔡仲卿聘请了江流等年轻学生定期来作演讲，包括德育、智育等各个方面。同时，他屡屡接到国内信函的催促，请他尽快回国出任京师大学校长。

美丽的塞纳河畔，蔡仲卿和江流、唐熙同道别。蔡仲卿说："虽友人中劝不必就职的颇多，说那儿太腐败，进去了，若不能整顿有佳，反于自己的声名有碍。但也有少数的说，既然知道它腐败，更应进去整顿，就算失败了，也算尽了心力，这也是爱人以德的说法。我到底服从后说，进北京。"

江流沉思片刻，看着蔡仲卿坚毅的面孔，说："蔡老师，无论你选择怎样一条路，我们都会支持您走到底。巴黎依然一派乱象，熙同和其他同学也即将告别巴黎，分别前往里昂和图卢兹继续攻读学业。"

蔡仲卿喜出望外，说："好，求知若渴之新青年也。青年如初春，如朝日，如百卉之萌动，如利刃之新发于硎。人生最可宝贵之时期也……"

江流不由心里一亮："蔡先生此话，江流定当铭记于心。"

蔡仲卿又从背包里拿出两本《新青年》杂志送给两人："这是国内的一份进步刊物，也是我们宣传反帝反封建、倡导新文化运动的一块阵地，送你们以作勉励……如今国内风起云涌，局势变化不断，目前的读书正是为了今后的育人。我希望，他日你二人学成，能回到国内任教，为国家未来的前途贡献自己的力量……只要蔡某还位居校长，邀请永远有效。"

光阴似箭，青春的三年，对于任何一个人来说都是弥足珍贵的。江流、王应、唐熙同在法国的这些日子，无疑是为了坚定理想而奋进的三年。江流继续在里昂深造。卢梭，这位法国 18 世纪最杰出的启蒙思想家、哲学家、教育学家，文学家，这位创作了《论科学与艺术》、《论人类不平等的起源和基础》、《社会契约论》、《论语言的起源》的惊世著作的学者，无论是他生前的流浪、漂泊、避难、逃亡，还是死后启示革命，照耀后人的思想的灵光，对于江流来说，都是极有研究意义的。在江流眼中，卢梭的《社会契约论》是法国大革命乃至世界大革命的急先锋，《爱弥儿》是人本教育与自然教育的先声，而《忏悔录》则是兼具文学与哲理之长的情感派文学的集大成。为了走进卢梭的精神世界，江流开始了大量的阅读。在博士论文的写作过程中，江流用了七章的篇幅展开对于卢梭的论述，包括卢梭的成长情况、受教育的情况，他的智力教育、道德教育、宗教教育、政治教育和女性教育等各个方面，整整十万字，写下了自己对卢梭研究的收获。

方芝和唐熙同琴瑟和鸣，夫唱妇随，羡煞旁人。王应一心不闻风月事，亲自管理豆腐厂，工人们都做到了以工兼学。他畅言肉食之害，提倡素食主义。而在共产主义理论的学习中，他体会到了从未有过的社会情形。俄国已经发生了十月革命，这给了王应很大的信心，他坚定自己这一生将会穷极所有，为这个共产主义理想而努力。

8

暗夜的巴黎，中国大使馆前的灯发出幽幽的亮光，寂寥无人。

几辆马车由远至近，几个工作人员站在门口翘首候着。马车停在路牌前，工作人员忙走过去接来人的行李。

陆征祥心事重重地下车，随手把行李递给车旁候着的人，叹气道："只愿此次在法国还能安然全身而退。"顾维钧随后下车，拍拍身上的尘土，跟着陆征祥进门，边走边说："但此次若是割土相让，回国只怕为国人难容，在异国更怕是难以自容。"

陆征祥边走边叹气："大家今晚别想了，先养足体力吧。往后的日子，只怕我和各位没有多少安睡的日子了。"

豆腐厂内，李大伟看着报纸，一掌拍在桌上，面色激愤。他义愤填膺道："签字？我们中国付出了这么多，要粮食、要人，我们都是一句话！难道居然要把我的家乡送给日本人？"听了李大伟的话，所有人都很愤怒。王应忧心忡忡地说："听说正是日本的强烈反对，我国本来在和会上有五个席位，现在却变成了两个。原想大战结束后，中国作为战胜国能享有战胜国的权利，废除曾经签署的不平等条约。却没料到，日本还是死咬着山东，要我们割让国土。"

"奶奶的，现在美、英、法、日勾结起来，背着中国对山东问题进行了一番交易，相互承认这些流氓的利益。美、英、法三巨头也同意日本继承德国在山东的权益了。"钱子谦按捺不住地骂了起来，"现在真是国弱受欺啊！干脆冲上去，和他日本人拼个你死我亡。咱们在法国的华工也有十几万，就不信弄不死他几个小日本。"

江流冷静地说："现在逞匹夫之勇有何用。杀了这几个日本人有何用，只要中国代表一签字，这份条约就会生效，胶州的中国人就会沦为日本的奴隶。问题的关键是，中国代表的这支笔会不会落在条约上。"王应接过话来："说的对。现在最重要的是大家一起阻止代表签字。我相信，只要大家团结一致，他们也不敢逆所有华人之意愿沦为卖国之人。"

豆腐厂联合其他华工企业，在大街上开始发放抗议在巴黎和会上签字的传单。江流慷慨激昂地发表演说："各位工友，日本志在侵略，狼子野心昭然若揭，不能小觑。山东形势关乎全国，胶东三省利害尤巨。如今我们面临两个问题，不签字则全国民气一振，签字则将山东拱手送给日本，国内将自相纷扰，国外则受日本欺辱。”

豆腐厂院子内，大幅标语已打出，密密麻麻的条幅、旗帜，人们准备游行，井然有序。王应前后照应着，忙得不亦乐乎，看见江流、钱子谦两人，连忙上前说："有位老朋友，你们一定要见见。"

正惊讶着，人群后闪出一个英气逼人的女子，江流愣住了，原来是阔别多年的邓玉秀。江流喜出望外："怎么是你？！"

王应笑了："她在彭良遇难后心如死灰，东渡去了日本，后来又辗转到法国求学。"

多年没见，邓玉秀说话的声音略微沉稳了些："王应的豆腐厂在咱们华人里倒也有些名头。这次我是应了王应的邀请，专门来巴黎跟你们共同阻止中国代表在巴黎和会上签字的。"

星夜幽光，江流和邓玉秀坐在塞纳河边的大石头上，江流目不转睛地看着邓玉秀。邓玉秀笑道："怎么，老了吧？"

江流摇摇头："几年过去了，你的样子怎么一点没变？"

"昨日星辰昨日风，感觉像是近在咫尺，但实际上已相隔多年。那些热血澎湃的故事，梦中都能再现，但当你真的要去抓住些什么，才发现是一场空。"

江流有些惋惜："当年一别，再没你消息。"

邓玉秀已经不再是那个咋咋呼呼的大小姐，如今的她，经历过生死、家变、情殇，骨子里已经透出成熟和稳重。她沉静地看看江流，苦笑道："当时我的内心真的如死灰一般。我看天是灰的，人是灰的，就东渡去了日本，之后又来到法国攻读学业。"

"咱们这群人，兜兜转转却还是要遇见。当时来巴黎，你一个女人家，为什么不联系我们？"

"来到巴黎，正是一战，寻访故友诸多不便。久而久之，就一个人生活了。如果……"邓玉秀话说一半又打住了，遥望着塞纳河幽幽的夜色。江流安慰道："这么多年，你还没有忘怀吗？"

邓玉秀低头，神色仍有一丝黯然，良久才指着夜空中那颗最亮的北极星说："在我心中，彭良就如它，一直在那儿，明亮着，永远都无法替代。"她双手合十，流下两行清泪，"也希望他在天之灵保佑我们此次行动顺利成功。"

此时此刻，夜色阴冷，四下皆静。中国大使馆内，陆征祥和顾维钧两人正满面愁容地站在窗前。陆征祥吐了一口烟圈，两撇胡子没精打采地耷拉着，憔悴的眼色表明他已经几天几晚不眠不休。顾维钧还年轻，他站在这位外交总长身后，陆征祥愤愤然叹道："今日我已接到北洋政府通知，日本警告说山东问题如果得不到圆满解决，日本将不在和约上签字。"

顾维钧一拳击在桌上："岂有此理。那亲日的段祺瑞断然不敢得罪日本。"

陆征祥眉头紧锁："日本已经不断向外交部施压，我们处境艰难啊。"

"不能签字！倘若签字，何以面对国内的家乡父老。若将祖国的大好山河拱手相让，只怕今后是终生难以原谅自己。"

"维钧，我这已经失眠许多天了，恰似天天在这铜炉之间煎烤啊！"陆征祥终于把心里话说出，"签字，则会成为民族罪人；不签，则无法抵抗政府所施的压力。古人所谓，且夫天地为炉兮。"

一大清早，顾维钧的马车停在使馆门口。他刚要下车，突然愣住了，只见满眼皆是愤怒的国人。众人拦下他，钱子谦带头便要上前砸车："都要把自己国土割让出去了，你还优哉游哉。"

一些工人开始口不择言地责备和辱骂："卖国贼！汉奸！不许签字！"王应拨开人群，向着顾维钧走过去。顾维钧面色沉静坦然，平静地看着他。王应说："我只是希望我们能和五位外交公使举行一场公使演说大会，在公开场合请各位专使给出回应。"

"那你的理由是什么？"顾维钧饶有兴趣地望着他。王应斩钉截铁地说："我们作为中国一分子，有权得知事情的进展。而你们作为中国的大使，更应该知道中国人民的心声。水能载舟，亦能覆舟。我想大使们不会不知道这个道理。"顾维钧想了想，点了点头。陆征祥也和其他大使随后来到，他们被华工们团团包围。

江流站上临时搭起的演讲台，望着台下众多华工，看看对面的专使，慷慨其辞："今天我的问题只有一个，就是作为中国人，什么才是最重要的？是根系和血脉中的灵魂。其次，我要向各位专使提出四点要求：其一，请公布欧战期间中日所订的一切条约并予以取消……"众人掌声雷动。顾维钧微微一笑，对他说："先生，我想我能回答你这个问题。答案就是，你认为最重要的便是我们认为最重要的。作为中国人，我想我们的答案并没有差别。"

钱子谦情绪激动地说道："谁敢签字？若真是有人一定签字卖国，小爷就担保他今天走不下这个台！"人群中赫然夹杂着一些外国人的面孔，几位外国记者跑来跑去，有的采访华工，有的录音拍照。钱子谦的话传来，惹得人群一阵骚动。

顾维钧继续说道："我们想的并没有不同。虽你我立场不同，但血浓于水，皆是泱泱中华之儿女。我一直秉有的态度即是：从前与外人签订的秘密条约及一切应收回之权利，今日有此机会，若不提出若不力争，则可谓全无良心。”台下掌声雷动。

江流一直观察陆征祥，见他眉头深锁，一直沉默。江流把矛头指向陆征祥：“不知外交总长陆大人是否同意顾大使的看法呢？”陆征祥沉默几秒，清清嗓子，低言道：“我欣赏各位的热心，但眼下也只是部分在法国的中国人的意见，作为外交大使，我们要综合利弊，多方考虑。此刻，我们也要等待国人的意见。”

此话一出，谩骂声又起。钱子谦一甩旗子，发出巨大的响声，一瞬间鸦雀无声。“要问中国人同不同意，就要听听中国人是什么声音！”说罢，他带领华工一遍又一遍地喊着口号。有人唱起了歌，慢慢地众人皆泪流满面。顾维钧随声附和。陆征祥脸色愈发阴沉。

然而，当中国代表在巴黎和会上第一次提出废除外国在中国的势力范围、撤退外国在中国的军队和取消“二十一条”等正义要求后，日本百般阻挠。最后，巴黎和会拒绝了中国代表提出的要求，决定将德国在中国山东的权益转让给日本。国内，群众的怒潮排山倒海，数年的压迫、反抗、妥协、痛苦在这一刻终于爆发了。一连几个月北平大街上，学生们摇旗呐喊，高举反日抵抗标语。

周鲁任职的定国军校内，全体同学聚集在学校操场，群情激愤，如即将爆发的火山。学生们声嘶力竭地喊道：“游行示威！给政府施压！”

“同学们，同学们！我们民族的危急时刻到了，今天是我们国家的生死存亡日，让我们团结起来，拒绝签字！还我青岛！”张发友带头高呼。

伴随着喊声，为首几个同学手中举着“还我青岛”“废除二十一条”的旗帜，浩浩荡荡往学校外开去。游行学生路过校医务室时，一个冷峻地老人端着茶杯站在门口冷冷看着游行队伍。他的眉角眼梢都有着一股正气，他的眼神在青年学生中穿梭。过了一会，他摇摇头，走进了房间。

一个甜美的声音传来：“已经第三天了，父亲还是愁眉不展。”伊藤武的嘴角划过一丝冷笑：“又有什么用。这些孩子已经被愤怒蒙蔽了心智，如果没有一个结果，他们是不会放弃的。”“父亲，千鹤还是很担心。万一……”话音未落，门口响起了一阵敲门声。千鹤拉开门，见门口站满了愤怒的青年。学生杜刚带头喊道：“打倒日本人！”学生呼啦啦上前将校医务室围了个水泄不通，将伊藤武堵在门口。杜刚又喊：“咱们不能上战场和日本人拼，咱们就在这儿报仇，打死一个算一个！”

愤怒的喊声不绝于耳，几个学生已逼了上来，要拿校医撒气。护士千鹤死死拦在伊藤武面前，用并不熟练的中文说：“你们不能这么对伊藤武先生，他是医生，是来救人的。”学生正要理论，伊藤武却拉开了千鹤，目光炯炯地盯着每一个学生的脸：“你们中国人，有实力就去上战场，真刀实枪地跟日本人干。仗着人多欺负人少，这就是你们中国人的骨气吗？”

伊藤武的话激怒了在场的学生。杜刚一声怒吼：“你这个日本人还敢嘴硬，看老子不收拾你。”说着，他挥拳上前去。

这时，传来一声怒吼：“住手！”周鲁大步走来，怒视着众人，“你们是我定国军校的学生，养兵千日用兵一时，枪口不能对准手无寸铁的老百姓。我跟你们说的都忘了吗？”

学生见校长来了，纷纷后退。周鲁虎着一张脸，转过身对着伊藤武父女二人，顿了顿道：“中国人是有骨气的，沉睡的雄狮总有清醒的一天。我会让你看到中国人的骨气的！”说罢一鞠躬，带领学生向校外走去。

大街上挤满了抗议示威的人群。周鲁带着学生加入到游行示威中，他面色激扬，举臂高呼。数千名学生代表冲破军警阻挠，与产生激烈冲突。

周鲁因带领学生公然对抗政府，被当局警告。魏国愤愤不平，办公室内，他望着倔强的三弟，气愤不已：“身为军校校长，你怎么能带学生外出游行？还公然与军警对抗？”

周鲁不服气地回嘴：“你还是中国人吗？这时候软骨头，咱们就亡国了！”

魏国盯着他，好言道：“我也没有别的意思。这种情况很危险。枪弹是不长眼睛的，万一误伤了你和学生，怎么办？”

周鲁振振有词：“生亦何欢，死亦何惧？我周鲁为国捐躯，死而无憾！你听听外面，都是中国人在呐喊，都是中国人的吼声！国家无能至此，我不为国尽力，我还算是中国人吗！”

陆征祥迫于压力，装病躲进了医院，群众聚集在使馆门前，也是无济于事。几位青年学生和工人正思索对策，钱子谦情绪最为冲动，他执一利刃，往桌上一放：“我已组织了一批十五人的敢死队。”

“兄弟，莫做傻事。”李大伟连忙拦住他。钱子谦哪里听得劝阻：“我都想好了。我们一定要和陆征祥当面谈判，誓死拒约，倘若签字，将以三个人的性命去换一个专使的性命。我们敢死队也毫不皱眉。”听闻此言，一旁的邓玉秀猛地站起来，伸手去握住刀刃：“我也要成为敢死队一员。”

整整三个月，西方列强丝毫不退让，他们拟定出的最新和约，依然堂而皇之出卖中国主权，让日本坐收渔翁之利。几位中国专使熬红了眼睛，说哑了喉咙也无济于事。昏暗的灯光下，桌面上四散着各种纸张文件。窗外响着群众的口号："拒绝签字！拒绝签字！"

顾维钧焦虑地走来走去，转过身来站在各位愁容不展的大使面前，深吸一口气，说道："快做决定吧！中国人不能失去山东，就像西方不能失去耶路撒冷。"几位大使叹气不语，谁都不愿冒头说话。

一个女招待端着茶盘悄无声息地进来。陆征祥咳嗽示意，大家都看向他。"……可是，放长远来看，倘若真是不签字，日本要发动战争，或者对政府提出其他更加苛刻的条件，那我们今天所为正义之事就可能让更多的国民陷入水深火热之中，到时候，就怕不是失去一个胶州所能挽回的了。这签还是不签，要慎重啊！"

说罢，陆征祥向门口走去，正好遇着女招待。女招待跟在他身后，陆征祥一愣，顿时一个哆嗦，感觉一支枪顶住了腰部。

"陆总长，你若要签字，我这支枪可不会放过你。"

陆征祥傻住了，从政谈判这么多年，第一次见到着无法预知的情况。他不敢低头，更不敢直视女招待的脸，只能回过身对众人说："我病重已久，最近的状况我也不是特别了解。未来毕竟是年轻人的，顾维钧是此次中国专使团中最年轻的大使，今后也是中国外交界的顶梁人物。这次我就不去签字了，全权委托顾维钧来处理吧。"

顾维钧疑惑地站起来，看着陆征祥。他身后，女招待缓缓抬头，双眼如寒冰，没有一丝表情。这正是邓玉秀。

深夜，夜空静谧安宁。听到大使决定拒绝签字的好消息，一群人精神都放松了，带着有残余的激动离开公馆。邓玉秀走在最前面。她的事迹被口口相传，大家称赞不已。

钱子谦从队伍后面跑上来："女侠，你的枪到底从何而来？"邓玉秀莞尔一笑，也不说话，兀自走着。钱子谦不依不饶地缠着她。她停下，从袖口慢慢掏出一段玫瑰花枝。大家顿时惊呼起来。"原来邓小姐只用一枝玫瑰就让外交总长就范了。"

钱子谦不免对她佩服得五体投地："真厉害。能不能把这朵玫瑰花送给我留做纪念呢？"邓玉秀一听此话，神色顿时黯然下来，摇摇头："不了，还有人等着这朵玫瑰呢。"

第二天，凡尔赛宫会议厅内，各国代表已经入席，陆续签字。轮到中国时，顾维钧缓步走上前，却没有拿笔。他沉痛地环顾会场："尊敬的主席阁下，尊敬的各位代表，我很失望。"全场哗然。顾维钧的话铿锵有力，有无限的遗憾和忍辱："我非常失望和痛苦。最高委员会无视中国的存在，出卖了作为战胜国的中国。我也很愤怒，非常愤怒！你们凭什么把中国的山东省送给日本人？中国人已经做到了仁至义尽。我想问问，这样一份丧权辱国的合约，谁能接受？所以，我们拒绝签字。请你们记住，中国人永远不会忘记这沉痛的一天。"

说罢，他盖上合约，昂首离开。全场愕然。媒体记者纷纷拍照。当他步出会场时，示威静坐的华工们也默然肃立。顾维钧看着大家，微微一笑："希望所有中国人都记住这一天。"

这一夜，香槟四溅。虽然这不是最好的结局，但至少是一个有尊严的结局。豆腐厂内，大家围坐一桌，共谈往事，快意未来。

"到今天，咱们中国人也总算是出了一口气了。不过，我也有一个不好的消息……我这豆腐厂经营不下去了，已经有人出钱要兑下这厂子。为了工人不失业，我答应了……"王应说。

江流连忙问道："是何人兑了豆腐厂？"

王应摇头："不知道。只知是位华人……也好，到底还是自己同胞，总会照料他们的……算了，不说这些不开心的事了。你们都有何打算？"

唐熙同笑笑说："我决定带方芝回国，应蔡先生邀请，前往京师大学任教。"他转头问，"江流，你呢？"江流没有回答，只和唐熙同轻轻碰杯。

钱子谦这时冲进来，拿来了一本画册，递给江流，说是为江流送行。江流好奇地打开，那画册第一页画的是三人刚进巴黎大学的情景，江流意气风发，唐熙同稳重矜持，而钱子谦则眉开眼笑。再往后翻，画的是江流在塞纳河徘徊，身边几个美丽明艳的法国女郎，有伊莲、斯蒂芬，还有方兰，而风吹动了塞纳河上的船，吹动了少女的裙裾。江流触景生情："真神奇。就像是定格了时间，把永恒留在身边。"他继续翻下去，突然手一停，眼睛湿润了。那一页画的不是别人，正是伊莲。长长的秋千架下，梦里的姑娘独坐在秋千上，青草、花荫伴着伊莲若有所思的笑容。一切都是那么神秘而美丽……

江流回到当年曾寄住的艾伦家，轻轻推开门。家中喑哑无声，物是人非，只有所有的摆设如故。江流走到钢琴前，轻轻打开，琴键上芳泽依旧，而佳人已成往事。江流回想起在这房子里度过的每一个夜晚，对伊莲和艾伦的思念不可遏制地袭来。他从西装的内口袋中掏出一张照片，轻轻放在钢琴上，低声道：“伊莲，再见。奶奶，再见……”

转眼已是初夏，江流、唐熙同、方芝、王应打点好行装，向大家辞行。钱子谦、李大伟等人都来送别。大家互相拥抱，笑中带着泪，泪中带着笑。江流走到钱子谦面前，两人拥抱，相视一笑。江流一拳头砸在钱子谦肩上：“没想到，我们都走了，你倒留了下来。”

钱子谦低声道：“王大哥的事业，我要继续完成……”江流愣住了：“原来是你！”钱子谦赶紧拉住他：“嘘，别叫人听见。我怕他知道是我，会狠狠要价嘛。你们不都是把我当肥猪宰么……”

江流听了不由发笑：“子谦，当日同来发法国，我始终以为你是个碌碌无为的纨绔少爷，没想到今昔分别，我才知道，你乐观、积极、永远不气馁！”

钱子谦有些不好意思：“其实，我还是为了斯蒂芬。我舍不得她，才要留在法国的……”

江流笑道：“不管怎样，都希望你能有一番作为！”

第四章　新　梦

1

京师大学。教室的黑板上写着大大的“中庸”二字，一个梳着长辫的老师穿着一袭长袍，眼睛半眯半睁，正在授课。旁边的茶童靠在墙角，昏昏欲睡。

辜侃昂着头，自矜地望着天花板，摇头晃脑地宣讲：“君子尊德性而道问学，致广大而尽精微，极高明而道中庸。温故而知新，敦厚以崇礼……”

台下的学生寥寥无几，有的在打瞌睡，有的在胡乱涂画，有的往嘴巴里偷偷塞东西，还有的在偷看绘图本小说。赵其一本正经地坐在第一排，昂头听着。一个高个子学生趁不注意，手一挥，带着两个学生，蹑手蹑脚地从后门溜了出去。三人出了门，咧嘴笑着，飞奔而走。

京师大学另一间偏僻的教室里，阳光从窗户中斜射进来，暖意浓厚，里面坐了十来个青年学生，他们见高个男孩一行匆匆进来，喜笑颜开，招呼道：“邓康，快坐这儿！”

邓康几人落座，一个女生招呼他上台，庄重地宣布：“人都到齐了，小组活动现在开始！”

邓康转身用工整地楷体在黑板上写下“觉悟”两个大字，扬声道：“我想了整整七天，终于想明白了，咱们的读书会，就起名叫觉悟！若兰同学，你觉得怎么样？”

人群中一阵微微的骚动，大家期待地看着张若兰。这个刚刚二十出头的女生，在同学中颇具威信。她也庄重地点点头：“觉悟，就是与旧的、坏的、腐朽的决裂，拥抱前进，拥抱解放，拥抱新生！这个名字好！”

台下同学发出啧啧惊叹声。邓康附和说：“我当时想，觉悟，为的是革新，这个新，是新旧的新；要革新，首先就得革心，这个心，是心灵的心——用英文说，是 heart，用法文说，是 esprit！”

台下坐着一个带边框眼镜的女孩——夏莹莹，她痴痴地看着意气风发的邓康，眼中充满崇拜和仰慕。

张若兰看着底下求知若饥的学生："在座的诸位，从今天起就都是我们觉悟会的一员了。在燕京高师，我们，是优秀、纯洁、觉悟、奋斗的青年结合的团体，是燕京高师的小明星！"

众人群情激奋，夏莹莹迫不及待地问道："邓康同学，咱们的觉悟会，谁当会长？"

邓康眉头一皱："这还要问吗？我问你，现在谁站在台上？"

"你。"

"还有呢？"

夏莹莹些崇拜地答道："还有张若兰。"

"答得好！我们觉悟会，必要贯彻男女平等之思想，这会长，就由我和张若兰同学共同担任，一男一女，一阴一阳，大家有意见吗？"邓康大声说道。众人都不吭声，面面相觑。

那教室中，锃亮的黑板上还是"中庸"而字，那长辫子辜侃还在摇头晃脑地吟咏："是故，居上不骄，为下不倍。国有道，其言足以兴，国无道，其默足以容。诗曰：既明且哲，以保其身，其此之谓与？"突然，他抬起头来，重复了一句："诗曰，既明且哲，以保……以保……"辜侃嘴巴张大着，声音戛然而止。他前前后后扫视了一圈，嘴里数着数，忽然用手中的拐杖猛击讲台。

一个打瞌睡的学生被惊醒了，口里淌着口水。吃零食的学生，吓得腰一挺，嘴巴里卡着一块饼干，咽也不是，不咽也不是。呆头呆脑的赵其，扶了扶厚厚的眼镜，转身一看，身后基本没人了。辜侃哑着嗓子，唾沫横飞地吼道："人！人！人呢？！十七只脑袋，变成了八只，这些孙猴子，都哪里去了？！"

在觉悟读书会的据点，却是另一副模样，两位新任会长正在分派工作。忽然，门被踹开，一个男同学慌里慌张地探头进来："来了，来了，教务长来了！"

众人一愣，尔后一阵混乱，有人夺门而出，有人爬窗，不到片刻，灰尘飞扬，如鸟兽散。

教室外的廊道上，教务长孟林怒气冲冲，后面跟着气喘吁吁的辜侃。

孟林走到门口，猛地推开门，屋子里，阳光映照，灰尘漫天飞舞，不见半个人踪影。孟林呛了几口灰，慌慌张张退了出来。辜侃哼了一声，往屋里走上两步，拿拐杖戳了戳小木板上的"觉悟"二字，嘴里咕哝道："践踏师道，数典忘祖，好一个觉悟！觉悟！"

暮秋时节，金风萧瑟，银杏纷飞。江流行至京师大学门口，驻足观望校名匾牌，神色颇为复杂。唐熙同从斜刺里走来，见到江流，不由感慨：“莫道君行早，更有早行人。想不到回国之后江兄依然是早行人，小弟佩服。”江流笑道：“长路漫漫，岂敢独行。来，同进同进。”两人拱手相向，笑声朗朗，同入校门。

两人一进教务处门廊，走到门口，江流伸手敲门，发现门是虚掩的，里面传来一阵争吵声。刚从觉悟读书会出来的辜侃怒气未消：“书不读，课不上，每日叫嚣厮混，成何体统！？”

孟林附和道：“是是，不成体统，不成体统。”

辜侃拉着小辫，鼻孔里冷哼一声：“此等顽劣之徒，哪里像正正经经的学生，全是一窝悍匪！他们目无尊师，是为不敬，亵渎经学，是为不恭。不恭不敬之人，当开除学籍，一律驱逐出校，永世不得录取！”

孟林正不知如何回答，听到有人敲门，大松了口气，唤道：“进来，进来。”

江流小心翼翼推门而入，一眼看到怒气冲冲的辜侃，心中一惊，不过短短十年，辜侃老师越发怪异精神了。辜侃也斜眯着眼打量江流。

孟林为了缓解气氛，他一边倒茶，一边说：“这位是鼎鼎有名的国学耆老，辜侃，辜先生。”

“其实，辜侃老师也是我的恩师。”江流答道。

辜侃细细地看过江流和唐熙同，疑惑不已，他摇摇头：“我怎么没印象。”

“当年，我入京师大学是辜老亲自面试的，还让学生听过讲座，难道辜老没印象了吗？”

辜侃嗤笑一声：“被我面试的学生成千上百，恐怕我是没那么好的记性，每个都记住。现在的学生不记住更好，上课不务正业，下课无所事事。你能记得住老师，算是难得。”

孟林连忙点头，拿过一个茶杯，递给辜侃：“这是江流，江博士，唐熙同，唐博士，两人刚从法国……”

辜侃头也不抬，举起杯子闻了闻，皱着眉打断孟林的话：“什么东西？”

江流一怔。辜侃好不理会，说：“我问你，这杯子里的，是什么东西？”

孟林松了一口气，比划道：“是是，茶泡牛乳。将上好的龙井茶加牛乳调和饮用，清香中带有乳香，味道妙不可言。早间忙于公务，喝上这么一杯，便可明目益思，清神去困。二位尝尝，尝尝。”

辜侃将杯子往桌上一挫，横眉倒立：“胡闹！茶是茶，牛乳是牛乳，茶乃天地之精华，乳是荤腐之腥物，岂可乱伦？”

唐熙同听了直皱眉。孟林一头雾水，不解其中缘由，问道：“辜先生，不过是一杯解渴之物，怎么、怎么扯到乱伦上去了？”

辜侃话里有话："这不土不洋、不中不西的怪物，不是乱伦又是什么？"

唐熙同涨得满脸通红。江流憋了一肚子气，端起杯子，喝了一大口："我在西洋待得久，这牛乳早就习惯了。在西洋，不喝牛乳之人，才是怪物。"

辜侃愣住了，直直地盯着江流："你在法国，居然吃这等东西？"

江流笑道："江某也未尝试过，想来不过是那些终日饱食无忧之人弄出来调味的花样罢了，寻常百姓哪里吃得起这些。"

孟林不由面色一变，唐熙同见状，赶紧打圆场："说了这么久，怎么还不见蔡校长到来？"

孟林冷哼一声："蔡校长一心治学，公务繁忙，二位可要耐心静候了。再说蔡校长云游天下，网罗各方英才，只是怕我们京师大学庙小，盛不下了。"

江流岂是屈尊之人，反问道："这么说，我们是不速之客了？"

孟林换了一副笑脸："哪里哪里，二位的学识名望，孟某听闻已久，一直十分倾慕。二位能来本校执教，亦是在下的荣幸。"

"想来校长临时有事，既是如此，待蔡校长回来，烦请告知。"

两人走后，孟林直皱眉头："辜老，如今这校长可真是什么人都敢往家里领，你看看，这江流的口舌，哪里会育人子弟，只不把人气死便好了。"

"无妨，你就让他去教那帮孙猴子，让那些孙猴子知道，什么老师才是为人师表！"辜侃说完拂袖而去。

绿阴小径，落叶缤纷。江流和唐熙同并肩而行。

唐熙同笑着说："你我昨日还身处巴黎异国之邦，此刻就已回到故国欣赏这无边秋色，世事难料，变化无常啊。"

江流灵光一闪，说："我想，有一位故友，倒未必会变。"

"莫非，此地还有旧相识？"

江流不答，一指前方，示意唐熙同随他而去。远远望见虬枝盘转的歪脖树，江流便放慢脚步，脸上显出似笑非笑的神情，说："就是前面那棵歪脖树，我们倒有些交情了。"

江流朝前走去，唐熙同犹自迷茫。江流站在树前，想起当年周鲁、王应，那帮嬉闹的同学，在树下围着挂着辫子的狗笑个不停，大学总监督刘廷琛在一旁气急败坏。想起往事，江流不由开怀大笑。江流笑完，却听到树后传来一个老人的声音。树后，竟然又是辜侃，他以手中拐杖，指点着怀抱书本的张若兰："女子行路，当端庄尔雅，岂可摇摆奔跑？你们这些女孩子，笑而露齿，言则声高，还疾步如飞，礼仪何在？端庄何在？我怎么觉得，你是我的学生，上午的课业有没有去啊？”

张若兰支支吾吾，急匆匆搭了两句便往旁边奔去，险些撞到望树发愣的江流。她朝江流歉意地点头，微微一笑。江流登时恍然，这女子怎会和丁香如此相似，只是眉宇间多了几分大家闺秀的柔情和英气，一身素雅的学生装却不失庄重。张若兰也好奇地盯着江流，半晌，点点头离开了。

唐熙同不解，看着大树，又看看江流，揣摩半天：“这京师大学的女生，竟然也不怕人，和伊莲初次见你颇有些相似。”

江流哑然失笑：“她像的不是伊莲，而是另一个故人。”

北洋政府教育部里人来人往，教育部次长站在办公室的窗口前，朝外张望，一动不动，手下职员觉得奇怪，问道：“次长今天来得这么早，可是有紧急公务？”

次长转过身，掸掸手中的烟灰：“公务？现在最要紧的公务就是伺候那位蔡校长，一个月他恨不得有二十八天到这里来上班，有几日他若来了我人还没到，他就找部长告状，说我们在其位不谋其事懒怠松懈云云。我今天就在这儿等他的大驾，说个明白，若还是天天来理论，我就不跟他客气了。”

这时，电话铃突然响起，次长接起电话：“啊？这……赵主编您总要给我两日时间……此事我立刻去向部长汇报，但也要从长计议……他……”对方不等他说完便挂断电话。次长满面怒容：“好个蔡仲卿，居然敢直接往报社打辞职报告！这隔山打牛的招数，用到我这儿了！”

而这当事人蔡仲卿，此时此刻正和江流并肩而立，眺望远处湖光秀景。

“熙同惦记家中病弱的妻子，先回去了。”江流说。

蔡仲卿风尘仆仆，连忙道歉：“无妨，是我太忙，怠慢了你们。就任之初，原本一心治学，畅想开一片新国民教育的天地，没想到一路走来跌跌撞撞，四处磕绊，整日操心的竟然都是些蝇营狗苟之事，惭愧，惭愧啊！”

江流听出话中的无奈。乱世当道，教育事业恐怕是心有余而力不足：“校长忧国忧民，想的是千秋万代的事。江流虽一介书生，愿与校长分担。譬如那纷飞秋叶，虽枯黄零落，却可融入尘土，积蓄能量，待寒冬过后，滋养一个新芽破土的早春，也算是不枉此生。”

蔡仲卿眼中露出一丝光亮，他看着芊芊绿草，说：“所谓伊人，在水一方。溯洄从之，道阻且长。得你此言，便知道你是可以同行共进之士，当年在塞纳河畔我没有看走眼呐。”

“当年在塞纳河畔，您以《新青年》相赠，对我与熙同说，青年如初春，如朝日，如百卉之萌动，如利刃之新发于硎，人生最可宝贵之时期也。江流鸿蒙顿开，此后便铭记于心，时刻以此自勉。”秋阳暖心，三两学子且走且吟，恍如世外净土。江流慷慨道：“此时此刻，你我看到的是秋霜寒露，不久还会有冰雪漫天，但冰冻会消融，大地会苏醒，一切艰难险阻，都遮盖不住春的希望破土而发。待到春暖花开之时，那位伊人，自会踏歌而来。校长，您说是吗？”

秋夜的北京城，子时，一个压低帽檐遮住半张脸的男子一边轻轻地叩门，一边警惕地四下张望。门开了，出来一个四十来岁的中年女子，她叫赵亚青。“先生，您找谁？”

王应点点头：“劳工。”

“哪里的劳工？”

“船上的劳工？”

“船在哪里？”

“砸碎的枷锁，建一只夜航船，带天下的劳工驶向自由的黎明。”

赵亚青侧身，王应轻推开门，屋内一盏烛灯，烛火明暗不定，映出几张年轻人的脸，正在聆听李汉冥的声音。王应就站在门口，轻轻带上门。

“在这世界的群众运动的中间，历史上残余的东西，凡可以障阻这新运动的进路的必挟雷霆万钧的力量摧拉他们……由今以后，到处所见的，都是布尔什维主义战胜的旗。到处所闻的，都是布尔什维主义的凯歌的声。人道的警钟响了！自由的曙光现了！试看将来的环球，必是赤旗的世界！”

王应热烈鼓掌，年轻人也都随之鼓掌叫好，走上前去与李汉冥求教。年轻人三三两两地走了，终于，只剩下王应与李汉冥遥遥相望。李汉冥赶紧迎上来：“回来了！”

“嗯！”两人紧紧地握着手，王应答道，“你最后寄来的信我还没来得及回复，就按着从前的约定找来了。你我纸上交锋将近两年，虽从未谋面，却已是肝胆相照，今晚听君一席话，王某更是心服口服。”

这时，已经出门的邓康又偷偷折返回来，走到李汉冥面前：“老师，之前您说的那本册子，能借我看一下吗？”李汉冥沉吟一下，便拉开抽屉，拿着一本包着黄皮的书，郑重地交给邓康，叮嘱道：“妥善保管。”

邓康紧紧抱住书，点点头：“老师放心，我会把这看得比命还重要。”李汉冥指指邓康，解释道：“这个学生，莽撞，冲动，却有一腔热情，以他为首的京师大学学生，开展了一个觉悟读书会，里面的孩子都是希望的火种！”

“这星星之火，势必会成燎原之势。汉冥兄，你应当走出这房间，去唤醒更多的人，让这把火烧得更猛更旺。”王应说道。两人相视而笑，满怀着憧憬与希望。

许昌坐在书桌前，手里翻看着一叠文件，魏国在一边踱步。周鲁的事已经闹得沸沸扬扬，北洋政府几乎人尽皆知，许昌自然头疼得紧。

“这多事之秋，我等也不过是倾尽所能为国分忧。”许昌犀利地看着魏国，语气突然一转，“可惜你力荐的那位兄弟，很喜欢与我们唱对台戏啊。既然如此，恐怕你要与他割袍断义，划清界限。处理定国军校之事，你考虑得如何了？”

“这件事……魏国恐怕力不从心，难以筹谋。”

“凭魏次长的大才，这点小事难得倒你么？”许昌面色一沉，重重放下手中文件，提高声调：“大总统对你如此厚爱，不过撤掉一个莽夫，你却如此推三阻四，恐怕有些说不过吧。”

魏国立刻辩解道：“周鲁虽然莽撞冲动，可在定国军校学生中威信颇高。大总统倡导以法治国，法律并未定罪就撤换校长，若激怒学生，定生事端。”

许昌早有所料，不为所动，亮出了底牌：“话虽如此，可一旦闹起来，局面可不是你我所能控制的了。你不但要办，还要不留下任何祸患。我给你一个月期限。否则，大总统面前我也保不了你。”许昌说罢兀自离开。魏国跌落在沙发上，满面惶恐，恍然察觉手心已满是汗水。

此时此刻，秋日如火，定国军校的学生正在周鲁的带领下操练，操场上口令声震天响。操练结束，教官让学生列队集合，学生们气喘吁吁，有两三个脚下绵软，难以站立。周鲁策马而至，下马检阅，走到疲累无力的杜刚面前，大声喝道：“进校第一课是什么？”

“军人……军人之姿。”杜刚有气无力地答道，额头上的汗不停地冒出来。

周鲁不屑地看了一眼，走过一个个学生，训诫道：“每个人都要想想，我们为何从军？甲午海战，倭寇的船开到国门口来打我们；八国联军，洋鬼子在我们自己的土地上胡作非为。你们一个个，都给我睁开眼看看外面的世界！咱们的国家，被多少双野兽的眼睛盯着啊。现在，日本人又拿出混账‘二十一条’来欺负咱们，霸我河山，占我铁路，奇耻大辱！你们说，我们该怎么办？”

学生异口同声地回答道：“打！”

周鲁的声音激昂起来：“对，打！身为军人，保我国门，这是责任，是使命！问问你们自己，你们愿意自己受苦，还是愿意家乡父老、数万万同胞受苦？”

“自己受苦！”

学生震天的怒吼，传到医务室中，那洞开的窗边挂着一串风铃，被风一吹，叮叮当当地响起。身穿白色和服的千鹤正站窗下，听着外面的喊声，忧心忡忡。伊藤武则心静如水，盘坐地上，专注地抚着一把古琴。他辞去了工作，来到北京，在定国军校谋了一个校医。他和陆军小学时判若两人，养心静气，时时抚弹古琴。那琴声铮铮作响，犹如天籁，千鹤不由轻声叹息。

周鲁见学生士气如虹，十分振奋，豪爽地大笑起来：“好，这才是我中华热血男儿，你们都要给我记住，狼子一日不除，我中华将永无宁日。等到兵戎相见之时，是退还是杀？”

“杀！杀！杀！”

突然，身后一个熟悉的声音响起：“好！”周鲁回头，却见看见江流、魏国正站他在身后。他惊喜过望，走过去一把抱住江流。

“士别三日，当刮目相看，想不到三弟现在出口成章，威风凛凛。”江流见周鲁厚壮不少，那精气神都不是往日可比。

“我这校长，还不是仗着大哥的提携才当的。”

魏国笑得勉强：“哪里，三弟本来就是带兵的料，不能埋没了。”

周鲁开怀大笑：“来，带你们去好好瞧瞧我这定国军校。”魏国强颜欢笑，跟在二人身后。一队队的学生被解散开，分开训练，周鲁不时提点他们，江流在一边看得津津有味。

“我们定国军校，有步骑炮工四个兵科，”周鲁介绍起来，“教官有一部分都是从日本士官学校毕业回来的。必须得承认，小日本训练士兵那一套，很有门道。除了军事体能训练，还有专门的老师教些实战策略和技巧，这样培养出来的士兵，到战场上个个都能以一敌百，有勇有谋。”

“三弟教习士兵，自有办法，连大总统都很赞赏。……只是难得咱们三人相聚，你不是念叨说要一叙兄弟情吗？怎么现在说的又尽是公务了？不如到舍下畅饮一番。”魏国心中藏事不少，说话自然不能尽兴。

江流心头一动，说道：“说到喝酒，有一个人可少不了。大哥，烦请你派手下再去请一个人。”

周鲁抚掌大笑：“最好再有嫂夫人的拿手酱牛肉。我真要喝它三百碗，奶奶的，这么舒坦的日子，给我个总统都不换。”

一辆汽车载着三人停在魏家大门口，江流与周鲁刚一下车，却看见梳着麻花辫，穿着家常衣裙的方苹送唐熙同出门。唐熙同愁眉不展。

江流看方苹年纪轻轻，却出落得和两个姐姐一样标致端庄，连忙向周鲁介绍，顺便提及唐熙同和方芝的一段往事："这么急着来拜见姐姐姐夫？倒真是巧了。"

唐熙同脸色青一阵白一阵，颇不好看。几人认识后，方苹莞尔一笑，羞涩地走进房间，而唐熙同也不多说什么，拱手道别，匆匆而去。

魏国苦笑道："瞧他那神情，方兰一定又没给他好脸色。我这妹夫人倒不坏，只是太没主意，方兰对他颇有成见。"

几人一边说一边向内走去，方苹乖巧地跟在姐夫身边，悄声汇报："二姐这两日看医生，钱不够使，来问大姐借，被大姐好一通抢白，给了五十块。"

魏国叹道："改天我同你姐姐去探望，她嘴巴上不饶人，其实心里还是惦记你二姐的。"

月明如水，星光暗淡。魏国家很久没这么热闹了，自从供职于北洋政府，他也渐渐懂得韬晦之道，少和人交心往来。今日十多年的交心兄弟难得围坐一桌，魏国举杯道："我这条命，是诸位从满清大牢里抢回来的。当年京师一别，晃眼已过十余载，没想到今日竟然还能与你们相聚一处，来，干了这杯。"

周鲁是个爽快人，举杯一饮而尽："大哥，你在我心中，永远是英雄。我就跟着你，把那些祸国殃民的乱臣贼子，还有那些侵我河山的土匪强盗，一个一个杀他个干干净净！"

王应一直看着周鲁，心想这小子多少年不见，性格倒是半点没变，接下话头："你还是那样，只知喊打喊杀，强国救民，可不是只靠打打杀杀的。"

周鲁只管顺着自己的心思，说道："你说，靠什么救国？我告诉你吧……是枪，是握在手中，能杀敌的枪！"

"这世界上最强大的，不是你那点匹夫之勇，而是人的思想。思想的火一旦点燃，将具备摧毁一切的力量。"

"思想，摸不着，看不见，还能点起大火？我看你是就喝多了说醉话吧。"周鲁笑道。

方苹听得津津有味，忍不住插嘴："你们说的那些救国的理论，好像都很有道理。姐夫，你呢，你希望我们的国家变成什么样？"

方兰端上刚切好的牛肉，说："你一个女孩子，懂得些什么？"方苹受了打击，生气地扭过头去，也不搭理方兰。

魏国笑道："我所期望的，当然是太平盛世。不起战乱，没有硝烟，百姓都生活幸福，才是理想的国度。今日难得兄弟相聚，咱们不谈国事，只谈风月，如何？"

见魏国锋芒尽失，江流心中不免失望，而周鲁心直口快，言语里带着三分讽刺："大哥，我们可是跟着你才上了这条船，现在你怎么先下船了？"

魏国起身自饮一杯，看着二人，语气颇为沉重："而今风平浪静，波澜不起，虽有暗礁浅滩也难成威胁，那些刀头舐血的日子，你们还没过够吗？"江流与周鲁静默不语。

几个人各怀心事，待到酒意阑珊，已是三更。

送走几人，方兰坐在镜前换装，魏国走到她身后，凝视着她："你也觉得我变了吗？"

方兰穿着睡袍，正准备熏香，听了一愣，随即优雅地把玉镯子取下，放在枕边："舍生取义之事，你当年就做过了，改朝换代的历史也不多你这一笔，倒不如安享现世的太平。"二人对视，千言万语，尽在不言中。

2

天空清澈蔚蓝，阳光灿烂。京师大学中，几个学生拿着几张大字报，意气风发地走出教学楼，为首的不是别人，正是邓康，他指挥着三五学生张贴海报。

图书馆里，江流将一纸书单递给管理员："麻烦，有一本书我没找到，能不能帮我看一下？"

管理员翻看登记本，仔细查找一番，说："江教授，你要找的这本书，没有登记借出。"

江流摸摸头，纳闷。这时，一人正怀抱一叠书走进图书馆，接口道："是哪本书？"

江流说："卢梭的《民约论》。"

那人放下手中的书，稍一思忖，朝角落里的一排书架走去。江流翻看一下那人留下的书，尽是些哲学著作，有些好奇，正准备打听来者何人，却见那人已经拿着书走过来了："我碰巧刚读过这本书。校外有家我惯去的书店，叫钟声书店，也有不少哲学方面的译著。治世之学，当世可用，值得一读。"

江流见此人学识渊博，器宇不凡，不由神往，说道："论及当世之见识，先生如有兴致，我倒有一文推荐。"

那人抬眼问道："噢？愿闻其详。"

"我曾在《少年中国》杂志上看过《自由与秩序》一文，署名李汉冥，其中对于自由之理念与现实之国情关系的论述精辟生动，令人佩服。另外，关于自由与秩序，亦有详尽讨论。”

管理员听二人对话，在一旁掩嘴窃笑。江流正说着，邓康气喘吁吁地跑来，朝那先生招手示意。那人打断江流，歉意地说：“抱歉，江教授，咱们下次再聊。”说完，便匆匆离去。江流拿着书离开图书馆，在拐角处，隐约听到那人在训斥那年轻人：“你怎么能如此鲁莽行事……”

江流抱着书走进休息室，就听见几个老师在争论。何适大吐苦水：“京师大学这几年，校长疲于索薪，学生疲于罢课，眼见着诸多不和，想不到现在从上到下倒是难得的齐心协力，齐心协力在毁自己。”

辜侃刚倒好一壶好茶，听到这话，起身，拄着拐杖走到人群中间：“不然不然！校长索薪是为学校，我们既受仲卿先生之恩泽，就不能不维护先生之权威。倒是学生运动，何先生不是一向赞赏有加吗？”

“辜先生何出此言？我又何时鼓励过学生运动？”

“哼，学生运动让京师大学出了大名，本校已成新文化中心。学生享受了运动成果，日日以运动为职业，伙食不好要罢课，课程艰涩难懂也要罢课，这难道不是运动带来的后遗症？”

何适知道这老先生可是个硬骨头，啃啃还是很有趣的，就说：“辜先生此言差矣。新文化运动号召的是思想界之革命，不是要学生走上街头运动罢课。我从没鼓动学生去参加游行示威运动。我在教室一再重申，学生的专职是学习，学生的身影应该在课堂、操场上，而不是马路上。”

“新文化运动主张无君无父，目无师长，这不是你一直吹捧的理论吗？”那辜侃说话犀利，无所畏忌，“指望这种禽兽文化培养出来的学生能尊师重教，那才是痴心妄想！”

江流听到这儿忍无可忍，说：“辜老，请容江某说两句。我以为，学生作为青年的主体，有着不容小觑的力量。学生运动，是推动整个社会变革的重要力量。作为师者，我们正应该去引导，去指正，而不是横加制止。您说是不是这个道理？”

“礼道崩坏，竖子难与为谋！像你这种不中不西的怪物，又有什么资格和我来谈为师之道！”说罢，辜侃扬长而去，江流愣在原地。何适走过来，打量着江流：“走吧，准备准备，该上课了……”

此时，觉悟读书会，一堆学生正在扎堆看书，那夏莹莹刚抢到一本《新青年》，正和另一名男生如饥似渴地朗读着。张若兰和邓康坐在课桌上，仿佛在检阅。夏莹莹清清嗓子柔声道：“今天晚上，很好的月光……”

张若兰摇摇头：“不行，再来一遍！”

夏莹莹有些惊慌，又读了一遍：“今天晚上，很好的月光……”夏莹莹的声音愈加柔婉，还略带颤抖。

张若兰听着刺耳，皱眉道：“凄凄惨惨戚戚，你以为是你读的是李清照的花间词么？你读的是鲁迅先生的文章，你读的文章叫《狂人日记》！”

邓康点点头，语重心长地说：“夏莹莹会员，什么叫狂人，知道吗？狂人，就是疯子，疯癫了的人，可以说，也就是——觉悟了的人。如果狂人也在燕京高师念书，是可以批准加入我们觉悟会的。一个觉悟会的人，一个真正的狂人，应该怎么说话？张会长，我们俩来跟会员示范一下。”

张若兰一愣，接过夏莹莹手里的《新青年》，邓康也取过一本《新青年》，慷慨激昂地读道：“他们会吃人，就未必不会吃我！”

张若兰也努力读出铿锵有力的味道：“我也是人，他们想要吃我了！”

围观的学生中，有的脸涨得通红，有点听得一头雾水，不知所云。夏莹莹身边一个女生浑身冒冷气，咕哝道：“怎么尽是吃人，还吃哥哥吃兄弟呢，吓死人了，咱们走吧。”

邓康把《新青年》交还给夏莹莹：“夏莹莹会员，这样才叫觉悟，明白了吗？”夏莹莹用力地点点头，眼里满是崇拜的目光。

一男生走过来，问邓康：“会长，待会的哲学课，咱上不上？”

“别老问我，男女平等。张会长，你说，上不上？”

张若兰寻思了一会儿，说：“听说来了个新老师，西洋回来的，还是博士。既然是第一堂课，那我们听听再说吧。”

上课钟声缓缓敲响，江流走进教室，他心里早有准备，听说今天面对的全是不好对付的一帮学生。江流走上讲台，坐在第一排的张若兰吃惊地张大眼睛，夏莹莹碰了一下她，轻声说：“我还以为教哲学的都是些老头子呢，居然有这么年轻的。听说，还是留法的博士呢！”张若兰全没听进她说什么，只是呆呆望着江流在黑板上写下“西方哲学史”几个字。

写罢，江流转身，望着下面的学生，问道：“各位同学，我想你们很多人此时，心中都有一个问题，哲学，哲学是什么？”

众学生表情各异，正窃窃私语地讨论着。突然，传来一声沉闷的响声，原来是赵其慌里慌张地往里走，不小心在讲台前摔了个大跟头。

众人一阵爆笑。赵其的眼镜滚了一尺远，他摸来摸去，好不容易狼狈不堪地爬起来，正要往座位上走，却被江流拦下：“这位同学，请你稍候。”赵其不明所以，傻傻地站在原地，揉着生疼的膝盖。“现在，请这位同学告诉大家，什么是哲学。”

赵其慌里慌张地答道：“先生，我我迟到了。刚刚的课我没听……”

“何事迟到？”

赵其声音微弱：“出恭。”

学生中一片哄笑。江流眉头一皱：“什么叫出恭？”

邓康挤眉弄眼看看张若兰：“不会吧？一个留洋博士，连出恭都不知道？”

赵其头上直冒冷汗，支吾着：“先生，我……我肚子疼，大便去了。”又是一阵哄堂大笑。

江流笑道：“好，你可以进来了。”赵其坐到头一排自己的位置上。江流伸出手，示意大家安静：“出恭入敬，是古人用语。古语除了吟弄风月之外，还有一个最大的好处——便是故弄玄虚，云山雾罩。简简单单、明明白白的事，却弄得让人摸不着头脑。我做老师，第一个要教会大家的道理便是——说明白话，做明白人，读明白书。这位同学，我再问问你，你为什么会摔跤。”

赵其一愣，不情愿地站起来：“我……我没顾上看脚下，只顾着看前面，就摔了……”

江流点头道：“很好，西方哲学的始祖叫泰勒斯，有一天，这位高鼻子蓝眼睛的哲学家正在思考一个非常严肃的哲学问题，他仰望满天繁星之时，没注意到脚下有一口深井，一不留神，就掉进了井里。当女仆把他狼狈不堪地拉上来时，女仆说：先生，这天上的事您都知道，但您为什么就看不清鼻子底下的东西呢？所以哲学，就是在仰望星空的同时，也要看清脚下的路。这位同学，你认为呢？”

赵其听得呆了，连忙点头：“以后我会看清的。”

张若兰不服气，站起来问道：“老师，故事我听明白了，可是哲学有什么用呢？眼前中国鼻子尖下最紧要的事情，是兴国与强国，哲学能做到吗？”

江流微笑着凝视张若兰，问道：“这位女同学，你叫什么名字？”

“张若兰。”

一个男生阴阳怪气地补充道：“张会长。”

江流问：“张会长？什么会会长？”

邓康正色道：“觉悟读书会。”

“觉悟读书会？觉悟……好，好名字！”江流对张若兰点点头，“张会长，请你上前来。”

张若兰鼓起勇气，往讲台上走去，在江流旁边站定。江流将茶杯握在手中，说："张会长，这是上好的龙井茶，你不妨品尝一口。"

江流将茶杯递过去，张若兰下意识地伸手去接，不料，江流却忽然倾斜杯子，杯中茶水倒在了张若兰的掌心，倾洒一地。

张若兰呆住了，有些气愤。江流拿出手帕递给张若兰，笑着问道："我来问大家，一个人口渴了想喝水，他需要喝的只是水，而不是杯子，但这杯子，是不是就没有用了呢？没有杯子，能喝水吗？"张若兰怔怔地看着江流。"哲学看起来空泛，但它是一个必不可少的容器，承载着我们的思想和精神。从长远来看，社会发展的根本目的，不仅仅是发展经济，也不单纯是改良政治，而是寻求一种新的途径，让人可以更美好、更自由、更高尚地生活。我以为这便是哲学的意义。张会长，我的回答，你满意吗？"

张若兰想了想，说："老师，我还有一个问题。哲学毕竟是少数人的学问，学得再好，也是少数人的事，对社会对民众又能起到什么作用呢？"

江流盯着张若兰看了好一会儿，说道："张会长，这个问题问得好！"他举起空茶杯，"假使这杯中全是凉水，我们往里面滴一滴热水，我问大家，这杯水会变成热水吗？"同学们听得入神，直摇头，发出善意的笑声。"没错，一滴热水并不能使杯中水热起来，只有整个杯子里的水滴全部都是热的，才能换来一杯热水。所以说，只有唤起了大众真正的觉悟，只有大众拥有了新的思想、新的精神，社会才能真正脱胎换骨。欲兴一国，必兴一国之民，救国首先要救民！中国现在最重要的是将沙聚之邦转为人之国度，只有国民都有独立自由民主的思想，中国才有希望。同学们，你们所说的觉悟，难道不是这个道理吗？"邓康情绪亢奋，带头鼓掌，掌声连成一片。掌声中，张若兰看着江流，眼中是抑制不住的敬仰和崇拜。

一节课不知不觉地过去了，下课后，江流整理好学生的习作，走出教室，看见张若兰和几个女生正在门外等他。见他出来，几个女生推搡着张若兰让她上前。江流停下脚步，问道："怎么，若兰同学，你还有什么疑问吗？"

张若兰涨红了脸，语气有些急促："不是，同学们都说您课上得好，只是……我们觉悟社最近在排《苏格拉底之死》，戏中剧情也有关于哲学的问题，我们希望能得到您的指导。我想，江老师不会拒绝我们吧？"

江流稍稍思忖，说："戏剧就好比是桥梁，是杠杆，一定可以撬动整个文化基石，求得社会变革。你们的思想很前卫，非常好！"张若兰绷紧地情绪立刻舒张开来，深鞠一躬，回头和几个要好的女生走远了。

自从《新青年》提倡新文化运动以来，京师大学风生水起。一日，江流坐在桌前，正专注地翻看一卷西方哲学著作，标注着那些需要上课和学生细讲的地方。钱玄同与辜侃正好一同走进来休息室，两人窃窃私语地讨论着什么，那辜侃身后依然跟着捧茶壶的仆童。钱玄同一进门，就急不可待地宣布："诸位可听说了，教育部拟颁令，凡国民学校低年级国文课统一用白话文授课。"

何适击掌大笑，第一个接茬："如此甚好！白话文替代文言文是大势所趋，更是国民社会进步的体现。"

"啊！白话文！"唐熙同推推眼镜，颇为谨慎地说，"文言文毕竟还有几千年历史文化背景，岂能说改就改？"

辜侃乐得当一个旁观者，端坐在椅上，手托茶壶，啜一口，闭目品味，突然听到何适的话，忽觉不妥："此言差矣。若说白话简洁，怎比得过文言。你们这些先生，平时也就是上课时背后敢反驳我几句，有本事不妨与我辩论辩论。"说罢得意地抿了一口茶。

何适面红耳赤还要反驳，唐熙同赶忙圆场："文言也好，白话也罢，不过是语言体系的一种形式。江流兄，对吧？"

江流笑道："我自己一身麻烦事，你们的口舌，我断断不能相争了。"

辜侃甚是得意："哎，何教授，你若真心实意提倡白话文，何适这个名字就当改。应该按白话的语义，叫做到哪里去。"说罢，辜侃起身仰天长笑而去，仆童赶紧跟随上前，亦步亦趋。笑声中，灰布长衫的李汉冥走进休息室，见到江流，点头致意。江流见是上次图书馆遇到的故人，连忙起身："上次匆忙，未及请教尊号？"

李汉冥却不答，只一本正经地说："您推荐的那书我倒是看了，言词虽犀利深刻，见地却也不过如此，人云亦云罢了。"

江流认真地说："此言差矣，依江某看，这位叫李汉冥的作者，见解独特，辨析入微，乃近年少有的佳篇啊。"

身旁几位老师听得两人对话，都笑起来。钱玄同摇摇头，走到二人身边："不识庐山真面目，只缘身在此山中。江教授，您竟不知此人是谁？"

李汉冥说："江教授夸奖，汉冥实在愧不敢当。"

"你就是李汉冥？怎么不早些告诉我？竟不知泰山当前，还闹出这笑话，惭愧惭愧。"

"哪里，我与江兄君子之交，不谋而识，是汉冥之幸，甚好甚好！"

北京的天气变幻不定，刚刚还是晴天，一会儿就黑云四伏，闷雷滚滚。满室昏暗中，魏国端着一盏茶，伫立窗前向外眺望，面色亦阴晴不定。新来的秘书孙冉走到他身边，轻声打断他的思绪："次长，茶凉了，帮您换一杯吧？"

"不必了，茶冷心寒，倒正合适眼下这秋雨天凉的境遇。"听魏国这么说，孙冉不再多说，打开文件汇报："前日递交的几项议案都被驳回了，只有您提出要办新报一项没有被驳，但要求内容全部由上面负责，所有人员由政府指派。"

魏国冷冷说道："知道了，随他们去吧。"孙冉便要退去，魏国回身叫住他："如果有人找我，就说我这两日身体不适，在家养病。"

孙冉尚未接话，桌上电话铃蓦地响起，孙冉为难地看着魏国，魏国点头示意，孙冉接起电话，礼貌地说："您好，魏次长办公室……对不起，魏次长生病了，今天还没来……好的，我会转达……"孙冉放下电话，望着魏国说："是许老，有要事找您过去……"孙冉迟疑着没往下讲，魏国皱着眉头，示意孙冉往下说。"他说，如果你真的在家养病，他现在就到府上登门拜访！"

魏国恼怒不已，一把将茶杯重重拍在桌上，大骂："狗仗人势，欺我太甚！"窗外，惊雷陡然响起，一道闪电划过，室内通明，瞬息便复归昏暗。

细雨迷蒙，泥浆溅起，一队操练的学子正在冒雨训练。在一段长距离障碍区，所有人都扑倒在地，匍匐前行。每个人的衣服都溅满泥汤，浑身湿透，脸上都带着狠绝的神情。张发友见杜刚面色发白，关切地问道："你听到没有，今天要是过不去，会被开除的。"

汗水和雨水混作一起，顺着额头流下，杜刚没作声，咬紧牙关，拼力向前，远远的终点处，有人在挥动旗子。张发友几乎是架着他一起向前冲。

学生们的口号声传到医务室里，伊藤武穿着一身黑色的武士服，兀自伫立在窗格前凝听。一阵风过，风铃丁当作响。千鹤刚绾好发髻，扎着一根红丝带，穿一身雪白的和服，裙裾上樱花瓣瓣，她自窗下走过走进室内，一脸疲倦，面色苍白。

"又做噩梦了？"

"是的。"千鹤轻声说道，依偎在榻榻米上，心中依然浮现着噩梦的情形，"梦里到处是炮声，还有人喊着要杀我和妈妈。"

"战争，应该绕开世上所有的女人和孩子。"伊藤武怜爱地看着她，叹了一口气。

千鹤叹了一口气，摇摇头："不，不要有战争。千鹤希望，无论在哪儿，永远都不再有炮声和枪声。"

周鲁整队集合，所有人挺立在雨中，任雨水冲刷，一动不动。杜刚突然身子一软，喷出一口鲜血，栽倒在地。众人大失惊色。

“去叫医生，快！”周鲁见状，一边吩咐，一边脱下自己的衣服给杜刚垫在头下。张发友和几个人拔腿就向医务室跑去。

杜刚倒在周鲁怀中，抽搐着，口吐血沫。千鹤远远地看见众人，开门飞奔而出，独自一人跑来，她穿的和服宽大，碍手碍脚。周鲁将杜刚交给身边教官，愤怒地站起来，几步冲到了千鹤面前，一把抓住她肩膀：“就你一个？还穿成这样！不想工作了吗！那个小日本医生呢？”

千鹤痛得直皱眉，挣扎着指向杜刚：“伊藤医生要拿器械，让我先看看他。”

“你看顶个屁用？你们都他妈的混蛋。”周鲁气急败坏，“把车开过来，送医院去……”

“不，你们不能移动他，如果没有诊断就搬动病人，他可能会没命的……”不待周鲁回答，千鹤推开周鲁冲过去，不顾地上泥泞，跪倒在杜刚身边，为他检查。有人要上前去，周鲁伸手挡住。此时，杜刚又是一口血喷出，千鹤洁白的和服上混着血点和泥浆。

伊藤武拿着药箱，急急赶来，千鹤赶紧报告病情：“初步检查，高热，呼吸急促，腹部绞痛，随时有休克症状。”伊藤武一边听，一边用手在杜刚的腹部按压检查。杜刚疼痛加剧，忍不住哀号起来。周鲁见状，心急如焚，蹲下与千鹤合力掰开杜刚的嘴，将救急的药片送入他嘴里。伊藤武示意把杜刚放到他带过来的门板上。

“周鲁君，伊藤武医生有几件事要交代您立刻去办。”千鹤浑身湿透，她气喘吁吁传达伊藤武的意思，“他得的可能是急腹型肠炭疽病。”

“你说什么？”

千鹤压低声音说：“是非常严重的传染病，他所吃的食物，要严格检查，去过什么地方，也要调查清楚，不然，别人也会被传染上。”

周鲁听完，大失惊色，张发友却带着哭腔叫出来：“我就知道要出事儿，他前几天就说附近一个屠宰场有头病牛要杀，还说要搞点牛肉给兄弟们改善一下伙食，肯定是那病牛有问题。”

周鲁一拳砸在门框上：“有多严重？”

“如果大规模传染，所有人都会有危险。生病的牲畜要杀死深埋，绝对不能吃，经过的地方要以石灰水消毒。一旦有人出现症状，马上送过来。”

“我这就去办。杜刚就拜托你们了。”周鲁咬咬牙，对她行了一个军礼，带领其他学生匆匆而去。

千鹤郑重地点点头，她头上的红飘带随风而动，格外动人。

经过整整一天一夜的抢救，杜刚终于渡过危险期，但身体依然虚弱。伊藤武和千鹤都筋疲力尽，伊藤武如同老了几岁一般。第二天，千鹤推开门，看到门前被打扫得干干净净，台阶上还放着一只粗陋的陶罐，插着一束灿烂开放的野花。不远处，张发友披着蓑衣，拿着扫帚，站在那里看着她。千鹤笑了，洁白的和服迎风飘荡。伊藤武刚从外面回来，细细的小雨打湿了他的木屐，窗外修竹沙沙作响，他只身进门，语气疲惫："天寒地冻，给我温一壶清酒。"

千鹤欠身下了榻榻米，刚推开门，却见不远处的路上，一个黑影缓缓走来，定睛一看，却是周鲁，提着一大坛子酒，顺着那青石小阶走过来。屋内古琴声悠然响起。等周鲁走近，千鹤在门口冲他做了一个手势："伊藤武先生抚琴时，不喜欢旁人打扰。"

"规矩还真不少。"周鲁咧嘴一笑，"小日本……伊藤武医生弹的，是我们中国的曲子？"

千鹤点点头："是，他弹的曲子叫做广陵散，失传已久，伊藤武先生很不容易才得到残谱。这曲子讲的是你们中国一位叫聂政的刺客去刺杀韩王的故事。刺杀失败后，他为了保护自己的亲人，不惜刺毁容面，自断身体。"

"刺客？"周鲁一愣，"以前在广东，听书倒听过，都是不怕死的英雄。"

千鹤抬头望望沉沉的天际："这几天，正是日本的盂兰盆节，是纪念死去的人的，因此，我们都要着素服，听清音。伊藤武先生每年这时，都要去竹林静坐、冥想，而我则要在家中设魂龛，点燃迎魂火和送魂火，祭奠我父母的在天之灵。"

"对不起，我前几天，实在是冒昧了！"周鲁拱拱手。千鹤浅浅盈笑，转身入侧室去温酒。那周鲁站在门外，听风听琴，如泣如诉。

内室琴声戛然而止。千鹤躬身，周鲁脱下鞋子，拎着那坛子酒便大步走进去，大剌剌说："伊藤武先生，你不顾自己的性命，救了我的兵，是个好人。以前都是我错怪你了，今天我带了一坛子最好的烧刀子来向你请罪。"

伊藤武也不抬眼，只拱拱手："救人是医生的职责。酒，我只喝清酒。"伊藤武说罢，端起酒杯，浅酌一口，细细品味。

周鲁自找台阶，说："你不喝，那我自己喝了。"抓起饭碗，倒了满满一碗，一口干了，辣得直吸气。

伊藤武冷冷的，并不热络，周鲁倒是自斟自饮，自寻其乐："说实话，从前我一直把你们都当鬼子、混蛋，你说你们在中国干了多少伤天害理的事儿，别的不说，就说甲午海战那会儿，你们在旅顺口杀了多少人……”听到这儿，千鹤手一抖，那陶瓷的酒瓶险些跌下。

伊藤武缓缓道："那是我亲历的。我是带队军官。"

周鲁忽地站起来，带着醉意叫骂道："我说你怎么那么好心来救人呢，敢情是他妈来赎罪的。你们杀了多少人！真是丧尽天良啊。我要杀了你，给那些同胞报仇……”周鲁四下观瞧，寻着家伙。

千鹤起身抱着周鲁："周鲁君，请你原谅。伊藤医生和我已经在用自己的行动来赎罪，我们都是痛恨战争的人，我的父亲就是因为不肯屠杀中国平民而被处死的，他们都是军人，无法违抗命令。这么多年来，伊藤武医生除了训练中国军队，就是带着我救了无数的中国人，他希望用这种方式来弥补犯下的罪孽。"

"中国人，我不奢望你原谅我。战争把人变成野兽，可是良知又让我变回人。我代表我的同胞，向你忏悔。”伊藤武想起痛苦的往事，那血肉纷飞的战场，那些刺刀、硝烟，和流不尽的泪和血，深深地垂下头。

周鲁软下来，他一把推开千鹤，慢慢坐到地上，仍是一脸恨意："有一天，如果两国战争再打起来，你说怎么办？"

"我希望，那时，中国能够不再软弱，不再任人宰割。可是，恕我冒犯，以贵国现在的实力，恐怕还不是日本的对手。"

"你错了，你给我听好了，中国人，你们永远都打不垮。”说着，周鲁站起来，冲向门外。

秋雨连绵，下了好几天，北京城发生了很多事，有些事有些人已经铭刻在历史的纪念碑上。京师大学堂中，暗流涌动，有人浑然不觉，却也有人早已做好准备，迎接一场新的风暴。

一日，江流前去上课，却发现学生一反常态，匆匆往学校礼堂的方向跑，两个男生边跑边说："真发飙了？

"我还骗你不成？暴跳如雷！这哪是什么辩论，都快成批斗会了！"

江流伸手拉住一个："同学，你说谁发飙了？"

"还能有谁？辜侃辜先生！"

江流一愣："为什么？"

"听说何适先生写了一本白话诗集，在学生中很是受欢迎，那辜侃先生坐不住了，嚷嚷着要论个高下。"

京师大学大礼堂的阶梯教室内，人满为患，最前几排已经齐齐地被觉悟读书会的学生占满，还打起了横幅“白话万岁”。江流也跟着挤挤攘攘的学生走了进去，何适眼尖，连忙将他拉上台。江流刚坐定，才发现这台上教授已经分成两派阵营，一侧坐着辜侃等白发老叟，一侧坐着几名年轻的师生，邓康和张若兰也在其中。

头戴瓜皮小帽的辜侃怡然端坐，一副万夫莫开的架势。只听见一学生在深情吟咏，摇头晃脑："庄生晓梦迷蝴蝶，望帝春心托杜鹃。沧海月明珠有泪，蓝田日暖玉生烟。此情可待成追忆，只是当时已惘然。"

朗诵完毕，台下掌声热烈。辜侃一脸得意："这古人到底是底蕴深厚，寄托深而措辞婉，实可空百代无其匹也。"

何适见他自鸣得意的样子，有些反感："辞章是华丽，可是拗口难懂，又是些封建的小情小调，不合时宜，不合时宜。"两者相争，反倒江流一脸淡然。

一会儿，只见一个机灵古怪的小女生走上台，脆声朗诵道："两个黄蝴蝶，双双飞上天，不知为什么，一个忽飞还，剩下那一个，孤单怪可怜，也无心上天，天上太孤单。"

江流刚听了两句，便朝何适一笑："早两年就在《新青年》上看过你的大作了，确实印象深刻啊。"

何适谦虚笑道："抛砖引玉，抛砖引玉。"

朗诵完毕，全场寂静无声。突然，一学生带头鼓掌，全场响起雷鸣般的掌声，连那辜侃身后的茶童都起劲地鼓起掌来。

辜侃轻轻一抬手，学生立刻安静下来，辜侃慢条斯理地说道："昨夜，我做了一个怪梦，梦见一个长须老者邀我游玩阴曹地府。结果，来到一座学堂外，门外悬一副对联，上联：白话真神奇，水浒红楼梦不可思议。下联：古文够可恶，韩愈苏东坡什么东西？门上横批四字——白话学堂！这学堂里竟全是这些无格无律，无平无仄，无境无趣，无意无味的东西，白白玷污了诗歌之名！"

"辜老，且不说其他，这首诗连你的茶童都听得懂，都很喜欢，有什么不好呢？"何适也不甘示弱。

辜侃恼怒地看了眼茶童，茶童忙低下头去。台下一片哗然大笑。江流看着辜侃的模样，心中微叹。这一幕实在太熟悉，多年前辜侃还是意气风发之时，旁征博引，妙趣横生，他曾用同样的架势骂退各国记者，而今天，他取笑的对象居然是想要求知求新的中国人，岁月能将人改变到如此，又有什么不能为的呢？辜侃继续说道："京师大学，不也成天有一群叫嚣着废文言、兴白话的疯人么？这不是白话学堂是什么，与阴曹地府又有何异？！”

邓康脸涨得通红，大声说道："白话学堂又怎么了？文言文是死掉的文字，今日再写文言文的人，就是死人。"

辜侃眯着眼，头也不抬："有人跟我说，尽废古书、专捡白话之人，乃覆孔孟、铲伦常之徒。所以能培养出这样满嘴喷粪、毫无教养的学生，看来，这倒是那些白话先生的功德。白话为何物？白话即是土语，是引车卖浆者流所操之语，除了能听懂，还有一丝一毫好处么？"

邓康气得说不出话来。觉悟读书会的学生看在眼里，十分焦急，张若兰争辩道："谁说白话没有好处？白话比文言简洁明了，文言只能……只能吟风弄月，常常把简简单单的事，弄得云山雾罩，让人摸不着头脑。"

江流一听，这倒是他在课堂上所说的原话，不免对张若兰另眼相看，那辜侃乜斜着眼，冲张若兰不屑地说："小姑娘，我跟你举个简单的例子，若你父亲不幸去世，家人电报必云：你的父亲死了，快点回来啊。"他掰着指头算数，扑哧一声笑了："哟，你看，两只手都数不过来，一共要十一个字。但用文言，只需要四个字——父丧速归。文言白话，谁更简洁，不是一目了然吗？"

没想到辜侃如此阴损，张若兰愣住了，愤懑地坐下，憋住眼泪，不让自己哭出声来。

这时，江流再也按捺不住了，站了起来，大声说道："文言一定比白话简洁么？我看未必！"全场一阵骚动，江流针锋相对："家人去世这种事，毕竟不常见，想必辜先生也很少遇到吧。"辜侃脸色一沉，哼了一声。"所以，咱们自然无须操心这个电报。我也举个例子，前不久，我在一座破庙里碰到一个老道士，老气横秋，口口声声教我念道德经。而我一向对这些东西不感兴趣，如用文言回复，得说：陈词滥调，老生常谈，道不同，不相为谋。但白话就很简单，只要三个字：没兴趣！你说是吗？"

台下学生笑成一片，张若兰看着江流，眼中浮现微微笑意。江流看了一眼面无表情的辜侃，继续说道："我以为，文字从无雅俗之分，却有死活之别。古人叫做欲，今人叫做要，古人叫做溺，今人叫做尿。我想问问在座的各位，你们平常说欲，还是说要？说溺，还是说尿？"

台下愈发不可收拾，一团哄笑，有好事的学生立刻大声嚷道："尿，尿！"

"辜侃先生，言词不过传思达意之用，"江流见辜侃不吭声，气势受挫，干脆站起身来，说道："古人叫字，今人叫号，古人乘舆，今人坐轿，古人悬梁，今人上吊，你喜爱你的文言，尽管去用就是，白天也说，夜晚也说，醒了也说，睡了也说，没有人管你。但你这一己所欲，又何必强求他人呢？

至于诗歌……诗歌是用来传达思想的，传达思想就是为了人家明白。新诗最讲通俗，不受格律束缚，才能传递至真之情。至于典雅，那不过是一种自以为是的高傲修辞，是特权阶级的贵族心态！文言已经成为了中国进步的羁绊，它艰深晦涩，满身散发着腐朽之气，最要命的束缚了国人的心智。眼下中国，要想唤醒万万同胞的决心与勇气，只有白话可以做到！”

辜侃气得脸红一阵青一阵，颤抖着站起来，拿拐戳地，拂袖而去。

觉悟读书会的横幅高高扬起，那学生中起哄的，喝倒彩的，乱作一团。而台上，邓康情绪高涨，挥舞拳头，一副战胜者的模样。他一声吆喝，七八个男学生冲将过来，将江流抬起来，抛向空中，接住，再抛。人群中，张若兰远远地看着江流，面色绯红。

江流在京师大学公开提倡新文化，引起轰动，也引起了张若兰的关注。

一日，两人相遇，江流问道：“你前日说过的戏剧社，何时排练？”

张若兰面有难色，支支吾吾地说：“我们一直想找您来着，但一直没有争取到场地。”

“戏剧是宣传革命的重要形式，进度不能耽误。我倒有个好去处，去叫上社里的同学。”

张若兰有点吃惊，好奇地问道：“难道这种事，江教授居然也有办法解决不成？”

江流故作神秘地笑了笑，说：“我在校门口等你们。一会儿到了你就知道。”

张若兰叫上社里的同学，和江流一道坐了几辆黄包车朝前驶去。到了虎坊桥，一下车，锣鼓喧天，鞭炮齐鸣，人声鼎沸，张若兰和同学们都惊呆了，只见一栋雕梁画栋、磨砖对缝青水墙的联排楼房，金碧辉煌地立在面前，那红门青瓦更是玲珑剔透。门口摆满了大花篮，门正中的匾额上赫然写着四个大字：湖广会馆。老板王应正站在门口，迎来送往。江流朝王应拱拱手庆贺：“恭喜王老板开张大喜。从豆腐厂老板到戏院老板，你总要人瞠目结舌才肯罢休？”

“还不是在法国时你给我的启发。”王应笑道。

“你看咱们光顾说话了，来，给你介绍几个我的学生。”此时，王应才注意到江流身后穿着文明新装的女学生，不施粉黛，朴素自然，别有一番风流态度。

这时，张若兰从人群中走了出来，王应看了不由一怔，这女学生清秀脱俗，似曾相识，再一寻思，这不就是丁香吗？他几乎脱口而出。

张若兰见王应直直地盯着她看，很是难为情，进退不得。江流知道王应所想，赶紧说:“她叫张若兰，初见她我也十分惊讶。她们都是我的学生。”

王应这才回过神来，张若兰落落大方地说：“王老板，开张大吉，还请你以后多照顾照顾我们戏剧社。”

王应不解地看着江流，江流哈哈大笑：“烦请王老板带我们去里面参观一下，我今天来此，一为道喜，二则是有事相求。她们暂时寻不到排练场地，我想你这个戏院老板，帮这个忙你是举手之劳啊。”

王应这才听明白江流的来意，说：“有江教授举荐，各位同学又如此热心戏剧事业，我这戏院的舞台永远对你们开放，只要有空，你们随时都可以来彩排。”

张若兰和同学们雀跃不已，纷纷道谢。王应仿佛回到了那段年轻的岁月，动情地说：“不用谢我，应当谢江教授。我看，他为了你们，不惜当那个替普罗米修斯被绑在高加索山上的半人半马的英雄呢。”

连日来，学生因为新文化运动，闹游行，拒上旧学课……辜侃每日只听得国学老师抱怨，气不打一出来。他来到孟林办公室，愤愤地痛斥道:“这江流总帮着觉悟读书会那帮猴崽子，又是联系剧院，又是怂恿学生上街游行，简直是放肆！听说他还发表谣言邪说，要提倡什么节育？所谓新学，难道都是这等肮脏的言说吗！如果京师大学还有心要办下去，就应该把这等败类驱逐出校门！要不他走！要不我走！”

“先生您在这儿抱怨也没用，这江博士可是背后有校长做靠山，怕是心里也不把我们放在眼里吧。”

辜侃喝着茶，幽幽地说道：“我们学校还有一个教授评议会，不如，让他们决定一下去留。如何？”

听说教授评议会要把江流开除，学校里闹开了锅。张若兰目光怔怔，揪心不已。邓康给她打气，说:“张会长，不用担心，校方不答应我们的要求，觉悟会将抗争到底！”

孟林找到江流，一本正经地说：“循思想自由之通则，兼容并包，一直是鄙校的惯例……先生与辜老如此水火不容的情况，还当真是第一次遇见。辜老已经向校方递交了正式书函，说……”

江流心烦意乱，迫不及待地问道：“他说什么？”

孟林叹了一口气，说:“他说，不是你走，就是他走，除此，别无二法。既然是前所未有之怪事，那也只能采取前所未有之解决办法。”

江流微微一笑，倒是开朗了：“别兜圈子了，评议会到底想怎么样？”

孟林却兜弯子：“你说，学校是为何人所办？”

“学校，当然是为学生所办。”

“没错，既然是为学生所办，那延聘教授之事宜，该不该由学生来定夺？”

江流听着有些意外，不禁站起身来：“你是说，我们俩谁留谁走，让学生来定夺？”

“没错。”

“学生怎么定夺？”

“打——擂——台。两人分设一讲坛，同时开讲，学生可两边随意串听，到最后，看哪边留下的学生多，谁便取胜。”

谁也没有想到会以这么一种方式决定一位教授的去留。待到赛课那日，江流一身笔挺的西装，意气风发；对面一身长衫、戴瓜皮小帽的辜侃，气定神闲。一少，一老；一西服，一长衫，构成一幅奇特的景观。

赛课的教室分别设在教学楼的一层和二层，便于学生选择，而规则也颇有意思，只论最后留下的学生人数，这给了觉悟读书会那些人不少可乘之机。

楼上，辜侃拄着拐杖，步履从容地走上讲台，慢条斯理地抿了一口茶；楼下，江流意气风发，在黑板上写下“青春中国”四个大字。

教学楼入口，张若兰带着几名男女学生，拦着往来的学生，不断地在说着什么。邓康则带着几名壮实的男生，把上楼的台阶堵了个严严实实。

赵其捧着一本书，低头走来，一头撞在了邓康身上。邓康冷冷地问：“你选谁？”

赵其扶扶眼镜，他哪里见过这种阵势，支支吾吾，不知道如何回答。邓康心里直乐，说道：“赵其，你不是想加入觉悟读书会吗？你不是也想和我们一样，为我们的青春上街呐喊，成为燕京高师的小明星吗？”赵其眼睛一亮，点了点头。邓康说：“嗯，我没看走眼，你还是一个有觉悟、有前途的青年……该怎么做，你知道了吧？”赵其只好转身进了一楼教室。

暖阳透过玻璃，将教室渲染得一片温煦。台下座无虚席。江流十分兴奋，慷慨陈词：“在中国，即使搬动一张桌子，几乎也是要流血的，而且即使有了血，也未必一定能搬动。啊！造物的皮鞭没有抽到中国的脊梁上时，中国便永远是这样的中国，绝不肯自己改变一根毫毛。同学们，这样的中国，你们能够忍受么？”台下鸦雀无声，大家都用崇拜地眼神看着江流，

辜老先生的教室，已是空空如也，只剩几个平时和他一般的老夫子一

样的学生。他丝毫不在意，一如既往地昂着头，望着天花板，慢条斯理地宣讲：“古文者，白话之根柢，没有古文，哪来的白话？《水浒》、《红楼》，皆白话之圣品，而作者都是博极群书之人。非读破万卷书，不能为古文，亦不能为白话。以白话之是，攻古文之非，岂不荒唐？”

一刻工夫，一楼的教室已是人满为患，气氛热烈。张若兰和夏莹莹从门外挤了进来，坐在了台阶上，江流完全沉浸在自己的世界里，他高声呐喊：“亲爱的同学，中华民族能否立足于世界，不在白首中国之苟延残喘，而在青春中国之投胎复活！中国之革新，当务之急便是扫荡旧文化，为新文化之光大开辟阵地……所以——为求中国之青春，在座的诸位新青年们，我们与旧文化绝无半点姑息妥协之余地——唯此，文化才能自强，唯此，中华才有新生！”

二楼，一阵猛烈的咳嗽声响起，辜侃神情疲惫，声音憔悴，令人心酸：“白话一兴，锣鼓喧天，人人争撤古文之席，而代以白话。古文早已是穷途末路，残秋晚景，何劳白话先生再来倡导革命，多此一举呢？”说到这里，他的声音微微颤抖起来。而楼下时不时传来一阵阵叫好声和惊涛骇浪一般的掌声。辜侃不再言语，默默地拿起粉笔，颤抖着手，在黑板上写下：天道何在。他转身出门，冷清而冗长的走廊上，只有孑身一人，孤独而落寞的背影。

寂静的京师校园，辜侃一个人慢慢留守着这最后的时光，他来到空荡荡的办公室，恋恋不舍地看着伴随了自己大半辈子的教材，突然心中揪疼起来。身后的茶童拎着大件行李，问道：“先生，我们……真的要走吗？其实，学校也没真赶我们。”

辜侃眼中蓄泪，缓缓抬头：“走，一定要走。”

3

过了几日，京师大学进入了期末阶段，老师和学生忙得不亦乐乎。休息室内，众教师正趁着午间小憩，只有唐熙同坐在办公桌前，捧一杯热茶，心不在焉。突然，一个粗布衣衫的仆妇慌慌张张地跑进来，眼睛扫了一圈，跑到唐熙同面前。还未等她开口，唐熙同就抬手示意她不要吭声，颤抖着声音说：“不必说了，叫车了吗？”

仆妇带着哭腔答道：“车子还在门口等着呢？”

唐熙同扶着桌子艰难地站起，不小心将茶杯碰落在地，摔得粉碎，刚一迈步，一个趔趄摔倒，手掌按在玻璃碎片上，鲜血淋漓。他顾不了那许多，赶紧起身,无暇顾及手掌伤口,步履踉跄地向门口跑去。同室教授面面相觑,不知发生了何事。

唐熙同跌跌撞撞地跑到医院，方兰迎头对着他大骂："都什么时候了，你还有心去学校？你根本不在乎老婆孩子的死活了，是不是？"

方苹连忙说："大姐，你先别急着责怪姐夫，不是还要找他签字吗？"

唐熙同一听愕然："签字，签什么字？"

这时，特护病房的医生推门出来，焦急地询问："病人的丈夫来了么？"

"在下便是。"唐熙同连忙答道。

医生凝重地说道："尊夫人现在正在抢救，严重大出血，已近休克状态，你要尽快决定，保大人还是孩子？"

如晴天霹雳，唐熙同一下子懵了，完全乱了阵脚："两个我都要，医生，求求你，大人孩子都要保。"

方兰颓然跌坐在椅子上，听他这么一说，转头怒视着他，骂道："真不知道我妹妹看上你什么，孬种！懦夫！她都大出血一个时辰了，就要死了，你两个都要，你凭什么要，你要什么？"

"不！不！都是我不好，我今天应该陪在她身边，我不该去学校……"唐熙蹲在地上，痛苦地哭号着。

方兰走到他面前，扬手就是一耳光："保我妹妹……你听到没有！"

唐熙同颤抖着手拿起笔，刚要签字，急救室内传来一声婴儿的啼哭。所有人都惊呆了,一个满手是血的医生走出来,摘下口罩,说:"我们尽力了,只保住了孩子。"

方兰、方苹冲进急救室，痛哭不已。唐熙同一动不动，如同木雕，凄苦地笑着，拖着沉重的步伐，缓缓地走下台阶。他不敢去面对没有方芝的世界，他甚至希望永远逃离这场噩梦。世界在他眼前旋转起来：穿着素白的连衣裙的方芝，在草地上奔跑，旋转，裙裾飞扬，巧笑嫣然。唐熙同仰面倒在台阶前的草地上，刺目的太阳照耀着，他如死去一般。

一盏清冷的小灯，空旷的停尸房，方芝的遗体上覆着洁白的白布，脸消瘦苍白。方兰和方苹站在床边，细心地擦拭着，肝肠寸断。

"小时候，你是胆子最小的一个。秋千不敢玩，杀鸡不敢看，连夜路都不敢走,可是现在,你却一个人躺在这个冰冷的地方……"方兰说着说着,泣不成声。

方苹的眼睛也肿得如核桃一般，方兰盯着她，脸色严厉起来，说："你看到了，这就是遇人不淑的结局。都是我不好，当初如果我一意反对，强迫她回国，这场悲剧或许就不会上演了。"

方苹摇着头，固执地说：“不，我觉得二姐很幸福，因为她爱那个男人，即使为了给他生孩子而死。”

方兰听了，难以置信妹妹怎么生出这个古怪的想法，训斥道：“你疯了？你看看外面那个男人，他到现在都不敢面对现实，他根本不值得你二姐去爱，他是个懦夫！”

方苹虽然不敢太反驳，却仍然坚持道：“你从前，不顾一切救大姐夫，不是也心甘情愿地为他付出一切吗！”

方兰颇感意外，没想到方苹的心思这么深，试探着问道：“难道——你也愿意像你二姐那样？”

“我愿意，爱情，会叫人如飞蛾扑火一般勇敢坚决。”

袁世凯一命呜呼，北洋政府群龙无首，分崩离析，形同傀儡，成为军阀讨价还价、你争我抢的玩物。昔日的民主共和几成公然的幌子，时局动荡，民不聊生。

新学期伊始，周鲁发觉财政拨款锐减，一开始还能靠节省后勤开支来支撑支撑，但月余后，哪怕扣除教师所有薪水，也无法弥补财政的巨大漏洞。财务科长三天两头往校长办公室跑，周鲁心里闷着火，又不知向谁发泄。这天，他刚一入办公室，就见魏国在沙发上等候着，面色沉重，欲言又止。周鲁看看魏国，一肚子的牢骚：“听说局势很动荡？民国才成立几年，又要开打，还让不让百姓过安生日子了？”

魏国也是忧心忡忡，叹道：“和平统一已是奢望，吴佩孚早就在驻马店秘密驻军，蠢蠢欲动，据说早已与南方军结盟。”

“大哥，当初政府承诺和平谈判，还说中国人不打中国人。可到如今，跟小日本在山东的问题都迟迟不能解决，咱们怎么偏偏要枪口对着自己人？中国老这么打下去，迟早被人家占了！”

魏国被许昌逼得焦头烂额，勉强敷衍着：“内忧外患，民生凋敝，眼下最要紧的是保一方土地平安。现今大学生们都受了运动影响，动不动就闹事，我倒希望他们都安生些。一旦有风吹草动，你要马上调集定国军校的人马，相助于我。”

周鲁试探着说：“大哥，更换教学设备的报告我上个月就打上去了，到现在都没有回复？学校配备明显不足，一旦有变，你叫我拿什么帮你。”他半是试探地问道。

魏国面露难色，说：“南方要开战，政府经费紧张，听说总统最近都在从各部门借钱，此事还需从长计议。”

周鲁听了，破口大骂："这帮孙子，打仗有银子，办军校就没钱了？我的兵有些连枪都没摸过，你叫他们拿什么保家卫国？"

窗外传来一阵阵口令，短促有力，学生正在操练。魏国说："生逢乱世，谈何保家卫国，我会为你设法筹谋，你别急，且等几日。"

周鲁叹道："将不像将，兵不像兵，在自己的土地上争权夺利。这仗，恐怕……"魏国直皱眉，周鲁才没有说下去。

不多久，魏国便告辞了。周鲁心烦气躁，在校中闲逛，不知不觉又踏上了那条青石小路，突然飘来一阵似有似无的熏香，沁人心脾，不一会儿就来到伊藤武的小屋前。周鲁轻轻登上台阶，只见风铃旁又多了一个晴雨娃娃，看来是千鹤为了祈祷而新挂上的。周鲁看着那晴雨娃娃，犹豫不决。

门突然打开，千鹤穿着居家服饰，手中还捧着熏香炉，看到周鲁，略微行礼，说："伊藤武先生有交代，如果周鲁君您来，一定将您带到竹林去。"

周鲁感到意外，问道："他怎么知道我会来？"

千鹤莞尔一笑，将香炉放好，把门帘取下，说："伊藤武先生说，这两日操场上操练之声减少了，想来学校一定遇到了麻烦，而贵国又爆发内战，说不定周鲁君会想来跟他聊聊。"

日暮时分，残阳如血，青碧竹林，翠影婆娑。周鲁与伊藤武漫步于竹林之中，千鹤跟随在旁。

"周鲁君此时的心情，我完全可以体会。身为军人，自然希望能驰骋沙场，浴血征战。周鲁君心系国家安危，忧国忧民，恐怕最不愿看到的就是'猎野围城邑，所向悉破亡'，我说的可对？"

周鲁点点头，说："军人的枪口应当指向敌人，怎么能对着自己的同胞？"

伊藤武面色凝重地看着翠竹，半晌才开口："中国的历史你应该比我更清楚。一将功成万骨枯，历朝历代烽烟不绝，不过是为了一把权力的椅子。战事不休，哀鸿遍地，苦的是百姓，祸害的是人民。"

"你说的对，现在，中国就是一块任人宰割的肥肉，而且这块肉已经从里面生蛆腐烂了，没救了。"说着，周鲁愤然拍打一旁的竹子，震得竹叶纷纷落下。千鹤吓了一跳，关切地凝望着他。

伊藤武无语，他知道周鲁的苦痛，但一国之大，岂是一个人能所改变的。半晌，他答非所问，说："周鲁君，你可知这片竹林的来历？"周鲁茫然摇头。伊藤武缓缓地说道："为了赎罪，我在陆军小学做了老师，后来又行医救人。十年来，每救得一个人，我就会在这里种一棵竹子，现在，你看……我要说的并非是此意。人最重要的是思想的变革，观念的改造。所有国民都要站在一个可以回溯历史、眺望未来的高度，整个民族才真的有救。医人不如医心啊。”

周鲁似有所悟，说：“你的说法，我好像也听一个朋友说过，现在再听你说，倒觉得是有道理了。”

暮光把竹林镀上了一层金色，远空几只翔鸟飞过。伊藤武说：“周鲁君，请你相信，因为有像你和你的朋友这样忠贞爱国的武士，你们的国家，还有救，还有希望！”

湖广会所的偌大舞台上，张若兰女扮男装，扮演苏格拉底，举手投足，格外优雅迷人。台下，王应深深为之感染，痴迷地望着她。

“雅典城的公民，你们应当在这普照的阳光中觉醒，将那些虚妄可耻的显赫声名抛下。你们知道，我不过是想做一只马虻，将雅典这匹无知无觉的纯种马蛰醒。”张若兰极为投入，几个扮演卫兵的学生冲上来，举起她，摆出全剧最后一个造型。

排练结束，张若兰面若桃花，额间粘着一缕汗水浸湿的头发，迫不及待地走到江流身边，问道：“江教授可有指教？”

“激情充沛，台词动人，确是不错。只是……不知你们的观众是谁？”

夏莹莹插嘴道：“我们打算演给长辛店的工人们。”

“工人？”江流沉吟道：“……我以为，这剧似乎不妥。”

“以血的代价达到思想的启蒙，这不好吗？”张若兰不解。

江流说：“不是不好，只是不适合。现今的百姓，哪知道什么苏格拉底，他们关心自己的口粮和钱袋还来不及。他们想喝的是大碗的凉茶，你却送上一壶呛口的浓咖啡，我怕工人消受不起啊。”

“我们没准备做一个振臂一呼应者云集的舞台英雄，我们也不奢望一出戏就能打破沉闷黑暗的铁屋子，但是只要能唤醒少数几个沉睡的人，我们的戏就不能说是失败的。”张若兰心有不甘，争辩道。

“张若兰同学，你的想法很好，唤醒沉睡的人。但我更主张脚踏实地，贴近现实，阳春白雪并不是不好，只是会曲高和寡。”王应说。

“我们并没有脱离生活，我们会成功的。江老师、王老板，你们等着瞧吧。”张若兰固执己见，转身回到舞台上，又开始新的排练。

“看似软弱娇柔，骨子里倒是倔强得很，这点，还真像丁香。”王应看着她瘦小的背影，生出无限慨叹。

江流摇摇头，说：“她比丁香更执著。”

排练结束已经是傍晚，张若兰和夏莹莹说说笑笑地来到张家。仆人宋妈迎上来，她正怀胎，行动不便，笑盈盈地迎上来。张若兰问道："早晨出门的时候，听妈妈打电话跟人说爸爸病了，没来得及问，到底怎么回事，昨天还好好的？"

宋妈悄声地说："那是唬人的，现在政府不是要打仗嘛，想请老爷去带兵，老爷只说生病推辞呢。"

张若兰气愤不过，故意高声说："那些人真无聊，一面叫着财政吃紧，一面又忙着调兵打仗，根本不顾老百姓的死活。"

宋妈连忙捂住她的嘴，说："我的姑奶奶，你且安生些吧。"

张若兰拨开宋妈的手，说："爸爸说了，做人要心存天下百姓，明辨大是大非，我说的都是实话，有什么可怕的。"

话未落音，突然楼上传来母亲语带不满的呼唤。张若兰一抬头，见父母都从楼梯上走下来，父亲看着女儿，慈爱地笑着。张母脸上满是担忧，一下来就拉住她的手："你一个女孩子，不要张开闭口都是政治。"

张若兰最怕妈妈唠叨，一说就没个完，她立刻依偎在父亲身边撒娇道："爸爸，你也认为女孩子不能谈政治吗？"

张耀扬摸摸她的头，说："你长大了，凡事都该有自己的判断，我倒觉得谈政治也没什么不好。"张若兰得意地看着母亲。

"现在世道这么乱，学校里又是游行又是闹事的，可别出什么乱子。你说这些学生，就该一心读书，何必掺和政治，搞得人心不宁的。"张母不满地说。

"学生又怎么了，学生就不能有思想有抱负？我们还打算成立一个马克思主义读书会，就是要探讨人的思想呢。"张若兰说。

张母一听，惊骇不已，说："乱党造反可是要杀头的，你不要胡闹。"

"那本册子，她给我看过，切中现实，值得了解。我相信若兰自有分寸。"张耀扬中断了母女二人的争论。

定国军校内，周鲁愁眉不展，他现在仿佛一个火药桶，见着一点火星都能爆炸。财务科长在办公室外面站了整整十分钟，才战战兢兢走到周鲁办公桌前，说："校长，您叫我？"

周鲁心烦气躁地问道："我提出要更换的教学设备，为什么到现在还没弄好？"

财务科长冷汗直冒："恕卑职无能，拨款一直都没到账。"

周鲁怒目圆睁，吼道："什么！奶奶的，这都多久了，还没到账？"

"从开学到现在，政府拨款一直没到，卑职都不知道跑了多少次了，一点儿用没有，就是一句话，没钱！钱都拿去买枪火买武器去了，哪儿有钱办学校啊！现在，不只是那些设备，就连伙食……"他话还没说完，窗外传来一阵吵嚷之声。周鲁拧着眉头朝外看去，操场上，杜刚正揪着千鹤，千鹤看样子十分不情愿。"兔崽子！"周鲁骂了一句，立刻起身朝外走去。

操场上，杜刚扯着千鹤要往办公室这边走，千鹤挣扎。周鲁不由怒喝："怎么回事，不是交待了不许找她的麻烦吗……"

千鹤红着脸辩解道："不是不是，他没有找我的麻烦，你不要怪他。"

杜刚见校长终于下来了，连忙说："学校食堂停止对医务室提供伙食和饮水都已经五天了。伊藤武医生和千鹤小姐现在每天只能托我去外面买吃的东西，还要去很远的地方打水，这样下去，怎么行？"

"有这回事？你没去问伙食科？"

杜刚答道："伙食科那边说，现在政府在打仗，粮食不多，中国人还不够吃呢，哪里有东西给日本人。"

周鲁震怒不已，心疼地看着千鹤说："你为什么不早来告诉我？"

千鹤垂下头，摇摇头说："我知道学校现在经费紧张，我怕你找他们的麻烦。"

周鲁不知该说些什么，只是一脸愤怒地转向财务科长："去，把伙食科长给我叫来。"

财务科长杵在原地，半天没动。周鲁提高嗓门，再次喊道："我说的话你没听到？"

财务科长小声地说："粮食不足，工资也发不出，学生们吃不饱又天天闹事，厨子都闹罢工呢，伙食科长忙着应付他们，一时半刻来不了。"

周鲁骂道："你是干什么吃的，伙食都跟不上了，还他妈训练个屁，你为什么不早点告诉我？"

财务科长支支吾吾辩解说："您也去找上面要过几次了，还不是没有回信。前些日子我还能用账上的应急钱周转着，现在真是山穷水尽了。要是厨子不肯复工，咱们今天都熬不过去了……"

周鲁一不做二不休，拔枪就往食堂跑："反了他们了，我倒要看看，哪个敢在老子的学校里闹腾……"

千鹤、杜刚等人大失惊色，死死拉住他。千鹤劝道："周鲁君，你不要急，中国话说，巧妇难于无米之炊，没有粮食，他们复工也没用啊。"杜刚也连忙帮腔："是啊校长，现在首要解决的是经费问题。"

周鲁泄了气，挥挥手，说："去，到我账上支钱。"

"支多少？"

周鲁看着财务科长的怂样，吼道："全他妈的取出来，放到学校账上，还有，任何人都要有饭吃，还要吃饱，听到没有。"财务科长忙不迭点头走了。

过了不久，周鲁就来到北洋政府院内，大剌剌地正想往里走，却被卫兵拦住了。周鲁正在气头上，沉着脸训道："干吗？不认识老子啦？"

"请出示证件。"

"什么他妈证件，老子的脸就是证件。"周鲁推开卫兵，就要往里闯。两个卫兵举起枪不客气地拦住了周鲁。周鲁哪里经得起这般羞辱，在院外就大声嚷嚷："我找我大哥，你们叫他出来……"

魏国在办公室内，坐立不安。孙冉听到吵闹声，挑开帘的一角，看周鲁和卫兵争吵，轻声说："魏次长，钱已筹到六千万了……"

魏国也听到了周鲁的叫嚷，说："又是一个催命鬼，这个人我太了解了，躲得过今日躲不过明天。你先说，刚才说筹到六千万，总统什么意思？"

"总统说不够。您也知道咱们这个总统，一说到打仗那就是炮声一响黄金万两。我看此番武力统一他是势在必得啊，这个数目，恐怕还差得远。"魏国听闻，沉默不语。孙冉又说道："次长，我知道你为难，可上命难违……"

魏国闻言，茫然地看了下站得笔直的孙冉，端起茶杯，又重重地放下："上面也要钱，下面也要钱，没一个是省心的主。我夹在这当中，真闹得两边不讨好。"孙冉知趣地退下，赶到院门口，去打发周鲁这个大麻烦。

"让开！瞎了眼的王八犊子，老子是定国军校的校长周鲁，魏国是我大哥！"周鲁被卫兵拦着，嚷嚷了半天也没见人出来，急了，推开卫兵就往里闯。这是，一队卫兵跑步过来，举枪围住了他。周鲁一见这阵势，更是火冒三丈，掏出枪顶在自己胸口，吼道："来啊，往这儿打，你们这帮龟孙子，老子扛着脑袋干革命的时候，你们还尿裤子呢。"卫兵有些畏惧，向后退一步，手拉枪栓，子弹上膛。

就在这时，孙冉快步走来，老远就呵斥道："住手，放开周校长……周校长是什么身份？都给我放下枪。"周鲁一见孙冉，便不再与士兵计较。谁知还没开口，就被孙冉堵了回去："周校长，次长不在，请改日再来吧。"

周鲁哪肯相信，说："胡扯。我刚还瞧见他的司机出去买烟了，我大哥肯定在。"

孙冉把他拉到一边，低声说："次长为了筹款的事，密会几位部长去了。"

周鲁狐疑地问道："筹款？他在筹款吗？学校都几个月没有钱到账

了……”

“财政吃紧，他也心烦啊。你是他的兄弟，应该为他分忧。他若有钱，还能不先紧着自己弟兄？你放心，我会转告次长，首先解决定国军校的问题。”

周鲁眼瞧着魏国的办公室，见窗帘微微一动，心里一沉，只好点头答应，孙冉也舒了一口气。

4

一日，江流和何适来到办公室，一进去却发现一位长须教授正在挨个儿发请帖。江流正纳闷，长须教授说：“正好，二位教授，一道去吃酒吧。”

江流问：“何事要吃酒？”

另外一位王姓教授说：“犬子满月摆酒，请二位赏光。”

何适笑道：“王教授年近半百，居然还能添丁进口，我们实在羡慕得紧啊。”

那白眉王教授语带得意地说：“夫人争气，这是第七个孩子了。”

长须教授点头说：“王教授命里自有福禄，多子多孙多福寿啊。”

江流摇摇头，顾自走到办公桌前，冷笑一声，说：“多子恐怕未必多福，中国从来不缺少无聊的看客。”

自辜侃被气走后，王教授平日里就讨厌这班新教授满口胡言，恼恨地说：“江教授，你……你这是何意？在中国的土地上谈节育，不合适。”

江流说：“我们身为京师大学的教授，难道不应该带头倡导新风吗？”

“几千年的传统桎梏，岂容你一时就打破。”何适不关痛痒地说了几句，收拾讲义去上课了。

“看来，我有必要来做一个讲座，就谈着节育与优生。”江流也不再争论，心里有了主意。不几日，海报就贴上了，标题赫然写着“日常避孕，节育优生”。

在京师大学，节育并不陌生，著名的节育运动先驱桑格夫人曾经应邀来京师大学演讲，提出“生育制裁的问题，是新社会哲学的一个中心问题，精神和文化的要求的表征，不只是经济上的问题”，江流深受震撼。而她如此在公众场合谈论性交和节育，也震惊了京师大学，让素以首善之区自居的京师学子大开眼界。

节育讲座尚未开始，教室里已经坐满了学生，还有很人多在四壁站着的、在窗口趴着。而第一排端坐着的几个白发老先生甚是引人注目，他们面色严肃，正襟危坐。

孟林巴不得看江流的笑话，他站在最后一排，发现教室里竟有不少女生，满脸新奇和期待。孟林深感世风日下，没容他多感慨，教室里掌声雷动，在一片欢呼声中，江流走上讲台，学生们都安静了下来。江流微微一笑，将一只橘子放在桌上。台下众人面面相觑，不知他要干什么。

江流不急不慌，将橘子一瓣一瓣剥开，展示给众人："诸位请看，这一只橘子，由数个橘瓣组成。要把这所有的橘瓣合成一个完整的橘子，是一件极不容易的事。"前排的老教授们听了，窃窃私语。江流继续说道："不仅缺一不可，而且要大小均匀，数量多了则浪费，数量少了则不完整，如此，每一瓣橘子的存在都要恰到好处的妥帖，才能组成一只完整优质的橘子。"

"是以，一个民族，乃至一个世界，都如同这只橘子。其组成当优秀精良，其数量当恰到好处，才能有实质的凝聚力。人类根本冲突就在于户口的膨胀一项，我想今后各国如有觉悟，则彼此商酌，计较各自的经济如何与全球的需供若干，用大公无私的眼光及精明的科学方法，限定每国的户口最高度的仅能达到若干。"在座的众人都听得入神。

一位教授站起来，反驳道："人口多寡关系到一个家族和一个族群，甚至是一个国家兴衰成败自然不错，但我却以为，人口就像狮群一样，只有保持群体一定的数量，才能保证一定的势力范围，否则如何生产？如何御敌？"

江流早有预备，胸有成竹地说："您说到狮群，那我便要说，若这狮群中多是羸弱得不堪一击的狮子，整个狮群的攻击力是上升了还是下降了？若是逢着豺狼虎豹这类的猛兽，便溃兵不成军了。一国的强盛不在于人口繁多，而在其有相当的人口后，使他们多有了人的资格。"

又一位教授站起来，颤抖着手指着江流说："为国之要，在于得民，这是自原始社会便已有的传统，你今天站在这里鼓吹节育，分明就是置传统伦理于不顾，冒天下之大不韪。"

"若说传统，向人下跪是传统，女子缠足是传统，出嫁从夫、夫死从子也是传统，岂能说凡是传统皆当遵从？"江流迎头而上，雄辩有力地反诘，"国人有一种矛盾思想，即是，要子孙生存，而自己也想活得很长久，永远不死。直到没法可想，非死不可了，又希望自己的尸身永不腐烂。但是，想一想吧，如果从有人类以来，所有人都不死，地面上早已挤得密密的，现在的我们早已无地可容了；如果从有人类以来的人们的尸身都不烂，岂不是地面上的死尸早已堆得比鱼店里的鱼还要多，连掘井、造房子的空地都没有了么？所以，我想，凡是老的、旧的，实在倒不如高高兴兴地死去的好。"

"荒谬,荒唐,大逆不道!黄口小儿,妖言惑众。"一白发教授起身大骂,拂袖而去。

便在此时,周鲁来到京师大学,他一面走,一面四处观望着那熟悉的景致。路上学生稀少,他拉住一人便问:"我要找江流,哲学系的教授,要去哪儿找?"

那人笑道:"江教授今天讲座,在第三教室,就在那边二楼……"

周鲁连声道谢,朝教学楼快步走去,还未进大门,里面就传来一阵苍老的怒骂声:"从来多子多孙便是福,你竟说孩子多了便如猪狗,这简直就是侮辱人格。那你自己是否也属猪狗之列?"周鲁走进去,看到又一个教授起身,问道:"江教授,您既然讲到节育避孕,我想知道,该当如何避孕?可否将细节略讲一二,供在座诸位学习探讨?"

台下一片骚动,孟林听得紧皱眉头。江流却笑道:"阁下当真想知道?那我倒要请教教务长大人孟先生了,这个问题,在这儿当讲不当讲?"

孟林站起来,斥道:"荒谬,荒谬!"

江流拱手说:"今日讲座便到此为止,多谢各位捧场。"学生们连连欢呼,站起来鼓掌。

刚一下台,何适过来握手庆贺,却语带忧虑地附在他耳边说:"江教授刚才一席话虽然精彩,但言词未免过于犀利了。锋芒太露,到底不是件好事啊。"

江流一怔,说:"君子坦荡荡,任人评说。你一向不是也如此爽直利落,何故为我担忧起来?"

何适依然谦和地笑着:"学术之争与向传统宣战终究不同。江教授,这片土地,比不得你留学的法国,连搬动一把椅子都要流血啊!"

江流未置可否,却瞧见周鲁朝他走来,拉住他说:"二哥,我找你,有事相求。"

听完讲座,张若兰直到晚上七点才回家,进了餐厅,见到母亲正端菜上桌,父亲拿着报纸,衔着烟斗,刚从楼上下来。

张若兰赶紧帮妈妈端汤,问道:"妈,今天怎么要您亲自动手,宋妈呢?"

"她就要临盆,请了几日假回乡下去了"

张若兰忍不住笑道:"又是生孩子,白天说这个,回到家还是这个。"

"这生不生孩子如何是你们姑娘家当说的,也不害臊。"张母朝张耀扬直嚷嚷,"要我说,女孩子不必读太多的书,赶紧配个好的人家才是正理。"

听着母亲的絮叨，张若兰吐吐舌头："结婚也不好，还要避孕节育，麻烦的事未免太多。"

张母听得这话，筷子险些都拿不稳了："你这孩子，说的这都是些什么？"

张若兰一边帮母亲舀汤一边说："妈，你别大惊小怪，是今天学校里江教授做的讲座，就是关于优生节育的，这是时代的新观念。"

张耀扬放下报纸，慈爱地看着女儿，沉吟道："我曾听说，欧洲早有人倡导节育观念，若是谈到国民素质，我倒以为也未尝不可。你看我们，就若兰一个，确实极为优秀。"

张母放下筷子，说："她胡闹，你不管也就罢了，怎么倒还帮腔了。若兰，你一个女孩子家……"

"好了，妈，"若兰撒娇地打断母亲："我知道了，褚鹃表姐这两天来信了吗？"

"说到那丫头我就一肚子气，好端端的女孩子家，不嫁人非要闹着出来读书，都是你常跟她通信撺掇的。"

"她才比我大一岁，自然是读书的好年纪，就算是女子也有选择自己人生的权利。"

张母用手指戳这张若兰的脑门："你这孩子，哪个女子不是嫁人生子安生过一辈子，到你们这时代就不是这个规矩了？"

张若兰嘟嘟囔囔吃完饭，上楼去了，看看日历，又到了该给褚鹃写信的时候了。她赶紧把门拴上，从书架上拿下文房四宝，目光落在桌上那本《西方哲学史》上，心中一动，翻开信纸，写道："褚鹃表姐，见字如晤，近日未有你来信，很是惦念。学堂之中，新来一位先生，十分有趣……"

桌上一盘残局，黑白形成僵持。魏国左手执白，右手执黑，两手悬于半空之中，找不到突破口。这时，方兰与江流、王应说着话走了进来。方兰一边走，一边说："你们来得突然，家里也没什么准备，叫我如何款待？"

魏国丢下棋子，看着江流和王应，说："罢了罢了，看来一时是分不出个高下了。不知两位突然登门，所为何故？"

王应看着魏国，知他心烦，故作轻松地说："兄弟们带了酒菜前来叨扰，大哥不欢迎么？"魏国满面狐疑，瞧着两人，这时，传来一阵敲门声。

"也许是那普珍园的伙计送酒菜食盒来了。"江流说着，自去看门。进来的却是周鲁，手上还拎着好大一坛子酒。周鲁见江流，故作一愣，大剌剌地说："怎么，许你们来就不许我来了？"说着一提手上的酒坛，"三十年的酒鬼陈酿，老家托人捎来的，特意来给大哥尝尝。”

魏国摇头苦笑，说：“你们甭演这出戏了，那点子心思我还猜不到。实话跟你说，你找我没用，现在总统号召全国上下勒紧裤腰带支持统一战争，钱真个拨不来。”

周鲁口还没开，就给堵住了，半天没作声，最后还是忍不住了，说：“大哥，你们打来打去，尽是自己人打自己人。黑灯瞎火。”

“我难道不想国泰民安吗？我难道眼瞧着战火纷飞，民不聊生，心里快活吗？上面说要打仗，我又能怎么办？”见周鲁一点也不理解自己的难处，魏国也有点不快。

“大哥，你就给句痛快话吧，定国军校是你一手扶植我办起来的，我不能眼看着它砸在咱们手里。我手下这帮兵，惹急了闹将起来，可不是你我能拦住的。”周鲁也顾不了许多，说出了心中的担忧。

魏国紧蹙眉头，思谋片刻，说：“钱，我没有。但我给你写一纸字条，只说定国军校是武力统一的后备军，你去找许昌，看能不能从军费里拿出一部分钱来。”

周鲁担心魏国步步为营，连忙说：“有些话我必须说在前头，中国人打中国人的事情，我周鲁绝对不干。”

没几天，魏国的批条放在了许昌的办公桌上，许昌面沉似水，盯着站在面前的周鲁，两人都没有言语。不多时，秘书来到许昌身边，贴耳说：“已经核实过了，定国军校前日已召开过战前动员大会，不日将开赴德州。”许昌点点头，在批条上签下名字。周鲁伸手去接，许昌却并未放手，说：“周校长为国效力，一腔热忱，真乃忠义之士。许某在此要预祝周校长所向无敌，凯旋而归。”

“承蒙厚爱，自当尽心竭力。”周鲁拿过批条，眉开眼笑，许昌一挥手，他乐滋滋地出了门。

待周鲁走后，秘书问道：“许老，您明知他们是诓您的，为何……”

许昌的镜片下闪出一道寒光，冷笑一声，说：“他魏国的心思我如何不知，这就是将计就计。我倒要看看，他们的障眼法能撑到什么时候。”

江流自举办节育优生讲座以来，俨然已成青年导师、新思想先锋，每次讲座，都会引起轰动。这天，他来到办公室，看到办公桌上放着一张喜帖，打开一看，不禁讶异，这新郎新娘不是别人，居然是丧妻的唐熙同和他妻妹方苹。江流震惊之时，办公室里已经议论纷纷。“堂堂教授，如此道德沦丧，与禽兽何异？”“发妻尸骨未寒，就要与妻妹成婚，简直无耻之极。连那女子，恐怕也是水性杨花之辈。”

江流听得愤然，正欲反驳，何适走过来，拍拍他的肩膀，说：“江兄，这婚事，恐怕能去的人也就你我了。”

唐家婚宴，张灯结彩，来宾却是寥寥。唐熙同满脸憔悴，郁郁不乐，倒是方苹面目恬淡，透出几分娇羞。已经过了六点，天色暗下来，两人正准备去吃饭，响起一阵敲门声。唐熙同和方苹打开门，来者是江流和王应，后面还有何适与夫人江东秀。

唐熙同惊喜万分，连忙把几位迎进房里：“几位能来，是小弟的荣幸。快，里面请。”何适笑道：“夫人一定要来，她素来就爱瞧人家婚嫁的喜庆场面。唐教授，恭喜。”

江东秀虽没多少文化，却是古道热肠，她打量着方苹，赞道：“新娘子好头脸啊，将来一定是个大富大贵的命。这女人的命得自己手心里攥着，旁人的口水闲话你都不用理，人活着，还能被口水淹死不成？”

她说得大家都笑了，何适连忙打哈哈：“她不识字，话糙，你们别介意。”

江东秀说道：“识文断字不见得就懂人情道理，你们京师大学的教授，别看一个个人模狗样的，关上家门，难道他们不屙屎屙尿，不围着老婆转悠？谁也不是神佛，哪个是没过错的了？何况人家好端端一对，又不是停妻再娶，也不是勾搭成奸，有什么错了？”

话虽如此，但何适和江流眼底还是透出隐隐的担忧，魏国、方兰均未出面，看来是姐妹交恶，日后必有大风浪。

暮色浓重，工人们聚集在一起，坐在工人活动室里等候李汉冥。前几日，王应在工人中造势，说大教授要来演说，很多工人甚至拖家带口前来听。

李汉冥走到工人中间，随和地招呼着：“我姓李，你们就喊我李师傅，或者李大哥吧。师傅们，家里都还好？”顿时掌声雷动。江流也在后排找了个地方坐下，静静地听着。

坐在前头地板上的一个工人羡慕地说：“我们工人穿的这衣服都是短袄夹裤，显得个头都矮小，你咋也穿得跟我们一样呢，大学里的老师穿的衣服才显得洋气。”

李汉冥指着江流说：“那位就是大学里的教授，江教授，您也说两句吧。”

江流站起来，笑道：“你们工人可不矮，工人够上天那么高啊！你们加到一起可就是天呐，你们都是能通天的，劳工是天底下最神圣的人。没有你们辛苦劳作，哪里有这衣食住行的生活，你们说是不是？”

江流话还没说完，就被一个工人打断：“江教授，你说的倒是好哇，可是那些什么活都不干的人，倒是坐着汽车，住着洋房，还要人伺候着，而我们为什么整天忙活却还过得苦哈哈的？”

李汉冥大声回答道：“这就是为什么所有的工人兄弟都要团结起来，组成一个有力的劳工的组织，也就是我们的共产党。我们要共同向那些不公平的欺压与统治宣战，才能换得安稳自由平等的生活。”

“啥子是共产党啊？共产党能让咱们吃饱饭，娃娃有书念吗？”下面的工人们窃窃私语。

李汉冥坚定地点点头，抑扬顿挫地回答道：“不只这些，有一天，咱们工人阶级当家做主，每一个人都是这个国家的主人，所有人都为自己而活，为自己而工作……只要我们所有人都团结在一起，那一天一定会到来！”

第二天，按照安排，京师大学的学生要给工人们演出新式话剧。张若兰是当仁不让的女主角，她在后台，紧张地撩开帷幕，看到地下乌压压地坐了一大片工人，入口处还有人不断地涌进来。王应来到后台，关心地问道：“准备好了吗？工人们都等着呢。”张若兰连连点头，和几个同学赶紧拿起道具往外走。王应突然叫住她：“若兰，祝你们演出成功。”张若兰点点头，转身出了门。王应站在那里，看着他们，回味着……突然，门外传来李汉冥和同学们打招呼的声音。看到王应，李汉冥把他招呼出来，两人走在空空荡荡的廊道里。李汉冥一改刚刚的表情，严肃地说：“今天，我是专程来告诉你一个消息的。”

王应脸上隐隐透出一丝兴奋，问道：“你不是说是来营救苏格拉底的吗？”

“你不觉得，今天的孩子，比两千多年前的苏格拉底更重要吗？”李汉冥告诉王应，青年团成立了。

“青年，青年团，太好了，让所有青年都团结起来，这绝对是一次壮举！一个改变中国青年的壮举！对了，什么时候开始筹备？”

“已经开始了，全国代表会很快就召开，在广州。”

“名字定了吗？就叫社会主义青年团？”

李汉冥摇摇头，说：“前头，还要加两个字。”王应有些诧异，尔后会心一笑：“中国！”李汉冥也停下脚步，语气坚定地说：“没错，中国，是中国的社会主义青年团。中国有了热情进步、有理想、有担当的青年，革命才会有成功的希望！”

舞台上，张若兰和同学们在台上演戏，她的声音高亢而激昂：“我的朋友，我知道你们要救我逃离雅典，是要拯救我的生命。可是，作为雅典城的公民，我具有服从城邦合法权威和城邦法律的义务，守法即是正义。既然正义判决我必须要受着死亡的刑罚，除了欣然接受，我别无选择。”

底下的工人有的开始打瞌睡，有的在窃窃私语。一个工人问道：“那个苏哥，到底是男的还是女的啊？”

另一个工人回答说：“男的，这就跟唱戏里的反串一个意思，女的扮男的。”

“那苏哥他为啥要死啊，还坐牢，怕是朝廷的钦犯吧，也不知道犯了啥罪？”

另一个工友砸吧砸吧嘴说：“可能是革命党吧？”

底下的工人，已经走了不少，剩下的也是东倒西歪。

戏的高潮是苏格拉底之死。苏格拉底喝下毒酒，摇摇晃晃，唱道：“亲爱的朋友，我知道这最后的时刻即将到来，我要离开这世界了，可是真理的火焰永远不会熄灭，它将指引着你们去到达那遥远的彼岸。”

突然，工人们无法遏制地大笑起来。夏莹莹站在一边，生气地说：“你们笑什么啊，苏格拉底都死了，你们还笑。”没想到，回答她的却是更响亮的笑声。

演出结束后，张若兰迟迟不肯换装，她穿着苏格拉底的衣服，在活动室啜泣。王应走进来，张若兰嘤嘤地说：“江教授说得对，他们要的是凉茶，我们给的却是呛口的咖啡，他们接受不了。”

“演戏，也是要讲道理给工人师傅听，首先就是要讲工人师傅能听懂的话。什么话才能听得懂呢？是生活里的话，人话，而不是那些高高在上的话。所以，要向大众演剧，首先便要进入到大众生活当中去，想大众所想，急大众所需，说大众的话。”王应循循善诱地劝导。

张若兰抬起头，看着他，点点头说：“对，我一直都没有真正考虑工人们想要听什么，看什么，我们一直在按照自己的想象去排演戏剧，我们失败了。”

“没有失败，因为你知道了为何不被接受，就能够知道如何可以被接受。”听了王应的话，张若兰似有所悟。“走吧，去卸妆，我请大家吃饭。今天不是你生日吗？”王应说。

晚餐在一个典雅的包厢进行，王应和张若兰先进来，王应小声而严肃地告诉张若兰：“中国社会主义青年团近日成立了！”

张若兰惊喜而压抑着声音问道：“什么，中国社会主义青年团？”

“是的。我们党成立时就讨论过，要在年轻人中培养接班人，为组织输送新生的血液。上海、武汉、长沙、北京、广州，全国很多地方都有了青年团组织，现在，就是要把这些分散的力量拧成一股绳！”张若兰认真地听着王应侃侃而谈。“组织上已经决定，让邓康去广州，参加下个月的全国青年团成立大会。这些日子，北京分会的筹备工作就要交给你了。”

张若兰紧咬着嘴唇，有些犹豫地说：“我？我能行吗？”

王应说:“若兰,我已经和李教授商议过了,你是最合适的人选。你能行。觉悟读书会有很多好的同志，一定要努力争取！”

这时，包厢外响起了一阵脚步声，门吱呀一声，江流、唐熙同等人谈笑着走了进来，围坐在桌旁。

“今日诸位相聚，倒有双喜值得庆贺。”众人坐定，江流环顾一番，起身说，“这一喜，是若兰的生辰之喜。二喜，则是唐熙同教授新婚之喜。”唐熙同听了不禁一愣，抬头惊诧地看着江流。江流继续说道：“世俗礼教，要敢于挑战，要勇于超越。熙同与方苹成婚，就是打破腐朽的枷锁，超越世俗。他们不屈不挠，追求自己的幸福，这是观念上的新生。”

众人听着，频频点头。唐熙同摆手，有些尴尬。张若兰带头举杯：“唐教授，你追求爱情的勇气，令人敬佩，我敬你一杯。”

王应接过话来，说：“人生自是有情痴，此恨不关风与月。我与唐兄，饮这一杯。”王应话里有话，只是无人体会。

张若兰的心思似乎全在江流身上，她怯怯地问道:“江教授，关于爱情，你又是如何看的呢？”

江流放下酒杯，笑着说：“我以为的爱情，无非四条定则：一，爱情是有条件的，感情、人格、状貌、才能等项，要条件相合，才可迸发爱情。二，爱情是可比较的，例如甲乙丙三人同爱一女，谁最有优胜的条件，谁便中选。三，爱情是有可能变迁的。大凡被爱的人越有价值，爱的人也自然越多。所以，并非所有人都拥有始终如一的爱情，随着条件的变更，爱情也不是不可能发生变化的。”

王应看了一眼唐熙同，笑道：“唐兄啊，这三条，可条条都是在给你和嫂夫人贴金呐！还不敬江教授一杯？”唐熙同心中自然欣喜，仰头猛地喝下一杯，结果喝得太急，呛得直咳嗽。江流继续说道：“第四，最后一点嘛，我以为，夫妻是朋友的一种……”

“朋友？”张若兰诧异地问道。

江流点点头，说：“对，夫妻的关系类似朋友。不过，是比朋友更密切的朋友。因为夫妻间的爱情，比浓厚的友情更浓厚，所以，夫妻的相处要比朋友的相处困难许多。因为朋友可以泛泛交，对朋友也不会过于苛求，而夫妻之间，往往会苛责对方。所以，依我来看，夫妻间最好做亲密的朋友，相互尊重，给彼此留有空间，虽日日厮守，却也有不断的惊喜和情趣发生。”张若兰听得入了神。

王应听了也很佩服，怂恿道：“江兄，你可是语不惊人誓不休。这四条原则，若是登到报刊上，怕是会炸开了锅。”

“好啊！今天既然说了出来，改日我来了兴致，还真弄篇文章丢给报纸，就搅它个翻江倒海！”

江流越是奋发，众人感觉越是微妙。唐熙同说：“江教授啊，您说了您的四条爱情定则，不知现在你身边有没有人符合这四条标准呢？”

王应意味深长地说：“他啊，是曾经沧海难为水了！”

张若兰心中一沉，沉默不语，自斟自饮一杯。

张若兰对于承担北京分会的筹备工作感到很仓促，第二天，找到江流来拿主意。

江流沉思半晌，问道：“若兰，你现在的顾虑是什么？”

“我怕自己挑不起这个担子，要是不能组织好社会主义青年团在北京的工作，就辜负了大家对我的信任。”

江流盯着张若兰，说：“那你就不怕辜负我了吗？”

“辜负您？”张若兰有些惶惑，不知所措。

“还记不记得几天前我说的话？到底什么叫青年？”张若兰咬着嘴唇，点点头。“你念来听听。”

张若兰支支吾吾地念道：“青年……如初春，如朝日，如百卉之萌动，如利刃之新发于硎。”

“很好。我告诉你，什么叫青年，”江流停下脚步，看着前方不远处来来往往的年轻学子，说，“你们身上有无穷的生力，遇到丛林，可以辟成平地，遇到旷野，可以栽种树木，要是遇见沙漠，更可以开掘出井泉。没有这份魄力，连青年都算不上，还加入什么觉悟会、青年团！”张若兰如醍醐灌顶，呆呆地站在原地。江流说完头也不回地往前走去。

张若兰紧跑几步，追了上去，说：“江教授，谢谢。我明白自己该怎么做了。可今天……还有一件事情要请教你。上次您讲到爱情定则，您说人应该自由追求所爱之人，而不应该被腐旧的封建伦理束缚。”

江流看着她羞涩的神态，打趣道：“莫非，张同学也遇到了爱情问题？”

张若兰脸色绯红，说：“不是我，是我表姐……她叫褚娟，比我年长一岁，一直住在乡下，如今家里给她包办门婚姻，她硬是不从……”

这恐怕又是个大问题，江流看看手表，扬了扬手上的书说："这样吧，我正要去趟工厂，你和我一块儿，咱们路上说。"

江流、张若兰坐在一辆黄包车里，一路颠簸向前。张若兰说，她的表姐褚鹃，是一位当仁不让的新女性，女校毕业后，十六七岁即在地方一所女校任教。恰在此时，父母亲先后病逝，她没了依靠，而哥嫂百般苛刻，她只好逃到了省会的一个女子学校任教。学校建在一个叫北寺的庙宇旁，只有两间教室，学生与泥菩萨为伍，经费短缺，只勉强维持正常的开支，但由于褚鹃办事认真，管理严格，远近的家长都愿意把女儿送到阳高女校来上学。学生人数激增，以至教室都容纳不下了。她多次请求扩充校舍，均因没有经费而遭搁置。一筹莫展之下，她只好向县长打报告，请求把泥菩萨搬家，以扩充校舍。结果谁都不愿意来搬菩萨，说是怕遭天谴，最后褚鹃自己一不做二不休，搬掉菩萨、打倒偶像，获得新派人士的支持。大同、天津、北京，甚至上海，都有人来信鼓励她，声援她。但在当地，却很不受旧势力待见，他哥哥又坐吃山空，打起了妹妹的主意，瞒着妹妹把她许配给同县一个张姓人家。褚鹃听后如五雷轰顶，为冲出樊笼，她向表妹求救，希望能脱离虎口。

听完张若兰的讲述，江流赞叹道："你的表姐，还真不愧是一位新女性。"

张若兰点点头说："她虽没念过什么书，但从小性子就刚烈叛逆。我表姐跟我说，她特别想来咱们学校念书……"

江流眼睛一亮："这是好事，这样吧，我来帮她写推荐信。有这等毅力和勇气的新青年，京师大学永远敞开大门欢迎。"

5

夜色阑珊，月朗星稀，窗棂中透出一线光亮。工人老颜一边轻轻地敲门，一边警惕地四下观望。进了屋，李汉冥与几个工会领导人围着一盏马灯正在开会。

"这几日已开始宵禁了，你来时没遇上巡逻队吧？"李汉冥轻声问道。

"穿小路来的，放心吧。"老颜老道地说。

李汉冥点了点头，接着说道："昨日去长辛店工会，使我们看到了工人兄弟的力量。他们现在就是一捆扎得紧紧的柴垛，只要有一点点火星，就能燃起熊熊烈火。"

工会领导米家山眼睛一亮，说道："你是指……"

李汉冥脸色严肃，一字一顿地说："武装暴动！"

众人显然没有料到，面面相觑，神情各异。一个工友坚决反对，说："太冒险了！我们要武器没武器，要人手没人手，怎么能硬碰硬跟他们对着干呢？"

"若没有流血牺牲，沙皇俄国的革命也断然不可能成功，我们既然成立了一个组织，自然要不惜一切代价争取工人兄弟的利益。当然，不到万不得已，我们不会采取极端的方式。工会代表已经提出了开除总管、工头和提高工资待遇的要求，当局却迟迟没有答复。如果他们继续采取欺骗和报复的手段，我们就要奋起反抗，绝不退缩。"李汉冥神色肃穆，眼睛扫过每个人的脸。

一阵沉默过后，米家山点了点头，说："我们工人从来饱受压迫和欺辱，咱们的血汗都变成钱装进了那些老爷子的口袋中，难道我们甘愿这样过一辈子吗？"经过一阵议论，大家表示同意。

会议散去之后，李汉冥和邓康留了下来，李汉冥说："长辛店一行，几个同学表现都不错。你刚从广州回来，就这么奔波，一定要注意身体。"

邓康说："能亲自见证全国青年团的成立，是我的荣幸。张若兰按照指示，暗中已经发展了一些积极分子加入青年团。我们现在已经有了自己的执行委员会，近期还在筹备举行宣誓大会！"

李汉冥听了很欣慰，起身从衣柜底层翻出一本书，交给邓康。邓康接过来，是一本《水浒传》，他不解。李汉冥示意他打开。

邓康翻开一看，惊喜异常，说："共产党宣言！"

李汉冥笑着点点头，转身走到窗前，吟道："他年若遂凌云志，敢笑黄巢不丈夫。"

昔日的觉悟读书会会址已经成了青年团的活动室，里面灯火通明，烛光跳跃，依稀映照着一张张年轻而坚毅的面孔，青年团的宣誓大会如期举行。夏莹莹、张若兰等举着右手，跟随着邓康默念誓言："我们曾经是觉悟读书会的一员，从今天起，我们就都是中国社会主义青年团的团员。中国共产党将是是我们最坚实的后盾，而我们要用满腔的热情投入到共产主义事业当中。"

宣誓完毕后，邓康说："这次我去广州，不但看到了各地的青年代表，还看到了陈独秀先生和国际青年团代表。会上我们已经把青年团的纲领和章程都确定下来了，组织要求，北京的青年团员要经常举办俱乐部、演讲会、话剧演出，要办刊物进行宣传，因此，我们的任重而道远。"

深秋，直奉军阀混战，民不聊生，战事连连，魏国已经几天几夜不眠不休。当然，他最担心的还是周鲁，棋难下，茶难喝，他脑中如浆糊一般。

孙冉给魏国送来一份文件，念到："许老急令。兹命令司法部所辖定国军校全体士兵，三日之内奔赴德州，以德州作为直军右翼前哨阵地，与南方军决战，刻不容缓，如有贻误，军法处置。许昌亲笔。"

魏国手中的笔掉在地上，惊道："什么？这么快！"他略一定神，手颤巍巍地去端起桌上的杯子，刚喝一口却马上吐出来："这什么时候的茶？"

孙冉诺诺地答道："昨天的，忘了帮您换新的。"

魏国一把将杯子摔到地上，怒道："隔夜茶，凉透心。滚！"孙冉难堪地退走了。

魏国心事重重地走出大院，乘车一路飞驰，直奔定国军校。刚进校长办公室，就听见周鲁在咆哮："谁的命令老子也不听，他妈的算计到老子头上来了，一群王八蛋，看老子什么时候把他们一个个切碎了喂狗去。打仗打仗，打个屁仗……你就这么回电，四个字：老子不去！"

魏国推门而入，只见周鲁敞着军装，双手叉腰，踱来踱去地叫骂着，文书战战兢兢，低头而立，手中拿的正是许昌下达的调集令。魏国心中不快，皱着眉头说："三弟，你这是冲谁，要把谁切碎了喂狗啊？"

周鲁毫不避讳，直冲冲地说："大哥你来得正好，你瞧瞧，许昌那个龟孙子下令叫老子三日之内开赴德州去打仗。这自相残杀的事，老子干不出来。"

魏国面目阴沉，说："此一时彼一时，你是个军人，自然知道军令如山。眼下和平统一已不可能，为了国家……"

"大哥，你叫我去问许昌要钱的时候可说过，只是以后备役的名义，不会真的上战场，还说你会从中斡旋替我应对？这个时候，你还有脸说什么国家！"

魏国忍着没发作，沉声说道："救国情，赤子心，我魏国从来没变过。我反对战争，更反对自己人打自己人，但如果这是国家统一的必经之路，无论是你还是我，一己之力都无法与家国大事相抗衡。服从是军令。"

周鲁猛然一拍桌子，大骂道："放屁！我周鲁操练士兵，不是为了给那些满嘴政治、卖国求荣的王八蛋卖命的。"

周鲁含沙射影，魏国又恼又怒，训斥道："你！我一心帮你办军校，不知受了多少夹板气，现在倒落得个里外不是人，我真是看走了眼！什么军事奇才，根本就是不识时务，烂泥扶不上墙。我再问你一次，你到底出兵不出？"

“要我出兵，除非杀了我。”周鲁丝毫也不退让。

“你有种，敢违抗军令！你爱怎样怎样，老子他妈不管了。”魏国转身扬长而去。

这些日子，邓康等人在为筹办马克思主义研究会而犯愁，眼看着学生社团申请的最后期限就要到了，他们还没想出一个好的主意，骗过审查官的眼睛。夏莹莹叹道:“孟林那个老古板,胆小怕事,肯定不会让我们通过的,他不把我们交给当局就已经很不错了。”

提到孟林，张若兰灵机一动，说：“对付孟林，我看这个人行。”

夏莹莹眼睛一亮，打趣道：“听说江教授和李教授私交甚好，肯定也读过马克思的东西。”三人在图书馆找到了江流，把事情的原委一一告诉了他。“马克思，马克思……”江流念叨着，又用法语念了一遍，微微一笑，随即掏出钢笔，在纸上略作改动，说：“我想，当局敏感的是马克思，而不是学术研究，这样应该可以了。”三人接过一看，喜上眉梢，没想到一个大难题就这么轻易地解决了。“这障眼法行不行得通，你们且去试试，但一定要小心行事。”江流又嘱咐道。

随即，三人来到教务处，把申请表交给孟林，上面赫然写着“马尔格斯学术研究会，申请人：邓康、张若兰”。孟林拿着表格，一边装模作样地审查，一边自言自语：“马尔格斯，我倒是没听说过，唉，现在这些学生啊。”说着摇了摇头，签上“同意”二字。

第二日，江流忙了大半天，正在教室休息室里给学生改试卷、等级分数、写评语，等忙完，休息室内空空如也。他整理东西准备离开，突然看到门口闪进一个人影。

“若兰！”江流喊道。

张若兰见江流发现了她，灿然一笑，说道：“江教授，我一直在等你。”

江流笑道：“我听说了，学术研究会通过是好事，就不用谢我了。”

“是另有他事。”张若兰甜甜地笑道，“因为江教授您的鼓励，我表姐褚鹃今天到京，不知道你愿不愿意与我一起去接她？”

江流他私下和褚鹃通过好几封信，了解到褚鹃是一个有着慷慨激昂性格的人，她不仅敢于打倒偶像，而且喜欢革命，据说十多岁时就在上海与社会党人有过来往。江流对此十分惊讶。两人一来二往，相知相惜，只恨相逢太晚。因此，他兴奋地说：“好啊，如此敢作敢为的奇女子，当然要一睹芳容。”二人一出校门，便搭上黄包车，一同前往火车站。

火车站人来人往，熙熙攘攘。火车刚进站，人群如潮水一般，江流和张若兰被人流冲开了。突然，江流被一个黑瘦少年猛地撞了一下，他一怔，回过神来发现钱包没了，拔腿便追，嘴里喊着“抓小偷，抓小偷”。黑瘦少年身子灵活，在人群中窜来窜去，眼见着就要追不上了。突然，一个穿白色锦缎旗袍的女子，伸脚一绊，那少年一个趔趄摔倒在地。那女子伸手夺下钱包，任他狼狈而逃。江流看到这一幕，惊讶不已。待江流气喘吁吁地跑来，那女子微微一笑，将钱包还给她。

江流上下一打量，这女子身着白色旗袍，精致爽朗，杏眼如星，贝齿红唇，个头不高，但自有一股刚健之气。就算是旗袍，穿在她身上却也款款大方，爽朗精致，别有一番风流。江流不禁啧啧称奇：“在下江流，请问女侠是……”

那女子一听，打量着江流，扑哧一笑：“原来你就是那个做派另类的大教授，真是久仰。”

“你……”江流更是惊讶。

话还没说完，张若兰喘着粗气，跑了过来，大声喊着：“表姐！”——原来这个“侠女”竟是褚鹃。倒是张若兰惊讶地问道：“等你半天都不见，怎么会和江教授在一块儿？”褚鹃和江流相视一笑。

“所谓邂逅，大概就是这么一回事吧。”褚鹃爽朗地笑着。江流心跳不已，讪讪地接过行李。两个女孩子一路笑闹嘀咕着，江流提着行李在后面跟着，感叹着造物者的神奇。两姐妹差别如此竟如此之大，一个娴静如处子，一个飒爽如须眉。

江流带着二人来到京师大学旁的承华园饭馆。伙计上来招呼，江流也不看菜单，张口就念：“马先生汤、何博士肉、赵先生鱼、江先生豆腐。”

伙计一听，愣住了：“这……我是新来的，您点的……”

“你只管去报，店家知道。”江流悠然地倒着茶，伙计应声去了。

褚鹃笑了：“你刚才点的菜，听来为何如此奇怪。”

“这家馆子常有本校教授光顾，久而久之，就以教授名字来命名菜肴。马先生汤是马叙伦首创，也称三白汤。何先生鱼便是何适先生首创的。赵先生肉是预科英文讲师赵成义首创，类似东坡肉，肥而不腻……”

“那江先生豆腐，莫非……”褚鹃伸手指着江流说。

江流笑着点点头：“正是在下的拙作。一位朋友曾主张以豆食代替肉食，对我影响颇深。”

一会儿，菜已渐次上桌。“来，先尝尝江先生豆腐。”那褚鹃一边吃，一边感叹：“想不到一餐饭都如此有文化，京师大学果然名不虚传，我真是心向往之。”

“你有国文底子，入校读书本也不是难事，只是今年京师大学不招女生。”

听了张若兰的话，想到之前和褚鹃信中的对诗，江流说：“不过国学门研究所今年有意招生，我可以代为打探一下。”

“那就拜托了。若兰，谢谢你，没有你的鼓励，我不会有勇气抗婚出逃的。”褚鹃很兴奋。

“这些鼓励，也有江教授的一份功劳。你们一个倡导爱情自由，一个主张婚姻自主，若是成了师生啊，还不知道要说出什么惊世骇俗的言论呢。”

褚鹃在凳子下轻轻碰了一下江流。江流暗暗一笑，这褚鹃不似一般女子含羞带怯，真叫人刮目相看。

北洋政府院外，周鲁照例来要钱。车到门口，门卫见是他，这次也不敢拦阻了。周鲁一见，乐了：“呦，想不到，当了一回壮士现在就畅通无阻了。”

“要进就进，少废话。”门卫没有好气地说，却也不敢得罪他。

周鲁仰着脑袋想了一会儿，一脸坏笑地说：“你让老子进，老子还不进了呢。”说完，转身走了，剩下那门卫干瞪眼。

周鲁拐弯进了一个小巷。小巷口有一常驻小摊，一桌一椅，旁边支着一个幌子，写着“代笔家书”，桌后坐着一个戴着深度近视镜的文弱书生。周鲁径直走到摊子前，打量起那书生：“小子，别人的字，你会模仿吗？”

书生倨傲地望了一眼周鲁：“大爷有眼力，远如两之、怀素、黄庭坚，近比唐寅、板桥、吴昌硕，没有在下临不了的真迹，正草隶篆行，工笔写意山水……”

周鲁听得不耐烦，递过一张纸，说：“你照这个笔迹给我写，我说什么，你写什么。”

一会儿，字条写好了。周鲁又大摇大摆地晃进办公大院，进了许昌办公室，得意地将字条交给许昌。

许昌摆弄着批条，疑惑地问道：“这张批条，是魏次长特批的？”

“魏次长亲笔写的。”周鲁赔着笑脸。

“前日下达的命令，他没转告你吗？”

“没有啊？什么命令？谁的命令？”周鲁装傻。

许昌冷哼一声：“既然有批条，我倒要问问他。接魏国办公室。”秘书接通了魏国的电话，对方却说魏国已经出门，正朝这边赶来。

谁知魏国莫名其妙整整一个时辰也不见人影，许昌些不耐烦。周鲁侥幸不已，阴阳怪气地谄媚道："许老，我看魏次长一时半刻也到不了，您还是签字让我去财务处先把钱领了吧。"

"不急，我看，你也不差这一日半日的。"

周鲁半是冷笑半是认真地说："我是不差，可是我的兵等不了。今早财务科长告诉我，今天再拿不到钱，中午就要断粮了。您也知道，当兵的都是粗人，没什么规矩，要是他们闹腾起来，我怕没法向您交代。"

许昌脸色一沉："你威胁我？！"

"我哪敢威胁您。兔子急了也咬人，这人饿急了，可就得找人玩命了。前几天学校又刚送来一批军火，我是担心……"

周鲁话未尽，许昌一拍桌子，喝道："周鲁，你甭跟我玩两面三刀，三天前调你上战场的命令就下去了，你敢违抗军令，就是死罪！今儿不把事情搞清楚，别说钱了，你人都得搁这儿！"

周鲁竟掏出枪顶在自己头上："许老，你不是要留我吗？今天我就陪你玩到底。一刻钟内，拿不到钱，我周鲁的脑袋就搁这儿了。我也不怕告诉你，小报记者我都找了，就在楼下，这里枪声一响，明天定国军校校长血溅政府办公楼的新闻可就是头条了，您看着办吧！"

许昌脸色铁青，直视着周鲁，他刚准备摁警铃，窗外传来闪光灯咔嚓咔嚓的声音。许昌赶紧走到窗前一看，下面来了不少记者，都伸着脖子往上看。他回头不可置信地看着周鲁，咬牙切齿地吩咐道："叫财务处，给钱。"

周鲁出门，上了车，把枪丢给了手下。手下问道："校长，您拿一把空枪干什么？"

"老子给他唱了一出空城计。另外，给那几个戏子双份的酬劳。告诉他们，戏不错，谢谢他们。"周鲁开着汽车一溜烟走了。

不一会儿，魏国急冲冲赶来了，跑进办公室，只见许昌面色阴沉，坐在沙发上一言不发。魏国亦不敢多说，端正坐下。刚一坐稳，许昌便劈头盖脸地骂了起来："当初是你口口声声在我面前保举你那个兄弟，说他老实规矩，忠义可靠。现在呢，他居然有胆子算计到你我头上了。你引火烧身也就罢了，我还从没丢过这么大的人！"魏国冷汗直冒。许昌冷声说："魏次长，如果我没记错的话，你可答应了会让周鲁自动离职的。如今他公然违抗军令，还撒泼骗钱，你说，该如何处置，该如何收场？"魏国默默无语。许昌起身，凑近他说："如果我们养的狗不帮自己看家护院，倒过来还咬主人一口，这样的话，倒不如……"说着，许昌做了一个抹脖子的动作，看来，他是起了杀心。

魏国急忙站起来，说："许老，周鲁鲁莽冲动，但罪不至死，请您看在属下的分上，留他一命！”

“哼！那我倒要看看，你有什么办法能一箭三雕？”

“上头要从北平修一条通往德州的军事铁路线，依属下的意思，铁路正好要从定国军校中穿过。”

“反客为主，果然够狠。这样一来，周鲁有天大的本事也闹不成，”许昌阴笑道，“原来魏次长早有良策。你这么做，就不怕你那兄弟跟你翻脸？”

魏国并腿立正，昂首直视：“为国尽忠，在所不惜。”

第二天天未亮，周鲁还在铁床上酣睡，就被一阵嘈杂声吵醒，好不容易再次入睡，却被砰砰砰的敲门声惊醒。他打开门，杜刚神色焦虑，慌里慌张地告诉他，校外几十上百个工人挥舞着铁锨破土筑路。周鲁匆匆赶过去，分开围观的学生，走到干活的工人面前，说：“停下，都给我停下！兄弟们，你们这是要干吗？”

“我们只知道要从这儿修路，别的什么都不知道。”

“修路？这修的是哪门子路？谁叫你们来的？”

“工头在那儿，你问他吧。”一个工人朝后面一指。

一个歪嘴汉子慢悠悠踱过来，吆喝着：“怎么回事，谁让你们停下的？挖，都给我挖，从门口，一直往里挖。”

周鲁见他面相凶狠，定非善徒，看来是找麻烦的，喝道：“你长了几个胆，敢在太岁头上动土！”

“上头的命令，要修一条铁路打学校里经过。”

“岂有此理。这种事居然不跟学校商量，还有没有王法？你们先给我停了！”

“停了？你是老几，说停就停啊？不准停！”那汉子毫不露怯。

听说学校要被一分为二，学生群情激愤，高喊这：“保卫学校，义不容辞，冲啊！”

周鲁还未反应过来，黑压压的学生就已经冲上前去，双方混作一团，群殴纠打。周鲁越看越不对劲，越想越不对劲，普通的工人哪能是这帮学生军的对手。他明白了，这些人根本不是工人，于是拨出枪大喊：“都住手，老子要开枪了。”混乱中不知道谁放了一枪，一个学生应声而倒，胸口中了一枪。

周鲁向那个学生冲过去，看见一个工人打扮的人慌慌张张地朝远处跑走了。一个学生大喊：“校长，凶手跑了……”

周鲁抱起中弹的学生，大声喊道：“先救人，都给我撤回学校去，谁也不许出来！”

到了医务室，伊藤武走过来，查看伤口，立即吩咐：“准备手术工具，立刻取出子弹！”

周鲁焦灼地问伊藤武：“还有救吗？”

“很难说，我们会尽力。”

周鲁和学生在医务室外等候。一小时，两小时，终于，一颗带血的子弹清脆地落在盘中。伊藤武松了一口气，刚摘下口罩，机器却发出尖锐的警报声，伊藤武见状大惊：“准备输血。”

千鹤满脸是汗，摇摇头说：“我们的血浆不够了。”

周鲁拼命地砸门，抡起胳膊大喊：“医生，抽我的血，一定要救他！”

学生们泪流满面，都冲窗口喊道：“还有我的，还有我的……”

警报声急促而凄厉，伊藤武做心脏起搏，一下，两下……心电图渐渐变成一条直线。伊藤武再次检查，瞳孔已经慢慢扩散，脉搏鼻息全无。他慢慢摘下口罩，沉重地说：“你们不用争了，来不及了……”

周鲁几乎崩溃，叫喊着，目眦欲裂，掏出枪就往外走：“奶奶的，老子要去毙了那个杀人凶手，我要去报仇……”

“周校长，你冷静点儿，别出去……”伊藤劝道。

周鲁哪肯听，挣开众人，提着枪就往外闯。忽然，他身体一抖，直直地倒在地上。身后，颤抖的千鹤手里拿着一支注射针管。众人把周鲁抬到医务室的床上。

窗前风铃响动，而世道却无法太平。周鲁全身不自主地抽搐着，口里念念叨叨。千鹤跪伏在他身边，彻夜未睡，泪水浸湿了他的衣襟。她伸出纤细的手，想把周鲁那皱着的眉头抚平。伊藤武眼睛血红，看着这一幕，叹息一声，关门走到院中……

此时，魏国的房中，只一盏孤灯，照着书桌上未尽的棋局，几圈阴影绕在他晦暗不明的脸上。他不停地抽着烟，左手一黑子，右手一白子，举棋不定，尝试几次还是僵在半空中。

方兰看着丈夫，轻轻地走上前：“不过一局棋，何必苦苦纠缠，如此执迷不悟。”

“如今黑白两立，旗鼓相当，彼此牵制，各不退却，稍有不慎，就是一招棋错，满盘皆输啊。”

方兰突然伸手扫落盘中棋子，魏国愕然。方兰说：“有你从中斡旋，两棋相持数日已是难得，这份心思，甘苦自知，不足为外人道。无人可以八面玲珑，事事周详，你如此劳心劳神，都不过是一局棋罢了，既分不出个高下，就由他去吧。”多年来，她的坚毅从未改变。

魏国望着一地残子，泛着幽幽的光泽，叹道 ：“由他们去罢！”

6

校庆刚过，人心甫定，江流决定集中时间，潜心写作一部美学著作。校庆那天，李汉冥郑重其事地指出，只有学术上的发展，值得作大学的纪念；只有学术上的建树，值得教授们去追求。江流触动很深，他也多次听何适说，专心著书是上策，当教授是中策，办报是下策。梁任公才大如海，但他做学问时常为人所诟病，吃亏就吃在他放弃言论事业去做总长。江流打定主意，贫贱不能移，时髦不能动，一心一意去著书。

然而，他要远离时髦，时髦却找上门来。一天清晨，他正在街上走，突然听见街边报童在叫卖：“号外号外，爆炸新闻，京师大学教授无耻乱伦，公然霸占妻妹，都来瞧瞧了……”

江流一愣，连忙买了一份《京报》，打开一看，标题十分醒目 ：大学教授乱伦，公然霸占妻妹，下面赫然有唐熙同的名字。江流一个激灵，连忙往下读去，却见是一封读者来信燃起这轩然大波。那编者估计也是好事者，编者按洋洋洒洒好几百字，煞是扎眼。江流冷汗涔涔，急急往下看，那读者沈君不是别人，自称是方苹的未婚夫。信中写到 ：

编辑先生大鉴，

素昧平生，未应函牍。然久仰贵报为言论泰斗，为改造社会中心，为文化前驱，且是书又关于社会风化，故敢直述鄙怀，希诸示教。更请登于报端，以待公评，幸甚。雨在粤时，曾与方苹某女史订下婚约，经双方家庭承认。彼去我留，相差不过数月。且彼此自信，爱情坚定，当无意外事也。方女史到京，别无亲故，人地生疏，只得寄居其姐丈唐熙同之家。唐为京师大学教授，其前亡妻，即方女史之姐，而吾二人当时书信往还，其爱情浓厚，仍不减于昔。且往往于书中述唐种种不庄重及种种逾闲举动，久欲避免，特以其强留，不便遽去，致失亲谊。其后唐竟向之表示婚意，复被方女史拒却者数次，且责唐妻死，骨肉未寒，而迁爱曷足以言爱情，直色欲耳。

我今既与沈君有约，汝不应时时离间。且以名分论，汝尤不当以逾闲待遇待我等语。其后来书便绝，去书质问者数十次，均无一复。

吾知有故，由是来京视察。然于蒙昧之中，唐竟与吾结了婚。吾今已决东流，不作西归水矣。吾今作了负心人矣。然此非出我愿，爱我如史，正不必以是伤心。此后仍可为兄妹，朋友，幸毋以陌路人相看耳等语。吾阅毕是信，本无前来之必要，特以余爱未阑，来作最后之话别。追晤时他已哭不成声矣。嗟夫，道德沦丧人欲如流，吾方期置身教育界者，有以正之，不谓竟自蹈之也。唐此种结婚，其为任何主义许可乎。新旧道德许可乎。雨不敏，敢请教于高明者。专此并颂著安。

沈　启

“一派胡言！”江流愤怒地将报纸揉成一团，狠狠扔在地上。

不几天，报纸上接二连三地刊登了几封沈某的来信。看来沈某显然是有备而来，还把两人私信中所写的《惜分飞》、《蝶恋花》二阕印成传单，里面有如下句子：“……憔悴黄昏后……情丝永鸳鸯偶”，“……欹绣床……寸寸柔肠……客馆凄凉……”情深意重，字字泣血，一时间京城人尽相知。

京师大学亦是谣言四起，蔡仲卿也是愁眉不展。这时，孟林敲门进来，说：“校长，这唐教授的事闹大了，外面小报流言蜚语，社会反响相当不好。学生们反应也很强烈，如不妥善处置，恐怕有损我校声名啊！”

江流语气凝重地说：“这件事，于公于私都有理。于公，教授娶妻与否，娶的是谁，都与学校无关。于私，唐教授妻子亡故，续弦娶妻实在正常，只不过那女子是妻子的妹妹而已。”

蔡仲卿点头赞同：“有道理，我就说，儿女情长皆是家门私事，如何管？”

孟林不甘心，说：“蔡校长请三思，唐熙同如果不开除，影响实在太坏了。”

“好了，不必争了，我的态度就是，不赞同，亦不反对，顺其自然，听其发展，就这么办，都出去吧！”蔡仲卿说完，靠着椅背，闭目养神起来。

京报报馆，处处弥漫着油墨味，江流站在门口向里张望，看到一个记者嘴咬着笔杆，正在绞尽脑汁想稿子，就问道：“请问贵报主编邵新成在吗？”

记者头都没抬，手指着角落里的一张办公桌，算是回答。江流循着手势瞧去，只见一个穿长袍的人，正埋首书堆，奋笔疾书。江流径直走过去，将一张报纸放到桌上，说：“打扰，这一篇，是您主笔？”

邵新成愣了一下，看了看报纸，笑道：“今天上午来的人倒都是为了这个唐教授，想不到。您是……”

“我是唐教授的同事……”

邵新成上下打量江流一番，说：“报馆嘈杂，街角有一家茶馆倒是不俗，我们去那里坐一坐，你看如何？”

两人走进茶馆，寻了一僻静角落坐下。茶馆内，说书人唾沫横飞，说得正畅快：“且说，教授丧妻心难耐，续弦妻妹情犹在。乱言纷扰为难般，且听小可慢道来。”

江流皱了皱眉，邵新成一副幸灾乐祸的模样，说：“江教授你瞧见了，市井间这种消息最难遮掩，若说我们报馆的力量，倒还比不上这说书人一张利嘴的编排。”

那说书人吊足了各人的胃口，才眯缝着眼，慢慢说来：“若说这姐夫与小姨子的典故，实是颇有渊源。上古娥皇女英姊妹同嫁舜帝，泪染青竹，竹上生斑，后世方有潇湘竹的典故。后有蔡国国君献舞爱慕小姨子息夫人，最后被息国联合楚国杀个片甲不留，到底息夫人也未有善终，一生辗转各路诸侯之手。后世人道：‘千古艰难唯一死，伤心岂独息夫人。’再有李后主有了大周后又惦记小周后，也落得个亡国的下场。诸位，如此说来，这喜爱妻妹的君王，倒是个个都没有好下场。正是双花并开难折取，家国零落飞如絮，今古乱情皆如许，祸患难料把命误。”这说书人真不一般，不一会儿连那店外的路人都跑进来凑热闹，叫好声不断。

江流见状摇头说：“说书人不过是希图看客的兴味，可主编您却应当讲求新闻报道的公正中立，你的笔锋未免太过犀利了吧。”

“新闻自然要讲求一个中正，奈何有人要借此做文章，我不过是一个报馆主编，又有多少权力？”邵新成似有难言之隐。

江流摇摇头，将面前的茶杯斟满：“不过一桩家务纷争，行事却很有章法，这沈先生找报馆、登报纸、发传单，步步为营，似乎成竹在胸。倘没有高人指点，断难做得这么滴水不漏。莫非背后还有推手不成？”

那邵新成面露难色，勉强笑道：“司法部魏次长夫人，自然得罪不起。”江流恍然大悟。“听说方家三小姐的确订过亲。这唐熙同，魏夫人本就不喜欢，现在三妹又嫁给他，于是煽动沈启兴师问罪，闹得满城风雨。这位唐教授也是，明知是一桩冒天下之大不韪的婚姻，却还是执迷不悟。”

“主编此言，江流却有些不同的见解。”江流把桌上的紫砂茶具拿来，把弄着茶杯，“比如这套茶具，杯与盖，自当匹配，或大或小，或是颜色不合，都是不好的。若这一只杯盖打碎，有相同的与之匹配，岂不也好。另者，真正的爱情，定要讲求精神上的和谐沟通，既然人家搭配得好好的，又何苦因为那之后的杯盖与先前的本是同一套而被排除呢？方女士是一个喜欢自由、勇敢追求爱情的女子，她眼见亡姐的孩子尚在襁褓之中，姐夫哀痛欲绝，如此便有了情感上的匹配。更何况唐熙同学识人品才能皆不在人下，生发情感实属顺理成章。”

邵新成显然被江流的一番话语打动了，说道：“江教授，我觉得可以将你对此事的看法写出来，在我们的报纸上发表，料想也会有其他学者各抒己见，到时一一刊登，让大家讨论讨论，你看如何？”说到要发表，江流不禁低头沉吟。“你希望人们的情感观念随时代而改变，恐怕没有比借助报纸更好的方式了。”

邵新成一激再激，江流终于点头应诺。

翌日，《京报》头版大标题赫然写着“爱情大讨论：合理的情感转移——为唐熙同先生、方苹女士平反”。一时全程轰动，报童兴奋地叫嚷着，声音更尖锐：“看报看报！一波未平一波又起，《京报副刊》最新消息，京师大学教授替乱伦教授鸣不平，爱情新观引发社会大讨论……”

张若兰整理好容装，正要出门，突然看到门口送来的《京报副刊》，头版头条便是江流的文章，连忙阅读起来，发现上面的“爱情定则”居然是上次饭桌上江流所谈论的部分。

“爱情可转移……”褚鹃嘀咕着，也凑过来看：

> 爱情是一种基于生理的、心理的、社会的诸种因素的极繁杂的现象，爱情的定则主要有四项：
>
> 爱情是有条件的。——什么是爱情？我一面承认它是神圣不可侵犯，一面又承认它是由许多条件组成。这些条件举其要的：为感情、人格、状貌、才能、名誉、财产等项。凡用爱或被爱的人，都是对于这些条件，或明较，或暗算，看做一种爱情的交换品。那么，条件愈完全的，爱情愈浓厚。条件全无的，断不能得多少爱情的发生。
>
> 爱情是可比较的。——爱情既是有条件的，所以同时就是可比较的东西。凡在社交公开及婚姻自由的社会，男女结合，不独以纯粹的爱情为主要，并且以组合这个爱情的条件多少浓薄为标准。例如甲乙丙三人同爱一女，以谁有最优胜的条件为中选。男子对于女人的选择也是如此的。因为人情对于所欢，谁不希望得到一人极广大的爱情呢？所以把爱情条件来较，作为选择的标准，这是人类心理中必然的定则。
>
> 爱情是可变迁的。——因为有比较，自然有选择，有选择，自然

时时有希望善益求善的念头，所以爱情是变迁的，不是固定的。大凡被爱的人愈有价值，用爱的人必然愈多。假使在许多用爱中，被爱的暂时择得一个，而后来又遇了一个比此人更好的，难保不舍前人而择后的了。

夫妻为朋友的一种。——爱情既是有条件的、可比较的、可变迁的，那么，夫妻的关系，自然与朋友的交合有相似的性质。所不同的，夫妻是比密切的朋友更密切。所以他们的爱情，应比浓厚的友情更加浓厚。故夫妻的生活，比普通的朋友越加困难。因为朋友可以泛泛交，夫妻的关系若无浓厚的爱情就不免于解散了。欧美离婚案的众多即是这个道理。另一方面，夫妻的关系在社会上、家庭上、子女上及经济上有种种的胶葛，也是不能做朋友的关系一样看的。

……

他如唐的学问、才能、地位，也不是沈生所能及。这些条件均足左右方女士对于沈唐的爱情。方女士是一个新式的、喜欢自由的女子，是一个能了解爱情，及实行主义的妇人。主婚既凭自己，解约安待他人！凭一己的自由，要订婚即订婚，要解约即解约。

“这个江教授，真是太厉害了！”褚鹃忍不住高声赞叹。她目光中的炽烈、钦慕，让张若兰心里很不安。

钟声书店内，两个女生正在轻声讨论爱情转移的问题。一个长衫男子进门，脱帽坐下，悠闲地夹着一根香烟，顺手拿起桌上的《京报》阅读起来。一个名叫黎家珍的女学生走过来招呼：“这头版可火了，不知周先生对此言论有何感想？”

周树人笑道：“文章我早就看过了，我很佩服江先生的勇气。但是江先生的伟论要推行，大约在二十五世纪。”说罢接过小伙计递来的书，扣上礼帽，出门离开了。

京师大学教员休息室内，休息的老师们都在阅读《京报副刊》。

“爱情大讨论。这个江教授，真是语不惊人誓不休。”

“感情是能够转移的……那就没有陈世美了。陈世美便是爱情转移啊。”

江流走进休息室，正在讨论的众人突然间噤了声。他走向自己的位置坐下，喝茶看书不理周围事。一个熟识的教师凑过来说：“江教授，你看那一捆读者来信都是给你的。”

江流点点头，走过去把信搬到桌子上，开始阅读起来。他的爱情四定则一经刊出，舆论大哗，振聋发聩，惊听回视。而邵新成顺势而为，一手策划了在《京报副刊》的系列讨论。短短两个月内，孙伏园就在该报组织发表了讨论稿件文章二十四篇，信函十一件。虽然人们期待着恋爱革命，然而当婚姻自由真的到来的时候，只有少数几篇文章支持江流，而大部分人却都成为“旧礼教”的代表。其中最有意思的一件轶事，是大名鼎鼎的周树人先生和许广平女士都曾在这个论战中各抒胸臆。许广平以“维心投稿”的笔名，说道：

> 此爱情定则如果拿大学教授的资格，提出来教训青年，是很佩服的，如果因为解释事实，不惜迁就学理，因为作爱情定则，那讲的学理是很靠不住的，不敢领教的。归纳一句，我认为爱情起首是漠漠泛泛的，能经过理智的判断，才发生恋爱，比较的妥善一点，经过理智的判断，才离弃恋爱，也比较的妥善一点。……彼此如果有身后爱情，双方的人格化臻于上以，忘我忘他，舍生舍死，心中目中，只有一人，那时尚容得着比较，尚有可以变迁的吗？

这篇文章对江流是基本否定的，甚至是强烈苛责唐熙同娶妻妹一事，然而日后不久，便来了陈锡畴、钟孟公和侠君的三封信，要求立刻停止这荒谬不息的论争。如此种种，周树人也按捺不住了，终于提起笔来写信，建议不妨继续争论下去：

> 先前登的二十来篇文章，诚然是古怪的居多，和爱情定则的讨论无甚关系，但在别一方面，却可作参考，也有意外的价值，这不但可以给改革家看看，略为提醒他们黄金色的好梦，而“足为中国人没有讨论的资格的佐证”，也就是这些文章的价值所在了。

这场爱情大讨论，不仅在学术界有振聋发聩的作用，更是为腐朽的社会习气吹进了一丝清风。作为这一场大论争的引发者，江流又一次站在了时代潮流的浪尖上……

教务处这几日也颇不宁静，家长们纷纷登门问罪，孟林忙于应付家长、报馆，焦头烂额。一日，他终于有机会休息，拿起早前审批过的学生社团申请表，随意地翻着。“马尔格斯？这是个什么人？”他疑惑地想着，前后翻看材料，终于发现马尔格斯就是马克思，一气之下，把一叠材料狠狠摔在桌上。

褚鹃刚来北京，处处新鲜，事事好玩，每日都要出去玩耍一番。这一天，她玩到天黑了才回来，一进门就开心地喊着："若兰，若兰！你猜猜我今儿去哪了？"话未落音，她突然瞧见一男一女坐在沙发上，脸上的笑容瞬间消失了，蔫蔫地叫道："哥，嫂子。"

褚鹃的哥哥褚大魁怒气冲冲地走到褚鹃面前，劈头盖脸训道："死丫头，我跟你嫂子找你找的没了半条命，你倒在这里过得自在。"

褚鹃定了定神，冷冷地哼了一声："找我？我看是收了人家聘礼没法交代吧。那姓张的半张脸都是麻子，人站起来还没我坐着高，你们就忍心把亲妹子往那火坑里推？"

嫂子拉住丈夫，说："妹子，这世道女子都吵着要读书，可到头来还不是配了汉子生儿育女地过活。要我说，你乖乖地跟我们回去，那张家的儿子，虽说人丑了些，可老实厚道。这张家家财万贯，到头来还不都是你的……"

"呸，"褚鹃啐道，她最看不惯她嫂子这副嘴脸，"你家大姑娘今年也十岁了吧，倒不如把她嫁过去，你坐享其成当个财主的岳母岂不好……"

没等褚鹃说完，大魁一个巴掌扇过来，抽得褚鹃眼冒金星。褚鹃毫不畏惧，猛地抽出墙上的剑，说："我的人生，不会由得你们摆布。女子怎么了？女子就不能出人头地，自己争取荣华富贵了？我告诉你们，今天我就死在这里，也不会回乡下去嫁人。神仙菩萨我都不怕，倒怕了你们不成……"说着说着，褚鹃竟带着泪大笑起来。

她嫂子给吓住了，拉住大魁的胳膊说："我瞧着，你这妹子大概得了疯病，还是莫再逼，我们走吧。"

大魁不敢强逼，怒气冲冲地说："今天先放过你，你最好想清楚，你跑到天边也是我的妹子，你不听我的话，我就把你配过人又逃婚的事跟学校里所有的人都说，瞧他们还留不留你。"说完，他带着媳妇转身离开了。留下举着佩剑、满脸泪痕的褚鹃，呆呆地站在那儿。

窗外，一轮朗月，江流正在伏案写作，突然门外传来几声重重的敲门声。他打开门，只见褚鹃一脸惊恐，泪痕斑斑，身后还背着一个包袱。

"这个世界已经没有我的容身之处，江教授，您能收留我吗？"褚鹃颤抖着声音说，身子摇摇晃晃，差点就到倒在地上。江流抱住她，生出无限怜意，扶着她走进房间。突然身下咣当一声，江流一惊，却是褚鹃的佩剑，在月亮下寒光逼人。

第二天清晨，江流醒转，披衣下床，走到窗前，推开窗子，忽见那窗外院中，褚鹃婷婷袅袅，披着一头长发，正在梳头，映着初升朝阳，十分动人。褚鹃抬头，发现江流正看着她，害羞，嫣然一笑：“江教授，早！”

江流愣在原地，连忙笑道：“早。”

“我……”褚鹃轻声说，“我准备了早饭。”

两碗白粥，几碟小菜，倒也清雅别致。褚鹃说：“我不太会做，只是些家常吃的，不知江教授是否吃得惯……”

江流点头应道：“家常最好，家常最好。”

正在这时，门外传来急切的敲门声。江流放下碗筷，开门，看见张若兰站在门口，满脸通红：“江教授，我表姐她不见了，她……”话未落音，突然瞧见褚鹃从身后的房间中闪过，顿时僵在原地。

褚鹃端着饭出来，连忙招呼：“若兰，你来得正好，昨天我不辞而别，实在是有难言之隐……”

张若兰只觉得周身冰凉，不可置信地看着二人，一动不动。江流见气氛不对，担心若兰误会，连忙说：“我们要吃早饭，你也一起吃点吧……什么话，吃了饭再说！”

张若兰呆呆走进屋里，厅堂中醒目地挂着褚鹃的佩剑，看着褚鹃熟络地递碗筷给江流，两人之间似乎自有一种默契，她心中一阵苦涩，推脱说：“我吃过了。江教授，书稿前三章我已校对好了。”江流点点头。

“这小菜要配陈醋，你试试。”褚鹃倒了一些醋给江流。

“不错，不错……若兰，你也过来尝尝，你姐的手艺真不错。”江流一边吃，一边若无其事地说，“昨天，你表姐来，说是她大哥嫂子来找麻烦了，所以先借住在我这儿，过几天就回去。”张若兰看着二人，尴尬地告辞，步履慌张。

江流关切地看着张若兰远去的身影，恍若有失。褚鹃似笑非笑地说：“我这个表妹宠惯了，有些小性，没事的……”

张若兰走出四合院，一路小跑，一口气跑到巷口，终于停步，扶着院墙喘息，眼角泛红，泪垂眼弦。院墙内，有戏子正吊嗓子，唱道：“西厢人去心悲怆，从此后好夫妻天各一方。奔长安路迢迢云水苍茫，孤零零一个人好不凄凉……”声音袅袅，悲切绵长。张若兰没想到一个晚上，表姐已经和她倾慕的人那么熟稔而又默契，仿佛过了多日一般。

吃完早餐，江流坐在书桌前随意翻看书稿，忽然发现褚鹃正笑吟吟望着他，见他抬头，笑着说：“她喜欢你。”

江流尴尬，闪烁其词："若兰不过是我的学生，我虽然欣赏她，但也仅仅是师生之谊，哪有男女之情。"

"莫非，她不符合你那理想伴侣的条件？"

江流只得拿起手稿，赞叹道："这女子，好细致，你瞧，我翻译的错处，她都一一校正了，有些竟是锦上添花，细微精妙，比我更胜一筹。嗯，倒真要好好谢她。"褚鹃不再接话，一阵沉默。江流有些没趣，没话找话："你们姐妹，性子倒是大不一样。"

褚鹃大剌剌地说："你大概觉得她是富家小姐，是不食人间烟火的清高，而我是贫门出来的，就该是个直爽的性格，是不是？"

"不不不，这与家门无关，但凡女子品性，千差万别，自然与所在环境有关。不过后天教习，于气质修养的增进，也很重要。"

"那可就要拜托江教授你，多多教导于我了。"

褚鹃取剑在院里舞起来，江流只往窗外一望，佳人翩翩，长发似水，似梦如幻。

魏国的黑色轿车朝定国军校疾驰，临到校门口，司机猛然踩下刹车，魏国猛地前倾，差点摔倒。司机说："前面挖得全是坑，没法开进去了。"魏国点点头，已知不妙，打开车窗观察一阵，下了车，走过坑坑洼洼的校门口。来到校长办公室，门虚掩着，他敲门，却无人应答，待推门进去，只见桌上一片凌乱，满布灰尘。出了门，魏国向学生打听，才得知周鲁和伊藤在学校后面的竹林。

魏国狐疑，来到竹林。竹影摇曳，周鲁与伊藤正在下象棋。棋盘放在地上，两人分立两边，伊藤武却是背对着棋盘在走盲棋。伊藤武与周鲁口中念叨棋路，千鹤便以竹竿一一拨动棋子，三人倒也自得其乐。

伊藤武说："双兵杀士，以两卒之力孤军奋战，杀士逼主，胜负已分。周鲁君，你赢得漂亮。"

周鲁笑道："哪里，我下的是明棋，你下的却是盲棋。能凭记忆记住格局与阵势，你才是真正的高手。"

魏国遥遥打量这伊藤武与千鹤，不知是否该上前。周鲁看到魏国，迎过来，抱住魏国，一阵大笑："哟，大哥来了，有日子不见了，兄弟可想念得紧啊。"

魏国被周鲁弄懵："三弟，我是……"

周鲁根本不给他说话的机会，向伊藤武与千鹤介绍道："来，给你们介绍一下。魏国，是我过命的大哥，当世不可多得的英雄豪杰，当年孤身一人行刺摄政王。用你们日本的说法，就是武士，一等一的武士。”

伊藤武向魏国一拱手，点头道：“勇敢的武士，值得敬重。”说罢，伊藤武与千鹤知趣地走开了。

魏国疑惑地问道：“你不是最恨日本人吗，怎么……”

“你也说过，此一时彼一时了。”

“三弟，我是为中枪的那学生而来的。”

周鲁打着哈哈：“岂敢劳烦大哥费心，人，我已厚葬，其他的人，我自会设法平复。”

魏国沉痛地看着周鲁：“三弟，此事我并不知情，我已下令严查，那凶手……”

“你我兄弟不用说这些了，朝学生开枪，怎么可能是大哥你的安排呢？”周鲁忽然一拍脑袋，“哎呀，刚才那棋若我不那么紧逼，伊藤医生倒很可能反将一军啊，太险了太险了，不行，我得找他重新走过。”说着他转身便走，似乎又想起什么，回身说：“大哥，我就不陪你了，先走了。”

魏国心成死灰，他意识到，如今的周鲁与他，已是咫尺天涯。他看着周鲁远去的背影，眼角一酸，高声喊道：“三弟，学校马上要停办，我来告诉你，你要万事小心。”话到最后，几近哽咽。周鲁停住脚步，背朝着魏国，脸上早已没有了笑容，目中充满杀气，握紧双拳，又慢慢松开。

没过几天，调离周鲁的命令下来了。这天阴云压顶，一片昏暗。千鹤脚步匆匆走向军校操场，看到一队队的学生正在集结，表情严肃凝重。不远处，修路的工人还在施工，夯击声敲击如故。

孙冉和周鲁正僵持着，后面有人手里捧着一把佩剑，说道：“周校长，对不住了……”

“你闭嘴……”周鲁一声怒喝，缓缓转身，瞧着学生，蓦地哈哈大笑，“真快啊，两年前老子就是在这儿，立下豪言壮语，让你们都成为战场上顶天立地的好兵，让咱们定国军校成为中国最好的国民军校。我没做到，对不起各位弟兄，我周鲁无能。”千鹤担忧地望着周鲁，紧咬着嘴唇，泪水肆意流淌。

有学生哽咽着叫喊：“校长，你别走，我们与你同生共死。”

“同生共死，同生共死……”众人齐声喊道，“誓死保卫定国军校。”群情激奋。

“校长，我们心里都明白得很，那冷枪，要打的是你。”杜刚忍着泪水，哽咽着。

“闭嘴！你懂个屁。”周鲁怒喝，“你们一个个都给我听好了，谁也不准闹事，否则老子我崩了他。你们在，民国希望就在，我周鲁也就在。我拜托各位了。来，咱们吼一曲，也当是给我践行了。”

说罢，他唱起了中华男儿歌，学生跟着一起合唱：

中国男儿，中国男儿，
要将只手撑天空；
长江大河，亚洲之东；
巍巍昆仑，翼翼长城；
天府之国，取多用宏。
黄帝之胄神明种。
风虎云龙，万国来同，天之骄子吾纵横！

那旋律字字惊心。歌声中，周鲁缓缓背过身。此时，只有千鹤意识到什么，她冲过人群，向周鲁跑去。为时已晚，周鲁掏出枪，对准胸膛，一声枪响，倒在血泊之中。众人大乱。

第二日，马路旁的报童奔走卖报，尖声吆喝：“看报看报！最新消息，军校校长愧对学生，离职之日开枪自杀！生死不明！看报看报，军校校长愧对学生，离职之日开枪自杀！生死不明！”

办公室里的魏国将一纸文件投如火盆，燃烧的纸上，赫然有“密令”二字。孙冉站在一旁，低声说：“这一枪倒也了却了您的心事，您不用再为许老要暗杀他的密令而为难了。”魏国面沉似水，并不答话。“所以，他死得真是恰到好处。”

“我告诉你，他是我结拜弟兄。”魏国呆呆地看着火盆，一滴泪掉火里，滋滋作响……

7

京师大学堂的开学典礼上，师生们依然唱着 1917 年谱写的的京师大学成立二十周年校歌，歌声嘹亮，振奋人心：

景山门启鳣帏成，均又新，弦诵一堂春。
破朝昏，鸡鸣风雨相亲。
数分科，有东西秘文。

论同堂，尽南北儒珍。
珍重读书身，莫白了青青双鬓。
男儿自有真，谁不是良时豪俊。
待培养出，文章气节少年人。

江流与褚鹃在主席台下并排站立。褚鹃心潮澎湃，心跳不止。江流看着她，宽慰地拍了拍她的手。褚鹃竟反手握住了江流，十字相扣。江流有如电击，侧眼一看，褚鹃浅笑盈盈。

刚下课，夏莹莹与张若兰、邓康等人围着江流在交谈，大家交谈完学业问题，夏莹莹有些埋怨地说："这几日新戏排演，多亏王老板照应。江教授，你有日子没来戏院瞧我们排练了。"张若兰在一旁咬着下唇，默不作声。

"王老板比我更懂戏，有他在，抵得过三个我了。"江流刚刚说完，望着张若兰。张若兰心中明白江流之意，估计他以后会来得越来越少了，不觉目光中有几分哀怨。

这时一个声音响起："我可以加入吗？"

回头一看，却见褚鹃一脸开心地走进来，那夏莹莹见她面生，不觉上下打量。褚鹃径直朝江流走去，微微向大家一笑，不免有些骄傲地自我介绍道："我叫褚鹃，是若兰的表姐，刚刚入读研究所国学门。"她不拘小节，如此大方，让夏莹莹都有些惊讶。

"你怎么来了？"张若兰好奇地问。

"今天来报道，就想四处走走，打听了你们的教室就过来了。"褚鹃自作主张坐在江流身边，一双大眼睛滴溜溜乱转："刚才听你们说演戏，我从前倒是也演过文明戏，不知道，我能不能加入你们？"夏莹莹与邓康对视一眼，觉得此情此景有些棘手，便都没开口。

"戏剧社排演很辛苦，你初入学校，恐怕功课繁重，不便有太多活动吧。"江流心中不愿褚鹃过早地抛头露面。张若兰也接口道："是啊，来日方长，等大家熟悉了，你再加入也不迟。"

"既然如此，也好。"褚鹃立刻起身，走到江流面前："走吧，我与你一起回去。若兰，我们先走了！"褚鹃挽着江流的手，两人离开，剩下的人都一脸惊讶。夏莹莹不可置信地看着张若兰："你那个表姐，为什么跟江教授在一起啊？"张若兰掩饰着心酸，摇摇头。

回家的路上，两人伴着那京城月色，并肩而行。褚鹃脸色落寞，玩弄着辫。江流看着她嘟着嘴，叹了口气："这当中有许多事，你还不明白。等慢慢学得多了，再加入那些社团也不迟。"褚鹃停住脚步，语气中老大

不乐意 ：“我是乡下出身，未见过世面，在你江教授眼中，与表妹那样的小姐自然比不了了……”

“我不是这意思，你误会了。”江流急切地说，“他们那戏剧社，不是普通的社团，若兰她是进步青年，你还不懂这些，需要慢慢了解的过程。”褚鹃惊得一捂嘴，瞪大眼睛 ：“莫非，她是……”江流连忙截断她的话，点点头 ：“你明白就好，我不希望你贸然加入，自是有原因的。”

褚鹃转念一想，突然扑哧一下乐了：“原来，你是关心我，你待我，真好。”

江流停下来，怔怔地看着褚鹃，琢磨着话中的意思，两人对视着，褚鹃飞快踮起脚，在江流脸颊上亲了一下，转身就跑。江流愣在那里，摸着自己的脸，有点迷茫。

听说周鲁没有死，被那个日本校医救了，许昌拍案而起，久久喘不过气来，跌坐在椅子上，叹道 ：“放虎归山，后患无穷啊。”

此刻，周鲁赤裸上身，腰背缠着纱布，千鹤扶着他慢慢坐起。他嘴里叨叨不停：“天天吃这清汤寡水的，他妈的，打枪都死不了，现在受着活罪！我又不是和尚，去帮我搞坛子酒来。”

“不，你的伤还没好，现在只能喝粥。”千鹤可毫不含糊，不容反驳。周鲁只得端起粥，张开大嘴，稀里糊涂地灌下，千鹤间或用筷子夹点小菜塞进他嘴里。好容易吃完了，千鹤忍不住一笑，走到窗前轻轻地拨动风铃。

“那是什么东西，怪好听的。”周鲁侧躺在床上，问道。

千鹤低头浅笑：“江户风铃，在日本，挂在庙里的屋檐下，用来祈福的。小时候，我胆子小，不敢一个人睡，妈妈就把这只风铃挂在我床头，她说，风铃一响，任何妖魔鬼怪都吓跑了。”

周鲁苦笑 ：“这铃铛真有那么灵就好了，我出去一摇，世间的恶人就都没了。”

“妈妈说，人们用风铃祈福，祈祷灾难和疾病远离人世，这小小的风铃就是人心中的希望。只要听到它的声音，就有了勇气和力量去战胜一切妖魔鬼怪，所以，它并不是万能的神物，而是唤醒人心中的勇气和力量的小东西。”

过了些时日，枪伤好些了，周鲁便喊伊藤武过来下棋，两人在医务室盘腿而坐，闭着眼睛下盲棋。

伊藤武说 ：“以心代目，用心去把握棋局，去感受敌人的冲杀与试探，你的紧张抑或忐忑，都可以决定棋路的走向。”

周鲁费劲地琢磨半天，还是睁开眼，说：“不行，我一闭眼啥也瞧不见，不知道该怎么走棋了，我做不到。”

“你再试一次，将那些棋子想象成你身体的某个部分，那些棋格，便是你的血脉经络，每一个棋子应该在何处，又该杀向何处，你的心，可以知道。”

周鲁正准备下，敲门声陡然响起，伴随着粗鲁的吆喝：“开门。大白天的锁着门，挺尸啊！给老子开门。”

周鲁一惊，捂着胸口想要起来。伊藤武示意他别动，说：“学校的地盘上，他们不敢乱来，我来应付。”说罢，立刻让千鹤扶着周鲁到内室。

门外，学校职员老蔡带着一个矮胖男子，说：“这是定国军校新任校长，王校长，这儿现在他说了算。”

那王胖子说：“我听说有个自杀谢罪的人，手不怎么利落，子弹打肺上去了，没死干净，还在这儿躲着？”

屋里，周鲁捂着胸口，恶气难平，挣扎着要出去，千鹤紧紧按住他的肩膀，使劲地摇头示意。屋外，伊藤武神色淡然，说：“我是医生，病人能不能走，我说了算。”

“你说了算？你他妈你算老几！老子让你干你就是院长，老子不让你干你什么都不是。现在我命令你，即日让这人出院，不然你给老子滚蛋！”王胖子戳着伊藤武的鼻子骂了一阵，悻悻地走了。

老蔡没动，低声说：“麻烦你转告周校长，赶紧走，越远越好。他若出事，学生就得造反，不定死伤多少人呢。”

为了安全起见，伊藤武秘密地把周鲁和千鹤带进了山，左弯右绕，根本就无路可寻，但伊藤武还是凭着记忆和自己以前暗设的路标走到了目的地。一间木屋，屋前新草翠绿，葳蕤蔓延，了无人迹。进了屋，里面很简陋，但生活用品一应俱全，不失为一个远离尘嚣的世外所在。

“想不到伊藤武先生这儿还有个窝。”周鲁笑道。

“这是一个猎人的房子，他一年有大半的时间在山林里过。伊藤先生救过他的猎狗，他们就成了朋友。你就放心住在这里。”

伊藤武说：“千鹤会留下来照顾你。这里粮食锅灶都有，药物每周回来取一次便可。等你伤好了，我再想办法送你出去。”千鹤望着周鲁，羞赧却欣喜。

此时，张若兰、褚鹃、江流也走在郊外的山道上。江流和褚鹃边走边聊。褚鹃学习进步很快，江流也是欣赏有加，说：“你那篇《〈诗经〉上妇人的地位观》，下一期《民国日报》觉悟副刊就会发表。关于妇女解放探索的观念，主编很认同，准备大张旗鼓地讨论。”原来，前些天，褚鹃背着江流在《京报副刊》上发表了论文《〈诗经〉上妇人的地位观》。不久，又写了一篇《对于现代女子教育的怀疑》，在文中大声疾呼："我国女学受了'良妻贤母'说的毒，可谓毫无生气！近年虽说改善，然而变相的'良妻贤母'教育者，仍不乏人，更有利用女性弱点迎合恶习社会心理，养成'时髦派'少奶奶太太者亦非少数，真能拿定主意，去培养我国女界改革时代所需要的中坚人才者实不多见。……总说一句：就是女子的人格依旧没有夺回，依旧被压在几千重万恶的'礼教山'下面，过那做马牛奴隶玩物和装饰品的生活。"江流写作美学论文时，也关注到男女平权与婚姻性爱等问题，因此，他对褚鹃的进步不免刮目相看。

褚鹃笑着说："你是我的导师、我的救星，我的一点一滴自然与你的指导分不开。"

张若兰瞧着两人聊得那么投契，默然神伤。褚鹃发觉了张若兰的索然，意味深长地说道："若兰，你快点，那么慢，什么时候能追上我们啊。"

三人爬到山顶，眺望远处风景，只觉一片雾霭迷蒙，蔚为壮观。江流胸臆渐舒，身心畅快，那清风绿野仿如法国大峡谷，能让人忘了所有不快，任是旷古痛彻都化于风中。

江流走到张若兰身边，突然问道："若兰，你的理想，是什么？"

张若兰定了定神，想了想才慢慢说道："我只想有一天，我的祖国没有战乱没有灾难，我要与心爱的人，找一个这样美的地方，教一群天真烂漫的孩子，读书写字……江教授，你是不是觉得这样的理想太幼稚了？"

"正相反，这是切实的美治主义。革命的最终目的不止是胜利，而是要让国人过上文明的生活，美的生活。"

张若兰从书包中掏出一叠书稿，说："《忏悔录》第四部分，稿子已经校好了，请教授过目。"

"多谢，辛苦了。瞧你最近有些憔悴，是不是校对稿子太辛苦？"

张若兰摇头说："没什么，我能为您做的不多，但会尽力。听说您最近忙于新作？"

"美的人生观，正是今日我们在山顶讨论过的美治主义，也算是一书胸臆。"江流满怀豪情地说。张若兰笑望江流，欲言又止。江流察觉，问道："还有事吗？"

张若兰叹了一口气，说："这些稿子，我日夜赶工，校得辛苦，您一定要仔细看。"

褚鹃远远瞧着两人聊得投机，神色莫测，似笑非笑。

回到家中，江流坐在书房桌前，因为太累，竟靠着桌旁昏昏睡去。褚鹃轻手轻脚地走来，将一件外衣披在他身上，顺手拿起那叠书稿翻看，一张信笺悠悠滑下。她俯身捡起，只见那信笺上印着数支兰花，娟秀的字迹，只有寥寥几行：

心若荼靡花事了，一朝一夕，一世情杳渺。

微星烛火，漫卷丝帘。烛光幽幽地映在李汉冥脸上，他正在缓缓翻看一本书册，额上竟覆上了一层汗水。屋内围坐数人，都全神贯注地望着李汉冥。时钟滴答滴答地响过，大家有些焦躁。突然，窗户被什么东西撞击了一下，格外清脆刺耳，门外传来几声狗叫，哒哒哒的敲门声急促地响起。李汉冥身旁的赵亚青连忙起身开门，邓康闪身进来，赵亚青四下张望，轻轻把门关紧。

“情况怎么样？”李汉冥迫不及待地问道。

“果然不出所料。消息说北洋政府收买了一批工人，要破坏工人武装暴动。但我们并不知道这些人是谁，如果稍有闪失，不只暴动会功亏一篑，之前的努力也化为泡影。”

李汉冥叼着烟斗，沉思着，果断地说道：“当务之急是清除内贼。如果暴动不能照常进行，那些参加暴动的工人，处境将非常艰难。”

工头米家山激动地说：“管他三七二十一，打了再说！”

李汉冥立刻发对：“我们的组织，一定要对所有的工人同志负责。”

邓康也赞成李汉冥的意见，说：“收买工人的名单，这个是最要紧的。”

第二天深夜，李汉冥毡帽遮头，来到昨日开会的小巷，快到房间了，警惕地四下张望，才小心地敲开门。房屋里，邓康、米家山和三四个工会领导正等着他。李汉冥走到灯下，剪破夹衣，从里面掏出一个小纸卷，慢慢地打开，众人一一传递着看。看完后，想看无言。李汉冥在灯下将那纸卷烧掉，说：“这几个名字，大家都记住了吧？”

米家山难掩愤怒，挥舞着铁拳，狠狠啐了一口：“这帮杂碎、走狗，有钱就推磨，真恨不得一个一个捏死他们。”

李汉冥异常冷静：“几千年的油脂膏腴不是一把火就能烧净的，等有一天咱们当家做主，那些败落的势力可就收买不了咱们了。”

米家山说：“怎么办，趁着现在天还没亮，我带人摸进去……”

邓康立刻打断他：“不行，他们有些也是工人，只不过被收买了，不是咱们的敌人。”

“邓康说的有道理，这些人不信任咱们，是因为没有看清眼前的方向，走了错路，”李汉冥说，“咱们的努力，不只是要改变大家的命运，更是要擦亮人们的眼睛。”众人纷纷点头。李汉冥叹道：“当中有个工人，他家里孩子多，饭都不够吃，这份工作是他们全家的命。大家想想，若你是这种情况，如果有人威胁，你敢不答应？”

“你的意思，有些人咱们还可以争取过来？”米家山根本没想到这一层，一听眼睛就亮了。

“是的。”李汉冥挑动烛火，满屋子烛影摇曳，“情况不同，分别对待。名单上的人，都要密切注意，该争取还是该清除，要慎重。”

第二天，长辛店钢铁厂检修车间内，人声嘈杂，乌烟瘴气。工人们卖力地干活，汗流浃背。老沈打着哆嗦，抖手抖脚，米家山路过，觉得不对，连忙扶住他，关切地问道：“老沈，你是不是打摆子？”

老沈连忙摇头：“没的事，我好得很。”

米家山伸手摸了摸他额头，急了：“你这样还叫没事？请个假去瞧瞧，今天的工，我帮你做了。”

“不能请假……会被赶走的……新换这个工头，不是好人……”老沈哆嗦着，只顾低头操作。突然一声异响，伴随着一声凄厉的惨叫，只见老沈抓着自己满是鲜血的手腕，倒在地上。机器的传送带断了，轮子在空转着。

米家山和几个临近的工人赶紧抢上前，把老沈按倒在地。一个麻脸工头听到嘈杂声，懒洋洋地走进来，手里拎着一条手绢，腋下夹着一个破烂的本子，漠然地瞧着老沈，掏出本子写着什么，说：“老沈，你瞧，因为你的失误，机器坏了，你说怎么办？”

老沈疼得龇牙咧嘴：“这……不是我，我可什么都没做啊。”

麻脸工头哼了一声，边写边说：“修理一次，得停工三天，之后一个月，每日加班三小时。你们可别怪我啊，这三天的工钱没了，你们得找他。”

米家山愤怒不已，站起来指着工头的鼻子，骂道：“你瞎说，咱们可没瞧见是老沈弄坏了机器。”

另一个工人也气愤地说道：“这儿几十双眼睛都看着呢，你别诬赖人。”

“哟呵，造反啊？都不想干啦？老沈，我问你，你自己说，是不是你弄坏的。”麻脸工头恶狠狠地看着老沈。

老沈想着一家子老小，实在没法儿，老泪纵横，说：“我……是我干的……”

“我就说嘛，你们都看见了，这可是他自己认的啊！”麻脸工头蹲到老沈面前，阴笑着，“老沈，我不是没给你机会，放着有钱的日子你不过，非要跟那帮穷棒子苦哈哈地折腾。你说，你是不是自讨苦吃？”众人敢怒不敢言，米家山捏紧拳头，恨不得揍他一顿。“我再给你一次机会，你到底是跟着我走康庄大道，还是坚持要走你的奈何桥啊？”老沈没有说话，只是怒视着他。麻脸工头点点头，说道：“行，那你就等着一家饿死吧。”说完拿手绢擦了擦脸上的汗，转身就走了。米家山扶起老沈，他手腕还在滴滴答答地流着血。

米家山和几个工友把老沈送到医院，医生包扎好伤口，吩咐说：“险些伤到骨头，我再开些药，起码要休养一个月。”米家山掏出钱，让一个工友到药房里给老沈把药抓好。

“家山，我……我真不知道说什么好……”老沈突然憋屈地哭起来，叹气不已，“我家老四病了，没钱……他们给我钱，叫我听他们的，我没法子，只能答应……后来，又逼我说出你们来，我没说……可我知道你和李大哥他们干的是啥事儿，要出卖你们，我打死也不会……你相信我，我没有说……”

米家山点点头，说：“我相信。老沈，谢谢你。”

去抓药工友匆匆回来了，在米家山耳边低语：“老冯暴露了，麻脸搞的鬼。”

湖广会馆，座无虚席，台上锣鼓喧天，一出《锁麟囊》正上演。那花旦千娇百媚，歌喉婉转，兀自正唱道：“人间冷暖凭空造，谁能移动它半分毫，我正不足他正少，他为饥寒我为娇，分我一只珊瑚宝，安他半世凤凰巢……”

角落里，李汉冥长袍礼帽，专注地盯着戏台，跟着锣鼓点儿，手敲着桌面，看似风平浪静，悠然自得。王应走来，坐到一旁，说：“有事耽搁，来晚一步，唱到哪儿了？”

李汉冥目光不离戏台，答道：“薛湘灵已将那锁麟囊给了赵守贞。”然后又低声说：“长辛店安排好了。”

“下面的戏才叫好看，这旦角，我花了大银子才请来的……”王应低声说：“军警成立了纠察队，诸事小心。”

李汉冥以手指沾茶在桌上画了一个简单的地图方位：“两边一起动作，你在这儿接应。”

王应看了看，转向台上，说：“好！今晚？”

“八点一刻。”李汉冥说完起身离开了。

长辛店钢铁厂，嘈杂的车间里工人们正忙碌着。麻脸工头用白手绢捂着嘴，在车间里巡查。米家山掏出一只怀表，指针指向八点。

空旷的仓库里，满身鲜血的老冯被吊在房梁上，昏迷不醒。两个皂衣打手在拎着鞭子喘气，骂骂咧咧："娘的，嘴他妈还挺硬，老子手都打酸了，也没掏出半个字。"

"先歇歇，晚上再折腾他，这帮人骨头都硬，得慢慢啃。"

这时，两个黑影慢慢爬上仓库顶，正透过缝隙往下看。围墙外，邓康把早已准备好的爆竹塞进一个铁桶，一点燃，立刻扔到院内，震天的噼啪噼啪声激烈而响亮。仓库里的两个打手听见外面的声音，吓得掏出枪，赶紧躲到仓库的货箱边。

"怎么回事儿？"其中一个拿枪朝吊在梁上晕死过去的老冯比划一下："是不是……"

车间里的麻脸工头听见枪炮声，觉得不妙，朝着工人们大喊："都他妈给我老老实实干活，谁也不许出来，谁敢出来，老子一枪崩了他。"说罢，慌慌张张向车间外跑去。

他一转身，米家山等人迅速拿出准备好的沙子，向机器里倒去。机器发出尖锐的摩擦声，转动渐慢，停了下来。工厂院内，麻脸拎着枪一脸疑惑地站在那只装了爆竹的铁桶边，用手拨弄起来。"麻哥，出什么事了？"两个打手慌慌张张朝他走来，"是不是那些乱党打过来了？我们怎么办？"

"怂包，喝花酒抽大烟少不了你，遇到乱子窜得倒快，不是叫你不要离开仓库吗，你跑出来干什么？"麻脸狠狠啐了两人一口，向仓库飞奔而去。仓库门洞开，只剩一根染着血迹的绳子，老冯已不见。麻脸气急败坏，挥手就给了打手两个巴掌："你知不知道，要是问出消息来有多少赏钱？一百块大洋啊，就他妈毁你们两个王八蛋手里了……去给我追……"

麻脸气恼地跑回车间，一看傻了眼，机器都停止运转，所有的工人都停工了，围成一圈，不知道在干什么。麻脸刚要发怒，人群散开，一脸铁青的厂长站在中间，吼道："又是你干的？"

麻脸百口莫辩，支支吾吾："我？厂长，不是我，是他们……肯定是他们……"

"放屁。"厂长从机器里里拎起一条手绢，正是麻脸的。"你还有什么话说？"

麻脸喘着粗气，面目狰狞，说："他们陷害我，他们趁我不在，破坏机器，栽在我头上。"

米家山第一个站出来，说："上次破坏机器就是你，你还想诬赖别人。"

这时一个工人跑进来，拎着一个铁桶，说："这是在后面院子里找到的……你看……"

工人把铁桶给厂长看，铁桶上一大块黑漆。麻脸一愣，发现所有人的目光都集中在他的手上。他摊开手，发现手心一片乌黑。厂长指着麻脸，怒容满面，喝道："你给我滚……"

"厂长，那这机器……"

厂长咆哮道："放假，修机器。"

一辆马车停在巷口，马车边的王应焦急地看表，八点一刻。他来回踱步。巷子尽头，出现几个身影。那身影渐渐走近，邓康在前引路，后面两个工人架着浑身是血的老冯蹒跚地走来。王应赶紧迎上去把老冯扶到马车上，后面传来追捕的脚步声。

"邓康，你送他们出城，我都安排好了，先到城外避一下。"

邓康点头："那你呢？"

"我去把那些人引开。"邓康不同意，王应急了，"再不走，大家都走不了。"

邓康刚驾车离去，两个打手就带着纠察队追过来了。王应压低帽檐，有意在纠察队前面闪了一下，引起注意，然后朝另一方向跑去……

此时，褚鹃与张若兰在小巷道并肩而行。褚鹃来北京不久，却已学得一口京腔京韵。张若兰告诉褚鹃，戏剧社已经同意她入社的申请。褚娟非常高兴，欢喜得一把抓住张若兰的手，说："太好了，若兰。我还想，咱们可以成立一个妇女之友社，可以编杂志，还可以动员引导妇女都团结起来，争取咱们女子的权利。"

"这想法好啊，许平学姐比咱们都有经验，要多跟她商量。日后搞活动、出杂志，恐怕要忙一阵子了。"

"我看，你是担心没时间帮江教授校对稿子吧。"若兰听话一怔，抽出手来。褚鹃半真半假地说："你把江教授的事情看得比自己的学业都重，可真是个好弟子。你校对的稿子，他都交口称赞，有些地方还要拉着我来看，其实我又不懂。"

张若兰面色大变："那，你看了……那稿子……他还说什么了？"

褚娟装作不知情，说："稿子很好啊，从头到尾，他看得很细致，昨晚一夜没睡，今早还是我收拾的书桌……"张若兰一时恍惚。

不知不觉到了巷口，褚鹃笑着摇摇手："我到了，进去喝杯茶吧。"

张若兰勉强笑着："不了，不打扰你们了，我走了。"

漆黑的巷子，杂物堆陈。王应翻过一个墙头，猛地跳下，突然哎哟一声，扭伤了脚。纠察队穷追不舍，王应突然看到一旁的巷口没有灯光，一瘸一拐地跑去。黑暗中，一个人影和王应撞个满怀，摔在地上。王应低头辨认，惊讶地叫道："若兰！"

"王老板，你……"

王应一把掩住张若兰的嘴，搂着她躲进拐角。纠察队经过，四处张望，吆喝着："谁，……在哪儿呢……"几个人端着枪越走越近，王应心乱如麻。张若兰见况不妙，一个挣扎，从拐角处走出来，镇定自若地继续前行。纠察队的几个人一看，立刻将她团团围住。

一个人喝道："干什么的？"

"京师大学的学生，回家。"

"学生？大半夜的在街上溜达，带回去训话……"说着几个人作势要把张若兰带走。

张若兰后退一步，怒喝道："放肆，你敢动我？我爸爸是国民党法务部部长张耀扬！"

纠察队里的领头显然知道轻重，连忙说："原来是张部长千金？失敬失敬，张小姐见谅。"

张若兰哼了一声，转身就走，突然又回身，故作好奇地问道："刚才有个戴帽子的人从这儿过，你们是要抓他吗？"

"正是，张小姐瞧见了？"

张若兰随手一指："往那边走了。"打手连忙弯腰道谢，呼喝而去。

待纠察队离去，王应松了一口气，两人闪到另外一条人迹罕至的巷弄。张若兰说："这条路应该是安全的，顺着一直北走，过了前面那条街，就到戏院了。"

"王某得以脱险，全靠张小姐机智应变。"

"王老板对我们诸多帮助，我不过帮了你一个小忙，不必如此客气。"

两人默然前行，王应一时心神迷醉："若兰，你……好像……"张若兰一怔，投来询问的目光，王应摇头苦笑："不对，你们不像，完全是两个人……"

"王老板，你说，我像谁？"

王应怅然叹息："像一个很美丽很善良又很不幸的女孩。她……已经不在人世了。"

“她是你的爱人吗？”

“曾经……我连累了她，我这种不知何时会掉脑袋的人，怎么能有爱情……”王应叹息一声，挣开张若兰的手，一瘸一拐地向前走去。

烛火跳动，窗外天色渐明。李汉冥等待各方消息，一夜未眠。安置好受伤的老冯后，他又召集工友们在家深谈。

“局势对我们而言是有利的，几次行动，各方面配合都很好。可是，大家情绪波动都很大，恐怕要尽早行动了。”

“越快越好，现在各个工会都已经联合好，政府的内应也已清除，该动手大干一场了。”米家山迫不及待，跃跃欲试。

“只是……”李汉冥还在犹豫，“目前条件还不成熟，我们要做行动的准备，但还要等。”

“等？”米家山不解，站起身来，义愤填膺地说：“现在时局这么乱，物价涨得飞快，每天都要加班，工资又发不出，大半个月连袋米都买不起，还怎么等？”

李汉冥理解工友们的苦衷，只是情况已经不太一样。一步走错，满盘皆输，他必须考虑全局：“我们的党组织已经成立，一切都要慎重考虑，听从组织的安排。目前的情况下，我们很可能还没暴动就遭到了镇压。”众人默然不语，李汉冥又说：“我和你们一样，恨不能立时就砸碎绑在大家身上的镣铐，争取一个自由的现世，可是我不希望草率行动，以工人兄弟们流血牺牲的代价来换取一个暂时的安稳。”

“就算是流血，也要流在该流的地方。”众人纷纷点头。

8

又是一天，春风和日，窗下风铃丁当作响。伊藤武与周鲁背对棋盘，坐于小木屋正中，千鹤跪坐一旁，依二人棋语拨动棋子。一整个下午，两人下得不分胜负，这盲棋之术周鲁已学得是得心应手。不一会儿，伊藤武叹道：“兑车简明，你是算准了三兵必胜。我车炮兵早已兵临城下，你却妙用奇计，大胆冲杀，弃炮破底，以三兵之力擒王，这份胆识与魄力，我甘拜下风。”伊藤武下棋以善打持久战而著称，谁知周鲁竟也是越下越冷静，一招一式，深思熟虑，步步为谋。伊藤武大为赞赏：“一局棋，开局是一副样子，收局又是一副样子，世事难料。你心中已有战局，冲杀陷阵，自然胜我一筹。周鲁君可抵三军统帅！”

周鲁听了，神色有些黯然："岂敢岂敢……你刚才说，已经半个月了，外面情况如何？"

伊藤武摇摇头，似乎并不想提起："不安生，听说孙先生长逝了……"

周鲁大惊："怎么会，几个月前他还北上？"

"听说他临死前还喊着：和平、奋斗、救中国。"周鲁一阵心酸，想到年少时和江流一起在南洋晚晴园捣毁毒蛇堂阴谋，拯救了一代领袖；振臂一呼万夫应的孙先生也走了，而今在迷茫中挣扎的新青年，要去哪里寻找明灯呢？

"最近恐怕会有大风波……"伊藤武站起身来，看着那明媚的春光，却更加忧伤，"最近学校常有人来滋事。我看，都是冲你来的……"周鲁心里一阵寒凉。伊藤武说着说着，捂着胸口咳嗽起来。千鹤递上一杯茶，伊藤武晃晃手，说："不打紧。周鲁君更重要，咱们保住他，比救多少人都强，你明白吗？"

周鲁从来没想过在自己生命最艰难的时候，居然会是和两个日本人度过，感激地说："大恩大德，周鲁没齿难忘。"说罢，从怀中摸出一封信，递给伊藤武，"这里有封信，还要劳烦伊藤武先生帮忙送出。"

"这是……"

"不瞒您说，正是要寻个妥当的去处。信十分要紧，万万不能落入旁人手里。"

伊藤武了然，伸手接过，细心地掖进怀里。

京师大学会议室，教授们在召开筹备风俗调查委员会第一次会议。江流在讲授《行为论》、孔德学说等课程及学术研究中，深刻地体会到，风俗为人类遗传性与习惯性之表现，可以觇民族文化程度之高下，间接即为研究文学、史学、社会心理学的良好材料。而其他国家，如英国，早在1878年已在伦敦成立民俗学会，随后，美、法、德、意、瑞士等国，亦纷纷设立相关团体，进行深入探讨。而中国学者对此已有所关注和研究，不过因为尚在起步阶段，或者记述民众故事，大抵偏重礼制；或者谈论风俗，则琐碎不全，能比较系统的研究十分罕见。有鉴于此，江流在京师大学积极推动在国学门设立风俗调查会，得到了很多教授的赞同和支持。

在第二次大会上，江流责无旁贷地被推选为风俗调查会主席。在这次会上，他建议从北京开始试行调查，并征集风俗器物，筹设风俗博物馆。周树人自然还是点支烟微笑着："请问江教授，打算如何开始调查活动？"

"我与何教授拟定了一份风俗调查表，可以刊在京师大学日刊上，晨报副刊也答应了刊登。”

“自然是要结合书籍上的调查与实地调查，”何适将调查表递给每一位教授，“江教授做的调查表十分详细有趣，我想，会有人愿意配合的。”

一个老教授眯着眼睛，轻轻把调查表放到一边，说：“不知调查内容有何新意？”

江流兴致勃勃地说：“我打算将性史列入调查之内。”

“啊？”那教授一愣，“什么史？”

满座皆惊，几位老教授赶紧翻看调查表，上面赫然写着征集性史的九项内容：

你竭力记起几岁时头一次知道两性的分别。其时的情况如何？

你几岁春情发生？精几时有？月经何时来？初次的情状如何？之后又怎么样？那时对于异性什么心理？含羞吗？外拒而内迎吗？喜欢人谈婚姻与交媾的事情吗？

你曾手淫或别种“自淫”否？何时起始？次数几多？怎么使你生了这个动作？结果于身体发生什么妨碍：头痛、眼昏、神惰、意怠、背酸痛、神经刺激、交媾力不振作、阳痿、阴衰，诸如此类以及记忆力减少，聪明与记忆力日衰等事，至少有无一件感觉到否？于手淫前后有无愧悔这件东西不应该做么？

你曾梦遗否？怎样梦遗法？似与人交，抑无因而至？遗精多少？每月次数多少？有定期否？梦遗与手淫有无关系？

你曾与同性恋爱过否？曾用阴阳具接触过否？又用什么办法接触？或仅看做一种精神的恋爱吗？你现在对于这个嗜好如何？此外还有别种变态的出精法吗？如与母鸡与公狗交，如与……你喜欢用口或手使对手人的生殖器出精吗？

你曾嫖妓否？如你是女人，曾否作过浪漫的性生活？曾受何种生殖器病？治疗状况如何？现在愈否？

你现在娶未？几岁婚娶？有子女也无？还曾用何种手续避孕否？未婚前及到现在曾否知道些“性教育”？看何种书？有什么实行？新婚时或与人初次交媾时的情况如何？

你算到今日曾与若干人交媾？无或和谁？请详细写出来。你一向的性量大小，兴趣厚薄，次数多少，请详细写出来。你喜欢哪一样的交媾法？从春宫图看来，或由自己创造，详细写出来。与你交媾的人性欲状况、性好、性量、性趣等请代为详细写出来。

那老教授只觉得一阵头晕眼花，把文件放下，大口地喘着粗气。一个年轻教授也惊愕地站了起来，说："不可不可，这样的调查实在太荒唐。"

江流一脸严肃，侃侃而谈："性是一件多么稀松平常的事情。'食色，性也'，食欲和性欲都是人体的本能需要，古希腊人不也觉得性活动并不是什么羞耻之事吗？只不过，时移势易，世风流变，如今都把性视为不洁，甚至有罪。在中国，经过宋明理学的禁锢和清代毁禁的厄运，这性问题成为最敏感最复杂的问题。但是，如今正是倡导新思想和新文化的时候，我们何苦要认为它是有危险的呢，我就不信这个邪。此番去《京报》收集投稿，把这禁区一打开，就知道我说的没错了。"

这番言论显然让大家始料不及，有人善意地提点："这学术研究，点到即止便可，至于什么性史，我看大可不必。"

江流正色道："关于男女情爱，康有为先生在《大同书》里就有论证，谭嗣同也在《仁学》上有颠覆性的主张，就连周树人教授都在课堂上讲解男女构造，谈论情爱有何不可？授人以情爱知识，使年轻人不再蒙昧，这才是真正目的。"

一个老教授用拐杖在地上拼命敲打："妖言惑众，误人子弟。"

眼见众人争吵不休，何适连忙圆场："各位，扯远了。到底不过是学术研究，可以论见不同，各抒已见嘛。研究所的成立也需立项讨论，经由学校审判，到时再争也不迟。"

最后众人达成共识，性史的调查，事关传统礼教，十分不宜与其他风俗调查掺杂在一起，以免处置不当，导致误会。对性史的调查，应列出专项，由江流单独牵头负责。

近现代以来，在理论层面上对性禁区发起冲击是在维新变法之后。康有为首先在《大同书》上论证了男女性爱的合理性，谭嗣同则在《仁学》上对性观念有着颠覆性的主张，呼吁引入西方科学的性知识来教育普罗大众。而第一个著文讨论性教育问题的中国人是陆费逵，第一个较为系统地阐述性教育的人是时任上海教育局长的潘公展。此外，还有周建人、黄公觉、杨冠雄、陶行知、张伯苓、潘光旦、杨贤江等一大批教育界、心理学界人士先后发表文章，对性教育问题给予关注和讨论。而在实践层面上，除了周树人蜻蜓点水在课堂上通过讲解做过尝试之外，真正依托大学开展性教育、进行性文化宣传的，江流无疑是第一人。江流心里明白这条路之艰难，但是不面对现实不足以震撼这故步自封的国度，所以他一不做二不休，以专题的形式，开始了性学的系列讲座。

而在工人宣传活动上，江流则无暇顾及。褚鹃上课之余觉得实在无聊，便也偷着出去，经常和若兰他们一起演戏。一日，褚鹃在工厂戏台上扮演一位女工，她激愤地呐喊着："公司周转不灵，你削减工人工资；世道行情不好，你削减工人工资；产品销路不畅，你削减工人工资，什么都是削减工资，你这万恶的资本家，你发的是断子绝孙的昧心财，你在自掘坟墓，总有一天你会亲手把自己送上断头台……"褚鹃极其入戏，涕泪齐下。台下，工人们都泪流满面，鼓掌叫好。

夏莹莹在后台啧啧称奇："想不到，这个鹃姐，戏演得这么好。"

"我也没想到，"张若兰点头说，"可能这个角色很符合她的性格，表演很到位。"

夏莹莹故意揶揄，笑道："自然，与江教授朝夕共处，常受指教也说不定啊……听说最近江教授研究什么性史，很出风头啊！"

张若兰神情突变，黑着脸说："别乱说。"

工人们看得入迷，有人忍不住站起来，举臂高呼："万恶的资本家，我要革了你的命！"众人都跟着高喊："革了他的命。"所有工人都站了起来，举臂高呼："万恶的资本家！把他送上断头台！"

江流则在闷头写作性学专著，褚鹃则每日尽是排戏、汇演，和各种学生团体越走越近。这日，在宴会厅一侧，会务组正在布置参选会场。张若兰站在主席台的梯子上，将红纸黑字的横幅"国民党北京执行部成立暨竞选大会"贴到墙上。褚鹃手扶梯子，四处张望，心不在焉，褚鹃最讨厌无聊的工作。等张若兰从梯子上爬下来，褚鹃说："你还别说，这字一贴上，还挺像那么回事。你想好选哪个部门没？"

张若兰笑道："我没想，竞选我可不行。咱们都还念书呢……"

"念书怎么了？念书也不能妨碍我们争取民主权利！我大老远跑来北京，可不只是念书来的……"

褚鹃一说话，就和机关炮一样，张若兰完全招架不了，只得说："是是是。可咱俩不一样，我没什么社会经验，就是选上了，也干不来啊。"

"那你选都不选的，跑这来忙活什么？"褚鹃不解地问。

张若兰一边笑一边收拾东西，说："不选就不能来呀？我来帮帮忙，开开眼界呗。"

会厅的另一侧，小李正在核对参选人的材料，褚鹃走了过来，一边瞄着小李手中的材料，一边说："组长让我来帮你。"

小李仍在埋头核对材料，头都没抬，说："我这儿马上好了……就是核对一下参选人的信息，没什么难的。”

褚鹃伸着脖子说：“那宣传部的好了吗，都有谁选啊？”

小李抬起头，打量着褚鹃，说：“你报了宣传部？那儿竞争可是最激烈的……”

“是吗？……”褚鹃嘴上应着，眼睛却瞅着小李手边的茶杯。她手轻轻一勾，茶杯一下摔碎在地上，茶水溅了小李一身。褚鹃故作惊讶，惊呼：“啊！对不起，对不起！你没事吧，来我帮你擦擦。”说着，便拿出手绢伸手要给小李擦。小李躲开褚鹃的手，一脸通红，说：“没事，我回宿舍换下就行了。你字怎么样啊？”

褚鹃不答，只拿过笔，用颜体写下“褚鹃”二字，雄浑有力。“你看行吗？”

小李看了看字，又重新打量褚鹃，说：“哦！你就是褚鹃？我读了你的材料，挺佩服你的，没想到你字也写得这么好。那我先去一趟，你帮我把这些誊到红纸上。”

小李离开后，褚鹃迅速翻着候选人资料，把自己的竞选表从宣传部里抽出，夹到妇女部文件夹里，并在红纸上妇女部一栏下面郑重写下“褚鹃”二字。

不远处，会议策划者孙冉正坐在椅子上，将刚才发生的一切尽收眼底，起身走过去，说：“古人总讲字如其人，我看未必。”褚鹃抬头看了一眼，并不理会，继续写字。“书法中，欧体从容优雅，颜体刚劲雄浑，柳体飘逸灵动，不想褚小姐一副娇花之容，却偏偏写得出以假乱真的颜体，可见字非如其人也。”

“这位先生好雅兴，”褚鹃没好气地回答，“是专门来这儿谈论书法的吗？”

孙冉伸出手，笑道：“褚小姐真会说笑。在下孙冉，是此次筹备会的秘书长，久闻褚小姐美名，一见果真名不虚传。”

褚鹃闻言，立刻起身与孙冉握手，说道：“您就是孙先生，真是失敬。不知道您找我……”

“只为告诉褚小姐一句话。褚小姐若想达成心愿，须得注意一人才是。”褚鹃顺着孙冉的目光看去，只见张若兰正和夏莹莹有说有笑。褚鹃诧异地问道：“你说她？”

“是。她父亲张耀扬，国民政府法务部部长，权势不小，在党内说话很有分量。如果她想当部长，简直是轻而易举。不知褚小姐和她的关系如何？”

褚鹃略有所思，随即说：“我和她，没什么关系。不过，是不是没她，孙先生就会选我？”

孙冉故作思索，说：“想知道吗？不如换个清净的地方我告诉你。”

江流的美学著作即将付梓，而风俗调查会的工作也在有序进行，他白天在学校里忙着上课，晚上则要配合王应在报纸上发表一些文章。平常他白天忙完回来时，褚鹃一般都睡了，而今天褚鹃蹑手蹑脚回来时，已近半夜，江流不禁有些疑惑：“忙到现在才回来？”

“大会有太多材料要准备，我是候选人，得好好表现。”褚鹃神色有些慌乱。

江流没在意，又埋头写稿子：“多锻炼锻炼是好事。就一点，别把学校的课落下了。”

“知道了，大教授，”褚鹃微笑着从厨房端出一杯凉茶，说，“来，喝茶。”江流笑笑，接过咽了一口，满嘴苦涩，不由皱起眉头。褚鹃有些沮丧，说：“这是我今儿找同福堂掌柜要的方子，说是生津润喉特别好，每天喝上一杯，就不怕讲课吃力了，就是苦了点儿……”

“入嘴是苦，喝下去就甜了……”江流说着把一杯凉茶全喝了下去，还故意咂咂嘴，清清嗓，“我现在声如洪钟了，谢谢你，褚鹃。”

“你要是喜欢，我天天煮给你喝。”褚鹃凑过身去，看了看江流的稿件，问道，“平民主义与工人政治？江教授，你也开始研究这些了，你不是一直在研究美学吗……”

江流边写边说：“是啊，但是工会找我帮他们写宣传材料，我也想多在报社发表些类似的文章……”

“他们看得懂吗？”

“我用最简单的词写的，你也帮我看看，提提意见……”

褚鹃点点头，搬过一张椅子，念道：“纯正的平民主义，就是把一切特权阶级完全消灭，使人民全体，都是为国家有益工作的人……社会的结果，必将是资本主义的失败，平民主义的胜利……”

桌边烛火如豆，跳跃闪烁。

许昌来到魏国的办公室里，铁青着脸把一封信扔在桌上：“你那位好兄弟，我可是听你求情才没取他性命的，瞧瞧这信，他倒是真对得起你。”魏国心知不妙，硬着头皮拿起那封信，打开一瞧，手便哆嗦了。“没想到吧，他跟南方革命军有联系，这可不是一天两天的事了，你就一点也不知情？”

魏国连忙解释：“确不知情，也是见了这封信才知道的。”

许昌逼视魏国："你说吧，如何了断？"

魏国冷汗浃背，咬牙说："任何命令，魏国都不敢违抗。"

"让你提着你兄弟的人头来见我，你肯吗？"魏国慌促，支吾不语。"许某知道你们兄弟情深意重，手足相残的事，你魏国无论如何也不会做。可许某担心周鲁不死，有人会对你家人不利。要是让魏次长二者选其一，不知……你打算如何取舍呀？"魏国震惊不已，转头一看，孙冉嘴带邪笑。

微醺的周鲁走在山林小屋前的小道上，忽然听见一阵古琴声。他一怔，突然警醒，警惕地四下看看。伊藤武先生弹的竟是广陵散！千鹤曾经对他说过，这曲子讲的是聂政刺杀韩王，之后自毁容面，自断肌体。想到这里，他忽然意识到不妙，转身隐入林中。

屋内，伊藤武从容不迫地弹着琴，千鹤在一旁温酒，她秀美的颈部却反射着刀刃的亮光。他们身后，站着七八个黑衣打手，他们或蹲或站，围在身后。

张发友和杜刚向院外走去，墙角闪过一个黑影。杜刚警觉，拉住张发友说："有人。"张发友捡起一块石头握在手中，向墙角走去。阴影里笼着一个高大的身影，他举着石头就要砸去。那人回身，两人这才看清，是周鲁。

"周校长，"张发友低声说，"你怎么到这儿来了，太危险了！"

"我，就是来找你们的。"

伊藤武的琴声在夜空中回荡，铮铮然，苍凉而又邈远。隔壁房间，魏国叫过两个黑衣人，皱着眉头，说："叫他不要弹了。还有那个日本女人，一定不能让她跑了。咱们要钓鱼，她就是饵。他们要做什么，由得他们去，只要寸步不能离，就一定可以抓到周鲁。"

"抓到之后，是杀还是……"

魏国沉默片刻，叹了一口气，说："老规矩……"

第二日，细雨淋漓，伊藤武站在竹林中，以铁锨挖坑，旁边还放着幼竹与水桶。他身后，千鹤穿着洁白的和服，打着纸伞，静静地站着。四五个黑衣人撑着黑伞站在不远处，盯着两人。

"这日本人有点意思。火烧眉毛了还有心思种竹子，八成从前是他妈的北海道农民。"一个黑衣人调侃道。

"管他呢，上面交代了，寸步不离。"

"你别说，那东洋娘们儿还挺水灵，换我，真想上去玩儿一把。"

"你这张嘴早晚给身子惹祸，魏部长特意嘱咐，这娘们不能动。那姓周的可不是省油的灯。”

那人撇撇嘴：“都死路一条了，还怕他诈尸报复不成。”

另外两个黑衣人正守在空空的小木屋里，突然，敲门声响起，两人惊觉起身，掏枪向门口走去。躲在门边的张发友和杜刚见门一开，手一抖，扯起准备好的绳子朝二人套去。两人敏捷地夺过手枪，逼住两人。身后，周鲁悄无声息接近他们，趁其不备，瞬间挥动手中匕首。两人连声音都未发出，已倒在地上。

三人冲进屋内，里面已空无一人。周鲁走到窗边，轻轻取下风铃放进怀中。杜刚摸了摸桌上茶杯说：“还是温的，没走远。”

竹林里，伊藤武一边咳嗽，一边不紧不慢地挖着坑，任凭雨水打湿衣服。“千鹤，”伊藤武轻唤一声。千鹤闻声走过来。“去河边打桶水。”千鹤点头。伊藤武低声用日语说道：“跳河，游到对岸，一直跑，去找猎人。我会设法找你。”不远处的黑衣人瞧见两人嘀咕，有些警觉。

千鹤拎着水桶走过来，说：“我要去河边打水。”

“行啊，我陪你去。”那个轻佻的黑衣人怪笑几声，向同伴挤挤眼睛，跟在千鹤身后走出竹林。

千鹤慢慢走到河边，深吸一口气，瞥见身后的男子正色迷迷地盯着她，心中厌烦，便快走几步来到河边，正想纵身一跃之际，那男子从背后一把搂住她，伸手就将和服撕拉开来。水桶和纸伞都掉在地上，千鹤拼命反抗。黑衣人喘着粗气，嬉皮笑脸地说：“呦呵，都说你们东洋娘们温柔，可疯野起来也不比我们中国娘们差……老子就喜欢采你这种带刺的花……”

“畜生……放手……”千鹤使劲挣扎。

黑衣人扯着千鹤的头发将她往地上一推，千鹤头撞在石头上，额角开一个口子。黑衣人骂道：“你他妈的骂谁畜生，你们日本人强奸了多少中国人啊……你男人早就逃了，还他妈犯倔……”

千鹤方寸大乱，被黑衣人拖到一棵大树边，衣服七零八落，不成样子。千鹤满脸泪痕，扭着脸尖叫，无力地反抗着。忽然一声闷响，鲜血自黑衣人额头流下，倒在地上。周鲁冷冷地站在后面，提着一柄枪。周鲁气血上头，曾经的林月仙，今日的千鹤，都这样一身伤痕，都这样任人凌辱！千鹤将衣服草草扎好，一头扑进周鲁的怀中嘤嘤哭泣：“伊藤武先生，在竹林……”

周鲁脱下外衣，轻轻地披在千鹤身上，对张发友交代：“你护着她，先找个地方躲起来。晚六点半在火车站见，王老板已经安排好了。”张发友点头。周鲁转头对千鹤说：“我要是没来，叫他送你们先走。”

千鹤闻言揽住周鲁：“不，我要等你们一起走，你没来，我不能走。”

周鲁看着她，从怀中掏出风铃，放到千鹤手中："无论在哪里，只要风铃响起，都是故乡。"千鹤流着泪接过风铃，哽咽地说不出话来。周鲁转身往丛林深处跑去。

伊藤武仍在竹林中挖着坑。良久，他停下动作，抬头望天，仿佛在听山涧鸟鸣。几个黑衣人估摸着时间，有点不耐烦了："怎么去这么久，那日本女人不会耍什么花样吧。"

"怕是老三要寻乐子，刚才就忍不住了。"

"妈的！那小子早晚栽在娘们手里！赶紧去两个人瞧瞧。"两个人应声而去。

伊藤武拎着铁锹，也向竹林外走去。一个黑衣人拦住他："慢着，你要去哪儿？"

伊藤武冷冷地说："我怕她遇着狼，我要去找她。"

另一个黑衣人嗤笑一声，掏出枪，恶狠狠地说："你走一步试试。"伊藤武握紧铁锹，猛地挥起，照着端枪的黑衣人面门袭去，黑衣人应声倒地，另一个抬手就要开枪。啪啪！两声枪声，伊藤武却毫发无损，那人却倒在地上。周鲁与杜刚赶到，两人收起枪，跑到伊藤武身边。

"千鹤呢？"伊藤武担忧地问道

"放心，已经走了，你跟我们一起走！"周鲁拉着伊藤武就走。

伊藤武剧烈地咳嗽起来，摆摆手说："我已经油尽灯枯，跟你们走只会成为你们的累赘。周鲁君，请你答应我，一定要照顾好千鹤，我把她交给你了。"

"不，我一定要把你带走。"周鲁哪肯答应。

"你记得我跟你说过这片竹林吗……"伊藤武俯身拾起地上的竹苗，栽入坑中，填上土，喃喃自语，"这棵竹子，我是为自己种的。"

杜刚在一旁焦急地说："校长，学校里还有不少他们的人，听到枪声，很快就会过来。"

话音未落，两个黑衣人已经出现在竹林边。杜刚瞧见，大呼一声道："小心。"说罢挺身挡在伊藤武身前，举枪射向那两人，一个黑衣人中枪倒地。周鲁也迅速掏枪射击，击毙了另外一个人。杜刚胸部中弹，倒在血泊中，说："你救过我的命，现在我还给你了。"雨势渐大，周鲁的眼中燃烧着复仇的火焰。他从没想过，自己欠的命居然让学生来偿还。

苍茫大雨中，伊藤武催促道："快离开！你忘了我曾对你说的话么？救你，比救千百人都强。你走吧，他们的人很快就会来的。放心，好歹我也是军人出身,还可以挡一阵子。他日若能活着相见,咱们棋盘上再分个高下。”

“此番情谊,周鲁永记在心。”周鲁动容,说罢,头也不回,向竹林外奔去。

伊藤武孤独一人，伫立雨中，静静地等待着厮杀。

人来人往的站台上，王应低眉矮帽，焦急地等待着。周鲁毡帽遮脸，粗布加身，走到王应面前，低声喊道：“王老板。”

王应见周鲁只身一人，有些诧异：“其他人呢？”

“还没到，再等等，张发友会带她过来。”

“军警查得紧，我先送你进去。”周鲁点头，跟在王应身后向车厢走去。不远处，军警设了卡子正挨个盘查。

周鲁低头向前走去，猛然听到一个声音在耳边响起：“周校长，别来无恙啊。”

竟是孙冉，周鲁心知不妙，掉头要走。孙冉掏出手枪指着他：“恐怕，你今天是走不了了。”

两方僵持着。突然，一个白影从人群中斜穿过来，将孙冉撞倒在地，只见张发友夺枪抵在孙冉头上。军警纷纷掏枪瞄准几人。张发友怒道：“别过来,不然我崩了他！校长,你们快上车。”千鹤跑到周鲁身边,汽笛声响起,后面的军警一步步逼上来。

就在此时，几十个穿着制服的军校学生不知从何处冲奔过来，迅速列队，整齐地挡在军警们面前。魏国走过来，见此阵势，眉头紧锁。张发友把孙冉一推，穿过人墙，登上了火车。所有的军警都举枪瞄着学生。学生们一脸英气，无所畏惧，挺胸而立，齐声歌唱：“中国男儿，中国男儿，要将只手撑天空…………”歌声中，军校学生齐齐举手敬礼，周鲁饱含热泪回礼。

孙冉狼狈起身，走到魏国身边：“次长……这……开枪吗？”

“你疯了吗？你想逼他们造反吗？”

汽笛长鸣，火车缓缓启动。孙冉举起手枪欲射击，被魏国打落。一块布片从火车上飘下，徐徐落在魏国面前，他拾起来，布片上是十二个血写的大字:“兄弟情，从今断;家国恨，他日算。”魏国面色阴沉，捏紧了布片。

列车一路向南，北京城的春景飞速地后退，如同永别一般，恩断义绝。周鲁看着车窗上自己憔悴的脸颊，这是怎样一个社会，能把那曾经器宇轩昂、敢为人先的他一次次逼上不归路。

千鹤靠在周鲁的肩膀上睡着了，梦中，她轻哼一声，略调整下姿势。周鲁看着千鹤，不由伸手抚摸着她的脸颊，又颤抖停住。自古英雄难过美人关，但如今这乱世，自己尚漂泊无定，又能给这个女子什么承诺呢？一刹那，他想起林月仙，想起了她信手弹琵琶的样子，想起曾经的笑与泪，但记忆的镜头却定格在她满身是血的尸体上。周鲁猛地摇摇头，一头的汗。千鹤缓缓睁开眼睛问道："周鲁君，你在想什么？"

千鹤她那么纤弱，如同最清澈纯洁的水晶一般，哪里能经得起血雨腥风。周鲁回过神来，说："千鹤……我想办法送你回日本吧……别跟着我了。"

千鹤怅然若失，眼泪忍不住掉了下来："为什么？周鲁君……不要千鹤了吗？"

"不是不要你，而是怕连累你。我周鲁的命早在阎王那挂了号，我怕你跟着我……"

千鹤轻靠在周鲁肩上，柔声说："我不怕，周鲁君在的地方都是我的家。只要能和你在一起，我什么都不怕。"

周鲁紧紧搂住千鹤："好，我们一起走。"

火车飞驰依旧，窗外丹阳如血。

9

时局紧张莫测，年初中共四大召开，确立了无产阶级在民主革命中的领导权问题，决定加强党对工农群众运动的领导。自二月起，上海22家日商纱厂近四万名工人先后进行罢工，反对日本资本家打人和无理开除工人，要求增加工资。五月中旬，上海日商内外棉七厂的厂主借口存纱不敷，故意关闭工厂，停发工人工资。工人们讨要公道时，日本资本家居然向手无寸铁的工人直接开枪射击。中共上海总工会发动大规模的工人罢工，浪潮瞬间席卷全国，北京、广州、南京、重庆、天津、青岛、汉口等几十个大中城市，举行了成千上万人的集会、游行示威和罢工、罢课、罢市。

夜间，星光幽暗。工厂中空寂无人，几名黑衣蒙面工人偷偷溜进来，朝一间废弃仓库快速跑去。蒋四断后，朝门外看了看，确定无人跟踪，反手锁上了仓库门。众人围坐在仓库中间，米家山拿出火折子，点燃了一堆火。仓库中，隐隐透过些光亮，里面杂乱地堆放着废弃的木材和铁块，墙上到处都是蜘蛛网。

大家坐定，米家山问道："老二，工厂的结构图呢？"

老二点点头，借着火光仔细翻检，然后摸出一根染血的圆木，将它劈开，一张暗黄色的图纸掉了出来。米家山蹲下身子，将图纸展开铺在地上，众人围了上来。"弟兄们，这是工厂的结构图。平日咱们只能在这个范围内活动，很难进入控电室。大家看这儿，这儿是锅炉房，一般很少有人经过，只有刘老师傅一人。在这放把火，引开其他人的注意，后面的行动就容易多了。”米家山收起地图，问道：“刘七，这事不难吧？”

刘七是个年岁不大的工人，他信心十足地说：“老大你放心，我爹平日里就很支持我革命，我回家和他一招呼，他一准帮咱。”

邢六总觉得有些不妥，担心地问道：“老大，上头不是不让咱们轻举妄动吗？咱们这几个人，行吗？”

“六儿，别担心，上海的工友们都已经行动了起来，我们还怕什么呢！这么多年了，大家不是不想反抗，只是没人领导。现在上头虽然让咱们按兵不动，可我想过了，畏首畏尾干不成大事儿！只有挺身站出来，才能赢得更多的兄弟和咱们一起干。就算死，也死得值！”

晨色熹微，刘老师傅走进锅炉房门，把藏在怀里的蜡烛、火柴悉数倒在桌上。一位工厂巡警从外面经过，向锅炉房里望一眼，走了进来。刘老师傅听见声响，急忙将外衣脱下，盖在桌上。巡警问道：“刘老，今儿这么早啊。”

刘老师傅迎上去，殷勤地招呼道：“哟，爷，快坐快坐。”

那巡警也不客气，正好坐下来歇歇：“今儿上头有令，说要把眼睛睁大点儿。”

刘老师傅故意问道：“别是又闹出了什么乱子吧？”

“您老跟着操什么心？把自己管好得咧，对了，上次那烟……”

“我全给爷留着呢，您都拿走，千万别客气……”

“别，我就是拿走也得让那帮兔崽子给分了，还是放你这儿好，细水长流……”巡警打着哈哈。

“是是，那我给爷好好收着。”刘老师傅给巡警点上烟。巡警满足地吐了几口烟圈，将烟头丢在地上，出去巡逻了。巡警刚一离开，刘老师傅脸色肃穆地捡起地上的香烟，颤颤巍巍地重新点燃。

警察局楼下，警察匆匆整队集合。警察局长在训话：“这次行动，上面下了死命令，都把眼睛睁大点儿，抓活的，只许成功，不许失败。听清楚了没有？”

“听清楚了！”一队警察厉声回答。

“行动一律取消警报，分头埋伏，一旦起火，立即行动！小心打草惊蛇！”众人纷纷上车，只见人迹稀少的街上，一辆警车朝工厂方向飞驰而去。

“着……着……着火了，快，快去救呀！”工厂院内，一个工人神色慌张地跑进来，结结巴巴喊道。众人冲出厂房，给吓呆了，只见锅炉房处火光腾空而起，瞬间便蔓至造纸车间，滚滚浓烟如黑云般压来，不见一丝天日。工头见大家一动不动，叫号着："狗日的，还看什么，快去救火啊！"众工人才回过神来，各自拎了水桶，跑去救火。

浓烟四起，锅炉房已无法看清人影。刘七匆匆跑来，冲进重重烟雾里，喊着："爸，爸……"热辣的烟火呛得他直咳嗽。刘老师傅一脸乌黑，摸索着一把抓住刘七的手。刘七关切地问道："爸，你没事吧？"

"没事！孩子，爸算是完成任务了，接下来就看你们的了。"

父子俩相互搀扶着冲出火海，众工人正在奋力扑救火势，两人趁乱挤了出来。两人刚出门，一支冷冰冰的枪就顶在刘七的额头上，面前站着一排预先埋伏的警察。

举枪的警察冷笑道："怎么，放完火就想跑？"刘七欲转身，身后几名警察举枪围上，拉上枪膛，喝道："举起手，趴在地上，听见没有！"见二人没有动静，一名警察抬手一枪正中刘老师傅左腿。刘老师傅哀声倒地。

"爸！爸！你们这帮畜生，我和你们拼了！"

一名警察瞄准刘老师傅，喝道："趴在地上！不然我开枪了！"刘七目眦欲裂，只得缓缓趴在地上。警察一拥而上将二人捆绑。

控电室门外，救火声、警笛声混成一片。米家山溜到门口，微微探了下头，扔进麻醉弹，又迅速跑进控制间，几下将所有电源线路破坏，车间顿时一片漆黑，机器停止了工作，工人们一片混乱。米家山捡起麻醉弹，爬进地下管道，猫着腰潜行，不时回头张望。走了一段距离，他掀开管道盖，爬了出去。刚到地面，听到枪响不止，忙向仓库后门跑去。

警察已把整个工厂团团围住，仓库附近更是层层封锁。米家山见状不妙，拔腿就往外跑，与蒋四撞了正着。米家山问道："四儿，你没事？走，咱们先离开这。"

蒋四说："大哥，我是专门来找你的。"说着两人往前走。突然，蒋四从身后掏出一根木棒，猛地朝米家山击去，将他打倒在地，啐道："蠢货！"

火势依旧骇人，警笛声鸣成一片。工厂外，围观的老百姓纷纷议论："这么大火，怎么了这是……""听说是工人闹的，不知怎么走了风声……"不多久，一队警察鱼贯而出，将被绑着的米家山、邢六、老二、刘家父子相继塞到警车里，扬长而去。

审讯室里，米家山赤裸上身，双手双脚都被捆住，吊在空中，血肉模糊，毫无生机。蒋四身穿笔挺的西装、油头锃亮，走到米家山跟前，蹲下，问道：“还是没招？”

“一个字都没说，能用的全用了，再折腾下去，命就没了。”

蒋四阴沉着脸，提过一桶水，浇到米家山身上。米家山疼得醒过来，看清来人后，眼中掠过一丝惊讶。蒋四捏住米家山下巴，说：“怎么，见到兄弟不高兴？”

米家山使劲朝蒋四啐一口血水：“兄弟？你配吗？”

蒋四冷笑两声，从兜里掏出手绢擦掉脸上的血：“大哥，我劝你也聪明点儿。要么合作，告诉我我想知道的，兄弟看在往日情分上绝不为难你；要么就在这吊着，我有的是时间陪你。你说，只要我把这手绢往你脸上一蒙，再弄点水。”话罢，蒋四把手绢沾湿，轻轻地贴在米家山脸上。不一会儿，米家山一阵痉挛，几欲窒息。

蒋四拿开手绢，一脸得意：“这滋味不错吧？”

米家山大口喘着粗气，骂道：“你个狼心狗肺的杂种！有种你就宰了我！”

蒋四正欲发作，一名男子走进来，在他耳边耳语几句。蒋四轻蔑地笑了，眼睛直直地看着米家山：“带上来。”只见一个血葫芦一般的人被拖了进来，他浑身抖擞。米家山抬眼一看，大惊：“六儿，你……”

邢六早就被重刑折磨得不成样子，他挣扎摸索着，一把抱着米家山的腿，痛哭：“老大，老大，我实在扛不住了，能说的我都说了。他们还想知道领头的教授叫什么，你快告诉他们吧……”

米家山一脚踹开邢六，吼道：“邢六！你被打傻啦？哪有什么教授，我才是老大！”

“老大，你就招了吧……”邢六哀求道。蒋四摇了摇头，捏住邢六下巴，说：“你说，要怎么样他才会告诉我们？”蒋四突然掏出一把匕首，猛地插进邢六的膝盖骨里。邢六惨叫，蒋四慢慢抽出刀，一脚踹向邢六膝盖。邢六的膝盖血肉模糊，人昏死过去了。

米家山怒吼着：“你个狗杂种，要杀要剐冲老子来！”

“米家山啊米家山，亏你结义的时候还说什么有难同当。好，今儿我成全你。不过你记住，你的六弟是为你死的！”说罢，蒋四猛地扬刀扎向邢六。邢六口吐鲜血，当场毙命。

魏国自周鲁走后，就没吃过一顿好饭，没睡过一个好觉，工友会闹得鸡犬不宁，工人运动风起云涌，弄得他心力交瘁。这天，他正伏在案上小憩，不觉入梦，那梦中尽是些鬼怪蛇神，恐怖诡异。这时，孙冉敲门进来，他猛地惊醒。孙冉把报纸递给魏国，说：“次长，许老看完十分生气，一定要咱们把名字登出去。”

魏国浏览了一下，皱眉问道：“无凭无据的怎么登？这不是栽赃吗？”

孙冉为难地说：“那您看……”

魏国揉揉发痛的太阳穴，怒气冲冲地说：“别管他，再审审。”那孙冉磨磨蹭蹭不肯出去，魏国突然厉声喝道：“有事我担着！忙你的去，别在这儿杵着！”

孙冉吓了一跳，连忙关门下楼，却见褚鹃正在执政府楼下徘徊。她一见孙冉，忙迎上去，迫不及待地问道：“怎么样，打听到结果没？”

孙冉从兜里掏出一张纸来，说：“计票结果在上面，你自己看吧。”

褚鹃一把抢过，迅速展开来看：“怎么只有 12 票？……”

“别太在意，你还年轻……”孙冉劝道。

褚鹃一脸不痛快：“可江大哥也知道我去选了，他会瞧不起我的……”

孙冉附在褚鹃耳旁说：“无条件关注你的人，只有这儿有一个……”褚鹃发现孙冉的眼神是如此多情。

日光流曳，柔风和煦，丝缕白云悬浮空中。后海湖边，杨柳堆烟，飞莺啼转。碧水之上，魏国一家四口泛舟。舟至江心，魏国一边摇桨一边还想着报纸的事，不由眉头紧锁。五岁的小儿子魏新正把手伸向湖里玩水，突然，船剧烈剧烈晃动，魏新差点掉入水中，吓得大哭。大儿子魏仁埋怨道：“爸，你怎么心不在焉啊？”

方兰笑着说：“船长，你得把舵掌稳啊，咱们一家几口的性命可全在你手上！”听闻此言，魏国不由地一怔，看着爱妻和两个孩子，晃了晃头，打起精神来。

次日，办公室内，魏国坐在桌前，孙冉向他汇报工作：“次长，因为报纸的事，许老又发火了，话说得比上次还难听，说您是有意包庇，说如果再不发，就把您……”魏国摆摆手，心意灰懒：“就照着他的意思办吧。”孙冉还想说什么，魏国靠在椅背上，满脸疲惫，挥挥手示意他走。孙冉不得其解，只得退下。

啪的一声，蔡仲卿狠狠将报纸拍在桌子上，气得浑身发抖。江流拿起报纸一看，大失惊色，只见报纸上白底黑字赫然写着“京师大学教授李汉冥幕后操纵工人运动”。

“这没凭没据的事居然就敢这么白纸黑字往上写！”蔡仲卿呵斥道。

江流宽慰道：“无凭无据，汉冥不会有事的。”

“这不单单是汉冥的问题，这关系到整个国家的舆论环境，”蔡仲卿目光焦灼，“照这么弄，社会还有什么真理和自由？不行，我得给政府写信，反映反映……”

对门的教务室里，孟林正跷着二郎腿，一边看着报纸，一边喝着茶，哼着小调，不时把进嘴的茶叶吐到地上。干事小刘一边扫地一边说：“您说这事，咱要不要开个教务大会整顿整顿，来他个杀鸡儆猴？”

孟林乜了他一眼：“你个小刘啊，还真糊涂，这节骨眼儿上你去开大会，不摆明了要和校长对着干，你能得着啥好处？”

“那校长非要保李汉冥，岂不是和政府对着干，他又能得着啥好处？”

“所以嘛，就由他们闹，咱们坐山观虎斗。”孟林得意地笑着。小刘看着孟林，使劲儿琢磨话中的意思。孟林慢条斯理地从抽屉里取出一个信递给他：“和李汉冥接触密切的人员名单。把这个送到执政府，岂不一箭双雕？”小刘抽出名单，第一个就是江流，二人相视一笑。

各地暴动工人被抓，上海成立了工商学联合会，作为“三罢”运动的公开领导机关，而且提出同帝国主义交涉的 17 项条件。这激怒了列强，英、美、日列强，纷纷调集武装，屠杀群众，进行武力恫吓。江流近来写了不少针砭时弊、支援工人运动的文章，受到市民的欢迎，也引起了当局的关注。

两人正得意着，江流突然闯入教务室，气冲冲地质问道：“李汉冥的社会学为什么取消了，也是你搞的鬼？这门课一直是学校的精品课程，同学们还为选课人数限制闹过意见，难不成也侮辱学校净土了？”

孟林阴阳怪气地看着江流：“我说江教授，为什么取消，你心里清楚。这老师做学问，有些东西是无关痛痒的，有些东西是碰也不能碰的……”

江流气愤地说：“你这话什么意思？”

孟林得意地敲敲桌子：“事到如今，你还是多想想怎么自保吧……”

江流怒火中烧，指着孟林骂道：“好，这是您说的。我恭敬不如从命。”

晚饭后，江流决定去找王应，讨论一下对时局的看法和下一步的行动。王应家依然保持着在法国时的风格，朴素简洁，只是床头立着一个巨大的书柜，里面密密麻麻都是有关共产主义的论著。江流敲门进屋，发现一个熟人的身影——李汉冥，非常惊讶：“李教授，你也来了？”自从报纸上公开报道他操纵工人运动后，他的处境已经异常危险。

李汉冥朝江流点点头：“你最近论工人政治的文章，工友们都争相传看，帮我们制造了舆论。因为你的文章，现在社会各界都在给政府施压，政府已经同意释放几名同志了。”

江流笑笑说：“看来，以笔做投枪，做匕首，也能刺痛专权者的要害。”

王应说：“力度还不次于真刀真枪……我党以后也要注意宣传战线上的工作。”

李汉冥说：“比如这次营救工友，大家都不能急躁……宣传战线也要和行动战线紧密配合。”江流刚欲搭腔，只听见王应突然一阵剧烈咳嗽，咳得面色发紫。江流忙替他捶背，李汉冥递过茶去，说：“这咳嗽的毛病还没好？你没去看大夫？”

“以前也吃过药，到了春天一样会犯，我这毛病要好自然会好，好不了也强求不来。”

江流叹了口气：“咱们弟兄几个，就数你最尚新学，怎么单单这个问题，又回到唯心论的老路上了？”

王应喝口水，忍住咳嗽，说：“我之所以讲天命，是因为身体不过是躯壳而已，不该抢夺我的注意力。可是你看，如今世上有多少人为了肉体的欢愉而放弃了精神自由，他们都颠倒了生命的本义啊。”

“这也是人之常情，所以孟老夫子才说，吾所以有大患，为吾有身。因为有身体所以才有恐惧，孟老尚且如此，何况这些俗人。”

王应笑道：“所以我才不愿意为了治病分散精神，肉体不过是过眼烟云，精神才是永恒的。我是愤世嫉俗，国人过于关爱自己的身体，反而忽略了更重要的东西。”

一旁的李汉冥面色沉重地说：“是啊，国人什么时候才能远离温饱的困扰，有心力去追求真正的精神生活呢？”

又过了几个月，夏去冬来，时局变换，北京城越来越不太平。军阀混战的结果是，南方各省纷纷脱离北洋军阀统治。继孙中山去世、驱段兵变、五卅运动后，一波未平一波又起。七月，中国国民党政治委员会决议筹组的国民政府在广州正式成立，采取委员制，设置军事委员会，取消各地方部队名称，统一称作国民革命军，计划北伐。

天气寒冷，褚鹃一周中有几天不用上课，就帮江流收拾房间。整理稿件时，她无意拉开了抽屉，好奇地翻了翻。抽屉深处藏着一个红色的丝绒盒，她打开一看，竟是一条镶有祖母绿的项链。褚鹃惊喜万分，拿过项链在颈前比划，心想，江流真是个有心人，没有忘了她的生日，居然还精心准备了贵重的礼物。身后响起熟悉的脚步声，褚鹃强装镇定，忙把项链放回抽屉。

江流匆匆走进房间，看褚鹃在，有些尴尬："褚鹃，以后不用总替我打扫……"

见江流要出去，褚鹃脸色绯红，说："江大哥，我……怎么，你要出去？"江流点点头。褚鹃鼓起勇气说："你不记得今天是什么日子了？"

江流愣了一下，说："当然记得，而且很重要。"褚鹃十分欣喜，正欲答言，却听江流说道："今天我们要一起筹划如何营救工友。还有，我的《美的人生观》最后一次校对修改，马上就能出版了。"

褚鹃脸色由晴转阴，眼眶泛红："还有呢？"

江流奇怪地看着褚鹃："还有什么？……别多想，我先走了。"

门啪的一声关上了，褚鹃怅然若失，心里既委屈又痛楚，眼中不由蓄满泪水。泪眼模糊的她透过窗户，却看见孙冉立在那棵已经枯萎的桃树下，正朝她笑得灿烂。褚鹃连忙擦了擦眼睛，打开房门，不解地问道："你……"

孙冉温柔地牵起她的手，说："我知道你等的不是我，不过没关系，我是来接你的。生日快乐。"褚鹃一时情不能自已，悲喜交加，泪流满面。

两人来到了街边咖啡厅，东一茬西一茬地聊着天。一会儿，孙冉从衣袋里掏出一个精美的首饰盒推到褚鹃面前："打开看看，喜不喜欢？"

褚鹃好奇地打开盒子，只见里衬的竟是一枚梅花云纹吊坠，衬着典雅的金链，清丽冷傲，熠熠生辉。"这……是送给我的吗？"褚鹃暗自惊叹。

"这是老凤祥的新样式，我一眼看上了，就觉得只有你才配它。"

褚鹃怯怯地说："可……这太贵重了，我不能收。"

"这是我的心意，不能用钱衡量。"孙冉隔着桌子轻轻握住她的手。

"我明白，谢谢你……"褚鹃一时心慌意乱，抽出自己的手，"可是，可是我还是不能接受，我心里很乱，我也不知道自己是怎么了……"

"没关系，那我替你收着，无论你什么时候想回来，我都在这里。"孙冉笑笑。

窗外，冬日美景恍如琉璃世界，褚鹃叹了一口气，是啊，女子年华似锦，又能熬得过几个似水流年？

傍晚，褚鹃藏着心事，闷闷不乐地回家了。刚推开院门，却见客厅灯亮着。"他回来了？"褚鹃惊喜地想着，迫不及待地走过去，一开门，只见江流坐在桌旁，桌上是一摞《美的人生观》书稿。张若兰穿着一身旗袍，楚楚玉立，站在旁边。两人轻声在交谈着书稿的事情，竟没有发觉褚鹃的到来。

张若兰偶尔抬头，发现褚鹃悄然站在一旁，脸色极为难看，尴尬地叫道："姐！"褚鹃随口应了一声，也不理江流，径直走到里屋，摔上了门。

张若兰看着江流，江流也纳闷，没放在心上，继续探讨书稿："第二章第一节是这个意思，美的生活包含方方面面，衣食住行都有所体现……"

褚鹃在里屋听着二人说话，心烦意乱，找来块拖布走出来，开始擦地，张若兰站哪儿，她就擦哪儿，擦得张若兰直躲。江流看不下去了，不悦地说："褚鹃，你这是干吗？"

褚鹃头也不抬，冷冷地说："地太脏了，我看不过去。"

张若兰只感觉脸上一阵发烫："江教授，挺晚的了，要不我回去弄吧？"

江流看眼褚鹃，说："也好，我明儿去学校找你。"

江流正说到要紧之处，被打断，心里很不快，张若兰走后，他问道："褚鹃，你到底怎么了？"

他原本希望褚鹃能说出缘由来，谁知褚鹃气冲冲地说："你说今天重要，原来是因为她要来。如果，如果我耽误了你们的事，你就直说，我走……"说着说着就有了哭腔。

这一哭，江流没辙了，无可奈何地说："你想什么呢？她是来给我送书稿……"

"那她比我重要吗？今天是我的生日，你都不知道，我还以为你会送我礼物，都是我一厢情愿！"

江流一拍脑袋，赶忙赔不是："对不起，对不起，褚鹃，我忙晕了，我……"

褚鹃不依不饶："那不过是借口……你根本就是心里没有我，不管我怎么努力，你就是看不到我的好……"

"褚鹃，你一直是我很欣赏的学生，你勇敢热情，敢于……"

"就只是学生吗？我们天天生活在一起，你就没想过要我做你的妻子吗？"

江流闻言一愣，没想到褚鹃是这个心思，不知如何是好："褚鹃，你还小，还念着书呢……我不想伤害你……"

"真正伤害我的不是这些！"褚鹃把拖布一丢，哭着跑开了。江流呆立着，不知所措……

一夜睡梦中，褚鹃泪痕未干，醒来时只觉芳香扑鼻，只见床边添了个别致的花瓶，里面插着大束百合，花瓣犹带几颗露水，朵朵晶莹胜雪，旁边还有江流留的字条："褚鹃，愿你的生命也能如此灿烂缤纷，朝朝暮暮，美好如初。"

钟声书店，门外挂出了板报：江流教授最新力作《美的人生观》，火热销售，数量有限，欲购从速。摆有《美的人生观》的书架旁，围满了前来购书的年轻人。一个年轻学生笑道："这书啊，难得一见，读完后只觉之前的日子全白过了。"《美的人生观》引起了广泛的轰动，一时洛阳纸贵。

京师大学，教室墙上挂着一条横幅——京师大学系列讲座：江流教授谈"美的人生观"。台下座无虚席，人手一本《美的人生观》。蔡仲卿亲自主持讲座。江流在热烈的掌声中走向讲台，开门见山地说："讲座开始前，我想先问大家一个问题，美是什么？或者生活中，你们觉得什么是美？"

座下的学生纷纷抢答："春花秋月、冬雷夏雨，我觉得一年四季的景色都很美。""天波浩淼、明月星辉、云锁楼台、风静闲阶，也都是美的。""慈母手中的衣线，稚子转动的风车，采菊东篱的田园，梦中萦绕的故乡，我觉得，关乎到人情感的东西也是美的。"一个外校男生兴奋地接着说："还有心爱的姑娘。"众学生笑作一团。

"好，非常好。从刚才同学们的回答，我们发现，在我们所依赖的世界里，大到银河宇宙，小到粒子尘埃，所有的一切都包含着美的特质。美虽一字而已，但美的现象却是千变无穷。善于发现美的人，往往能够在这千变无穷中找到美的功效和统一。若问人生观是什么？我敢说一定是美的。这个美的人生观，能于丑恶的物质生活上，求得一种美妙有趣的作用，更能于疲弱的精神生活中，得到一个刚毅活泼的心灵。它不是狭义的科学人生观，也不是孔家道释的人生观，而是一个科学与哲学组合而成的新的人生观……"

"在美的人生观统领下，我不得不说，中国如今的社会丑恶极了！我们现在的生活痛苦极了！物质与精神都无新建设，腐败的旧势力还是依然膨胀！挂招牌的新文化呢，也不过用一些萎靡不振的中国式人生观，和那些滑头滑脑的欧美式学说，一齐来欺骗我们可爱的青年们！"台下爆发热烈掌声。

"同学们，唯有美，才能使人品格高尚、情感热烈、志愿宏大坚忍，亦唯有美，才能不仅在物质上创造最经济的利益，更能在精神上积累最丰厚的财富。让我们在美的感召下，用无穷大的美力，涤荡那丑恶腐朽的思想，埋葬这终将被淘汰的社会，建设一个五光十色、美好和谐的新世界！"

台下掌声久久不息，江流百感交集。

10

酒楼雅间，黎家珍一身棉布长袍，吸着烟斗，伫立窗前。桌子上已备好酒菜，江流正自酌自饮。窗外不远处，便是六国饭店，华灯初上，名媛佳人云集，达官贵人纸迷金醉，寻欢作乐。黎家珍临窗叹惋："商女不知亡国恨，隔江犹唱后庭花。每当站在这儿，看着外面的歌舞升平，我都弄不清自己到底是身居何所，心向何处……"

"黎老板有此忧国忧民之心，实在难能可贵。眼下正是新旧交替时期，到底该走什么路，尚难断论，但即使前路迷茫，也需坚定信念……"黎家珍落座，江流斟酒举杯："黎老板，若不是你鼎力相助，我的书也不能顺利出版。我先干为敬。"

"江兄糊涂了，《美的人生观》大卖，我这书店沾了不少的光，应是我谢你才对。"

二人一饮而尽，相视而笑。江流说："还有一事，想和黎老板商量。"

"哦？又有大作要问世？"黎家珍笑道。江流点点头，夹了一口小菜："是酝酿很久的一个课题，简单地说，是关于风俗美学的研究调查，因为一些原因，学校迟迟未批经费，我不想再等下去，所以想和您合作……"

"美学？"黎家珍问道，"会不会书卷气太重，出书八成是要赔本，我那到底是小本生意……"

"如果课题进展顺利，不仅会成为国内首创，更是指导大家祛除陋习的行为指南，是非常有阅读价值和社会意义的，我实在不想让这个项目荒废……"

"你要想筹得经费，就必须保证书的销量，有一个办法，倒是可以一试……"

"愿闻其详……"

"找报社合作，把研究成果变成一个公众话题。只要有人关注，书就不愁卖不出去。"

黎家珍所说正合江流之意，两人一拍即合。

第二天清早，寒气逼人，即将放寒假，京师大学校园里人迹寥寥。红楼办公室里，江流与几名学生围坐在圆桌开会，宣布京师大学风俗研究的成立。江流说："风俗研究会的成立，意义重大、来之不易，需要我们用最求实的精神、最细致的态度做好这项研究。今天是我们第一次会议，首要任务是确定首批风俗调查的地点和对象，需要注意的是，地点不能局限于几条文化古巷，要深入，最好能够代表各个阶层和各类人群。至于对象，除了歌谣、游艺、小吃、习俗之外，"江流顿了顿，"性也要纳入其中。"

话音未落，几名女同学登时羞红了脸，简直不敢相信自己的耳朵。"要调查什么？性？哪个性？……""老师，这调查'性'，太浪漫太大胆了吧。”“不会是老师在开玩笑吧，这怎么个查法啊。”众人议论纷纷。

江流示意大家安静，郑重地说：“在这个社会研究‘性’，确实有很大难度，不过大家放心，具体调查方法我已经想好了，我们会和《京报》编辑部合作，登报征集第一手材料。我相信，只要说清楚调查目的，端正研究态度，一定会获得公众支持的。这种征求并不是什么伤风败俗，更不是诲淫宣淫，而是为了研究性学问而收集必要的材料，引导人们进入正确的‘性的正规’，从而能纠正缺陷，移风易俗，为最后树立‘美的生活观’打下基础。”

不久，性风俗调查工作就正式启动了，江流亲自跑到报社印厂盯版、盯印刷。一清早，编辑何清就将报纸递给在一旁等候的江流：“刚印出来的，还热乎着呢！”江流接过报纸——头版赫然印着“性史调查征稿启事”八个大字，十分醒目。

“好，放在这么显眼的位置，不怕大家看不见。”江流很满意。

“您这个研究还真够绝的，要不是邵主编力荐，这稿子肯定过不了。您说，到时候要是一篇来稿都没有可怎么办？”

江流胸有成竹地说：“放心，这次一定会比爱情大讨论更热烈。大家不谈性，不是因为不想说，而是不敢说。咱们研究性，也不是因为猎奇，而是想帮助大家获得更美好、更自由的生活。只要咱们把道理讲清楚，就不怕没人参与，而一旦有人开了个好头，后面就自然畅通无阻了。”

“但愿吧，不然报社都得给唾沫星子淹死……”

下午，蔡仲卿刚一踏进校门，就觉得气氛不对，老师、学生都在交头接耳议论着什么，仿佛在传递一个天大的事。直到进了办公室他还在纳闷，该不会是李汉冥出什么事了。这几天，李汉冥身处舆论的风口浪尖上，为了保险，他已安排他不用上班了。正思索着，楼道里一阵喧哗，孟林拿着报纸，气冲冲地进来了：“校长，京师大学里出了如此异类，伤风败俗、自轻自贱，您可不能再放任下去！”孟林一不做二不休，气势汹汹地将手中的报纸拍到蔡仲卿的桌上，“您自己看，太不像话了！”

蔡仲卿拿起报纸，是江流的性史征稿启事，就说道：“是这事啊，上次何适说，开会的时候大家都定下来的。”他忽然转念一想，孟老气的是文章呢，还是江教授？

“校长！”孟林拿起报纸，指指点点，一副得理不饶人的样子，“这个江流可是把京师大学的脸都丢尽了，您要是再不开除他，还有什么校风可言，谁还放心把学生交给咱们培养？”

“想当初，蔡某刚来京师大学，只有一个心愿，就是希望能把学校建设成一流的大学，为国家培养一流的人才，所以提出思想自由、兼容并包的治校方针。旁人不能忍的，我蔡仲卿可以忍；世俗不能容的，京师大学可以容……”孟林脸色越发阴沉。蔡仲卿又说道：“江教授的学问虽然乖张了些，但只要咱们稍加提点，还是会有成果的。”

“我就知道您得用兼容并包来堵我的嘴。您是校长，您能忍就忍吧，我这个教务长说什么也是白说……但我孟林只要在位一天，就要保护这个学校一天。咱们辛辛苦苦建设的学校，不能让人给糟蹋了。”

“放心，会如你所愿的。”蔡仲卿转转椅子，背向他，自顾自地品味起报纸来。

京师大学红楼礼堂，江流正在演说：“爱是欣赏，不是给予，更不是占有。或许万千众生里，缘分自有分定，但唯有互相欣赏的爱情观，才能结合出平等与健康的两性，才能获得最自然与灵性的沟通，才是可以称为美的……”台下座无虚席，表情各异。张若兰坐在人群里，凝视着江流，一脸恬静。“美才是情爱的根源，凡要做情人，应当学会先做美人，尤其是在座的各位女生。一个女子要得到美丽的爱情，应该要先努力让自己成为具有美趣的人。一个美的社会应当如同一个大剧场一样，一切女子在里面应该是剧场中的演员。比如我们学校，就应该成立‘美人会’，让每一位女子都学习如何让自己更美：如果女子讲究装饰，那男子也必讲究装饰；如果女子讲风范，那男子必讲态度；女子重活泼，男子重刚强；女子善温柔，男子贵缠绵；女子贵体贴，男子则尚精致；如果女子都能从各种美趣着想，那男子就不能不从各种美趣的地方努力了……”

演讲结束，张若兰和夏莹莹回到教室，听见里面喧闹异常。张若兰纳闷地走进去，只见黑板上写着几个白色大字——“性学博士，滚出京师大学！”赵其正准备下来，还有几个男生猥琐地站在一边，还想怂恿赵其再写些什么。江流马上就要回来上课了，张若兰顾不得许多，一把拉下赵其：“你们闹够了没有，快擦掉。”

旁边观望的男生一把推开张若兰，说：“这是言论自由，你管得着吗？”

便在这时，江流走进了进来，嘈杂的教室里顿时鸦雀无声，江流觉得异样，侧身看见黑板刺眼的几个大字，平静地说：“同学有自己的想法，这很好，遗憾的是往往不能表达得美观得体，更有甚者还会有碍观瞻，影响学校的风气，当然这是可以通过学习改变的。那今天，我们就继续美治主义的第三讲，美的娱乐和心理……”

下课后，京师大学教务处，孟林哼着小调，从抽屉里拿出奖学金表格，说：“干得不错，去把这张奖学金表填了。年轻人，就得敢于和不正之风作斗争……”

赵其站在一旁，接过表格，感激不已：“您放心，有了这钱，我就能交上学费了，我一定好好珍惜。”

《京报副刊》编辑部里人来人往，一片忙碌。何清写了一天的评论，摘下眼镜，揉了揉眼，起身将茶杯续上热茶。李编辑顺口问道：“小何，那风俗调查怎么样了，有读者寄稿子吗？”

何清咽了口水，手指在桌面打起了小鼓：“我这心天天就悬着这事呢，眼瞅着一个多礼拜了，稿子该收到了。”

“但愿多收点儿吧，不然咱们可有大麻烦了……”李编辑边说，边走到印刷机旁。

对桌的女编辑林凡冷笑道：“多收点儿稿子？那国家没得救也是有理了。也不看看是什么下作题目，还有脸面登在咱们报纸上，赶紧想着怎么善后才是正经！”

何清一听，慢条斯理地说起来：“林编辑，情爱也是社会风俗的一种，谁也离不开。这都新时代了，你也得跟上脚步……”林凡瞥了何清一眼，抱着书走出门去。“哎！我话还没说完！你走什么……你！”何清叹了一口气，望着窗外因严寒而冷冷清清的街道，也犯了难。

夜色深深，窗外寒风肆虐，屋内一盆炉火。灯影下，林凡正用棉被把自己裹得严严实实的。虽在读书，但格外心不在焉，她草草地翻过几页，直接翻到结尾，最后索性把书扔在一旁。灯色昏黄，雪花覆上窗栏，陈年往事暗暗浮起，林凡叹了一口气，从抽屉里取出一叠信纸，拿出平日里最合用的钢笔，沾好墨水，深呼一口气，郑重其事地写下四个字——“我的初夜”。端详着这四个字，林凡目光羞涩，她思考片刻，署名一帆女士，一行行娟秀的字迹，倾泻而出：“女儿心事本来不足为外人道，但……”

几天后，《京报副刊》编辑室里，何清一脸喜气地将麻袋中的信件悉数倒在地上：“好家伙，咱们编辑部好久没这么热闹过了。”

李编辑扶扶眼镜，欣喜地说：“真想不到，能收到这么多稿子！大家都来帮帮忙……”林凡听到他们的议论，回过头笑笑，她不敢起身，生怕别人发现端倪。

这时，江流进门，伸手捡起掉在门边的一封来稿，稿件上署名一帆女士。

"我的初夜？一帆？这名字怎么这么耳熟？"林凡一听，心里紧张，脸色涨红，忙低头看报。何清笑道："江教授，咱们这烫手的山芋终于修成人参正果了……"

"咱们不仅拿到了第一手材料，也证明了咱们研究的价值和必要，只要以科学、积极的态度进行调查，老百姓们是赞成且欢迎的。接下来，我还想和各位一齐努力，整理好稿件，结集出版！"

调查报告立刻在全国引起强烈反响，《京报副刊》一纸风行，江流每天都忙着去报馆取稿。那稿件像雪片般飞来，才一个月不到，竟然收到全国各地的稿件两百多篇。他要对数百篇来稿逐一过目，认真披阅，择优选编，这并不是容易的事。最后确定，精选一帆女士、江平、白苹、喜莲、苹子、乃诚、敬仔等七人的稿子编成《性史》第一集，还精心撰写了序言和赘语，并在每篇文章的后面都做了精彩的点评。

江流认为，青年人在改变自己的思想时，更需要具体的详实的指导，因此自己的"美的性育"不应仅着眼于知识的传授，还需侧重方法的介绍。他写道：

儿童时期。男女儿童在情窦未开之前，天真烂漫，要经常在一起玩耍、游戏，以养成一种兄弟姐妹的亲爱，避免因男女人为地分别太严致使涉入邪僻的心思……

成年时期。男女情窦初开，正是危险的时期。这个时期的性教育，指导人最要在使男女知道人类生殖器的构造与生理的关系，及变媾的意义与精神的关系确实在何处。同时要把握好三个关键环节：一是使他们知道生殖器的构造此时尚未完全可以适用，精力尚未满足，身体尚待发展，若纵一时的性欲，势必使生理上留下无穷的后患。二是使他们知道交媾的意义原是一种极普通不神秘的事情，两性爱的快乐，乃在精神上的愉快，不在肉欲的接触。可以通过运动、操练及为社会服务等积极做法，使身体有继续劳苦的运动，则壮年精力有所发泄，自然免为性欲所扰乱。三是将性能量进行升华，于精神上如功课、艺术、科学等的修习与提高，自然能把妄念消灭于无何有之乡。

交媾的意义。男子要等到三十岁，女子在二十岁左右，才为成熟的交媾时期。愈能迟缓其生殖器的接触，愈能增进男女彼此浪漫的才思，热烈的情怀。但彼此的相识上愈早愈好，男女社交愈多与愈公开愈佳……

"神交"的作用。"神交法"精而言之为"意通"，能一方面得到性育的真义，又能得到男女交媾的使命，不在生小孩，而在其产出了无穷尽的精神快乐。

他想，如果能打破一般人对性的神秘感和羞耻感，使男女双方由“肉”的享受达到“灵”的升华境界；从性这种被压抑得最深的问题着手，可以触及人的解放的本质，进而由性的解放达成个人的解放，再上升为民族的解放，因为个人解放乃是国家民族解放的首要条件，而“爱的进化”和“爱的创造”的思想则蕴含着男女平等的因素，在男尊女卑的半封建半殖民地社会尤其具有积极意义。

“怎么样，京师辈有新人出吧？咱们的文妖江流可要把你这个鬼才比下去喽。”蔡仲卿将手中的《性史》递给何适。

何适摆摆手笑道：“何某一生所愿，即是一个‘新’字加一个‘勇’字，管他是谁，只要这二字做得好，就是在下的先生。看完这本书，我还真得赶着润璋叫先生去。”

“说说，怎么就是你先生了？”

何适翻开书，仔细地看了看，说：“书的视角，毋庸置疑，足见作者的天分和雄心，再加上润璋的学识文采，难说不是一部石破天惊之作，此其一；书的封面插图，作者精心挑选了比亚兹来的绘画作品，心思独到，此其二；这其三，书虽谈性，却通篇不着一淫字，而从生命之源娓娓道来，严肃且亲近，冷静而客观，真是难得的奇书……”

蔡仲卿端起一杯茶，半是苦笑半是无奈，眉头紧锁地看着窗外：“《性史》的价值自然是不可低估的，只是这舆论还是让人担心啊，就连京师大学，也不是所有人都能兼容并包……”

开学后的第一次教务工作大会上，孟林狠狠地将《性史》摔在桌上。众教员面面相觑，孟林气急败坏地说：“看看，看看，学校的风气到底都堕落成什么样了，我们的学生上课看的就是这样的书，我们的教授做的就是这样的学问！学生不像学生，老师不是老师，伤风败俗，与禽兽又有何异？长此以往，我京师大学有何脸面妄称自己是一流学府？今天，之所以紧急召集教员大会，就是恳请在座各位切实履行好教员的职责，严厉整顿校风，把此类淫书彻底逐出京师大学！”众教员窃窃私语，无人敢提出异议。

散会后，孟林阴沉着脸，站在办公室里，久久未动，他遥望着那风雨飘摇中的京师教学楼，面色沉峻。半晌，深叹一口气，摇摇头，走回自己的位子，用余光瞟了一眼《性史》，愤然地将书扯碎，拿起毛笔一挥而就：

吾始于京师学堂任管教务，已十载有余。韶华飞逝间，惟愿竭我心智创一流之大学，举救世之贤才。岂料人心难测，每有自暴自弃者不顾国家危难，扰教育之风尚，坏国民之心智。时下《性史》大兴，即属此列，作者讳民俗之说淫奸世道，借调查之名惑乱人心，所牵发恶果，实令我等为学之人痛心疾首。《性史》一日不除，吾民便不得先进，文明一日不正，华夏亦难以自立。还望政府思虑权衡，尽早查封此类妖鬼学说，还复世风之高雅清白……

末了，孟林将信小心翼翼叠起，装入信封，信封上赫然写着“教育部长亲启”。

下了几天的大雨终于停歇，江流和王应在钟声书店正和黎家珍聊天，突然门外脚步声大作，只见一队警察装备齐整、行动有序，涌入书店。领头的指挥道：“给我仔细地搜，所有《性史》一律查封、销毁，不得遗漏！”

听闻《性史》二字，江流和王应不由一惊，黎家珍立刻将他俩藏在书架后面，自己迎上来：“官爷，您看您这是哪档子事啊，要查封也得有个说法，我们小本生意不容易……”

队长一把拿出查封令，说：“这是上头的命令，我们是奉命行事，希望你配合！”

黎家珍看着查封令，只得眼睁睁看着警察把书店里所有的《性史》搬了出去。数百本《性史》堆在门口，过路行人不知发生了什么，纷纷停下脚步围观。一个警察浇上一桶汽油，所有《性史》被付之一炬。

书架后，江流看着窗外冲天的火光，怒意难耐：“封建谬种，专制余孽！中国真没救了！”

焚烧的气味熏得王应一阵猛烈咳嗽：“也罢，也罢，那封建余孽和我这病一样，已是痼疾，深入膏肓，想要医治，岂是一朝一夕的事？我们的努力也不是全然无效，只要不放弃，醒来的人总会越来越多的。”

不多久，众人散去，火光熄灭，地上惟余下厚厚一堆灰烬。江流蹲下来，凝视着这堆灰烬，数月的心血，就这样残忍地消失。灰屑腾空而起，天空阴霾悲凉。

蔡仲卿家里，蔡仲卿正在整理文件和照片。江流脸色沉郁，闷闷不乐。

蔡仲卿拍了拍他肩膀，安慰道："还在为《性史》被封的事郁闷？"

江流苦笑，摇摇头："我真正郁闷的，是这次您真要离开了……"

蔡仲卿拿起一张照片，是江流初来京师大学时，二人的合影，江流意气风发，蔡仲卿则稳重如山。岁月不饶人，不过七八年光景，物是人非。蔡仲卿叹道："是啊，这次是真待不下去了……我在京师大学，辞职数次，每一次都被你们带着学生极力挽留，还记得那联名横幅，让我心痛不已。为了学术自由，为了莘莘学子，为了中国那渺茫的希望，我一次次留下了，这一次……"

"我的书被查，我都忍下了，您又为何执意要走，既然决定要走，又为何还留恋这些照片不放……"

"我留恋的，是昔日那个宽容自由的京师大学。大家意气风发，尽己所能举贤育人，是何等的淋漓畅快，而如今，乱世之中竟再不能容下一方书桌。"

江流默然片刻，说："没有蔡仲卿的京师大学还能叫京师大学吗？"

话一出口，蔡仲卿打断他："政府资金全用于自相残杀，没剩一点儿拨给学校，老师们研究个学问不是被禁就是惹来杀身之祸，这样的大学，连基本的权利都被剥夺了，还有什么待下去的必要？政府已经在安排新校长了，你也尽快想想下一步的打算吧……"

"曾经，您的一本《新青年》让我放弃法国生活，毅然回到这里，想要随着您的脚步，在黑暗中寻得那出口的光亮。"情至深处，江流不禁黯然，"报到那天，你握着我的手，说要一起敞开国民教育的新希望，永远追求真理、超越世俗，勇为国家之新青年。每到懈怠之时，回想起这番话，总会有不竭的信心和勇气。可是现在，如果连您也放弃了，我真不知道我还能撑多久……"

蔡仲卿眼神炯炯："不是放弃，是换一番天地，新青年永远都不会放弃。"

远望楼，僻静的包间里，王应正死死盯着窗外，留心进出客人。李汉冥在内屋，身边聚集了十余名共产党人。李汉冥交代道："大家把刚才的频段和密码记好，以后这就是我们的电台。地下联络站建妥后，会有上线与你们联系，他们都是有经验的老党员，很可靠……"说话间，突然传来一阵脚步声。众人警觉，屏住声息。王应敏捷地掏出手枪藏在衣袖里，小心翼翼走到门边。从门缝望去，只见一个男子站在门外，大声问道："老余，我来了，快开门！"

半晌，王应答道："你找错地了，这儿没有老余。"

那男子一愣，问道 ：“不是永安阁吗？你是谁？”

王应说 ：“我们一早就定下这儿了。”

“兄弟，你开门再说。”那人说。

王应看向李汉冥，李汉冥点点头。王应将门打开，男子看向包间，说：“哦，还真是错了，错了，不好意思，实是抱歉，我这就走，各位海涵。”那男子推出房间，走下楼梯，出去了。

王应走到窗边，将窗帘拉开一缕缝隙，向楼下张望。只见一辆汽车停在路旁，几名伙计装扮的人在下面溜达，那男子走到车前，和车里的人说着什么，一会儿，几个伙计打扮的人全都朝远望楼走了过来。王应感觉不妙，赶紧招呼大家 ：“不对，有诈，咱们快走。走后门，那边有个集市，出去后尽快分散。”众人紧张有序地撤出了房间。等几个特务冲上楼，屋里早已空空无人。

孙冉和行动队长站在魏国桌前，垂手低头。魏国拍案而起，指着两人大骂不已。突然，电话铃大响，魏国看着电话说 ：“要是上面追查下来，我就把你们的脑袋全拧下来。”

二人不敢作声，魏国拿起电话，边听边应道 ：“是，是，您放心，下次我一定亲自带人去抓，绝不放走一个共匪。”放下电话，魏国一脸疲惫地坐在椅子上，闭上双眼。孙冉二人一时不知该如何是好，魏国怒道 ：“还在这儿挺尸？！都给我滚！”二人如获大赦，走到门口，魏国的声音又在身后响起 ：“回来！”

孙冉一身冷汗，转身回来，赔着笑脸，说 ：“次长还有何吩咐？”

“在酒楼看见戏院的王老板了吗？”

孙冉答道 ：“次长放心，兄弟们都知道他是您的朋友……”

魏国喝道 ：“行了，以后把小聪明用到正道上。”

“是，那下次要见到他，您的意思……”

魏国瞪着孙冉 ：“你说呢？！”

蔡仲卿到底还是走了，而孟林告密有功，竟然成为了教育部钦点的新任校长。从教务处搬到校长室，他坐在觊觎已久的座位上，仿佛在做梦一般。教育处干事小刘来找他，递上一份文件，说 ：“校长，这是本学期要续聘的教授名单，您过过目。”孟林展开一看，江流的名字赫然在上。他冷笑一声，拿起朱笔，毫不犹豫，在上面划了一个大叉，说 ：“此等奸淫下作之人，绝不能容！”

残阳如血，北风骤起。那刚抽出新绿的树丫在风中萧然起舞，一地凌乱。

江流坐在餐馆大厅里，呆呆地看向窗外："谁念北风独自凉，萧萧枯叶闭疏窗……这初春，天气还是寒得很，这新叶被风的凋落比那枯叶更令人痛惜啊。"

"怎么说起丧气话了？这不像你啊……"王应说。

"蔡校长一走，我就被开除了，现在连吃饭都成了问题，还得让你破费……"

"这要是就难倒了你，你也不是我认识的江流了。"王应点了几个小菜，一壶清酒。

"从法国回来，是一心一意要以文化思潮救国的，真没想到，只研究了个性史，就遇到这么大阻力。看来，要彻底推行新文化，还有很长一段路要走。"

王应倒上酒，两人一饮而尽。王应说："我早说过学校靠不住，那你下一步想怎么办？"

"反正这条路走不通，那就换条路走，新青年决不放弃。"

曾经笑傲江湖的三兄弟，如今天各一方，江流是最理智的，但如今，却也是最迷茫的。王应咽下了心中的痛，笑道："要不你也做个生意试试？"

没想到这正合江流心意，他一本正经地点点头说："我还真想开个书店，一来可以提供些进步书籍，传播新文化新思想，二来，"他压低声音说，"还能为同学们建个免费看书的场所，你们就是碰头也有地方……"

"这个想法不错，我可以帮你筹个本钱。"

说话间，何清与孙伏园进门，何清眼尖，一下子看到两人，连忙打招呼，江流把几个人介绍了一下。

"江教授……"何清欲言又止。江流说："就叫江流吧，我已经离开京师大学了……"

"你也辞职了？"何清一头雾水，"我刚听说蔡仲卿、何适、周作人他们全走了，那现在的京师大学岂不……"

"学校换了新校长，正在严肃整顿被我们败坏了的校风。"

孙伏园在一旁冷笑："中国教育界算是全军覆没了。"

何清关切地问道："那你想没想好去处？我们报社的大门可一直为你敞开。"

"我刚还和王老板说想开个书店试试。"

"开书店好啊，"何清欣喜道，"你去找我们潘社长，他一直想开个进步书店，正愁没有合适的人选。这事就交给我吧。我去和社长说。来，为了书店，哥几个喝一杯。"

孙伏园放下酒杯，说：“我今儿听来一事，也算是件奇闻。你们可知道，当年大名鼎鼎的护国娘娘如今身在何处？”

王应突然想起什么，对江流说：“你们学校不是还有人要为她写传记呢吗？”

江流点头答道：“是有此事，当年八国联军侵华之时，多亏她与德国统帅瓦德西巧妙周旋，要求减少赔款，整肃军纪，才让京城百姓免吃了好多苦头。大家感激她，所以叫她护国娘娘。”

“可惜世事惨淡，”孙伏园叹了口气，“佳人如今垂垂老矣，无人问津。听说她就住在石头胡同，连房租都要支付不起了，境况很是不堪呐。”

王应问道：“伏园兄是打哪听来的？”

孙付园从包中翻出《申报》，放在众人面前：“这上面写得清楚呢！”

窗外，又是一场冷雨，潇潇而至。

第五章　漫　途

1

傍晚，天色渐冷，江流裹紧大衣走进家门，他顾不得和褚鹃说话，一进门就翻箱倒柜找东西。褚鹃正在练字，十分诧异，说："你找什么？火急火燎的？"

江流边翻边说："一个丝绒盒子，里面有条翡翠项链，我放哪儿了来着？"

褚鹃突然想到自己生日那天，抽屉中的那条璀璨夺人的祖母绿项链，连忙走过来，说："我知道，你找它是要？"

"有朋友急用钱，我要当了换钱。"

褚鹃一下变了脸色："没用？没用你买它干吗？"

"本来是想送给一个女孩来着，可是后来因为战乱她离开了我，我们从此再没见过面。"

褚鹃眼中的光芒逐渐黯淡下来，看着江流的背影，眼中满是哀伤："我真傻，还以为那是你买给我的，想在什么时候给我个惊喜，想拿着它问我愿不愿意和你在一起。看来，我又错了。你心里到底住着多少人，是不是从来就没有我的位置？"江流愣住了，站起身，回头见褚鹃已是满脸泪痕。"你为什么当初要帮我，让我留在你身边，我以为我也可以拥有家的温暖和幸福！"

或许曾经有那么一瞬，他是愿意和她在一起的，可命运弄人。江流缓缓地说："褚鹃，我是真心想帮你，我欣赏你的勇气，希望你能过上你想要的生活……"

褚鹃走到桌旁，拉开抽屉，从里面拿出丝绒盒子，含泪望着江流，说："对不起……如果有一天，你发现我再不胡闹了，那就是我真的不在乎了。"

江流望着褚鹃转身离去的背影，紧紧地攥着盒子……但没时间了，他飞快地跑出门。褚鹃听着关门声无情地响起，泪如雨下。

江流急急地走进当铺，里面灯火昏黄，掌柜正闭目养神。见江流行色匆忙，掌柜故作怠慢，慢悠悠地说："不错，不错，货是好货，这水头难得一见！"

两人谈定价钱，江流想到褚鹃，心疼不已，但也不顾了了："掌柜的，过几日我就来赎，您帮我收好了。"

"按规矩，顶多也就等你三十天。三十天以后，我就不敢保证了。"

"三十天，我一定来。"江流看了眼项链，揣着银票离开了。

城南柳荫胡同，人迹罕至，巷弄大多人家都已搬走，仅剩的几户也是门庭寥落。江流揣着昨日孙伏园带来的报纸，转过巷口，走至一座院落门前，这是唯一一处没有悬挂红灯的院落。赭红色的院门虚掩，青石板间苔迹斑斑，戗檐上"平安如意"的砖雕业已残破，影壁墙上"福"字不堪凋零。蛛网斜挂，衰草满园。

江流心下叹息，推门轻声而入，却见四合院中一个蓝布衣裙、头梳飞凤髻的妇人正在院中炉台生火。狂风卷地，柴火难燃，妇人手拿蒲扇煽风助火，反而招来滚滚浓烟。妇人咳嗽不止。江流这才回过神，紧着脚步走上去，蹲在妇人身侧，帮忙烧柴。赛金花听到声响，回头见是生人，唬了一跳，下意识地用手梳理发髻，又擦了擦脸。江流细看赛金花形容，虽说徐娘半老，风韵却是一毫未减，依稀透露着艳绝一时的倾城之姿。

又是一阵疾风袭来，膛内炉灰木屑悉数卷起，赛金花忙将蒲扇遮脸，江流未及躲开，落个一脸灰。赛金花扑哧一笑，把他拖进屋。江流周遭一看，只见家道壁立，潮湿阴寒，却有一盆海棠斜倚门边，顿时陋室生香。赛金花将随身的绢子递给江流："我这儿一人冷清惯了，没什么招待的，见谅。"

江流一面接来擦脸，一面说："是我唐突，信步至此，失了方向，加上口干难耐，只好冒昧前来讨碗水喝。"

赛金花含笑，将茶杯递与江流："这是苜蓿叶子煮的茶，先生既是有缘之人，想必也会喜欢。"

江流接过茶杯，一股淡苦香气轻轻入鼻，他低头轻抿一口，说："味道清淡如水，但若仔细品尝，却又有一丝甘甜，原来野草根子也是能入茶的。"

赛金花笑道："不但能入茶，若喝惯了这野草根子，那些名贵的好茶反倒无味。"

说话间，江流把弄着茶杯，不经意间发现杯底有一行法文小字：cestlavie。江流会意，笑着举起茶杯朝赛金花晃晃："所以，这就是生活？"

赛金花面露喜色："先生也懂法文？"

“早年在法国留学，略通一二。这杯子，倒是勾起我许多回忆，哎，那是我这辈子最自在的时候了。”

赛金花转身凝视着江流：“先生当年必是心系故国，希望能在自己的国家有一番作为，故舍弃那罗曼蒂克之邦。怎料江山易变，前途依旧苍茫，纵使浑身解数使尽，也没能换得个好下场……”

赛金花屋内居然连个灯泡都没有，只有一盏旧时油灯，她拨动烛心，陋室骤然亮了几分。江流一见，惊讶不已，在法国，伊莲房内也有过那么一盏，因为太美，从来不用。江流黯然叹道：“昔日轻纱罗裙，芳冠千红，每日与达官权贵相交，不让须眉，颦笑间，便能救国于水火，那样的日子，不怀念吗？”

赛金花微微一笑，悠悠地谈开了：“虽说怀念，也不过因为它是我记忆的一部分，你提起的那个名倾天下的女子，我想念她，却并不羡慕……不过都是一种经历。”

江流不禁感叹：“可既已尝遍人间美味，习惯锦衣玉食，野菜根子又如何咽得下？”

“你看那株海棠，它本生自皇家园林，如今随我沦落，还不是一样开得鼎盛。这么多年，我们都努力活着，不到最后一刻，决不放弃。”江流心中似有所动，赛金花轻轻点头说：“很多时候，只有前面的苦心经营，才有后来的美好结局。只要日子没到头，哪有什么懈怠的道理？”

“这番话，江某一定铭记在心。”江流感慨，这赛金花，明明就是自己的知心人。“不想您历经种种，仍有此淡泊心境，令在下感佩。”

“如今虽好，却也并非我心中所向。可能是上了年纪，近来总是惦念起生养我的水乡来。三十载恍若一梦，不知我还能否有机会回到那里，泛舟湖上，逍遥终老。”赛金花望着窗外，泪眼盈盈。

“望阙云遮眼，思乡雨滴心。终有一日，您会再见到故乡山色的。”满室简陋皆不见，江流恍然只觉身侧海棠灿如明霞。

京报社长办公室，潘社长、黎家珍与江流在沙发上对坐，饮茶闲聊。潘社长对江流的来访非常高兴：“《性史》一书已足见江兄的营销头脑，有你帮我们开这个书店，我就放心多了。”

“江流自会全力以赴。”

“咱们现在商量商量书店的准备工作。家珍，你是专家，店铺里大大小小的事，尤其是进货、销售的渠道流程，你先带江老弟多跑跑。资金这块儿不是问题，报社会想办法在最短时间内把钱凑到。至于怎么经营，是何种理念，就全依江兄裁夺了。”

江流心中早就有规划，胸有成竹地说：“这些日子我也在盘算，虽然还没理出个头绪，却得了一个好名，就叫‘美的书店’，意在为国人传递新知，谋求美好人生。”

经过几周的筹备，美的书店已现雏形，宽敞阔亮，东西南北四侧各排四大书架，分为文、哲、数、史四块名牌。墙面尽是古人勤勉为学之语，墨香四溢。通往第二层的木质楼梯斜倚门边，几个伙计穿梭其中，脚步如飞。二楼是间法式风情的咖啡厅，落地窗幔纱轻拢，座椅雕花精致。江流抱着一摞新书，走至餐台的壁橱前，将精心挑选的新书一一摆放。伙计走来，接过书，说：“掌柜的，黎老板让您下楼，说是人都到齐了，就等着您过眼呢，书店的匾额也送来了。”

江流随伙计下楼，在楼梯间看到六位身高相等、身材匀称的姑娘排成一队，均着统一制服，面容清秀，气质出众。见到江流，姑娘们便一齐鞠躬行礼：“欢迎光临美的书店。”

江流见状大喜，拍掌道：“好，好！就是这个效果！”

一旁的伙计却在撇嘴，小声嘀咕着：“女人能顶什么用……还穿成这样！”

江流并不作声，转身从旁边拿了一件新的店员制服，递给其中一位姑娘，说：“你来帮这位哥哥把衣服穿上，看看合体不。”

姑娘接过衣服，朝伙计走去，柔声说：“哥哥请。”

伙计羞得面红耳赤，不敢抬头，只嘴上含糊道：“好说，好说。”

众人笑作一团，江流更是打趣他：“人家只叫了声哥哥，你脸红什么？”

伙计一脸无奈，嚷嚷道：“哎哟掌柜的，我哪受得了这个？”

“她若卖书给你，你受得了吗？你要知道，在销售方面，人家可比你有招。”黎家珍在一旁含笑点头。伙计红了脸，跑到里面没影了。

黑金匾额悬挂门楣正中，上面系着红绸大花。书店内外张灯结彩，喜气洋溢。一切准备工作就绪后，书店开张仪式正式开始。锣鼓齐鸣，鞭炮齐响；舞狮表演精彩绝伦，围观百姓不断鼓掌叫好。江流、黎家珍身穿正装，男女店员均着统一制服，笑容满面立于书店门外。

“美的书店之所以名为美，就是希望大家能在美的环境中汲取新知，陶冶性情，共迎美好生活。书店永远不会停下追求美的脚步，也永远欢迎爱美的朋友们和我们一起努力！今天是开业的第一天，书店决定，凡来购书者皆免二成书费，并送精美礼品一份，欢迎大家尽情选购！”

人群里响起掌声，一高个儿男子带头高呼：“那还等什么，还不看看去！”一时间，众人纷纷拥进书店，不消一会儿，书店里里外外人头攒动，挤得个水泄不通。众店员各司其职，为购书者耐心服务。款台处，排起了长队。女店员悉心包装书籍，礼貌服务，笑容甜美。那顾客一个个都禁不住，连连道谢，出门时仍不忘回头张望。

江流、黎家珍立在门口，迎接前来贺喜的宾客。一只手突然搭在江流背上，一个声音阴阳怪气地说：“哟，江掌柜有两下子啊，不声不响地就把这么大一个书店给开起来了啊！”

江流回头，一把搂过那人，笑道：“就属你小子嘴利！”

王应哈哈大笑，他身边还站着李汉冥。李汉冥环顾一周，感叹道：“润璋将书店取名为美，用心良苦啊。”

“学校待不下去，就换条路走，这书店多少也能传播点美学新知，总之不到最后一步，决不放弃。”李汉冥点头，若有所思。

王应忍不住打趣道：“江教授成大哲人了？”

“哪里哪里。”江流一边说一边领他们上楼，“是前日一位朋友点醒。瞧我，一高兴都不知道要请你们进屋了，走，咱们楼上说话。”

“还有楼上？你小子什么时候发的家？”王应继续调侃。三人笑着走进书店，上到二楼。咖啡厅虽未开业，摆设倒也齐全，自是一番清雅之味。

王应四处打量，说：“楼上是别有洞天呐，你是怎么想到要在书店里开咖啡厅的，还这么有风情？”

“北京的学生一直没什么好环境读书，不像在法国，学校旁边就有一条街的书屋和咖啡馆，我想至少要北京的学生感受一下浪漫法国的优雅气派，所以设计了这个。”

李汉冥走到壁橱，看着满柜的书籍，有点激动，说：“要是能在这儿上课，一定很惬意。”

“以后你们的党组活动可以改到这里，”江流走到李汉冥身边，说，“反正戏院也暴露了，有个书店总比到处打游击强。”

王应有些担忧，说：“这里是不错，也隐蔽，但最近风声太紧，我们不能让你涉险。”

“你知道风声紧，为什么还不离开北京？”江流的担心溢于言表。

王应笑道：“我自有我的道理，任务结束之前，我哪都不去。”

“北洋政府杀人什么时候求过对错，离开不是放弃，而是保存实力，革命不能只靠勇气，还要有策略。”李汉冥也开始劝王应。

王应话锋一转，问道：“那你呢？和我一起走？”

“你我情况不同，我好歹是京师大学的教授，马克思理论本就是我的专业，没有真凭实据，他们不会对我怎么样。你的工作会有其他同事接管，这几日，戏院里的东西该处理的处理，该烧掉的烧掉，然后立即出城去南方。”

京师大学的校长室，已经被孟林改得差不多了，他自认异己已除，又有教育部罩着，这大学自然是他的一片天下。他越想越得意，不由自主地哼起了贵妃醉酒的小曲。小刘走上来，讨好地说：“孟校长，自打江流走了以后，这学校可是清净多了，学生们都不闹事了。”

“祸首虽除，尚有余孽。我看那李汉冥也不省心，留下早晚是祸害！”

“听说他把那帮赤化学生都弄到了江流书店搞读书会，您说，他们不会串通起来，密谋造反吧？”

“造不造反我不管，别把我的学生带坏了。”孟林兀自品着新茶。

小刘试探着说：“要不咱给他报官，说美的书店是个共匪窝点？”

“这没凭没据的，告人家什么，小心被反咬一口。”孟林摇摇头，“欲擒故纵，才能事半功倍。”

美的书屋干净宽敞，各色书籍整齐排列。店内七八客人，或找书，或挑着一本顺心的在一旁细读。江流走到读书室窗边，屋内，李汉冥正在为共产主义青年团的同学们演讲，张若兰、邓康、夏莹莹均在其列。“我们都知道，一个新生命的诞生，必然要经历一番痛苦，必须要冒许多危险。这新纪元的创造，也会一样的艰难。这等艰难，是进化途中所必须经过的，我们无需恐怕，更不会逃避……让我们从现在起，就做好一切准备，为这光明的一天不懈奋斗！”学生神情激昂。“明天的内容是河上肇先生的《资本论研究》，由江流教授给大家讲解。”

下课了，张若兰和江流并肩出了书屋，边走边聊。张若兰说：“同学们都很喜欢您的书店，能在这儿开读书会，真好。”

“学校现在怎么样？”江流问起学校的情况。

张若兰眉心一沉，说：“孟林当了校长，管得很紧，青年团的活动很难进行下去，进步书籍也被查得很严。”

“现在不光是学校，政府也盯得紧。你们要小心，凡事警惕些，暂时不要发展新团员了。”

“这个李教授也嘱咐过，我们会注意的。”若兰咬紧嘴唇，说，“江教授……我表姐她……你们还好吗？”

江流平淡了很多：“她在忙结业论文吧，我也几天没见到她了。”

褚鹛和孙冉正坐在街边的咖啡馆里，褚鹛看着窗外的天空，有点心不在焉，说：“我不喜欢冬天，什么时候春天才来……”

孙冉目不转睛地盯着她：“我也不喜欢。可对我来说，认识你以后，就再无冬日苦寒之感了。”

“现在就只有你愿意哄我开心了……”褚鹃勉强笑着。

孙冉轻轻握住她的手，说：“我愿意给你更多的快乐，更多的安慰，更多的幸福……”

褚鹃心中感动，刚要说什么，突然瞥到窗外，见江流、张若兰并肩走过，有说有笑，她倏地抽出手，满眼失望。孙冉转眼一看窗外，面沉如水。

校长室里，孟林泡上一壶热茶，晃着二郎腿，格外悠闲。赵其垂手而立，恭敬小心。孟林看了他一眼，问道：“小赵啊，你加入那个社会主义青年团也有一阵了，都有什么收获啊？”

“最近查得严，团里没什么活动。您不必担心。”赵其毕恭毕敬。

孟林瞪了他一眼，颇不满意：“我怎么听说他们在搞读书会啊？”

“这……”赵其犯了难，“是有读书会，但是不在学校，而且只有团里的核心骨干才能参加……”

孟林盯着他，突然来了一句：“你不是骨干……我看你申请公费留学的事就算了吧。”

赵其一惊：“孟老师，您再给我个机会。我会想办法进到读书会里的。我一定尽快……”

孟林这才露出笑容：“小赵啊，做人最重要的是诚信，我答应你的事，我会做到。所以你答应我的，也别让我失望。”

一日，下课后，邓康收拾书包准备往读书会走，突然听见有人叫他，是赵其。他说：“我查了图书馆的记录，河上肇的《资本论研究》你借去了？”

“是在我这儿。怎么了？”

赵其眉头一皱，故作心急地说：“我在写一篇关于他的文章，有几个问题怎么也想不清楚，又查不到可靠的资料。所以我想再把《资本论研究》拿来看看，看能不能有些头绪。”

“你怎么突然对河上肇感兴趣了？”邓康疑惑地问道。

赵其憨厚一笑：“是看马克思理论的研究文献里经常出现这个名字，就找来他的文章翻了翻，他的观点又深刻又独到，很给我启发。”

“也对，他每每以孔子的‘求道’鞭策自己，挺合你口味。”

“甭开我玩笑了。书你什么时候用完？我的论文可急……”

“急？还看什么书啊？走，我带你去见研究河上肇的专家。”

读书室，张若兰、夏莹莹等十余名学生坐在下面，都听得入神。江流正在声情并茂地讲课：“河上肇先生的这本著作对中国革命者也产生了深远影响，尤其是他对真理不懈追求的精神。他在书中说到，只要面前出现了真理，无论其为何物，都要不踌躇地立即接受之。既已接受，便追究不息，敢于不顾身家性命，无视毁誉褒贬……”

邓康、赵其推门而入，向江流鞠了躬，忙找了位子分别坐好。江流见到赵其，略有迟疑，还是继续了讲课：“即使最终不得不身陷当初未曾料及的危险、失败或困窘境地，亦不逃避，不畏缩。然而，如果一旦发现最初认为是真理者实际并非如此，也会不拘泥于以往的一切情况，断然抛弃之。这种真理观尤其适用于我们对中国社会道路的探索，既要坚持不懈，又必须敢于正面总结我们的问题和教训……”学生们认真做着笔记，赵其也听得入迷。

丙寅年注定是一个不安分的年份。二月里，刚过完春节，北京城的大街小巷还残留着喜庆的味道，家家户户无不贴着红对联，高升着红灯笼，祈福一年顺顺利利、平平安安。然而，三月初，年的余味儿还在，却发生了一件举世皆惊、令人发指的事件：日本军舰居然在天津大沽口炮轰当地驻军，蓄意挑起“大沽口事件”。

大沽口地势险要，为京津屏障，曾是两次鸦片战争的主战场，历来是侵略者“威胁天津、压服北京”所密谋的一部分。三月九号，冯玉祥率领驻守天津大沽口的国民军开炮击退奉系军舰，并在大沽口设置水雷，封锁港口。而西方列强认为国民军故意违反《辛丑条约》，要求撤除一切入京障碍。十二号，就在大沽口国民军宣布开放口岸的当日下午，日本军舰蛮横无理，开炮轰击大沽口，造成多名国民军士兵死伤。

晌午时分，街巷慢慢地热闹起来，各色小吃云集，叫卖声迭起，路人不绝。长安街上，一辆人力黄包车驶过，车上坐着一位戴金丝眼镜、留八字胡须的中年男子，他衣着考究，怀中抱一方红布锦盒。车夫不过十六七岁年纪，形容瘦削，布衫褴褛，拉着车子颇为费劲。到了北洋执政府，中年男子用不熟练的汉语指挥道：“停车。”车夫赶紧停车。村上走下，掏出一锭银子扔在地上：“车钱，不用找了。”车夫见是银子，忙跪在地上捡起，放在嘴里咬了咬。村上轻蔑地笑着，理理衣装，拐进北洋执政府大院。

此时，许昌正在办公室，室内温暖如春，他只穿了一件汗衫，带着一副老花镜儿，翻着一份老棋谱，看得入迷，口中念念有词。门响三声，秘书进门，说：“许老，日本公使村上先生到访，想要见您。”

许昌并不抬头，说："问他什么事？"

"说是想和您谈谈大沽口炮台……"

秘书没说完，就被许昌打断："谈个屁！把军舰开我家门口了，还轰上一炮了，现在来说谈，谈什么谈？！"

秘书应了一声，但还是继续说道："他还说为了表示诚意，特意为您准备了一份厚礼。"

许昌一把摘下老花镜，恼怒道："少跟老子玩这套！你告诉他，老子见过的稀罕物比他们小日本的人都多，让他滚蛋！"

秘书小声说："许老，他带来的是冷暖云子棋……"许昌一怔。

不一会儿，许昌、村上二人对坐茶围，茶台中间是一方紫红色檀香木盒，盒上蛟龙金光四射。许昌摩挲着锦盒，感叹道："不愧是崇祯年间的宝物，这么多年，也没见破旧。"

村上笑道："真正的宝物在盒中，许老一试便知。"

许昌小心打盒盖，里面分成两隔，一边是黑子，乌亮剔透，另一边是白子，无暇晶莹。他甚是惊奇，连声赞道："好子！好子！相传这副冷暖云子棋是云南永昌县的千年云石所造，历经八载打磨，白子胜过和田玉，黑子强似徽州墨，被誉为棋中至宝。今日有幸一见，果真不负虚名。"

村上微微一笑："田妃娘娘为讨得崇祯皇帝欢心，千辛万苦寻得此石，也算是精诚所至，金石为开。"

许昌大悦："你们日本人倒是对我们的文化烂熟于心。那你可知这围棋的妙处？"

村上摇摇头，起身行礼："请许老赐教。"

许昌看看他，颇有深意地说："当年尧帝苦心造棋，以教子丹朱，就是想告诉儿子，世事皆如棋局，所谓方如棋盘，圆如棋子，动如棋生，静如棋死，此间变化莫测，切不能为一时之胜而遮蔽双眼。"

"想必许老一定也知道后面的四句话：方如行义，圆如用智，动如逞才，静如遂意。既然世事无常，何不于方圆之间，动静相宜，求得顺势变通？"许昌沉默不语。村上眯起眼睛，继续说道："如今时局不用我多说，临时政府夹在张冯中间，总归受制于人，不如与一方合作，破此鼎足之局，此为其一；其二，共产党和那些民主人士最会煽动民心，若借此事势力大增，那便是助了敌人气焰，得不偿失；至于其三，许老您胸怀大志，如今在内阁只落得个区区司法总长，您就不想在晚年东山再起，成就一番事业？"

"你想要我做什么？"

"不费一兵一卒，将大沽口一事平息。"

许昌听得冷汗直冒："我没有这个权力。"

村上显然有备而来："您的旧部贵为总统，性格却优柔寡断，您岂能看他因一时犹豫送了前程？"许昌手微颤，摩挲着黑子。村上恭敬地把锦盒盖好，放到他手上，说："棋子在您手上，才能各司其职。"

大沽口事件一出，民愤四起，但事情急转直下，日本政府竟以破坏《辛丑条约》为由，公然向中国提出抗议，并纠集《辛丑条约》八个签字国的公使，于十六日发出最后通牒，提出彻底拆除大沽口国防工事、北京至出海口的交通不得设置任何障碍等无理要求。第二日，八国军舰居然云集大沽口，大兵压境。时局维艰，北京国共两党联合召开"北京国民反日侵略直隶大会"，抗议日舰炮击大沽口，呼吁执政府为废除不平等条约而战。

2

读书会上，同学们听说冯玉祥的部队将日本军舰驱出了港口，都觉得解气。张若兰却愁眉不展，她父亲为了处理这事，已经几天几夜不眠了，她说："现在还得看临时政府是什么态度。听说八国公使已经下了最后通牒，强令政府必须拆掉大沽口的国防设施，期限是48小时。没准这段祺瑞是又要妥协的，他为人从来都是小心求稳，逢迎讨好各个派系。"

江流点头说："这也是我所担心的。北洋政府一向外崇国信，从没有过强硬之态，只怕这次也难经得住威逼利诱。不管怎样，我们不能袖手旁观。"

邓康激动地站起来："没错，国难当头，我们必须给政府施压，要求他们驱逐八国公使，打倒帝国主义列强！"

同学们相继站起，纷纷举起右手，高喊口号："驱逐八国公使，打倒帝国主义列强！"赵其起先有些犹豫，见身旁同学全都站起来了，也只好跟着起身附和几句。

"同学们的心情我理解，施压是必要的，但具体方案还得好好策划。眼下，我们正在争取国民党北京执行部、北京总工会和北京学生联合会的支持，游行路线也尚在计划，还有两天时间，大家切记要听从指挥，不能莽撞。"江流说，"游行的具体安排我会再告知大家。"

读书会结束，众人从美的书屋出来，赵其忙不迭地去找孟林告密。

"什么？又要游行？"孟林听了，一口茶水没咽下，全都呛了出来。

赵其点头说："学生亲耳听到的，绝不会错。"

"又是那江流撺掇的？这帮赤化分子，真嫌命长啊。"

“可是，孟校长，您一向不也最痛恨辛丑条约的吗？”

“痛恨归痛恨，但也不能由着性子胡闹啊。这个节骨眼，政府上上下下正焦头烂额呢，他们乌泱泱地闹去，还不给人添堵吗？再说了，这段祺瑞是谁，能由着他们牵鼻子？人越多就越难收场，你当这偌大的北京城，只有螳螂会捕蝉？”

赵其离开办公室，孟林手脚发抖，坐了好一阵子才缓过劲儿来，最后还是拿起了电话：“喂，警察局吗？”

魏国临窗站着，端着一杯茶。孙冉拿着文件袋匆匆进门汇报：“次长，许老下令，要求我们密切注意北方共党，必要时配合南方革命军，歼灭共匪，共迎和平。”魏国点点头，示意孙冉把文件袋递到桌上，上面用朱笔写着“绝密”二字。

孙冉走后，魏国将文件打开，里面是活跃在北京地区的共产党员名单，密密麻麻的名册中，他一眼便看见了王应、李汉冥、邓康。他心中五味交杂，拿起笔将王应的名字圈个圈，眉头紧锁。

当天傍晚，魏国叫来江流、王应，说是兄弟几个聚一聚。大家围桌而坐，魏国有意提醒说：“来，咱们几个有日子没见了。江流，最近你弄的什么《性史》，虽然火，倒是要注意下影响。来来，今儿不醉不休啊。”

江流早就知道他葫芦里卖的什么药，淡淡地应着：“也不知道三弟怎么样了，上次一别，再没了消息。”

“我看，周鲁兄弟是不愿意同流合污、苟且偷生，只要他自己寻好方向，日后必定有所作为。”王应略带讥刺。

魏国碍于情面，也不争辩：“是啊，三弟远走高飞，想管也管不上了。倒是最近京城里的共党不能不让人担忧啊。”王应举着的酒杯停放在嘴边，心中警觉起来。

“大哥指的是共产党？”江流认真地问道。

魏国舀了一碗汤，叹了一口气，语意里不无提醒：“最近他们很是猖獗，把局势搅得乌烟瘴气，乱七八糟，政府不排除大肆剿杀的可能。”

“笑话！政见不同就要剿杀？号称民主共和的政府若连一个党派都无法容下，那和晚清专政又有何异？”王应冷笑道。

魏国青筋暴起，强颜苦笑：“政府决定的事，自有它的道理，咱们这些老百姓，只管服从就是，二弟何必操这个闲心？”

江流点点头，望望王应，轻描淡写地说：“大哥，江流是一介文人，不操这心也就罢了，你堂堂司法部次长，怎能坐视不管？”

魏国听出他话中带刺："我不过是给政府跑腿的，说不上话。何况诛杀乱党，自古有之……倒是二弟你，学问做得久了，未免太书生气了。"

魏国还是透露了自己的本意，江流气愤地说："诛杀乱党？你指的是当年的你自己吗？照这么说，咱们那会儿被人追杀是罪有应得了？那些死了的弟兄们也全是死有余辜？大哥，你现在手握重权，怎么能黑白不分呢？"江流的质问，如同一把匕首，劈开了魏国心中结痂的伤疤。

"二弟，这么多年了，一说起这些，咱们就说不到一块去。不如还是老规矩，你我之间莫谈国事，只谈兄弟情义。"

"兄弟，我真不知咱们这兄弟还能做多久了。"

见二人颇有剑拔弩张之势，王应起身解围："个人生死，何足挂齿？还是多谢魏部长好意提醒。"说罢举杯，魏国犹豫了一下，一饮而尽。

湖广会馆，月满西楼，幽星点点。街巷犬马声色，繁华如梦。人群熙攘间，李汉冥头戴礼帽，一身黑色西装，朝戏院走去。到了戏院门口，他点了根香烟，压低礼帽，四下环顾，排队等候入场。王应站在戏院门口恭迎客人，突然看见不远处李汉冥，心中一惊，正想过去提醒，腰间被人一碰。他一回头，却见警察局段队长换了一身便衣，亦在人群中左右张望，已与李汉冥相隔不远。他忙站到段队长身侧，鞠躬打岔："段队长，又来捧我的场啊？"

段队长露着两颗大金牙："谁让今儿有小玉香呢？"

王应佯骂身旁的伙计："怎么能让段爷在这儿排队买票呢？不长眼的东西，还不快带到雅间，好生伺候着！"

段队长眯着眼笑道："有劳！"王应回头再望，已不见李汉冥身影。

戏台上正演京剧《野猪林》，那林冲正悲切地唱道："大雪飘，扑人面，朔风阵阵透骨寒，彤云低锁山河暗，树林冷落尽凋残。往事萦怀难排遣，荒村沽酒慰愁烦。望家乡，去路远，别妻千里音书断。关山阻隔两心悬，讲什么雄心欲把星河挽。空怀血刃未锄奸，叹英雄生死离别遭危难……"

"好！"台下票友纷纷叫好。

李汉冥坐在后排角落，微微鼓掌。这时，伙计过来添茶，趁人不备，蘸茶水在桌上写下一个"6"。李汉冥瞟了一眼，抹掉水渍，少时，略看四周，起身朝戏院楼上走去。6号房间，门内烛光跃动，隐约坐着几个人，李汉冥有节奏地轻声敲门，随后推门而入，反手掩上门。

王应和工友们正等着他，李汉冥神色严峻，说："形势危急，长话短说。南方已经开始对我党实施清剿，武汉、广州的党组织都遭到了破坏。王应同志刚得到消息，北洋政府也会参与暗杀，并已经初步掌握了咱们的一些情况。为了安全起见，上级命令一定要小心行事。从今天开始，必须减少碰面，戏院也要少来，联络方式全部转为地下。如果有必要，我会再次召集大家。”

一场始料不及的腥风血雨即将到来。

魏国靠在办公室的沙发上闭目养神，右手转着两枚核桃，磕拉作响。警察厅厅长吉怀衷敲门进来，立正行礼。魏国依旧闭目：“说。”

吉怀衷斟酌一番，说：“属下接到线报，游行一事属实。”

“又是那些学生？就由他们闹去，吆喝吆喝也就罢了。”魏国心里对学生游行颇不以为然，认为成不了什么大气候。

吉怀衷上前一步，说：“线报说游行的组织者是共产党……”魏国睁开眼睛，手停下。“他们还联合了北京的国民党以及工会、学生组织，规模不小。”

魏国深吸了口气，面色凝重：“传令！马上召开部署会。”吉怀衷点头离去，魏国看看窗外，天地之间一片昏黄，沙尘肆虐。

此时此刻，江流、李汉冥、王应以及国民党、工会、市学联代表在美的书屋内筹划游行事宜。江流进行游行前的最终策划，众人围在一旁聚精会神地记录。江流指着地图说：“这是我们拟定好的路线，大家记好自己队伍的集结地和疏散地。明天早上八时，我们在铁狮子汇合。”众人点头，李汉冥又嘱咐几句：“为了安全起见，队伍里要指定几名有经验的同志做保障，要做到不能有一个人掉队。如果遇到警察拦截，大家一定要保持好队形，不能恐慌。总之，一切安全第一。如果遇到意外，大家就从各自的疏散路线立即撤退，不要硬碰硬。”

众人分头行动。王应看着江、李二人，说：“我任务呢？”

李汉冥说：“游行你就别参加了，太危险。”

“那么多同志都去了，我为什么不行？咱们配合了这么久，我不是个冒失的人。”

李汉冥停下笔，郑重地说：“可你是个对组织来说非常重要的人，我不能拿你冒这个险。”

“汉冥说的对，”江流接口道，“我也不同意你去。我们的队伍都是京师大学的学生，你不是学校里的人，出现就太惹眼。何况政府本来就盯着你，正愁没理由给你定罪，你要是来，这不明摆着告诉大家这是共产党鼓动的吗？这也是从大局考虑。”

苦咖啡的香味溢出杯碟，一个女子背靠窗，细细地用小勺加上方糖，她时不时抬头看着对方，眉头时皱时舒。“搬家？！这……你容我想想……”褚鹃唬了一跳，咖啡馆里的顾客纷纷侧目，她自觉失言，赶紧捂着嘴坐下。

孙冉严厉中带着温情，字斟句酌，说：“鹃儿，大沽口炮台的事你也听说了，现在八国军舰全停在天津港，炮口就对着北京，加上冯玉祥的国民军又北上，跟张作霖冲突不断，眼看着北京就要打成一团了。你住在江流那儿，他保护不了你！”

“打仗我可不怕，北洋政府就是太软弱，才会给别人当炮使。这次要是再和日本妥协，非得把他们轰下台不可。”褚鹃口无遮拦。

孙冉脸色一紧：“听你的意思，你是想看着我们倒台了？”

“这和你没关系。我是想看看段祺瑞到底有什么能耐。总之，大沽口绝不能拆！”褚鹃依然愤愤不平。

孙冉摇摇头：“这不是你我二人能决定的。难道这次你又也要去游行？”

褚鹃眼神发亮：“当然。”

“这次可不是闹着玩的。政府已经开始部署警力了。这种革命理想主义会害死人！”孙冉急了。

褚鹃眼珠一转，说：“那我就更不能错过了，到时候场面一定壮观。”

“恐怕，你是舍不得他吧？”

褚鹃脸色黯然：“我说了，你让我好好想想……”

孙冉幽幽地说：“你只记得一句，无论如何，我会保全你！”

一路上，褚鹃耳畔回响着孙冉的话，这一两年，自己早已当了旧势力的叛徒，难道还要当爱情的叛徒吗？但是，自己爱的人却从来没有在乎过自己，或许从一开始注定就是擦肩而过，彼此相忘的，这种爱情还需要坚守吗？褚鹃呆呆地站在门口，经冬的桃树簇簇开放，桃花流转，宛如女子的似水流年。她推开门，江流正在客厅准备东西，见她回来，微微颔首，但眼神已客气许多。褚鹃凄然一笑，转而走进卧室，轻锁门闩。

她打开衣柜，看着自己的衣服和初来北京提的箱子，还有墙上那把佩剑，拿出几件衣服看了看，又都放了回去，关上柜门，惶惶然一屁股坐在床上，仿佛灵魂被抽空了一样。终于，她起身清理好衣服，那个灰色的皮箱装满了她的全部记忆。她看着墙上江流的照片，江流似在向她微笑。她眉心一动，黯然神伤，把照片放进皮箱，声音哽咽：“再见了。”

北风倏然，阴云惨淡，黄沙旋地漫天。广场上人潮万千，群情激奋。“取消辛丑条约”、“撤除天津、大沽一带外国军舰”、“反对外国在中国内河航行”、“勖勉国民军坚守大沽炮台”、“驱逐签署最后通牒的八国公使出境”等标语铺天盖地，广场北面是临时搭建的主席台，上面悬挂着孙中山的遗像和他的生前遗愿，台前悬挂着横幅，上书“北京各界坚决反对八国最后通牒示威大会”。

江流站在主席台中央，慷慨陈词：“同志们，同胞们！就在今天，段祺瑞政府已经同意了日本的无理要求，下令拆除大沽口炮台的防卫设施。这是什么行为？这是屈服于帝国主义淫威的懦弱行为，更是卖国求荣的无耻行为！回想当年，我们背负着《辛丑条约》的耻辱，任人宰割，备受欺凌，就没能抬起头来！二十六年了，我们革命，忍辱负重，尝试各种方式救亡图存，目的只有一个，就是不让这屈辱在中国大地再次上演！如今又是存亡关头，我们的政府还是一样的软弱无能，那我们就必须团结起来，用我们的勇气和力量，用我们对这个国家的深情挚爱，誓死捍卫大沽口，打倒帝国主义列强！”

台下人群纷纷高举右拳，齐声高呼：“誓死捍卫大沽口，打倒帝国主义列强！”

“同志们，同胞们，通过请愿活动，我们要恳请段政府反对八国通牒，驱逐八国公使，废除一切不平等条约，撤退外国军舰，支持国民军为反对帝国主义侵略而战！如果段政府无视我们的要求，我们就坚持到底，誓死不屈！”

“坚持到底，誓死不屈！”喊声震彻苍穹，久久萦绕不息。

魏国坐在办公桌旁，头靠椅背，心急如焚。许昌背着手，在屋内来回踱步。孙冉突然推门而入，顾不得礼数，慌慌张张地汇报道：“魏次长，前去签署文件的代表已被学生游行队伍堵住，怕是去不成了。”

许昌大惊：“你说什么？”

“示威的学生约有 2000 人，正从东长安街向铁狮子胡同走来。”

魏国赶紧起身走到窗边，只见阴风怒号，不远处，标语横幅漫天飞扬，人群浩荡而至，口号声不绝于耳。他立刻命令道：“启动应急方案，命令一连卫队严守政府大门。注意，必须保证学生安全，任何人不得开枪！还有，尽快上报总统，请求指示！”孙冉得令离开。

许昌气急败坏：“这些学生，就他娘的坏事！”

褚鹃手举京师大学校旗，昂首走在队伍最前面。身旁的刘姗姗，面色惨白，形容虚弱，突然脚下不稳，差点栽倒。褚鹃把旗交给身旁同学，扶住刘姗姗，关切地问：“姗姗，你怎么了？不舒服吗？”

“没事，有点儿发烧。”

褚鹃伸手摸摸刘姗姗的额头：“还挺烫，要不叫人送你去医院？”

“不用，我能坚持。”

褚鹃拉住刘姗姗的手：“好，咱们一块儿。”二人继续向前，步伐坚定。

李汉冥、唐熙同等人在队伍一侧组织学生：“大家跟上，保持队形，不要掉队。快，跟上，跟上……”江流、张若兰、邓康、夏莹莹均在队伍最后，防止同学掉队。人潮浩浩荡荡，向前涌动。

便在此时，一队警察开来，强行冲进游行队伍。队伍被从中间截断，人群混乱，拥作一团。褚鹃等人仍高喊着口号向前，江流、张若兰、邓康等一众学生则被警察堵在后面。江流眼看着京师大学的旗帜随风飘扬，转过巷口，消失了。他用尽全力挤开人群，跑到张若兰身边，问道：“你们怎么样，没事吧？”话音未落，一个学生被挤倒，一声惨叫撕心裂肺，人群再次骚动。江流忙跑去组织队伍，维持秩序：“大家保持住队形，不要挤，不要慌……”

村上坐在办公桌前翻阅文件，电话铃突然刺耳地响起，他立即拿起电话，站姿笔挺，面色严肃，一边听一边回答：“大佐放心，事情已经办妥！大日本帝国所向披靡，一往无前！”放下电话，他摘下眼镜，拿起桌上的武士刀，用白布悉心擦拭。刀影微寒，村上犹如鹰隼，凶气逼人。

魏国在办公室里紧张地来回踱步，挂钟滴滴答答，催人心烦。许昌坐在沙发上，手按太阳穴，神情茫然。孙冉进门，魏国焦急地问道：“总统怎么说？”

“总统指示，游行一事由您全权处理，不管用什么办法，务必疏散学生，保证条约如期签署。”

魏国狠狠地骂道：“妈的，他倒推得干净……”时钟已经指向九点二十分。

许昌厉声喝道：“魏国，你还等什么？总统也是长远考虑，为全天下百姓着想。条约要是不签，北京会比现在乱上十倍。”

魏国心烦意乱，毫不退让：“可学生们是无辜的！”

“谁让他们不安心读书，非要来胡闹的！这些国家大事，哪个是他们能管的？”

时间一分一秒流逝，那座钟上方的版图分外刺眼。孙冉在一旁提醒道：“次长，签约仪式是十点开始。”

魏国走到窗前，见执政府院外已有众多学生聚集，各校旗帜连成一片，他回身穿起外套："我下楼劝劝。"许昌看向窗外，低声自语："妇人之仁。"孙冉亦走到窗边，一眼看见楼下举旗的褚鹃，心中陡然一惊。

办公楼大门紧闭，一队卫兵在门前一字排开，见学生游行队伍朝院墙走来，连长高声命令："注意！"霎时，卫兵立即将佩刀笔直竖起，打开盒子炮外壳，将枪别进腹前腰带中。与此同时，三四百名学生手举标语、旗帜，进入院墙，集聚在执政府门口东侧石狮子附近。众学生齐声高喊："反对八国通牒！打倒帝国主义！"

褚鹃站在前排，喊得起劲："誓死捍卫大沽口！"众学生响应："誓死捍卫大沽口！誓死捍卫大沽口！"

两方僵持不下。大门霍然打开，魏国走了出来，站在众人面前。人群瞬间安静下来。

魏国看着一个个年轻而鲜活的面孔，感慨万千，他自己当年又何尝不是一名热血青年，他甚至不知道自己此番前来有什么话好说。隔了半晌，他说："同学们，大家有什么要求可以和政府沟通，我们会竭尽全力满足大家。游行示威很危险，请各位同学为自身安全着想，不要在此逗留！"

刘姗姗在一旁大声说："总统不出来，我们不会走的！"众学生喊声此起彼伏："快叫段祺瑞出来，我们要见总统！"安静的队伍立刻嘈杂起来，士兵们毫不退让。

"同学们，听我说，段总统公务繁忙，已经先行离开了，大家有什么想法可以推荐代表和我谈……"

褚鹃喘着粗气，打断魏国："我们要求驱逐八国公使，拒绝不平等条约，这些哪个你能办到？"魏国见是褚鹃，很是惊讶。这时一个学生高声喊道："少耍花招，今天我们必须见到段祺瑞！同学们，与其在这儿干等，不如大家一起冲进去！"众学生纷纷响应，朝门口拥去。

卫队长见此情景，后退一步，高喊口令："准备！"卫兵们立即端起步枪，拉开枪栓，齐刷刷地对准学生。魏国立刻命令道："不许开枪！"说罢转身走回执政府，大门再次紧闭。门外，前排士兵拉起人墙，与硬闯的学生扭成一团。

时钟指向已近九点四十。许昌立于窗边，看着楼下混乱的局面，对魏国说："我早和你说过，凡举棋不定者，必不胜其藕。魏国，这颗棋你要等到什么时候才放！"

"不管怎样，我不能伤害学生。剿灭共匪可以，但让我对学生下手，我办不到！"

"可惜他们不领情！"许昌怒斥魏国，"这帮学生就是受了共匪的怂恿！

你已经仁至义尽了，如果再不把那些疯子们赶走，就得惹出更大的祸来！你难道为了这么几个学生，就不管天津的死活了吗！”话间，时钟指向九点四十五分。

许昌拽着魏国来到窗前，楼下人山人海，进入院墙请愿的学生越来越多，有不少人和卫队官兵发生了激烈的对抗。许昌指着一个角落，只见李汉冥等人一面组织学生，一面带领大家高喊口号。许昌喝道：“睁开你的狗眼看看！混在队伍里的那些共产党，他们一个个上蹿下跳，就是在利用学生把事闹大，好看咱们的笑话！一个个张牙舞爪，与暴民无异！这些人今日若不得些教训，日后非翻了天不可！”

突然，孙冉匆忙进门：“次长，学生马上要冲过人墙了，卫队请求支援，并询问是否可以执行第三道命令。”

魏国抄起茶杯狠命摔在地上：“命令个屁！守不住就全他妈滚蛋！”

座钟滴滴答答，已近九时五十分。

江流、邓康、张若兰等人冲破堵截，率众学生向请愿集结地——铁狮子胡同挤去。一行人高喊着口号：“誓死捍卫大沽口！”“打倒帝国主义列强！”突然，一名警察扔掉警棍，捡起地上一幅写有“驱逐八国公使”的标语，走进学生队伍，也开始高喊口号：“打倒帝国主义列强！”其余警察都愣住，效仿起他的做法，扔掉警棍，随人潮浩荡向前。整条街巷，爱国之声穿云裂石，呼啸震天。

此时此刻，另一边的院墙内，请愿学生人头攒动，抗议声此起彼伏。卫队士兵挽手而立，死死拦住身前学生。一名男学生企图踩住士兵手臂翻过人墙，被扳倒在地。人墙岌岌可危，便在此时，一队卫兵荷枪实弹，列队从大楼里跑出，院内乱成一团。

魏国看着楼下情形，用力扯开衬衫领口，眼睛通红。许昌冷冷地说：“如果我是你，我一早儿就了了这事。为了这个国家，我无愧于心。可惜总统没给我这个机会。他是相信你……”

“别说了。”魏国打断他，眼睛瞟向座钟，心乱如麻，“或许，还有最后一个办法。”

许昌一激灵：“什么？”

魏国看着楼下，说：“找村上谈，看能不能推迟签署时间。”说罢对着门外大声唤道：“孙冉！孙冉！”门外并无回应，魏国不耐烦地提高音量：“孙冉……”突然，一个人笑着走了进来：“魏次长，您找我有何贵干？”

“村上？”魏国一抬眼，诧异道：“你怎么在这儿？不是该在签约现场的吗？”

村上收起笑容，走到办公桌旁坐下，面色阴鸷：“在现场等着你们反悔？不不，大日本帝国不喜欢这样。”

“村上先生，外面的局势你也看到了，不是我们要反悔，能不能宽限一段时间……”

村上扶了扶眼镜，傲慢地说：“我耐心有限，视力又不好，实在看不见您的诚意。”

许昌突然大吼：“你个王八羔子，少他妈在老子面前装大爷，这里是中国政府，轮不着你们小日本扯臊！”

村上拔出刀，起身走到座钟旁的中国版图前，阴笑着：“多好的一个国家啊，你瞧瞧这海岸线，这么长，真是让人羡慕。”尖锐的刀刃死死地沿着海岸线滑走，许昌、魏国二人不明所以。村上凑近地图，眯起眼睛，似在寻找：“哟，这天津在哪啊？”魏国看了一眼座钟——九点五十五分。突然啪的一声，村上狠狠地在天津的位置上捅出一个窟窿，假意惋惜：“啧啧啧，这么再看，好像就不是那么回事了。放心，这个小小的窟窿只是开始，要是这海岸线附近的城市都成了窟窿，你说，这还是中国吗？”村上眯起眼睛看着座钟，“魏次长，您还有五分钟时间考虑清楚，到底是天津城，还是外面那些乱党……”说罢，村上转身离开，走到门口，回头说：“对了，忘了告诉您，我们停在大沽口的军舰们可都已经准备好了，等时间一到，轰，轰，轰……”话毕，他大笑扬长而去。

屋内是令人窒息的沉默。魏国手抚版图上的窟窿，满脸沧桑，心里全是屈辱，弱国无外交，弱国无外交啊！钟摆咔嗒咔嗒摇晃，已近九点五十八分。半晌，魏国叹了口气：“今儿，这命令若是下了，我对不起自己的良心，就让我魏国来做这个历史的罪人吧。”

众学生拥向人墙，与卫队冲撞。刘姗姗、褚鹃等人均在其列，目光坚定。李汉冥挥舞右臂，高喊口号，指挥队伍向前，向前。江流率张若兰、邓康、夏莹莹等学生赶至门口，向院内拥去。渺远的钟鸣声传来，窗外哨声长鸣，尖锐凄厉。魏国用力合上窗帘，屋内一片寂暗，他手一挥，阴沉着脸。片刻，几声枪响紧密传来。阴影中，魏国把留声机的声音调到最大，眼中滚下大滴大滴的泪来。

钟声如丧，继续长鸣。卫队士兵在台阶上一字排开，手持短步枪，向前排学生射击，前排的几个学生中弹倒地。学生们好半天才晃过神来，人群四散，场面混乱不堪。褚鹃尖叫着拉着刘珊珊往后退，耳边子弹飕飕飞过。

刘姗姗突然停下了，她惊愕不已，容颜苍白，单薄的身躯摇摇晃晃，倒在地上。褚鹃吓得大哭，只见鲜血从刘珊珊胸口渲染开来，蓝色的学生服上浸湿了一大块。突然，身旁又有一名女生中弹，不断有人倒下。褚鹃想大哭，却只能听见喉中沉重的喘息，除此之外，没有任何声响。一时间，执政府前，满地鲜血流淌。

远处，江流、张若兰、邓康等人疯了一样向人群中挤去。枪声停止。那院墙内，尸体横陈。哭喊声、尖叫声混成一片。旗帜、标语溅着鲜血散落满地，所见之处尽是狼藉。

卫队士兵收起步枪站好，面无表情。人群中学生大喊："这些狗日的杀了咱们同学，和他们拼了！""和他们拼了，冲啊，冲啊！"众学生再次拥向卫队士兵。卫队士兵从身后抽出警棍，朝学生挥去。学生与士兵揪打翻滚，扭成一团。

李汉冥目眦欲裂："你们这帮畜生！畜生！快住手！"他上前死命揪开正用警棍殴打学生的士兵，用身体挡住受伤的学生。警棍向李汉冥背部砸去，他一个趔趄摔在地上，眼镜摔到了一边。邓康喊着"李教授！李教授！"朝李汉冥奔去。李汉冥强忍疼痛，喊道："快，撤离！快！"

远处，江流见褚鹃仍旧跪坐在学生尸体之间，面容呆滞，不住地发抖。他疯狂地向前跑去，撕心裂肺地大喊："褚鹃，褚鹃！"褚鹃似是听见声音，缓缓回头，穿过人群，看见江流远远的身影，突然泪流满面，不顾身边挥来的警棍，朝江流的方向跑去。突然，警棍击中她的手臂，她疼得大声尖叫。江流死命挤过人群，和卫兵扭成一团。突然，他发现一个卫兵的警棍正朝若兰身后砸去，他来不及阻止，大喊："若兰小心。"飞身一跃，将若兰扑倒在地，警棍重重打在他身上。褚鹃站在人潮中，一手捂住受伤的胳膊，远远见到方才一幕，面色惨白，泪水潸然。

突然，一个人从后面死死抱住褚鹃，她一回头，是孙冉！孙然急忙拉着褚鹃转到内墙侧："胳膊怎么样？让我看看。"

褚鹃面色惨白，仍在发抖，眼泪不停地滚落："你拽住我的时候，我以为我要死了……"

孙冉安抚道："你这么年轻，怎么会死？"

褚鹃感到一阵发冷，搂抱着自己的身体："姗姗死了，就在我边上，流了满身的血，我亲眼见着的，真的死了……"孙冉怜惜地抱住她。褚鹃怔怔看着孙冉，说："对了，你说我是不是傻？我还以为他是来找我的，可我发现我错了，大错特错，他眼里只有张若兰，只想保护她……那我又算什么呢，一直以来，我都算个什么啊？"

孙冉紧紧搂住褚鹃："他不好好珍惜你，那是他傻，你还有我呢。我带你走，我们走……"褚鹃死命地点头，哭倒在孙冉怀里。

张若兰扶着江流艰难地站起来，突然，她的动作停住了："表姐……"江流顺着她眼光望去，只见台阶上，孙冉正横抱着褚鹃朝门内跑去，一晃便不见了。江流顿时心如刀割，立在原地。便在此时，一根警棍猛地击在江流头部，他猛喷一口鲜血，倒在地上。张若兰大叫："江教授——"众学生纷纷围上。江流眼神恍惚，冥冥中传来张若兰的哭声，然后，就是红，恐怖的红，炫目的红……

许昌、村上站在窗前，看着楼下的混乱局面。"许老导演的这出戏，真是一箭双雕。那魏国被蒙在鼓里，还以为自己是个救国英雄。"村上说。

许昌轻蔑地笑道："奉承的话就不必了。你答应我的事……？"

"大日本帝国最讲信誉。"二人相视而笑。

执政府院中，学生、卫兵均已撤离，只剩得几组人员正在清理尸体和斑斑血迹。大门骤然打开，魏国循阶而下，步伐踉跄，他举目四周，半晌，缓缓跪地，望着一排排的死难学生。

暮霭千里，三月天，突然朔风垂地，夜雪连天，仿佛要把世上所有的罪恶都埋葬，带走所有为国而死的精魂。张若兰坐了一宿，衣服脏乱不堪，天蒙蒙亮时，她合上窗帘，回身看着江流——江流依然沉睡。护士安谧敲敲门走过来，给江流输液。"你说他能好起来吗？"张若兰一双眼睛已经没有了泪水。护士扶住她的肩头，微微一笑："放心，他是大家的旗帜，是青年心里的明灯，永远不会倒下的……"

经过抢救，江流醒过来了。唐熙同来看望他，说："你昏迷了这么久，大家都很担心，凑份子买了点补品，托我带给你。"

江流还很虚弱，说："听说那天你也受了伤？"

"擦破点儿皮，早没事了。李教授伤得重些，送来的时候浑身是血，连路都走不了。"

听到李汉冥的消息，江流一下子坐起来，问道："汉冥也在这儿？"

唐熙同叹了一口气，扶着江流躺好："他昨天就出院了。这两天政府追查游行的事，大肆追捕共产党人，他是黑名单上的第一个。你也小心些。还有，就在我们游行的第三天，听说广州发生了天大的事，蒋介石说共产党要指挥中山舰炮轰黄埔。"

"什么！"江流一听自己的故乡出了事，震惊不已，"怎么可能！国民党不是一月才开了代表大会，说要联俄、联共、扶助农工？"

唐熙同叹了口气："不管如何，王应正等上头的命令，听说会坚决抵抗。他让我带个话给你，多多注意，北京已经风声鹤唳！"

江流气愤不已："不就是封了书店吗？这算什么能耐。以为打几枪，死几个学生，就能堵住我们的嘴，遏制住民愤了？天真。"

"昨天学校开了追悼会，也给牺牲的学生家里送了抚恤金。学校复课了，学生都很沉痛。"

江流一脸哀恸："现在想想，那一日，真是民国以来最黑暗的一天。"

唐熙同走后，江流想起当天的惨案，伏案写作，笔走如飞：

死的胜利

姗姗！
死的胜利是属于你的！
你以一死洗尽中国女子许多的缺点！
你以一死唤醒许多民众的迷梦！
姗姗！
你当记得我在教室与你们谈及罗马的死事？
这个高贵而有德行的女子，
当伊上断头台时，
痛快地向那一班送别的朋友说：
"死不足怕，死不痛苦！
惟有罪恶，才是可怕！
惟有罪恶，才是痛苦！"
姗姗！
你已知道，
这位女子的代价了！
罗马专制有此推翻！
罗马共和由是建立！
姗姗！
死的胜利！
美的死法！
都属于你了！
你虽少年而死似乎可以无憾了！

3

四月一过，中华大地上风云四起，直奉军从南北夹击华北，力图从山东、河南、直隶三处夹击国民党。北京城也是惶惶不安，张宗昌、李景林的直鲁联军和阎锡山的晋军两面夹击，国民军处境危急，先后从天津、北京撤出，退守南口一线，直奉联军入主北京。月底，冯玉祥率国民军逐次放弃开封、郑州，主力后退至内蒙、甘肃一线。七月，国民革命军誓师北伐，声讨北洋政府。

虽然形势越来越严峻，但在三月到次年春天，李汉冥、王应等共产党员坚持和白色恐怖作斗争，在极其艰难的情况下继续革命工作，北京的党员从“三一八”时的三百多人发展到数千人，而张若兰、邓康、夏莹莹等在北京各大高校和中学发展共青团组织，团员数量增长到四千余人。学生，无疑在这个时代扮演着越来越重要的角色。新一年的一月，中共领导了声势浩大的群众反帝运动，和武汉政府一道迫使英国侵略者归还汉口、九江英租界。二月，上海爆发了工人总罢工，而蒋介石却坐视军阀残忍地镇压起义，国共矛盾进一步激化。

正当人们幻想着和平的景象时，蒋介石主张采取暴力手段“清党”，而身处北京的张作霖把持了中央政局后，更是提出了杀气腾腾的《保安办法十七条》。他下令：宣传赤化，主张共和，不分首从，一律处以死刑。

乌云压顶，政局诡谲。许昌大步走进警察厅办公室，怒气冲冲。吉怀衷亦步亦趋地跟在身后，小心地说：“许老，这大冷天的，有什么吩咐您知会小的一声，哪用得着亲自过来……”

许昌冷笑道：“我要是再不来，怕是这半个北京城都是共产党的了！”

“共产党？”吉怀衷尴尬地赔着笑，“瞧您说的，共产党才几个人呐，能成什么气候。”

“他们是人少，可拉拢人心的本事却大得很。这才几年，那冯玉祥要不是受了共产党的蛊惑，能和咱们对着干？尤其是那个李汉冥，整天煽动工人、学生闹事，现在连农民也一起鼓捣起来了。这个祸害要是再不除，谁也甭想安生了！”

吉怀衷被骂得狗血淋头，强自申辩着：“可北京这么大，弟兄们去他家抄了好几次，一直不见他的踪影，学校里面也安插了眼线，还有工厂都找遍了，可就是找不到。”

“找不到继续找！三天之后，要是再见不着李汉冥，老子统统把你们拉出去毙了！”许昌一点也不给他留情面，“还有，把那个江流也给我盯住了，这个人现在是一呼百应，专唱反调，要是找到他的犯罪证据，立即抓捕！”

东交民巷这些天颇不宁静，李汉冥自学生多次劝说后，带领国共两党北方领导机关搬到了苏联使馆旁的一个苏联旧兵营里面，对面是著名的东正教教堂。他日日伏案疾书，布置工作。一个工作人员走进来，将文件放在一旁，说：“李先生，联络员闫师傅出去送信，一直没有回来，已经三天了。”说话间，李汉冥妻子赵亚青从也进来了，边整理房间，边听二人对话。

李汉冥感觉不妙，停笔问道：“离约定的时间还有多久？”

“一天。现在外面很乱，很多同志相继被捕，我怕……”

“先不要急，再等等。”说罢，李汉冥从抽屉拿出一个信封，递给他，“立即通知名单上的同志，尽快撤离北京。”

工作人员接过信封，担忧地说：“那您什么时候走？组织上已经催问好多次了。”

“这个再说，你先忙去吧。”工作人员欲言又止，带上门走了。

赵亚青目送工作人员离开，警惕地插好门闩，这才在桌旁坐下，说：“汉冥，现在是不是很危险啊？”

“别担心，这里是使馆区，他们不会怎么样的。”

虽然《辛丑条约》规定中国军警不得随便闯入使馆界，但赵亚青还是非常不放心：“你是铁了心，要在这里待下去？”

“阿青，”李汉冥放下笔，深情地看着妻子，“我离开北京不难，但我不能，这里还需要我。你带孩子先走，去南方……”

赵亚青带着淡淡的哀愁，说：“汉冥，咱们结婚多久了？”

“有二十五年了。”李汉冥回想道。

“是啊，都二十五年了，我怎么会不了解你？汉冥，我就没想过要劝你离开，倒是你，还说这样的话，你应该清楚，我会陪你走到最后的。”李汉冥握住赵亚青的手，无语，却已胜过千言。

两人并不知道，吉怀衷已经派特务找到了他们的位置，很快通知张作霖派遣特使同外国公使谈判，以“俄国人正在滥用使馆区的庇护，组织叛乱”为由，要求派遣军警进入东交民巷使馆区进行搜查。两天后，各国公使依据《辛丑条约》，一致同意了北洋政府的请求。

李汉冥心里有一种不祥的预感，开始处理文件和书稿。邓康帮忙把一页页书稿扔到火盆里，痛心地说：“老师，这些可全是您的心血，都得烧了吗？难道他们真敢到大使馆来？”

“咱们得做好最坏的打算。这几日查得紧，你也不要再来了。你上次跟我提的入党的事，还是先放放。记住，你们是党的未来，是中国的希望。我要保护好你们的安全。”李汉冥仿佛在做最后的交待，邓康听得一阵难受。

“那您为什么不保护您自己？您明明知道，我们不能失去您，党和革命更不能失去您。”

李汉冥微微一笑，用竹枝轻轻挑动火盆：“如果共产主义事业一定要有殉道者，我希望可以是我。”

邓康从李汉冥处出门不久，突然察觉有什么不对劲，猛地向后一看，只见两个黑影一闪而过。有人跟踪！他加快脚步，拐到巷子里，两名特务穷追不舍，走到一堵高墙前，邓康奋力翻过，心里正松一口气，突然，脑后被硬邦邦的枪口顶住。

日光惨淡，霜凝寒窗，李汉冥伏案疾书，又是通宵未眠。赵亚青起来看看天色，边穿大衣边说：“汉冥，我瞧今儿大门口好多当兵的，挺乱的，不会出什么事吧。”

李汉冥抬头说：“你要出去？”

赵亚青点点头：“家里没菜了，我合计着去趟对街铺子。”

“让老秦去吧，回来给他钱就是了。”

“不用，他也挺忙的，还得照顾其他同志。我去去就回。”李汉冥看着妻子，笑着点点头。

赵亚青正欲出门，李汉冥在身后唤道：“阿青，要是看见有卖小墨鱼和皮皮虾的，就买点儿。”

赵亚青提篮跨出门槛，向巷口走去。另一个方向，吉怀衷带着大队警察疾步赶来。

李汉冥伏案疾书，突然响起一阵敲门声，他头也没抬道，说：“进来。”

“李先生，你可让弟兄们找得好苦啊。”吉怀衷甩着枪走进来，手下人立刻把屋子围了个水泄不通。李汉冥手中毛笔一顿，一点墨水滴在信纸上，墨点缓缓晕开。吉怀衷环顾四周，毫不客气地在凳子上坐下：“怎么，你以为你躲到这儿我就找不到你了？你就是藏在地底下，老子都能给你挖出来。”

李汉冥合上大衣，这一天，他仿佛已经等了很久了：“如此费心找我，不知所为何事？”

“久仰李先生大名，想请您府上一叙，交个朋友。”吉怀衷皮笑肉不笑。

“若真有什么话就在这儿说吧，你我道不同，做不成朋友。”

吉怀衷冷哼一声，对几个手下使个眼色：“把人带上来。”特务押进两个人来，一个周身伤痕累累，皮开肉绽，只余一息尚存。另一个面无血色，神情呆滞，眼睛直直地望着地上。李汉冥仔细一看，一个是邓康，一个是赵其。“畜生！”李汉冥骂道。

吉怀衷拧起邓康下巴：“认识你的老师吧？想要活命就劝劝他。”邓康半睁着眼睛，一口血水啐到吉怀衷脸上。吉怀衷擦擦脸，一脚把邓康踹到地上，又扯过赵其：“你他妈也活腻了？”

赵其早已吓得魂飞魄散：“李，李教授，您就去一趟吧……”

“兔崽子，大点儿声！”

赵其带着哭腔，磕磕巴巴：“李教授，您就去吧，他们说好了，只要您肯去，他们就放了我们……”

这时，一旁的邓康突然爬起死死掐住赵其：“你个叛徒，住口，住口！”几个特务一把揪起邓康，拳打脚踢，将邓康扔到一旁。

“够了！放了他们，我跟你们走。”李汉冥平静地说。

邓康见状，发疯似的大叫：“老师，您绝不能去，不能去……”

李汉冥起身看看邓康，环顾空空如也的房间，看看脚下门槛，面色凛然，昂首走出大门，那门外尽是持枪警察。

街巷两旁站满了围观的老百姓，人群之外，赵亚青眼睁睁看着这一幕，心中一颤，篮子翻倒在地，几条小虾挣扎着、蹦跳着。

魏国孤坐在桌旁，手持一串念珠。江流推开房门，手持红烛，烛光熠熠。魏国见此情景，心中已知三分，却还是故作惊讶，说：“二弟，你来有何贵干！”

江流怒目圆瞪：“少揣着明白装糊涂！放了李汉冥！”

“他被捕我也是刚知道。逮捕令是直接下到警察厅的，没有经过我。”

“大哥，你做这个次长也有十年了，你要是有心救他，会有办法的。”

魏国自嘲地说：“以前我也这么想，只要我有心，总能让事情按我的意愿发展。可后来我发现我错了，有太多的手牵制着我，束缚着我，非让我忘了自己的心不可。”

“所以才要改变吗？”江流怒气冲冲，强忍着泪水，“大哥，我永远记得那日在钱子谦家，你告诉我，英雄心怀天下。你的那个人人平等、丰衣足食的世界，同样也在李汉冥他们心里。这条路不容易，如果你累了，就让李汉冥他们帮你继续……”魏国搓着念珠，沉默不语。江流把红烛放到桌台上："这个世界已经黑暗如漆，不要再把这束光也熄灭掉……"

"只怕是他自己想要蜡炬成灰……"

审讯室内，魏国与李汉冥对坐。李汉冥平静地看着他，说："看来李某面子不小，居然连魏次长也惊动了。"

"何止是我，这些天，北京九所大学，还有很多中小学的校长，联合上书请愿，章士钊、梁士诒、冯玉祥等人也纷纷致电政府，要求放你，就连我那兄弟江流，也快把我门槛给踩烂了。"

"我李汉冥得众人如此相救，实在惭愧。"李汉冥轻声说。

魏国觉得他话中有话，说："李先生大义凛然，是当之无愧的革命领袖，为什么惭愧？"

"只怕几年以后成了贪生怕死的胆小鬼，屠杀学生，残害忠良。"

魏国脸色讪然："当年我坐在你这儿的时候，何尝不是把劝我的六王爷也骂得痛快，那时我比你现在还年轻些，只想为革命献身到底。可后来我发现，事情远没有这么简单，牺牲容易，闹闹革命也不难，但之后呢，中国还是老样子，问题好像从来都没有解决过，却有更多的人赔上了命，他们可都是咱们的同胞啊……"

"就因为中国还是老样子，所以改良已经不成了。中国已经病入膏肓，专制剥削、苛捐重税、千疮百孔，更别提什么民主自由。活在这样的中国，没有尊严，没有权利，甚至没有爱，那和行尸走肉又有什么分别？我们不光要让同胞们活着，还得让他们活得好，活得像个人，而不是跪在地上，忍受身上的压迫和煎熬。我们没有选择，只有革命，在旧中国的尸骨之上铺就真正的共和之路。我们共产党人，决不会因流血的痛苦，就放弃共产主义的未来。"

魏国长叹口气："我知道我说服不了你。我敬你是个人才，如果你愿意，我或许有办法可保你一命。"

李汉冥笑道："是让我签认罪书？还是供出我的组织和同志？魏次长，我李汉冥既然进来了，就没想着要活着出去。"

面对这样一个强大的人，魏国半是自嘲地笑了一声，微微点头道："那我就成全你。我会告知狱卒善待李先生，让你走完最后的时光。"

"魏次长若真心怜我，就遵照诺言放了那些被捕的青年。他们只是学生，放了他们，您心里也会好过些。至于反动的罪名，就让我李汉冥一人来担吧。"

魏国手中念珠停顿，喟然叹息。

李汉冥自知时日，奋笔疾书，只争朝夕：

吾自束发受书，即矢志努力于民族解放事业，实践吾所信，励行吾所知，未敢懈怠。而今残命将尽，回想此生种种，吾心九死不悔，亦深感所幸，有此以身殉道之结局。纵然再见不到明日朝阳，吾深知吾之坟冢，必是曙光满天，吾之后人，必会勇往直前，吾之国家、吾之民族、吾之环球，必会在共产主义理想的烛照下，赤旗一片，光明无限……

晨色熹微，红日跃空，李汉冥身负重铐，神情自若，朝着刑场一步步走去……

逼仄的房间里，台上赫然摆着李汉冥遗像，即使是在相框中，他也有着鼓舞新青年的力量。邓康等青年学子，整齐划一地站成一排，他们目中含泪，一代新青年对着太阳升起的方向，庄严宣誓。多年以后，想起这段晚事，江流总会发出这样的感叹："为什么会有牺牲？因为平凡的发展并不足以延长壮烈的生命，因为绝美的风景多在奇险山川，因为崇高的人生要在那悲壮的牺牲中得到绝响……只要这牺牲是为了人民，是为了四万万同胞共同的梦想，这牺牲就会成为一种新的生命力，与你与我，与世间万物，一线相贯，永不消逝，永不断灭！"

是夜，阴云遮月，不见一丝星光。王应沿墙低头疾步而走，在一处深巷角落停下，在算计着什么，警惕地张望了一下周围，然后弯腰扒开地上的青石板，轻轻地掘出一个小坑，露出一截一寸长短的黑色塑料细管。他取出塑料管中的纸条用手电仔细察看，条子是一截摩斯密码。看完后，他牢记于心，又小心翼翼地再将纸条塞回塑料管里，把青石板恢复原状。

王应刚转过巷口，便看见两个人鬼鬼祟祟地向他逼近，他警惕地快步掉头，那两人快步追了上来，掏出了枪。王应跑到一段矮墙后面掩藏起来，掏出枪瞄准追来的特务砰砰开了两枪。一名特务中枪倒下，剩下的一名特务仓促开枪还击。几个回合后，王应的子弹打完了，他转身就跑，那名特务跑着追了上来。王应躲在拐角里，趁其不备，一脚将他绊倒，两人扭打在一起。突然，一个不留神，特务将王应压在身下，死死地掐住他脖子。王应涨红着脸，几欲窒息。危急时刻，王应使劲全身力气，翻身一滚，顺势掏出匕首，狠狠地连刺特务几刀。鲜血喷涌而出，特务脸色狰狞，倒在地上。王应趁机喘息了几口，挣扎起身离去。不料，身后的特务撑着最后一口气，抓起身侧手枪，一枪打在了王应右肩上。王应一个趔趄倒在地上，紧捂着伤口站起来。这时，远处传来跑动声响，一队特务从巷口跑来，吆喝着："在前面，追！"王应捂住伤口，跑入夜色中。他穿出小巷，跳入野外的一条小河中。特务追到河边，见河水平静，半晌并无异样，沿着河边继续追捕。待四周没了动静，王应从水底钻出来，艰难地爬上岸来，朝荒郊踉跄奔去。

此时此刻，张若兰正在江流家中。由于她的特殊身份，在这非常时期，她勇敢地承担起了联络工作。她手上拿着一叠刚印好的文章，说："您写的研究无产阶级专政的文章，我已经送到联络站，他们会发给各个工厂的骨干。"

"尽量隐蔽些，非常时期，保存力量是第一位。"江流叮嘱道。

张若兰点点头，还想说些什么，突然传来沉闷的敲门声。这么晚了，会是谁呢？江流警惕地起身，独自去开门，只打开一条门缝，门外竟是已成血葫芦的王应！王应微睁双眼，见是江流，身子一软，倒在地上。江流大惊失色，赶忙招呼张若兰把王应抬到里屋的床上。幸好子弹往肩头的肉里穿过去了，没伤着筋骨。张若兰学过一些医术，勉强能对付过来，对伤口进行了清洗和包扎。

不知过了多久，王应眉尖轻蹙，手指弹动，竟缓缓睁开眼来，欲挣扎起身，不小心牵拉到伤口，闷哼一声，又跌坐到床上。江流惊醒过来，看到王应正朝自己吃力地挤出几分笑容，又惊又喜："醒了！我给你倒点儿水。"

"有你在，我死不了。"

江流小心扶起王应，把茶杯递到王应嘴边，说："这话你不该对我说。若不是若兰同志，你可早见阎王了。是她帮你处理的伤口，一直待到你没事才走的。"

王应突然想起什么，忙在身上不停地摸索。江流疑惑地问道："怎么了？"

王应语气有些慌张："一张密码纸……"

江流拿起桌上的一枚塑料管，问："是这个？"

王应点头，赶紧接过，抽出里面的字条，说："上面有组织安排的出城路线，时间在三天之后。"江流看着密码纸，半晌不语。

转眼到了傍晚时分，王应背依软垫靠在床头，江流细心地喂他汤药，张若兰在一旁帮忙。便在这时，敲门声响起，三人一愣。江流示意二人不要动，自己出门应付。他轻轻拨开窗帘，门外是不辞而别的褚鹃。江流心里涌过一股热流，五味杂陈。他放下窗帘，示意张若兰将王应搀到他的卧房，一面将褚鹃房内带血的纱布捡起藏好。做完这些，江流和张若兰默契地一点头，张若兰若无其事地去开门。门吱呀一声，褚鹃欣喜地抬头，迎上的却是张若兰的笑容，她先是一怔，又自嘲地一笑。

“表姐……”张若兰轻轻地唤了一声。

褚鹃越过张若兰，望着江流，苦笑："打扰了。"气氛尴尬不已，三人站在房内，仿佛许久的光阴都在这一刻停住了。褚鹃摆摆手打破沉默，说："我是来拿行李的，马上就走。"

江流心中有些酸涩："你，你在那儿可好？"

褚鹃往自己的房间走去，说："你是说孙冉？没有，这几天我都是一个人住在客栈里。我需要时间。"

张若兰知趣地走到房外。江流关上房门，轻声说："褚鹃，我是真心希望你能幸福，找到自己想要的生活。"

“是，”褚鹃凄然一笑，“可惜你对太多人都是这样了，你对每个人都好，你把你的爱平均分给了所有人，不管我怎么努力，也不过只是那几分之一。”

“对不起，我……”江流欲言又止。

褚鹃抹去腮边的眼泪："不用道歉，谁让我爱的就是这样的你。来之前，我还怕自己会动摇，不过看见了她，我就知道我是对的了。"

“若兰是来家里送文章的。”

“我不在乎了，江教授。”褚鹃笑了笑。江流无言沉默。褚鹃叹了一口气，收拾好东西，突然心如刀割。她想再看一眼曾经以为可以一辈子留下来的家，眼光扫过的地方，她一一记住。突然，她看见床边一碗汤药，旁边还放着一片未及收走的止血带，她上下打量江流，故作轻松地笑道："我走了，再见。"

江流跟着她，默默地出了屋子，直到巷口，看她的背影，背着只大箱子，早已没有了当初的锐气和任性。而两人也如相交线，相遇，然后又错过，在不同的坐标上越行越远。

次日上午，许昌与魏国难得在一起下棋。局已过半，黑子渐成沧海取珠之势，兵分两路，直逼要害。白子后方空弱，阵脚混乱，无力再挽狂澜。许昌持黑，笑道："魏老弟的心思似乎并不在棋局。"

魏国连连摇头，说："许老棋艺精湛，在下惭愧。"

“这棋局纵横十九道，合三百六十一道，此间或动若棋生，静若棋死，皆未可料，唯这举棋不定者，势必不胜其耦，难成气候。魏老弟之迟虑，皆因宅心仁厚所起，只这棋如人生，招招险恶，到底不该因一时妇仁裹足不前，直至满盘皆败，再无回寰之地。”许昌弦外之音，一表无遗，魏国不觉惊出一身冷汗。

便在此时，孙冉敲门而入：“报告次长，属下有要事报告。”

魏国不悦，喝道：“没看见我们正在下棋！有事以后说，少坏了兴致！”

许昌见状，说：“这就是你的不对了，明明是工作时间，岂能因玩物碍了正经事？年轻人，你要说什么？”

“属下接到线报，已查明共匪王应藏身之所。”

魏国一惊，恼怒道：“这是吉怀衷的事，你跟着掺和什么？”

“属下以为，剿除共匪，人人有责。”

许昌拍案叫好，说：“好，年纪轻轻便有如此觉悟，定成大器。魏国，你该好好重用才是。”魏国垂手而立，只好称是。

魏国转而吩咐孙冉说：“你把情况写下来，到秘书处报备，再呈给我看。如果属实，我会交给警察厅。”

许昌闻言，面露愠色：“事有缓急，这些繁文缛节就省了。不就是个地名吗，早说早布置，省得扑了空。”

孙冉大喜，甚至有些激动，说：“明镜胡同四号院，一个叫江流的教授家。属下来报之前已经和警察厅通了信，只等次长一声令下。”

许昌故作恍然之态，望着魏国，把手中的棋子放下：“哦……这些个废物！怎么就没想到他是躲到了那呢，那次长的意思是？”

魏国心乱如麻。两人眼神犀利如刀，互相对视。末了，魏国眼神黯然，下令道：“抓！”

街头巷尾，商贩、小吃云集，茶楼酒肆一派繁华。江流提着药包从药店出来，行至巷口，三四辆官车呼啸驶来，江流也赶紧闪在一旁，突然，一个熟悉的侧脸呼啸而过。“魏国？”江流心下只觉不妙，慌促间扔掉药包，转身抄小道朝家中狂奔。

巷路逼仄，两旁市民熙攘。魏国的车堵在路上，行驶不畅。魏国说：“许老，此等小事，交待手下去办就行了，实不该让您老走这一趟。”

许昌稳坐正中，似笑非笑：“这年纪一大，人就爱热闹，凡事过了眼，心里才舒坦。”

车队在江流门前停下，魏国、许昌等悉数下车。许昌亲自指挥：“把前后门给我守住，如有疑犯立即抓捕。记住，没有命令不许开枪！”众警察齐应一声，各自揣了枪，分两路，将江流家团团围住。下完令后，许昌示意魏国敲门。魏国心乱如麻，走到门口，按响门铃。

开门的是江流，他盯着魏国，讽刺道："大哥不愧是当今要员，登门一次，竟要如此阵仗。"

许昌走上前，笑着问道："江老弟是不想请我们进去？"

江流故作惊讶，拱手作揖："原来是许老驾到，怪我眼拙。"

许昌冷笑一声，侧身进门，魏国跟随在后。二人进到屋内，四下打量，家中一派寻常，书桌凌乱，笔墨飘香，茶几上各色茶点，落放有致，餐桌盖着报纸，旁边斜立的青瓷瓶，插着一束雏菊花。许昌走到桌前，掀开报纸，几盘冷菜赫然眼下。许昌盯着江流，不动声色地问道："江兄弟果然懂生活，这木耳红枣鸭骨汤想必是生阳造血的？"

江流微笑着昂首答道："造不造血不知道，但排毒消火的功效是好的，许老和大哥可以尝尝。"

许昌干笑几声，指着自己的心窝，说："那得看是什么火了，从心里冒出来的，可降不得。"

二人查看半晌，并未有王应踪迹，许昌有些尴尬，不知如何收场。这时，魏国说："想是那些兔崽子们弄错了，非说二弟家中有贼，我担心二弟涉险，遂来探访。"

"原来是出戏？"江流故装惊讶，"大哥不顾公事，专程来给兄弟解闷，实在让人感动。"

许昌面不改色，说："这出戏，江兄弟不也演得有模有样？可惜过日子到底不是演戏，还须有个分寸才好。"说完，许昌走出卧室，魏国跟随在后。走至过堂，魏国突然觉得几滴温水掉在脖颈上，他一激灵，抖抖身子又立即恢复常态，向外走去。

回到车中，魏国下意识地用手摸摸颈部，湿热滑润，低头一看手指，果然是一点猩红，他不动声色，握住拳头。车镜之中，许昌闭目休养，面沉如水。魏国收回目光，看向窗外。车行转弯处，许昌突然睁开眼，说："停车！"司机急踩刹车，后面的车队随之停下。许昌命令道："再去江流家！"魏国心底大惊。司机大力抡转方向盘，倒回一百八十度，循原路飞驰而去。

来到江流家门口，众人把门踹开，持枪鱼贯而入。房早已空无一人。许昌走到过堂，一眼瞧见地上的丁点血红，俯身用手一蘸，尚黏稠，再往上一看，隔板明显被移动过。少时，手下拿过一截黑色塑料细管呈给许昌。许昌取出里面的字条，细细看着，上面遍布摩斯密码。

一条暗巷里，江流架着王应一路狂奔，进了张若兰家，几人算是暂脱险境。张若兰刚进门，看到王应肩上的伤口又给震裂开了，就说："先上楼，给王大哥换药。你放心，他们不敢来我家。"三人正要上楼，迎面张耀扬正好下楼。

"江流？"张耀扬一惊。张若兰下意识地挡在二人面前："爸爸，他们是我的朋友，现在很危险，得在咱们家躲躲……"张耀扬示意她别出声，走近王应，打量一番："你也是共产党？"

"爸，王大哥有恩于我，我不能见死不救！"张若兰哭着恳求。

"没关系，若兰，"江流拦住张若兰，转身说，"张部长，我们这就离开，打扰之处，请原谅。"

张耀扬看着江流，摆摆手："闲话且慢说，若兰，去我房里拿治枪伤的药来。"

张家父女忙碌之时，江流空出手来，在一旁看着密码纸，上面已标注好译出的路线和时间，看了看座钟，说："离出城还有两个小时。你先休息会儿。"王应点点头，闭上眼睛。张若兰随江流走出房间，轻轻关上门。

"若兰，你帮我个忙。"门外，江流拉过端着脸盆的张若兰，小声耳语。

"什么！"哐当一声，脸盆跌落在地，打了几个骨碌，直到墙角处才停下来。

魏国的办公室外，吉怀衷兴奋之情溢于言表："密码已破译，是一张南下的路线图，按上面的内容，离出城还有两个小时。"

魏国接过密码纸，看了眼坐在沙发上的许昌，命令道："迅速部署警力，设置关卡，对沿线道路严密封锁！"

吉怀衷立正敬礼，大声应道："是！"正转身欲走，又被魏国叫住："记住！要活的！"许昌闻言，嘴角露出不易觉察的笑容。

夜正黑，长街上空无一人，警察、特务沿着戒严线步步设防。"都把眼睛睁大了，记住不许开枪！"吉怀衷低声下令，众警察、特务各自隐蔽在路的阴影里。

魏国坐在车上，面色紧张，手心全是汗。许昌听着戏曲，似笑非笑："魏老弟别急，就快结束了。"

没多久，一辆黑色轿车驶了过来，那驾车之人，一身西装，礼帽压得极低，看不清面容。特务们立即围上去，黑色轿车见状，不但没停车，反而加速疾驰。几辆警车赶紧跟上。没想到黑色轿车一路狂飙，横冲直撞，硬生生闯出包围。突然，前方出现一队学生，黑色轿车急转弯，一头撞到了路边的墙上。瞬间，几辆辆警车将黑色轿车围住，警察纷纷掏枪瞄准车门、车窗。吉怀衷走近轿车，说:“共产党了不起啊，逃跑都这么有水平！王兄，请吧！”

车里人低头走出，缓缓摘下礼帽，看见来人形容，吉怀衷气急败坏：“你！”魏国、许昌匆匆下车。魏国脱口而出：“二弟？！”许昌气急，一把揪住江流，怒斥道:“王应呢？！”江流双手举起，摇摇头，轻蔑地一笑。

原来这正是江流设下的调虎离山之局。那晚江流看到撤退路线后，有意伪造了一份摩斯密码。魏国、许昌等人走后，江流打开夹壁墙把王应扶走后，故意将黑色塑料管落下，许昌果然中计。后来，江流乘王应不备，在汤碗里下了药。之后，他把真正地撤退路线告诉张若兰，要她带着王应前往接应点。

就在江流陷入包围之时，郊外，一辆马车正等着接头。张若兰从轿车里下来，将依然昏迷不醒的王应交给车夫，说：“他一个小时后就会醒。你尽快送他离开。一定要把他安全送到南昌！”车夫点点头，带上王应驾着马车离开，哒哒的马蹄声驶向竹林深处。身后，张若兰翘首而立，神情怆然。

晚风透过车窗，几缕发丝轻轻飘动。车内，张若兰泪眼盈盈，她想着与江流离别前最痛心的一幕。

当江流说出他的计划时，张若兰震惊到无以复加：“不行，我绝不会让你送死！”

“不是送死，是向死而生。只有这个办法，他才能安全出城。如果你不答应，我之前所有的努力就都白费了！汉冥已经死了，你知道王应有多重要！我江流就算活一辈子又能救多少人，可王应他要是活着，说不定能救了全中国！那个插遍红旗的世界，不也是你的信仰吗？”

张若兰泪如雨下：“可我的信仰里也有你！如果你也熄灭了，我该怎么走下去……”

江流满眼深情，擦净她的泪水：“若兰，你相信我，我会在你看得见的地方，我会好好活着，为了你，也为了我们一起走下去。”

两人拥抱，这同志式的拥抱，是唯一也恐怕是最后的温暖。张若兰泪水潸然。

4

陆军监狱，高墙耸立，电网密布，警戒森严。黑压压的刑房内，潮湿腐坏，恶气逼人，鞭打与呻吟声不断，宛如人间炼狱。一盏昏暗的灯光下，孙冉满头大汗，点了根烟卷，冷冷瞥了眼刑架上的江流："再问你一遍，王应呢？"

江流血迹斑驳，气若游丝，答道："不知道！"孙冉抬头使了个眼色，刑官狞笑着走到江流跟前，猛地挥鞭抽打。便在此时，刑房外一声喝令："住手！"魏国阔步走入。见江流血肉模糊，他对刑官喝令道："把人放下来。"孙冉哪里肯依，立刻掐灭烟走上前："魏次长，许老有令，要严刑伺候，打到他认罪招供为止。"

魏国闻言大怒："人要是打死了，还招什么供？先放下来！"孙冉不语。刑官踟蹰片刻，上前为江流松绑。绳子刚一解开，江流便立刻瘫倒在地，人事不知。

"去，给犯人弄点吃的，留口气明天再审。"魏国说。

话音刚落，许昌笑呵呵地走了进来："魏国兄也在！区区教授，居然让我们都来为他点灯熬油，不简单啊。"

"许老，松绑是魏次长的意思，小的只好……"孙冉乘机告上一状。

"松绑就松绑嘛，犯人也是人，就依了魏次长的意思，去给江教授弄点好吃好喝的。另外，依我看明天也不必再审了，"他从兜里掏出一个信封，细细展平，放在江流眼前，"王应八成是跑到南方去了。秋后的蚂蚱，蹦跶不了几天。刚刚总统府那边发下话来，说江教授如果拒绝认罪也不要为难，让他按个手印就行。"

江流飞快地扫了眼，那满纸尽是极尽虚伪、荒唐之言，什么私通共匪、传播性学、鼓动策划学生叛乱，尽是肮脏不堪的罪状。他轻蔑地吐了口血水："无耻！"

许昌一脸奸笑，对刑官使了个眼色，说："去，帮帮江教授。"

刑官会意，面露凶光，按住江流，一把抓起他沾满血的手，强行在纸上按下一个深深的手印。魏国一脸惊讶："许老！这样恐怕不妥吧？"

许昌得意地看了看纸上的手印："有何不妥？江教授深明大义，主动认罪，知错改过。只可惜要等到下辈子再做好人了。总统府有令：罪犯江流私通乱党、传播反动言论，现已认罪画押。依照陆军刑事条例，三日后执行枪决！"魏国如闻晴天霹雳，政府居然用这种下作的方式逼迫江流就范，他浑身颤抖："丧尽天良！惨无人道！"

谁知许昌拦下他，意味深长地笑笑："魏次长息怒，免得言多语失，累及到太太和孩子。"

"你！"魏国怒不可遏。许昌背手离去，行至门口转身说："对了，你们可要看好江教授，别让他跑了。换作别人我不担心，但江教授年少时的英雄事迹许某和魏次长可都是一清二楚的。”

夜，温软的春风习习吹来，光陆影院外，车水马龙。院门口，一幅巨大的“西厢记”横幅海报吸引了众人的注意。方兰一袭紫金玫瑰旗袍，娇艳动人，她攥着两张影票，左顾右盼，一脸焦急。今天是她与魏国的结婚纪念日，前几日，她就订好了电影票。今天三番五次地催秘书提醒魏国，希望度过一个浪漫的夜晚。

但事与愿违，整整等了一个钟头，魏国的影子都没见着，方兰又委屈又伤心，却又不知魏国为何无故爽约。到了家门口，保姆来开门，方兰没好脸色。不料，那保姆也是神情怏怏，说：“魏先生回来就睡下了。”

“什么？先生回来了？”方兰有些惊讶。

“回来一会儿了，一进屋就躲进书房里，饭也不吃，灯也不开，八成是遇上烦心事了。”

方兰疑惑片刻，径直走向书房。打开门，屋内漆黑一片，方兰扭开灯，却见书桌下蜷缩着一个影子，定睛一看，正是魏国。他本能地眯起眼，抬手遮光。

“你怎么啦，遇到什么事了？”魏国用手搓了把脸，强作清醒，但脸上的痛苦写得清清楚楚。她走上前摸摸魏国的额头，“早上不是还好好的？”

魏国拨开方兰的手：“没事，是心病。”

“心病？那你起码也该让吴妈去告诉我一声吧？今天好歹是咱俩的结婚纪念日，你就忍心让我一个人傻等着。十六年了，哪年的今天不是我想着、我张罗着，你工作忙我体谅你，你是不是烦我了……”方兰忍不住内心的委屈，说道。

魏国突然把她揽入怀中，严肃地问道：“方兰，你还记得十六年前的今天吗？”

方兰凝视着魏国，脑海中浮现出那年的场景。十六年前，江流和魏国情同手足，她和魏国同命相惜。那时候，他们都愿意用生命去坚守承诺，去践行誓言；那时候，虽然没有锦衣玉食，虽然东藏西躲，躲追杀、躲通缉，但他们无忧无虑，他们对这个世界有着统一的看法，推翻、埋葬旧世界，创造、建设新世界。哪里会想到如今，这般凄楚、决然，天各一方。钟锤摆动，一秒秒流逝。魏国说：“咱们夫妻能有今天，是二弟和三弟拼了性命换来的。可是，现在江流被捕了，政府要枪毙他……”

“枪毙？”方兰呆若木鸡。魏国点点头：“许昌逼他在认罪书上按了手印，三天后执行枪决。”魏国情绪有些失控，方兰紧紧地握住魏国的手。“我这条命是江流从鬼门关抢回来的，可今天他却在我眼皮底下被宣判了死刑。我这个当大哥的还他妈有什么脸活着！好一个结婚纪念日，老天爷这是戳我心窝子呀。”

“你打算怎么办？救他？”

“不救，二弟必死无疑。可救，除非是许昌亲自下令，否则就算我搭上老命，也休想把二弟活着带出陆军监狱。我这条命是江流给的，为他死我心甘情愿，可我担心许昌会对你们下手。”魏国满脸愁容，“我不能连累你和孩子。我不打算跟许昌硬碰硬，想来想去只有一个法子。”

方兰恐慌地看着魏国。魏国的目光落在案上的一封书信上：“成败在此一举。”

清晨，晨曦透过绿阴，洒满胡同，市井百姓、贩夫走卒往来穿行。京报馆的院子里，何清从收发室取出一摞信件，朝编辑部走去。编辑部里，编辑们伏案各司其职，翻阅纸张的声音此起彼伏。何清将信件散放在桌子上，只有寥寥数十封。“投稿的一天比一天少，再这么下去，擎等着关张大吉喽。”孙伏园瞟了眼来信，叹息道。

林凡也是一番自嘲：“没被查封已经是不幸中的万幸了。这世道，都怕嘴给身子惹祸，说什么言论自由，根本就是挂羊头卖狗肉，没几个敢说真话的了。”

“我看未必，”何清拾起一封信件，说，“这封信是收发室老陈单独交给我的。上面没邮戳、没地址、没署名，只写着‘潘社长亲启’，我预感这里面大有文章，说不定藏着什么惊天内幕呢。”

信送到社长室，潘社长伏案细细审阅，何清、林凡、孙伏园等人围在桌前，甚为期待。少顷，潘社长放下信函，锁眉深思。“社长，信里说什么了？”孙伏园急切地问道

“你们还记得京师大学的江教授吗？”几人点头，潘社长忧虑深重，“如果信里内容属实的话，政府将在三天后处决江教授。而且，据来信者透露，江教授是被迫在认罪书上画押的，整个审讯过程惨无人道。”

众人大惊，林凡警觉地问道：“写信的人怎么知道得这么清楚？他的目的是什么？”

“看语气像是亲眼目睹的，我想应该是政府内部官员的手笔。”潘社长拿起信来又细细看了一遍，“至于目的，他是希望我们通过报纸将此事大白于天下，呼吁各界人士为江教授伸冤。”他突然深吸口气，看着面前几位资深的编辑：“没想到北洋政府里居然还藏着这样一个有良知的中国人，

敢冒着生命危险给我们来信，这是对我报馆莫大的信任。事不宜迟，拿起笔来，用我们手中的武器还天下一个公道！”

得到社长通知后，京报编辑部霎时间风风火火行动起来，大家激情高涨，笔墨横飞，忙得不可开交。是夜，印刷机轰鸣。报纸标题赫然写道：民主政府为民做主，亲力亲为替犯画押。

第二天一早，报童沿街吆喝：“特大新闻！性学博士被捕入狱，北洋政府屈打成招！”往来者争相购报，议论如潮。

京师大学，消息传来，众人皆愤恨不已，休息室内，办公桌上摊开一张《京报》，标题格外醒目，众教授或坐或立，议论纷纷。上课铃响起，唐熙同踏着铃声推门而入，匆匆忙忙跑到桌前拿教案，与朱教授走了个对脸。朱教授说：“唐兄居然也会迟到，真是稀罕。”

唐熙同眼圈发黑，连连遮掩：“犬子高烧，足足折腾了我一宿，才刚合眼就睡过了头。随后便到，随后便到。”唐熙同应承着，低头看到桌上报纸，余光一扫，竟见“江流”二字。他顿时惊呆，立刻颤抖着拾起报纸仔细阅读。

教室内，学生们正在等候上课，老师却许久未到，便有些坐不住了，纷纷交头接耳。

“知道吗？这个新换来的研究所的哲学老师是个衣冠禽兽，亡妻尸骨未寒，就对小姨子动了淫念。”一个男生接过话来，说：“谁能不知道，不就是大名鼎鼎的乱伦教授唐熙同。道德沦丧也就罢了，可他一个农学博士，怎么能教哲学？就算是师资紧张，也不能乱来呀。”其他人纷纷应和。教室里嘈杂喧天，张若兰心事重重。自从那一晚别过，她再无消息，托父亲打探了整整一周，也没任何音讯。这一周，她仿佛丢了魂一样，什么事都提不起兴趣，更别说是同学们无聊的说辞。

便在此时，唐熙同走入教室，登上讲台，他的神情中有从未有过的严肃和凝重，有一股可怕的力。他也不说话，只把教案整齐地码放在讲台上，那《京报》夹在其中。学生见状，渐渐安静下来。一名学生突然举手，阴阳怪气地问道：“老师，请问用哲学的观点可以解释乱伦吗？”好不容易安静下来的教室顿时又是一阵哄笑。

唐熙同却无恼怒，示意学生坐下，说：“伦理是人的精神世界和谐与美满所需要的一种秩序，只要不违背这种秩序，就无所谓乱与不乱。想必大家早就知道我了，我就是那个霸占小姨子的乱伦教授，唐熙同。”此语一出，全场哗然。唐熙同沉痛地说道：“我这个人循规蹈矩了大半辈子，向来胆小谨慎，有时候还有点迂腐。唯独续弦这件事推陈出新了一把，被你们说成是家丑也好，是道德沦丧也罢，我都不在乎了。说到家丑，此前以为我的事已经够见不得光了，可刚刚在休息室整理教案的时候，才发现家里的丑事远不止如此，比起自己的姐夫把自己的兄弟打入死牢，我这点事简直是小巫见大巫了。”

张若兰闻听此言，一阵莫名的心痛袭来。夏莹莹好奇地问道：“是您亲兄弟吗？”

“不，是和我一同赴法求学的知己，也就是你们的前任哲学导师——江流，江教授！”

全班立刻爆发出不可置信的惊叫声，几个女学生脸色煞白。张若兰挺身站起，问道：“江教授他怎么了？”

唐熙同鼻子一酸，他从教案中抽出《京报》，愤然展开，愤然说：“北洋政府逼他认罪画押，还要在三天后将他处决！欲加之罪，何患无辞。什么叫道德沦丧？这就是道德沦丧！”

张若兰顿时泪如雨下，夏莹莹、邓康惊得目瞪口呆。邓康怒吼道：“不能让北洋政府为所欲为！我们要抗议！”

“对！三一八惨案杀不尽中国人的良知！”唐熙同积压的愤怒突然爆发而出，“我今天不是来给你们上课的，而是希望你们和我一起去讨回一个公道！为李教授平反！为江教授平反！为所有屈死的勇士们，平反！”

“为李教授平反！为江教授平反！”学生们同声呐喊，纷纷冲出教室。

没多久，孟林就在校长室得知学生要游行，他起身走到窗前俯瞰，只见张若兰、唐熙同、夏莹莹等数十名学生高举横幅，浩荡走出教学楼。“揭穿政府丑恶嘴脸”、“坚决抵制白色恐怖”、“为李教授平反、为江教授平反”，这条幅血淋淋地揭示着现实。孟林一声叹息，百感交集。

校门处，校工站成一排堵在门前。唐熙同带领着学生们，厉声斥责道：“堂堂大学，居然限制教师和学生的人身自由，与监狱有何分别！？”

校工头置若罔闻：“对不起，唐教授，学校有规定，学生不得在上课期间外出。我们只管看好大门，除非校长批准，否则决不放行。”

“各位工人兄弟。”张若兰走上一步，眼含热泪，说，“我知道你们也是秉公办事，可曾经在本校任教的江流教授正被关在大牢里，面临生命危险。如果我们帮帮他，他或许还有一线生机，否则他就要冤死在狱里了。”说到这儿，她情不自禁地嚎啕大哭：“求求你们，请把门打开，求求你们。”校工头赶忙扶着张若兰。

便在此时，身后传来一声大喝：“把门撞开岂不两全其美？校长追究此事也只能怪校工办事不利，这样大家就都不为难了。”说罢，数十学生齐力扑向大门，校工惊慌失措，拼命阻拦。双方僵持不下。

“都给我住手！”孟林怒喝一声，疾步走来，所有人都齐刷刷地看着他。

孟林拿出钥匙，说：“把门打开吧。”工头踟蹰地接过钥匙，打开锁栓。孟林肃立校门口，一脸沉重：“是可忍，孰不可忍。孟某愿诸位凯旋归来。”说罢，他亲自推开大门，振臂高呼：“打倒流氓政府！”

学生们先是惊讶，明白之后，气势高涨，挥臂响应，声声不绝：“打倒流氓政府！打倒流氓政府！”游行的队伍在高亢的口号声中行进，孟林庄严目送。

何适宅内，书房洞开，一方砚台压着一份《京报》，怒风阵起，乱纸满地。何适眼睛通红，提笔疾书“道不同的友谊”。忽然，窗外游行的呐喊声由远及近，声声呐喊恰似诉出他心中的悲愤。他扔下笔，投入到游行的人群中。

游行队伍慷慨前行，直至皇城根下。便在此时，赵亚青身着缟素，带领数十名工人兄弟从巷子里拥出，振臂高呼：“为李教授平反！为江教授伸冤！”

张若兰一眼认出赵亚青，问道：“您是李教授的夫人？”

“不错，我们是来会师的。既然要闹，就闹他个天翻地覆，为勇士们讨回个公道！”

京师自来水厂办公室中，老式收音机里播放着京剧《杨乃武与小白菜》，夹杂静电的噼啪声。几名经理围着《京报》评头论足，周学熙抽着闷烟，心事重重。便在此时，京剧骤然停播，转而被一个严肃的女声取代：“京师无线广播电台现在插播一则消息，北京时间上午十点，城隍庙门前聚集一伙由学生和工人组成的抗议游行团体，大喊‘打倒北洋政府’等口号，为李汉冥、江流等赤党分子伸冤平反。京师警察厅提醒国民，切勿被反动分子的言论蛊惑，执政府将尽快予以镇压……”周学熙锁眉沉思，长长一截烟灰掉落。

香烟缭绕的城隍庙，被围得水泄不通。三扇庙门都被贴上了标语，张若兰站在门前的台阶上慷慨演讲，唐熙同、何适、赵亚青、夏莹莹等人聚集在人群前列，悲愤肃立。

“同胞们！京师大学江教授昨天晚上被无耻的北洋政府逮捕了，他们对他严刑拷打，甚至用极其卑劣手段逼他在认罪书上画押。三天后，江教授就要被拉赴刑场执行枪决，对于未曾证明有罪的人，军阀们可以草草地剥夺他的生命，这究竟是一个怎样的政府？他们用虚伪的民主来掩盖军阀的专制，以军部代替议会，以训政代理民权，以军法审判人民，以刺刀削去我们的自由与权利！同胞们，铁铸一般的事实证明，他们是人民公敌、民族败类、无耻的卖国贼！他们注定逃不脱覆灭的下场。同胞们！让我们擦亮双眼，踏着他们的血迹为正义讨回个公道！

更多的人加入到抗议中，依稀可见周学熙及自来水厂工人匆匆赶来。周学熙挤到最前排，振臂呐喊："讨回公道！讨回公道！"

过了一会儿，何适登台，自有一股尊严："我记得大总统说过这样一句话：刘邦约法三章，我就一章，不听话就枪毙。前不久，名记者邵飘萍、林白水，不都是死于枪下吗？什么法庭，什么审判，全都省了，连做样子的形式都没有……"

便在此时，蔡仲卿手里攥着一份《京报》，乘黄包车驶过城隍庙门，见何适居然在大庭广众下演讲，忙唤一声："停车。咱们过去看看。"

"这几年动不动就游行，今说说这个，明骂骂那个，我们拉车的都见怪不怪了。"车夫说。蔡仲卿下车来到城隍庙前。

"江流先生不过是个文人，起码也该按照普通法律程序由法庭审理。就算他真的是个赤党，世界上其他国家破获共产党机关后，未闻有以军法处置者，更不要说屈打成招。即便是君主国日本的涉共案件也都要公开审理。日本帝国主义多年挟'武力征服'的政策对待吾国，同时，北洋政府也挟同样的态度残害吾民。可悲呀！"

车夫大惊，说："江流？他说江流？"

蔡仲卿旋即问道："你认识？"

车夫刘马一摔擦汗的毛巾，挽起袖口，说："岂止认识！"

突然，一伙身着黑装的男子手持刀棍，乌泱泱朝人群赶来。带头的脸上一道刀疤，朝天空放一枪，骂道："都他妈给我滚蛋！"围观人群鸟散逃窜，惊叫连连。还有百余人不为所动，刀疤率领数十黑衣男子围上前，恶狠狠地说："你们他妈的嫌命长？敢在老子的地界撒野！"

蔡仲卿走上前，面无惧色，轻蔑地说："那你就开枪吧。甭管你们是黑道还是白道，在民国的地界，总要讲个规矩……"

刀疤男大怒："少他妈废话！老子就是规矩！再不滚蛋一枪毙了你！"说罢，抬枪顶在蔡仲卿头上。

蔡仲卿余光瞟了一眼手枪，冷笑："百密一疏，你们的主子还是大意了，枪身上的'北洋造'竟然忘了遮上。穿成这样，是不是那身警服见不得光啊？"

刀疤男勃然大怒："他妈的！我先打你个见不得光！"身后一个黑衣

人举起枪托，朝蔡仲卿头部猛击数下，蔡仲卿掩头倒地。刀疤男叫嚣道："老子是官是民关你屁事！敢在我的地界撒野，都给我上！"号令一下，数十黑衣男子一拥而上，对游行者棍打脚踢。众人奋力抵抗，节节失利，相继负伤。

混乱之时，两辆黑色军警车驶来，不等停稳，便从后车厢冲下几十名国民党装扮的军警，个个手持冲锋枪，将刀疤一伙包围。

张耀扬从副驾驶位上推门出来，张若兰见了，辛酸地喊了声："爸爸！"张耀扬见女儿被打，再一看，蔡仲卿居然头破血流倒在地上，又悲又愤，走到刀疤跟前，狠狠抽了几记耳光。

"你他妈谁呀？"刀疤捂脸骂道。

"国民党法务部长，张耀扬。"

"国民党？这可是北洋军的地盘！"刀疤有些胆怯。

"甭管是谁的地盘，再不滚，一律视为刁民就地正法。"张耀扬话音一落，国民党军警齐刷刷抬起枪。张耀扬严词说道："回去告诉你们厅长，以后叫手下穿好了警服上街，免得被当成强盗。"刀疤一脸不服地带领手下撤下。

一日血雨腥风，日薄西山，余晖透窗洒满病房。蔡仲卿头裹纱布，面色苍白，躺在病床上。张若兰红肿着双眼，独自一人守在病房。张耀扬走来，轻抚张若兰的肩膀，说："兰儿，不早了，跟我回去吧。"张若兰缓缓抬头，水汪汪的眸子望着父亲，她突然觉得，在这个霸权的社会中，只有父亲还能提供最后一块净土。她一头扎进父亲怀里，失声痛哭："爸，只剩下两天了，我该怎么办？"

张耀扬眼眶湿润："我不会让他们得逞的。"

深夜，一盏明亮的台灯下，张耀扬长坐不起，思虑良久，站起身来，大笔如椽，豪文挥就：

论民国司法之乱象

对于当今宪法所玩弄的假民主、真独裁的卑劣伎俩，我身为孙先生麾下的一名国民党法务部长，不得不说点什么了……

文明与愚昧、正义与邪恶、民主与专制、真实与虚伪、善良与凶残，时刻在搏斗。耳目所及，举凡政治界所有最卑污之罪恶，最无耻之行为，无不呈现于中国。共和国家全赖法治，而民国总统却与专制皇帝相同，他们的命令就是法律，法律就是圣旨，民国虽建，但人治犹存。司法如果可以被权与利的行政轻易干涉，一个公民如果可以轻易被“逮捕法办”，哪里还有什么正义存在，还有什么自由存在，还有什么人权存在？没有个人的自由，就没有公众的自由；没有个人的利益，就没有公共的利益；没有个人的权利，就没有大众的权利；没有个人的公正，就没有社会的公正！清华目击时艰，痛心于政治清明之无望，不忍为同流合污之苟安，谨以此书，警醒国民！

因为这一篇铁骨铮铮的文章，《京报》潘社长决定，休工半日，编辑亲自上街，免费发送《京报》。京师大学的教室空空如也，学生罢课，教师罢讲，纷纷组成了示威的队伍。

“疯了！都他妈的疯了！”许昌在办公室，怒不可遏，“一个狗屁教授，居然振臂一挥应者云集！他算个什么东西！简直岂有此理！”

“许老，我多句嘴。现在这件事闹得满城风雨，”一旁的孙冉说，“无非就是为了一个公开审判。他们非要审，咱们就做做样子，退一步海阔天空。”

“胡扯！堂堂执政府，还能由着他们性子来？今天依着你，明天由着他，当我这是什么？垃圾场？慈善堂？”许昌指着他鼻子破口大骂。突然，电话铃响起，许昌接起电话，怒气未消：“哪位？”突然，他语气一变，恭恭敬敬：“大总统……闹成这样纯属意料之外……正在想办法……的确很棘手，这……是是。好，也只能这样了。”

“真他妈的狗拿耗子！我倒要看看，这个江流有什么本事！”许昌挂断电话，愤愤不平。原来江流一事经过报道，给外国记者盯上了。再加上李汉冥的案子，何适、蔡仲卿的参与，总统府都炸开了锅，顶不住了。

“许老不必沮丧，咱们正好可以借此案彰显中国司法独立之精神，减少外国不信任中国法权的舆论。况且，审判的结果不是也在咱们的掌控之中吗。”

“也只好这样了。去，替我约审判厅长喝茶。”许昌刚要出去，忽然想起什么，指了指座钟旁的版图：“抽空把这张图换了，我瞧着别扭。”孙冉扭头看了眼地图——天津是一个小窟窿。

是夜，星月无光，天幕低垂。村上鬼鬼祟祟地从日本大使馆走出，掏出钥匙，正欲打开车门。

忽然间，一根套索准确无误地套住其脖颈。只见那房檐处，一名紫衣忍者用力一提。村上被腾空吊起，拼命挣扎，喉咙被勒得难以作声。少顷，村上气绝。

忍者飞檐而走，形同鬼魅。

入夜，只见许昌办公桌上摊开一张《快讯》，村上惨死的照片格外醒目，题目是：日本特务小山哲也吊死公馆。

许昌一把将桌上冷暖云子棋拨开，黑白棋子散落一地。许昌还不解气，又将报纸撕成粉碎，边撕边骂："假公使！性博士！都他妈不得好死！阴老子？老子咒你们全家！"

5

听闻政府要公审江流，老百姓口耳相传，审判广场人山人海。

唐熙同、方苹和方兰也来了，在门口碰上了，颇为尴尬。

"姐，你也来了？"方苹已褪去学生的稚嫩，出落得儒雅温柔。

"瞧你这话问的，这官司谁不来我都得来。好歹，我们都生死患难一场，虽然现在魏国是原告，江流却成了被告。"说话间，方兰发现唐熙同竟和往日判若两人，格外精神。

周鲁听说江流有难，几日快马加鞭赶到北京。他此时已经是国民革命军的一名将领，但身份特殊，不能张扬。他一眼瞥见依然穿着白汗衫的周学熙，激动地说："妹子！你瞧！那不是我本家兄弟吗？"

"这不是周学熙吗，他怎么也来了？"邓玉秀扭头一看，却见周鲁早已迎上，猛拍周学熙肩膀："周大哥！"周学熙正在低头看最新的《京报》，被吓了一跳。他转过头，看到是周鲁，欣喜地说："周老弟！刚才还琢磨，这重要的日子，怎能少了你？"

"那是！江大哥是我亲兄弟！"

"周先生，还认得我吗？"邓玉秀走来说。

"大名鼎鼎的邓大小姐，谁不认识？转眼就十六年了，今天人到得真齐啊！"

话音刚落，方兰急急赶来，出现在三人眼前："加上我是不是就更齐了？"

周鲁感慨地说："跟你们凑在一起，老子就他娘的想劫狱！"

审判厅内座无虚席，议论声此起彼伏。在最后一排的角落里，一个女子打扮得雍容华贵，轻纱却罩着她大半个脸，看不出形容，像是在回避熟人。张若兰、张耀扬走过时，她眼睛一亮，转而又黯淡了下来，原来是褚鹃。

少顷，三位法官入座，台下鸦雀无声。"传被告江流，原告许昌、魏国入席。”随着一声传唤，江流被押入被告席，许昌、魏国到原告席入座，人群顿时一阵骚动。

法官击锤以示肃静，进行陈述：“原告控告被告江流犯有以下罪行：一、煽动学生暴动，扰乱国家安定；二、与国民军秘密勾连，图谋不轨；三、与赤党首领里应外合，进行颠覆政府活动，危害国家安全。以上三罪，证据确凿，依据法律，判处死刑。江流，你认罪吗？”

江流面容憔悴，眼睛晶亮，他沉默片刻，环顾四周，突然大笑：“危害国家安全？好大的罪过。在没有出席这次审判以前，我还一直以为，自己称得上是一名爱国人士，即便是身处遥远的法兰西，也无时无刻不在牵挂着自己的祖国。说我反对北洋政府，我尚且承认，说我危害国家，请恕我难以认罪。政府并非国家，国家是土地、人民和主权，所谓亡国是指外族入据其土地、人民和主权，本国某一党派推翻某一党派的政权而代之，不能说是‘亡国’，所以‘危害国家’难以成立。民国之所以叫民国，就是民主共和国，以别于专制君主国。如果把国家和政府混为一谈，那又何必摒弃法国路易十六的‘朕即国家’说呢？如果说在野党反抗不忠于国家或侵害民权的政府党，而主张推翻其政权就是‘叛国’，则古今中外的革命政党无不曾经‘叛国’，就连北洋政府也曾‘叛国’吧？再者，历史上周厉王有监谤之巫，秦始皇有巷议之禁、偶语之刑，汉武帝更有腹诽之罚，若人民发言反对政府或政府中某个人，就是有罪，那我民主共和国与这些封建王朝有何分别！如此种种，不是正好证明日本人所谓的‘中国非近代国家’之说所言甚是吗？”

江流的辩护引得台下掌声四起，一片叫好。检察官连连击锤：“肃静！肃静！被告江流事先并未申请律师为其辩护，也未曾申请自行辩护权，因此对本法庭所提出的问题意外的发言，将被视为藐视法庭。”

江流轻蔑地笑道：“既然这样，不如免了麻烦，我直接认罪就是！”

检察官刚欲张嘴，张耀扬起身，朗声道：“慢着！既然贵法庭还承认《中华民国宪法》，那我这个国民党法务部长亲自请缨，为江教授辩护如何？”说罢，张耀扬径自走向被告席。

“张先生，请立即回到你的座位，你这样做是在藐视法庭。”

“不错，我就是在藐视你。你们不顾知识界的求情与舆论的反对，绞杀了李汉冥先生，接下来又要处决江流先生，这无疑是为了消灭共产党的合法性。可你们有没有反思过北洋政府的合法性呢？民国建立之初，合法性得到国民认可在于三个方面：第一，国家为人民共有；第二，摒弃数千年相传的官僚专制和个人政治，实行自由的、自治的国民政治；第三，国民当家做主。民主国家，乃真国家，以人民为主人，以执政者为公仆。可袁世凯的上台，北洋军阀的混战，却把民国搞得政治腐败，社会黑暗，信仰岌危。北洋政府的合法性早已有了危机，你们却还不自知。自国会解散以来，百政诸废，生机断绝。像死去的李汉冥、今日的江流，他们正是因为疑惑和绝望，才去寻找合理的秩序与价值，谋求一种新的光明！西洋人因为拥护德赛两位先生，才有了今日的解放。要若是因为拥护这两位先生，就要遭到政府的压迫，社会的攻击，那么今日的政府和封建专制又有什么区别呢？”

全场再一次响起雷鸣般的掌声。周鲁顺势高呼："打倒封建专制！"众人纷纷响应。检察官见局势失控，草草宣布休庭。

众人散场，周鲁、邓玉秀、张发友、周学熙四人从审判厅出来。周鲁一边走一边大骂："真他娘的痛快！狗日的检察官回娘胎里哭鼻子去吧！"无意间，周鲁看见和张耀扬道别的张若兰，追上去问道："姑娘等等！你是张若兰吧？"

"这位大哥，你怎么知道？"

"我以前听江大哥和王大哥提起过你，都说你长得像丁香，终于有幸看见本人。今日你父亲为我二哥慷慨陈词，在下佩服！"

张若兰微微一笑："想必你就是那定国军校的周鲁校长，你的事迹我听得多了，不过……"她上下打量周鲁道："百闻不如一见，你和江教授还真是不一样。"

"我跟你说，我二哥张牙舞爪的时候你是没看见，连满清的大狱，都关不住他。想当年我们越狱闹革命，你还是个娃娃呢。要是喜欢听，我改天给你讲。"

张若兰一听眼睛都亮了："我想听，可我上哪去找你？"

"金台旅馆，到那提我名字就行。"

许昌在办公室内凭窗望远，愁眉不展。孙冉敲门而入，拿着一份报纸递给许昌。许昌接过报纸，头版大字标题赫然写着：宪法如戏本，审判如唱戏。许昌叹道："照这么下去，江流杀不成不说，就连政府也要被人当成戏班子了。"

孙冉微微叹气："不然来他个杀一儆百，把江流秘密处决。"

"这哪是杀一儆百，分明是激起民愤。杀也要讲究些策略。你有没有注意到今天来旁听的两个人？"

"不知许老说的是哪两个？"

许昌意味深长地说："一个是国民党军官周鲁，他是江流平生最好的兄弟，现在又是军官。此人胆识过人，且极重义气。试想我们如果放出秘密处决江流的消息，他会怎么样呢？"

孙冉一激灵："救人？"

"不错，他必定前来营救。到时候，勾结乱党，犯上劫狱！这个罪名够不够治个死罪的呢？"许昌洋洋自得。

"办法虽妙，只是……如今时间急迫，如何把风声传到他耳朵里呢？"

"这，就是另一个人的用处了……最近，你和褚鹃进展得如何了？"孙冉闻言大失惊色。"哼，她以为她罩个面纱，我就认不出她了。那次闹事，在执政府大门前张牙舞爪的女学生头头，化成灰了我都认识。"许昌斟酌着，说："你不要不爱听，她仍对江流念念不忘，如果她得知了信儿，那一切就好办了。"孙冉恍然大悟。

许昌办公室外的隐蔽处，一名黑衣忍者窥听到许昌与孙冉的交谈，飞身离去，行动异常敏捷。

金台旅馆，四个人面色严肃地围坐在一起，周鲁忍着性子听完张若兰的讲诉，邓玉秀忧虑地问道："你的消息可靠吗？"

"可靠，我表姐是从魏国的秘书那里听来的。"

周鲁气得直拍桌子："哼！逼走了我，又要算计二哥！如此忘恩负义的小人！看我不扒他的皮！"

众人束手无策，干着急。邓玉秀沉思片刻，说："我倒是有个主意。当年江流兄弟救魏国，顺带着铺出了条自来水道。如今我们再利用自来水道把江流救出来。"

"什么？你是想再挖条地道？"张发友有些诧异。周鲁立刻打断他："当然不是，不过现如今整个北平都依赖周学熙的自来水管道供水，假如周学熙把陆军监狱的水掐了，他们是必要找工人维修。咱们可就有机可乘了。"

邓玉秀和周鲁默契地一笑，周鲁说："天一亮咱们就去找周学熙。刚好今天在审判厅碰上他，看来这都是老天爷安排好的。"

张若兰听得一头雾水。邓玉秀关切地问道："怎么了？若兰妹子，你的江教授有救了，怎么无精打采的？"

张若兰疑惑地说："听你们说这么多，我发现自己一点都不了解江教授，我印象中的他是个精神上的巨人，可你们说的他却像个侠客。他到底是怎样一个人？"

周鲁感慨万千，说："以后要听故事，我讲给你们听，如今事不宜迟，救我二哥要紧！”

次日清晨，京师自来水厂办公室，周学熙沉思须臾，痛快道：“这件事包在我身上。刚好前几天闹罢工，可以跟监狱那边说，厂房的清水池几天没人清理，杂质堵住了管道，他们肯定不会起疑心的。”

周鲁拍拍周学熙肩膀：“还得是本家兄弟！够仗义！”

“救江流兄弟，我周学熙没二话。当初要是没他，哪有今天的水厂！”

入夜，监狱男男女女提着桶子接水，突然水管中滴水不出，毫无预兆。监狱长头疼了起来，连连催促自来水公司。可到了半夜，还是没水。监狱里人心浮动。这时，来了几个自来水厂的工人，周学熙在前头带路。查过证件，周学熙给警卫上烟。警卫嗓子干得要命，哪有心思抽烟，说：“你们干的好事！嗓子眼都冒烟了，停水可要了亲命。”

“军爷见谅，往后我们多上点心。”一身工人打扮的周鲁忍着性子，眼里却是一股子凶气。周学熙等人进入狱中。不远处，一个黑影隐蔽身形，窥视着他们的一举一动。

地下监狱中，潮湿阴暗。狱警领着众人来到一扇铁门前，掏出钥匙打开门，捏着鼻子，说：“管道和阀门都在里面，抓紧点。”几名狱警在外面站岗守候。

一行人进到里面,臭味冲天。周鲁打开手电,里面全是锈迹斑斑的管道，上面裹满青苔。周鲁对邓玉秀、张发友使了个眼色，三人各自从工具箱夹层中取出手枪，踹门而出。狱警措手不及，顾不上掏枪，只得缴械投降。

“说！江流在哪间牢房？”周鲁持枪顶住狱警太阳穴。

“在……内监 14 房。”狱警全身瑟瑟发抖。

邓玉秀、张发友、周学熙挥枪打晕几人，换上狱警的警服，朝死牢方向走去。一路上，邓玉秀觉得很奇怪，这牢狱不但囚犯不多，连那驻守的人也好稀少。想到此，她突然停下脚步，说：“我觉得有点不对劲……”

邓玉秀还没说完，就被周鲁示意止住，前面就是死牢，有十好几个狱警在站岗。那看门的狱警拦下周鲁，说：“什么事？”

周鲁答道：“提犯审讯！”

“哪间房？”

“14 房，江流。”

狱警带着周鲁行至 14 号房门前，打开门，邓玉秀进去一看，里面空无一人，她大惊道：“不好！有诈！”等他们回过身来，数十名狱警围了上来，拿枪指着他们。

一个老者踱着步，从狱警里走出来。“对不住了，周老弟！大失所望了吧？江教授早就被我转移了，从一开始我就料定你会来救他，这才盛情邀请，引君入瓮。”

“许昌？”周鲁认出来人，大吃一惊。

许昌大笑，得意地说：“你江大哥这些日子还真是给我出了不少难题，幸亏周老弟你帮了我一把，这回他私通乱党、唆使劫狱，证据确凿。不到天亮，各大报纸就会把此事当作头条刊登。这次，天王老子也保不了你们。”

周鲁暴跳如雷，大骂：“我他妈杀了你！”刚欲挪步，黑压压数十只枪口对准周鲁。

许昌得意地大笑，突然，一名狱警以迅雷不及掩耳之势掏枪按住许昌。许昌惊慌失措：“你要干什么？”警帽下显出一张熟悉的面孔，竟是伊藤武。周鲁大喜。

“少废话！”伊藤武用枪指着许昌脑袋，“让你的人把枪放下。”

许昌一听便知道是日本人，倒也镇静，说：“……放下枪。”狱警们见状，纷纷放下枪械。伊藤武努努嘴，示意周鲁他们往监狱门口撤退，自己则押着许昌，跟着缓缓后退。狱警不敢太近，步步紧跟。

退至大门口，伊藤武用日语说：“你们撤！”

“不行，你怎么办？”周鲁说。

“我自有办法，你们快撤！”

伊藤武见周鲁一伙走远，将许昌带出大门，一掌击倒。两侧的军警见状，一齐开枪扫射。黑夜中吐出道道火舌，伊藤武隐遁在黑夜之中，早已不见踪影。

众人回到金台旅馆，周围时不时传来警笛声，看来全城已经戒严。江流没救着，现在众人都脱身不了。突然，门外响起急促的敲门声，周鲁纵身持枪躲在门后，张发友将门打开，门外站着一袭黑衣的伊藤武。

伊藤武苍老了许多，他挂念着千鹤，问道：“这些年，千鹤还好吗？”

多年未见，沧海桑田。周鲁有些感伤，说：“很好，我们已经成家了。这么些年，为什么不去找我们？”

“其实在北京，也是静观其变。人生还长，看着你们成长，我很开心。千鹤和你在一起，我也没什么好担忧的。”

“今天要不是你，我们就被许昌那奸贼给一窝端了！不过，你如何得知我们要来劫狱？”

伊藤武说：“我盯着这里好几天了，没想到你们先动了手。只是过了今晚，江流兄弟的处境恐怕更危险了。”

翌日，北洋执政府院内，许昌召集众人开会。巨大的会议室内，灯光阴冷，气氛萧瑟。众人议论纷纷，许昌嘴角一片瘀青，打断大家，说：“对于这个判决，大家还有别的意见吗？”其他人表示赞同，唯有魏国一言不发，死死攥着拳头。“如果没有意见，那我宣布，江流，传播反动言论，鼓动学生起义，私通乱党劫狱，罪无可赦，经大会决议，定于三天后于西交民巷刑场处死。”

转瞬，会议室内空无一人，魏国依然坐在椅子上。良久，他呆呆地起身，面无表情地拖着步子正要往外面走去。“魏次长，这些日子辛苦你了。”魏国这才发现许昌也没走，面色凌厉。

“许老足智多谋，让魏某敬佩不已。”魏国不咸不淡地应付着。

“不过是些小把戏。可惜的是，半途杀出来个程咬金，放跑了一伙逆贼，毁了我的一场好戏！”魏国冷冷地看着他。“好在一切马上就要结束了。魏次长的苦心营救反而把自己兄弟推向了火坑，这种滋味不好受吧？”

魏国青筋暴起：“你……”

许昌伸手止住了他：“我这个人不是不通人情，江流和你交情不浅，我也知道，于情于理都不应该让你来继续管这个案子。这几天就不麻烦魏次长大驾，烦请次长在府中休息几天，好好陪陪家人，三天后等我们的好消息。”说罢，许昌做了一个请的手势。魏国缓缓走出大厅，大门在他身后轰然关闭。

车子行驶在街巷里，车外行人熙熙攘攘，一派热闹。魏国心灰意冷，他揉揉太阳穴，习惯性地说：“老王……往左拐，我先去买个东西。”司机缓缓回过头来，是张完全陌生的脸：“听说魏次长这几天太忙，需要好好休息，还是直接回家吧。”魏国撩起车帘一看 只见后面几辆黑车如影随形。

家中仆人尽散，冷冷清清，魏国一人走进书房门，坐立不定，他看着窗外，几个特务来来回回，惹人心烦。方兰走了进来，想把门关上，却被两个特务抵住不让关。她无可奈何，走到魏国身后，说：“一点办法都没有了吗？”魏国一语不发，孤零零坐到沙发上。

入夜，魏国枯坐在客厅内，眼神尖锐而无助，只死死地盯着墙壁上的时钟，时钟一如既往，滴答地响着。“刚许老送来冰糖雪梨茶……”方兰走过来，劝道：“一天一夜不吃不睡，就算你是铁打的身子，也经不住这么熬啊。”

“兰儿，委屈你了。”他的声音有些沙哑。方兰摇摇头，依偎在他身旁。“是我无能，三弟营救未成，还拖累了你。”

方兰良久未接话，她轻轻握住魏国温润的大手，上面隐隐还有一道当年受刑留下的疤痕。“魏国，这么多年，我们出生入死，什么大风大浪没见过？”方兰的坚毅让他有一丝惊异。“所以，你的心思，我能猜不到吗？你放心，孩子在方苹那儿，很安全的。其实，刚结婚那几年，你顺风顺水的时候，我曾想过，我什么都不要，只要能和你有个家，能安安稳稳地过日子就行了。”

“我知道。”魏国用力抱住她的肩，风风雨雨数十年，这是最让他向往的生活。

“但这种难得平淡的幸福是二弟几番舍命相救换来的。江流对我们夫妻恩重如山。你要救他，我决不反对，无论有多危险，我都会在你身边。只是，时间这么少，我们到底该怎么办？”

话音刚落，门外传来敲门声。方兰起身开门，特务一语不发，把做好的饭菜递上。魏国看着饭菜，突然笑了笑，低头吃饭。特务眼中露出一丝惊异，这倔骨头还真想通了？！

张若兰家中，桌上摊着一份《京报》，头版的标题极为醒目：赤党分子勾结乱党，三日之后依法处决。张若兰、邓玉秀、赵亚青、周学熙等人在房间里面面相觑，气氛凝重。周鲁脸色铁青，坐在座首。赵亚青打破沉默，声音里透着无限的酸楚：“先生之前一直说，做事务必要考虑周全，切不可意气用事，这下可如何是好？”

“那现在怎么办？这次政府光明正大发出通告处死江教授，就是做给我们看的，这样一来，再有什么行动，无异于往江教授身上捅刀子。”张若兰心里绝望了。

“那也不能坐视不理！我和我大哥一路征战南北，什么阵势没见过，我就算拼了命也要把江大哥救出来！”张发友青筋暴起，怒火中烧。

周学熙在一旁嗞嗞地抽烟，摇摇头说：“如今我们没任何线索，时间这么紧，谈何容易。”

“找！老子豁出去了！”周鲁红着眼睛站起来，一掌把桌子砸碎，“就算把北京城翻个底朝天，我也要把我兄弟救出来。”

灯火通明，一干人通宵未眠，发动各路人马，寻找消息，但一无所获。伊藤武去了魏国宅邸，那里早已被特务封锁，连个苍蝇都飞不出。

魏国的一举一动都在特务的监视之下，他靠窗而坐，眉头紧锁，一根长烟在手，烧到了手指都浑然不觉。方兰端着热好的冰糖雪梨茶走过来，却被特务拦住。方兰气恼地说：“你觉得我会在这里藏什么东西吗？”特务不言语，把茶杯细细查看了一番才放行。方兰走到魏国身边，魏国毫无察觉，方兰唤了几声，他才回过神来，把烟摁灭，接过茶，徐徐吹凉。窗外天色如墨，魏国眉心不停地颤动。不知过了多久，时钟响了十二下，魏国突然站起来说：“我去厨房倒点水。”方兰靠在沙发上，忧心忡忡，而又无可奈何。

窗外愁云惨淡，街上行人寥寥，魏国已经两天两夜没睡了，手不自觉地颤抖，刚沏好的开水晃了出来，洒到他的脚上，疼得他一声呻吟，杯子差点掉落在地，他蹲下来擦拭脚上的水。方兰和特务听到响动，赶紧走了过来。魏国余光突然扫见角落里放着的一桶桐油，这是前不久他们为防白蚁买的。买桐油时，店老板曾千叮咛万嘱咐：“这桐油是防白蚁的，有毒，千万不能误食！”魏国缓缓地站起来，对方兰说：“你去书房给我找点茶叶来。”方兰点头出去了，那特务示意客厅的特务前来看住魏国，自己跟着进了书房。

魏国飞快地弯腰下去，倒了小半杯桐油在茶杯中。方兰回来后，觉得味儿不对，她奇怪地耸耸鼻子，也没在意。她将拿来的茶叶放进茶壶，冲出几杯好茶，正要端出去，却被魏国抢了过来。魏国颤巍巍地把加了桐油的茶杯混在最里的位置，全部端了出去。

“来，喝茶！”魏国端着托盘招呼喝茶。几个特务狐疑地接过杯子，不知他葫芦里卖的什么药。魏国笑笑端起一杯，一口气喝了大半杯。方兰也微微一笑，拿了一杯，喝了下去。特务们这才放心，取杯喝茶。

过了一会儿，魏国突然从椅子上重重摔落在地，只见他口吐白沫，浑身抽搐，呕吐不止。“妈的！茶水有毒！”特务一惊，作势要抠喉。另一个特务说：“不会吧，我们都喝了。他肯定是得了急症！”

方兰见魏国脸色越来越白，慌了神，哭着央求道：“他死了你们也不好交差，快送医院吧。在医院你们可以层层看着啊！求求你们了！”几个特务也是六神无主。领头的特务跑到电话旁，接通了电话，说：“快来车，这家伙要死了，再增派一些警卫到医院重兵把守，料他插翅也难飞！”

没过多久，救护车飞驰而至，众人把魏国抬上担架，他已经呼吸困难。方兰哭着死死握住他的手，魏国艰难地睁开眼，趁没人注意之际，松开拳头，把一张纸条迅速塞给方兰。方兰一惊，握住纸条，魏国晕了过去。

担架被抬下车，特务一窝蜂地冲到担架前。方兰跟在后头，找个阴处，悄悄打开字条，上面潦草地写着：江流明日寅时西郊民巷刑场处死，请一定将消息传出。方兰心里一紧，见周围无人，立刻将纸条吞了下去。

重症监护室外重兵把守，护士安谧推着小车过来，她摘下口罩，正色道："他必须马上打点滴！"

看守使个眼色，两个人过去细细搜了一遍："进去吧。"

安谧走进门，拉开帘子，走到魏国旁边，正欲扎针，突然魏国睁开眼，迷迷糊糊对她耳语道："姑娘，明日江流将在西郊民巷被杀害，你现在是传出消息的唯一希望，请你务必帮忙。"

"江流？你是说江教授？"安谧一脸惊异，打针的手一抖。

魏国点点头道："正是。"

"好，需要我怎么做？"顺着魏国的目光，安谧转头，只见身后方兰轻轻攥紧她的护士服。

安谧会意地点点头："好，我与江教授有一面之缘，为天下者，天下人皆为他知音。"

三分钟后，护士一拉帘子，推着车子出门。看守回头注视病房内，只见方兰的背影映在帘子上，她正在给魏国掖被子。看守放心地点点头，森冷的眼神来回监视。护士推着车子走出。到拐角处，她立刻摘下口罩——露出的是方兰的脸，她不敢懈怠，立刻朝夜色深处飞奔出去……

翌日清晨，江流被套上手铐，架入刑车内。刑场车一路颠簸，不知驶向何处。江流坐在车里，透过小窗，默默地望着窗外，一片又一片彻骨的荒凉晃过眼前，周遭除了汽车的吭哧吭哧声，寂静得如死一般。江流想到周鲁、邓玉秀、方兰、褚鹃、若兰、周学熙、刘马，没想到自己有生之年还能见到他们。这一生，他倾己所有，怒争自我之尊严和国家之希望，他不孤单……

正想着，突然一个趔趄，刑车被一棵歪脖大树拦住，陷入一个深沟之中。兵士们骂骂咧咧地下车检查，只见几个黑影如鬼魅降临，站在路间。士兵们吓了一跳，刚想掏枪，迎面打来一束强光，说时迟那时快，一辆巨大的货车迎面撞来，轰隆一声把车和人都撞翻在地，枪声四起。江流翻滚几下，跌倒在车里，幸好无伤大碍，只是动弹不得。突然，车门打开，江流抬头，那人将面罩拿下，正是周鲁。他把江流从车里拉出来，两人可不敢怠慢，跑到百米开外另一辆车里。

原来，方兰透露出行刑地点，大家束手无策，这时来了一位不速之客——钱子谦，他把法国的豆腐厂全部出售后，带着大笔现金回国。没想到正好碰上江流的事儿，就四处打探消息，没想到真碰上了周鲁他们。钱子谦带着大家来到一个隐蔽的仓库内，仓库里存放着一个盖着油布的大家伙，拉开油布一看，是一辆全新的大型重型货运车，车里装满了各式武器弹药。众人一商议，想出了这个主意。

众人来到一个秘密据点，江流举杯相谢："感谢诸位舍命相救！江流何德何能，得大家如此相助！"

"你知道我为什么要救你吗？"伊藤摘下帽子，只见他头发已全白，根根分明，"因为你是我最值得骄傲的学生，我不能不救。"

"伊藤老师，您真要这么快就走？"江流说。

"明日启程。我要和周鲁一起走。"伊藤武微微一笑，"你还记得千鹤吗？她现在已经是周鲁的夫人了，我自然要去南方照顾女儿和孙儿。"

"遥知兄弟登高处，遍插茱萸少一人。"江流此言一出，众人顿时沉默下来。突然一阵沉闷而急促的敲门声响起，门外人声音都变了调："快开门，快！"

邓玉秀闻声打开门，钱子谦跌跌撞撞地跑进来，哭得不成样子："方……方兰……"钱子谦全身颤抖，语无伦次。方兰从医院回家，刚下车，突然从斜边飞速驶来一辆货车，直直地朝她撞去，巨大的冲击力顿时把她甩在街对面的高墙上，当场殒命。而货车掉过头，飞快地消失了。这一幕，正好被过街的钱子谦全部看在眼里。众人惊愕不已，以致没人注意到周鲁什么时候走了。当客栈伙计把一份信交给江流时，众人才觉察，信上只写了四个字：许贼当诛！

就在当日下午，双喜楼发生京中最轰动的惨案。许昌与一众同僚在酒楼喝酒聚餐，几个花红柳绿的姑娘陪着。周鲁一脚踢开包间大门，纵身掠到许昌跟前，几个警卫刚要掏枪，被周鲁连发几枪，利落干净地解决了。许昌心知死期已至，也没有反抗，闭上眼睛，脸色苍白，手颤抖不已。周鲁举起枪，没有言语，一声枪响，许昌脑浆迸裂，歪倒在座椅上……

"大师，敢问罪孽深重之人，可以成佛否？"禅寺佛像前，魏国长跪不起。

"放下屠刀，立地成佛。成佛之人断不可再生罪孽，再染尘世烦恼。阿弥陀佛。"

"尘世上再无我烦恼，无国、无家、无因果、无情义、无爱恨、无法度，唯有眼前这尊佛。我一心忘苦，舍弃尘烟，请大师成全。"几缕淡淡的佛香飘过，方兰已走，世间纷扰于他何干？

老僧叹息道："阿弥陀佛。贫僧以为，佛亦不能忘众生苦。你来此处，是求经忘苦，还是避世忘苦？求经忘一世苦，避世忘一时苦。无欲无求，六根清净，方是一世苦。施主涉世太深，若一心向佛，要斩断俗世尘缘、舍弃富贵贫贱、忘却家室妻儿，汝能持否？"

"身是菩提树，心如明镜台。心中无一物，何处惹尘埃。"

"阿弥陀佛。"老僧双手合十。魏国闭眼低头，接受剃度，而后受戒。

江流与周鲁看着魏国的头发一点点掉落。青丝成灰，随风飘走。"大哥！"寺庙院子中，江流、周鲁叫住魏国。魏国转过身，施礼："尘缘已了，红尘万丈无牵念。尽空谢二位施主，祝二位天高海阔，一路平安。"言讫，魏国进屋，闭门。

江流幽幽地说："大哥看破身外之物，从此涅槃寂静，咱们也许应该替他高兴吧。"

"人生缘起缘灭，缘聚缘散本有定数，所以一切随缘。人各有命，自求心安吧。"周鲁虽想通了，但心酸不已。

安静的寺院中，几个小沙弥正在练功，江流看着他们，勾起了无限回忆："三弟，自幼小时相识，咱们做了整整二十年的兄弟，怎么样？还记得咱们的约定吗？"不等周鲁回答，江流回忆道："为理想鞠躬尽瘁，死而后已，我辈的命运就是如此，不辞长做新青年。"两人豁达而笑，抬头望着阴霾的长空。

京师大学，层云遮日，湖边，绿荷摇曳，雨声滴碎荷声。众人皆立雨中，任凭风雨打湿衣衫。江流一一环顾眼前的面孔，张若兰、周鲁、钱子谦、邓玉秀、唐熙同、蔡仲卿，邓康、米家山……种种际遇在脑中回闪。

"十六年前的今天，我在奔向法国的游轮上，最期盼的莫过于彼岸那片充满着自由的土地能告诉我，中国的未来在哪里。在巴黎大学，罗兰先生告诉我中国的未来是追求真理，是超越世俗，是用美的心灵引导国民过上崇高的生活。所以回国后，我来到大学，想通过文化思潮救国，我教书、办讲座，搞征文、开书店，希望能在三尺讲台传播美的观念，敞开国民教育的新天地。可我依然碰到了重重阻力，甚至招来杀身之祸。这条路让我明白，想要改变中国太难了，即使你只是要搬动一张桌子，那也都是要有血的代价的。这个中国，打着自由、平等、博爱的旗号，却外受敌辱、内遭战乱，这样的中国，谈美、爱和自由，太奢侈，也太遥远……直到我看见你们，才明白，中国的未来在青年，在那些如朝阳如火焰的年轻心灵。唯有他们的热情、勇气，才能发出第一声呐喊，才能大胆地说话，才能勇敢地前行，才能有尊严有自由地活着！”江流慷慨激昂，细雨打湿了他的青色长衫，众人报以热烈的掌声。

“现在，横在我们面前的是无数困难，无数挫折，我们身边不断有人倒下了。我庆幸，我们还在坚持，还愿意与这黑暗做最后的斗争；越来越多的人加入到我们的行列，给我们以安慰、帮助，用生命交换我们的明天。正是这些逝者的鲜血，成就了今天，请记住，我们不是来庆祝的，五四的存在，是在警示我们不能忘记危亡的痛苦，必须要用深沉的韧性的战斗，为这微茫的暗夜寻得日出！”

“十六年了，我们这一代人已不再年轻，时间的力量，终会让我们零落成土，化为尘埃，直至辗转成历史的记忆。可是没关系，中国的未来还有你们，青春的信仰还有你们——我最可爱的学生，中国最可贵的青年！为了你们，我们愿意做尘埃，给你们呵护和养料，我们愿意做石子，给你们道路和平坦，因为只要你们是坚毅的，中国就有了挺拔的脊梁！只要你们是无畏的，再黑暗也都会有希望！青年朋友们，记住这五四的火光，记住今天每一个人心中的信仰！我相信，沿着这条路走下去，你们一定会走出一个光明无限的青春中国！”

林阴路上，烟雨凄濛，芳草依依。江流手撑红伞，与张若兰并肩而走。

“您的青春中国，让我们每个人都为之振奋，真希望这一天能尽快到来……”张若兰动情地望着江流。

“已经不远了，”江流微笑，“国民革命军一路北伐，战果显赫，攻进北京指日可待。等到临时政府下台，南北共商共和之道，一定能有番新面貌。”

“统一虽好，可野心难平，国民政府能维持多久，也难说。”

江流笑道：“这么说来，我要把希望寄托在你们，和你们的共产主义理想上了……对了，这一晃几个月，也不知道王应兄弟怎么样了？”

“王大哥刚来了信，还让问你好，他现在人在南昌……”

江流点点头说：“我们昔日四兄弟，论瞩目未来之眼光，当属王应。”

江流驻足，与张若兰深情凝视。天地静默，千言万语尽在雨丝中。

1927年7月，夏夜，长空如幕，骤雨倾盆。一道电闪伴着雷鸣划破雨幕。幽暗的房间里，火光跳动，五人围坐在一桌，桌上一方砚台，下面压着一张南昌地图。地图上，大士院街、牛行车站、新营房、百花洲、马回岭及旧藩台衙门等地被圈上朱砂。王应赫然坐在其中，他拨了拨烛芯，房间明亮几分。他一字一顿说道:“反动政府的剿杀,绝不会撼动我们的决心!今时今日，我们必须要以武装革命反抗暴政，换取一个真正民主共和的新中国！很快，整个中国都会听到我们革命的第一枪。大家记住，这是 1927 年的南昌！”

无论是顺畅的天道，还是凶险的畏途；无论是光明的图景，还是黑暗的闷罐，新青年能打破一切、蔑视一切、改变一切、挑战一切，他们生生不息，是民族的脊梁和燃不尽的希望。

后　记

本书的创作，缘起于三年前对张培忠先生著报告文学作品《文妖与先知——张竞生传》（三联书店 2008 年 12 月出版）的阅读。

张培忠先生笔下，在现代文化史册里屡遭涂抹而面目模糊不清的“民国奇人”、“性博士”张竞生，以其特立独行的新锐思想、惊世骇俗的人生际遇，串起了一段别样的中国现代历史。而张竞生其人其文，及其生前身后历经的得失毁誉，恰是中国近代以降一批追求新知、新梦、新生的知识分子坎坷命运的明证。犹有意味的是，张竞生的前半生身处大动荡、大变革的漩流之中，屡屡和声名显赫的历史“大人物”、惊涛骇浪的历史“大事件”擦身而过，因而，其人生浮沉、命运变迁附着了强烈的传奇色彩。张培忠先生的传记作品，以精妙的笔触复原了一个融人格、思想与传奇于一体的张竞生。用艺术的方法聚焦这个独特的人。复原彼时的“历史现场”，便成为了《新青年》小说创作的初衷。可以说，没有张培忠先生的这部杰出的传记作品，就不会有小说《新青年》的问世，在此，特向张培忠先生致以敬意与谢忱。

本书主人公江流，以张竞生为原型（张竞生原名张江流）。笔者选取了张竞生自参与反清革命到赴法留学再到入北大任哲学系教授的近二十年经历，以此为史料基础，展开了本书大胆的想象与虚构。江流、周鲁、王应、魏国、张若兰等一群性格、身世、才情各异的“新青年”，理想同途，却现实殊归，在时代洪流的冲刷下选择了截然不同的道路：学者、军人、革命者、官僚政客……他们的坚守与放逐、抉择与迷失，与他们经历的那个特殊的时代织结一体，给人留下的是难以释怀的思索和感慨。

历史风烟，缕缕散尽。一百年前的一代青年，感受他们的呼吸，凝视他们的背影，我们遗落了什么，我们又读懂了什么？我们喑哑沉默了多久，我们又往前行走了多远多长？

莫言学长说，“我是一个讲故事的人”。讲故事，既是小说家面对世界的态度，也是方法。于小说写作者而言，讲每一个故事，其实都是在一扇扇打开自己心底的窗，一程程构筑自己热爱的世界。《新青年》的故事，说来也简单：并不很远的过去，有一群人这样活过、爱过、梦想过，痛苦过、幸福过，他们的名字叫做“青年”……是的，这本书写完了，而我此刻依然不确定的是：我要讲的故事，真的完结了吗？

《新青年》的创作，得到了诸多师长的鼓励和支持。在这里，请允许我对林振芳先生、张培忠先生、张柠先生、陆振华先生、李洋先生、唐静女士、何群先生、郑桦先生、刘向群先生、龚政文先生、郭鑫女士、王玲女士致以衷心的感谢。

从小说到电视剧剧本，《新青年》的创意创作过程中，胡雅婷、沙枫、宫俊杰、初征、朱安谧、李花等年轻朋友贡献了许多智慧与心血。我们携手走过了这一段百感交集的创作旅程，“新青年”的故事里有你，有我，有我们亲历和见证的一段青春岁月。

感谢左文先生为本书出版付出的努力。

本书创作初期，我曾在书稿的封面上写下这样一句话：“自强不息，追求进步，崇尚真理，超越世俗，穷其一生之思想与热情，实践人生及社会之美好理想。是谓世之‘新青年’”。

是为后记。

2013 年 3 月 18 日于北京师范大学励耘公寓

（京）新登字 083 号

图书在版编目（CIP）数据

新青年/梁振华著. —北京：中国青年出版社，2013.7

（中青原创）

ISBN 978-7-5153-1787-8

Ⅰ. ①新…　Ⅱ. ①梁…　Ⅲ. ①长篇小说-中国-当代　Ⅳ. ①I247.5

中国版本图书馆 CIP 数据核字（2013）第 161629 号

责任编辑：侯群雄　孙文明

封面设计：李思安

*

中国青年出版社 出版 发行

社址：北京东四十二条 21 号　邮政编码：100708

网址：www. cyp. com. cn

编辑部电话：（010）57350401　门市部电话：（010）57350370

三河市华润印刷有限公司印刷　新华书店经销

*

700×1000　1/16　26.25 印张　2 插页　450 千字

2013 年 7 月北京第 1 版　2013 年 7 月河北第 1 次印刷

定价：38.00 元